任乃强◎著

任乃强全集【第十卷】

四川州县建置沿革图说
西康地图谱
四川军阀战争图说

主　编　任新建
副主编　何　洁

四川人民出版社

图书在版编目（CIP）数据

四川州县建置沿革图说·西康地图谱·四川军阀战争图说/任乃强著. —成都：四川人民出版社，2021.12
（任乃强全集；第十卷）
ISBN 978-7-220-12479-2

Ⅰ. ①四… Ⅱ. ①任… Ⅲ. ①行政区划-历史-四川②城市图-西康-地图集③军阀战争-军事史-四川 Ⅳ. ①K927.1②K992.5③K263.506

中国版本图书馆CIP数据核字（2021）第249282号

SICHUAN ZHOUXIAN JIANZHI YANGE TUSHUO·XIKANG DITU PU·SICHUAN JUNFA ZHANZHENG TUSHUO
四川州县建置沿革图说·西康地图谱·四川军阀战争图说
任乃强　著

主　　编	任新建
副 主 编	何　洁
总 策 划	罗桑道吉
出 版 人	黄立新
组稿统筹	喻　磊
项目执行	邹　近　章　涛
责任编辑	王卓熙
装帧设计	戴雨虹
封面画像	蒋骊霄
责任校对	林　泉
责任印制	祝　健
出版发行	四川人民出版社（成都三色路238号）
网　　址	http://www.scpph.com
E-mail	scrmcbs@sina.com
新浪微博	@四川人民出版社
微信公众号	四川人民出版社
发行部业务电话	（028）86361653　86361656
防盗版举报电话	（028）86361653
照　　排	四川胜翔数码印务设计有限公司
印　　刷	成都东江印务有限公司
成品尺寸	185mm×260mm
印　　张	27.5
字　　数	521千
版　　次	2021年12月第1版
印　　次	2021年12月第1次印刷
书　　号	ISBN 978-7-220-12479-2
定　　价	2500.00元（全十五卷）

■版权所有·侵权必究

本书若出现印装质量问题，请与我社发行部联系调换
电话：（028）86361656

四川州县建置沿革图

任乃强全集·第十卷

第一幅 四川州縣建置的自然背景

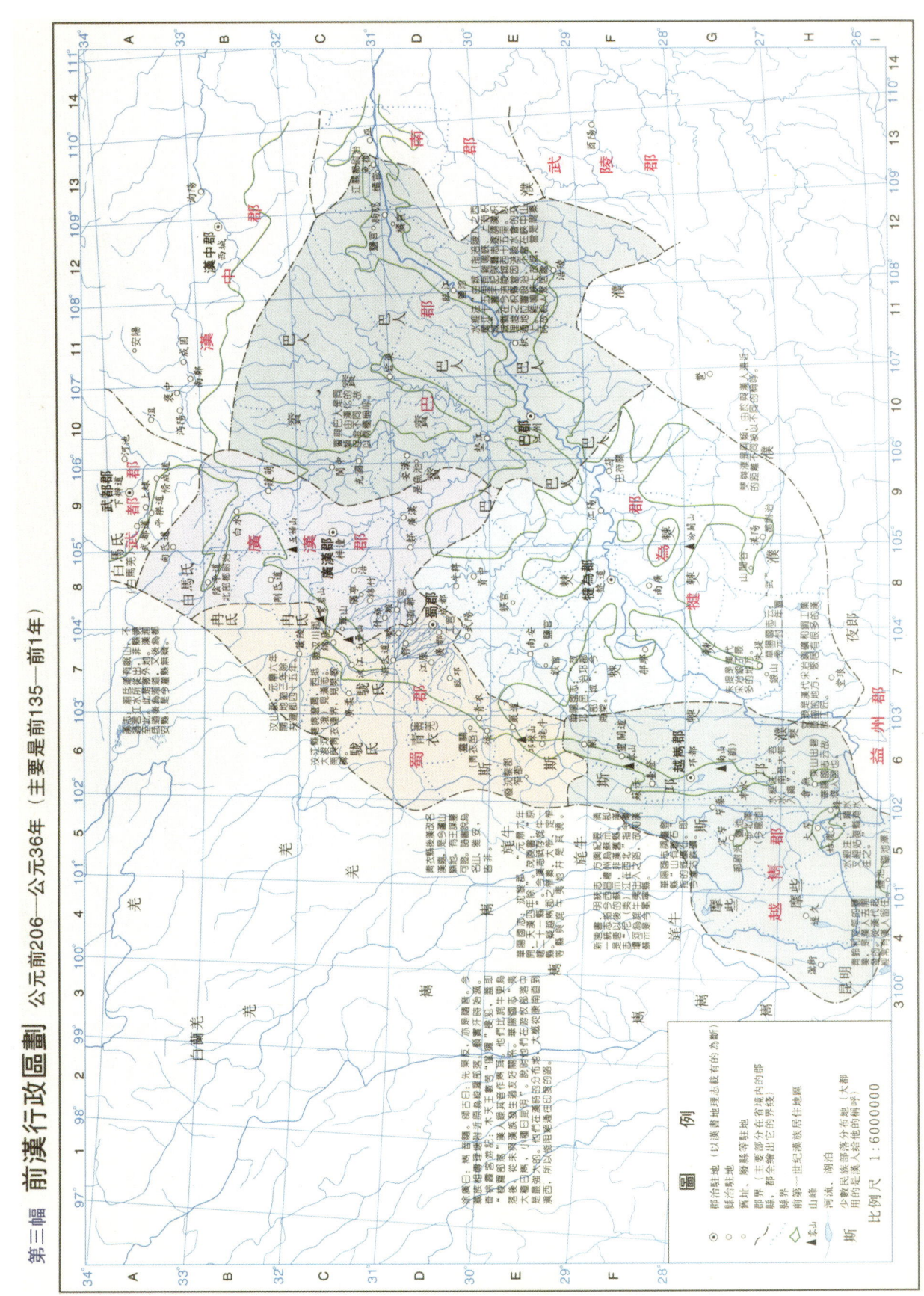

第四幅 後漢行政區劃 公元36—190年（主要是第二世紀內）

第五幅 蜀漢行政區劃 公元191—263年

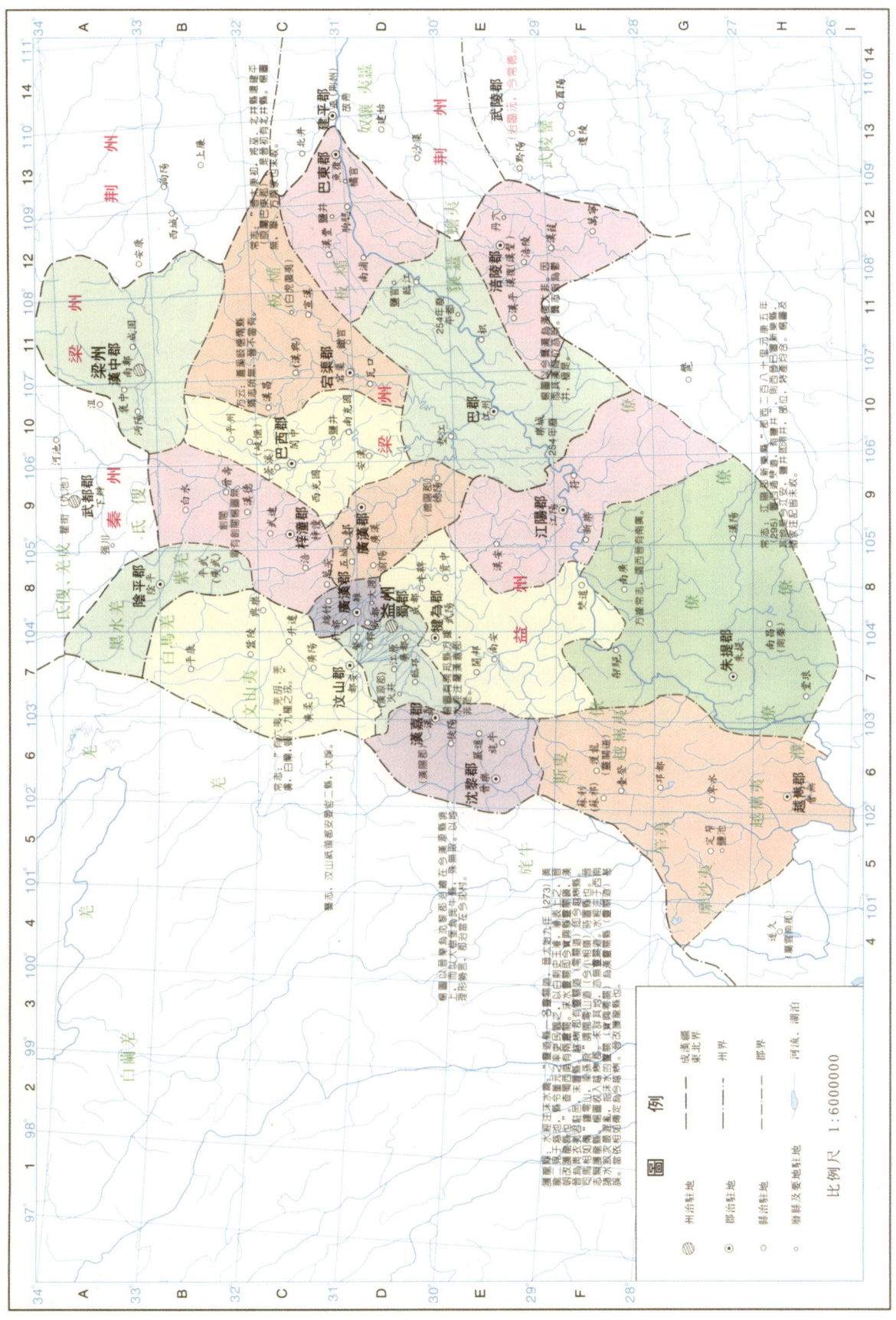

第七幅 東晉行政區劃 公元348—419年

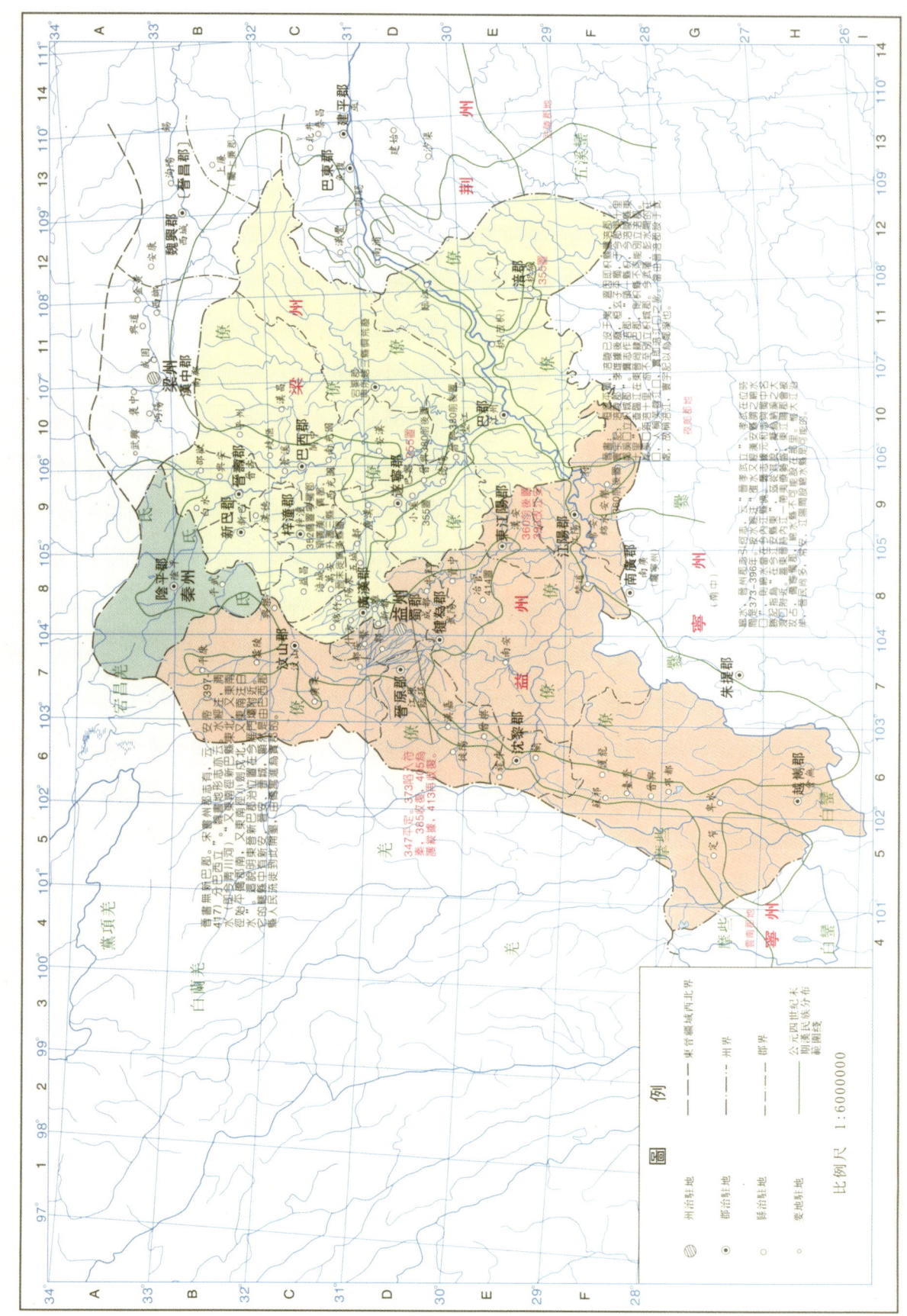

第八幅 刘宋行政区划 公元420—479年

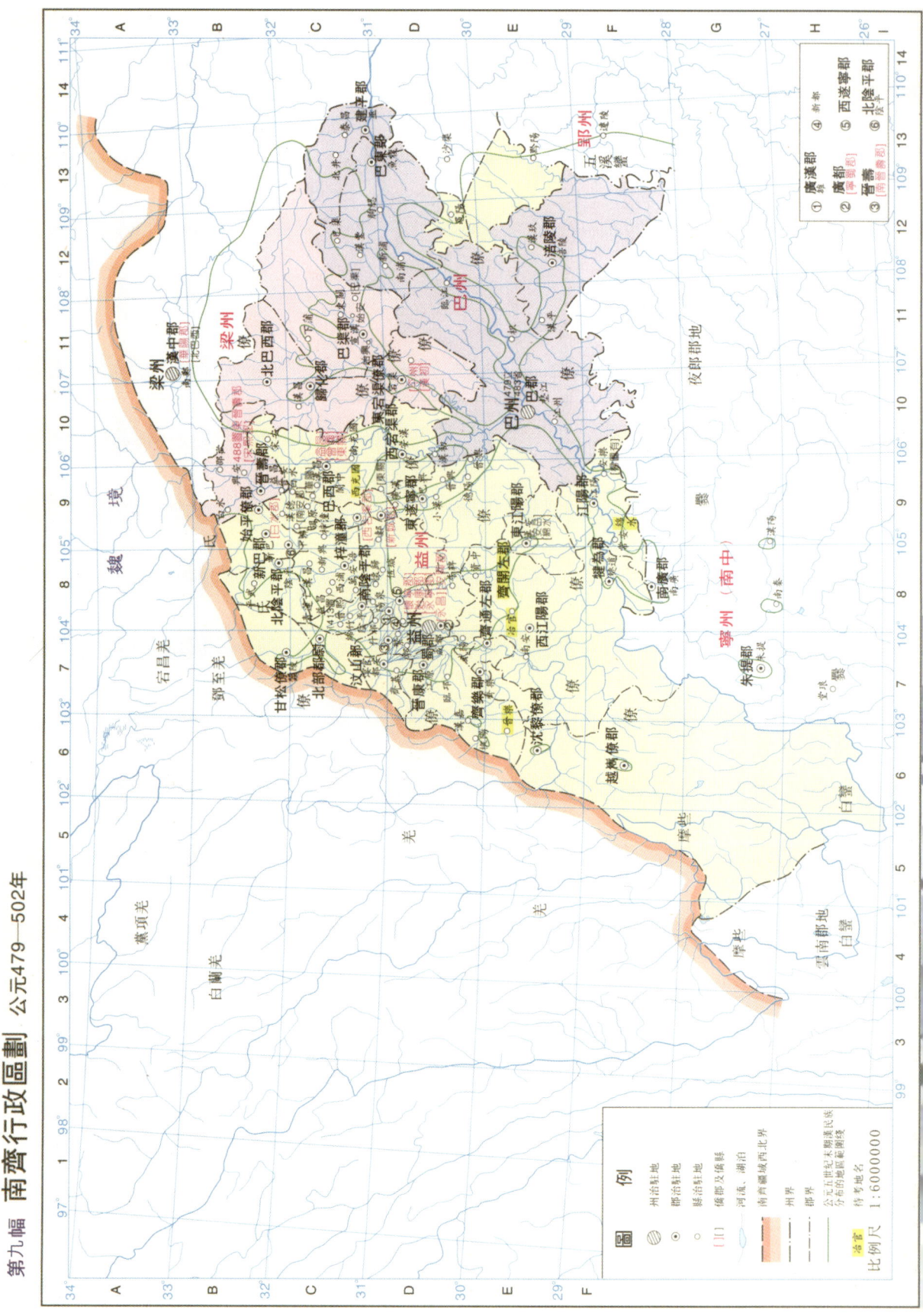

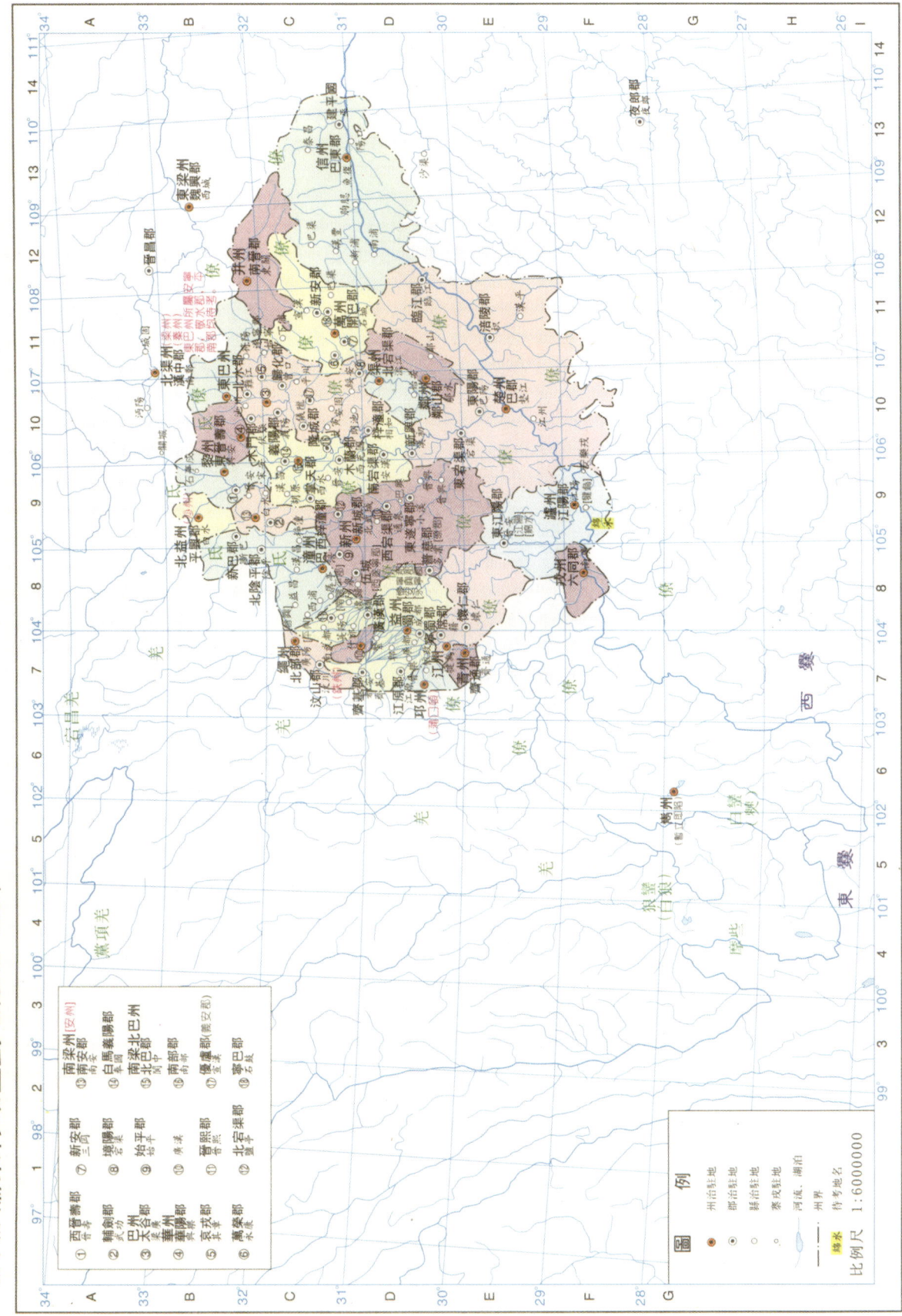

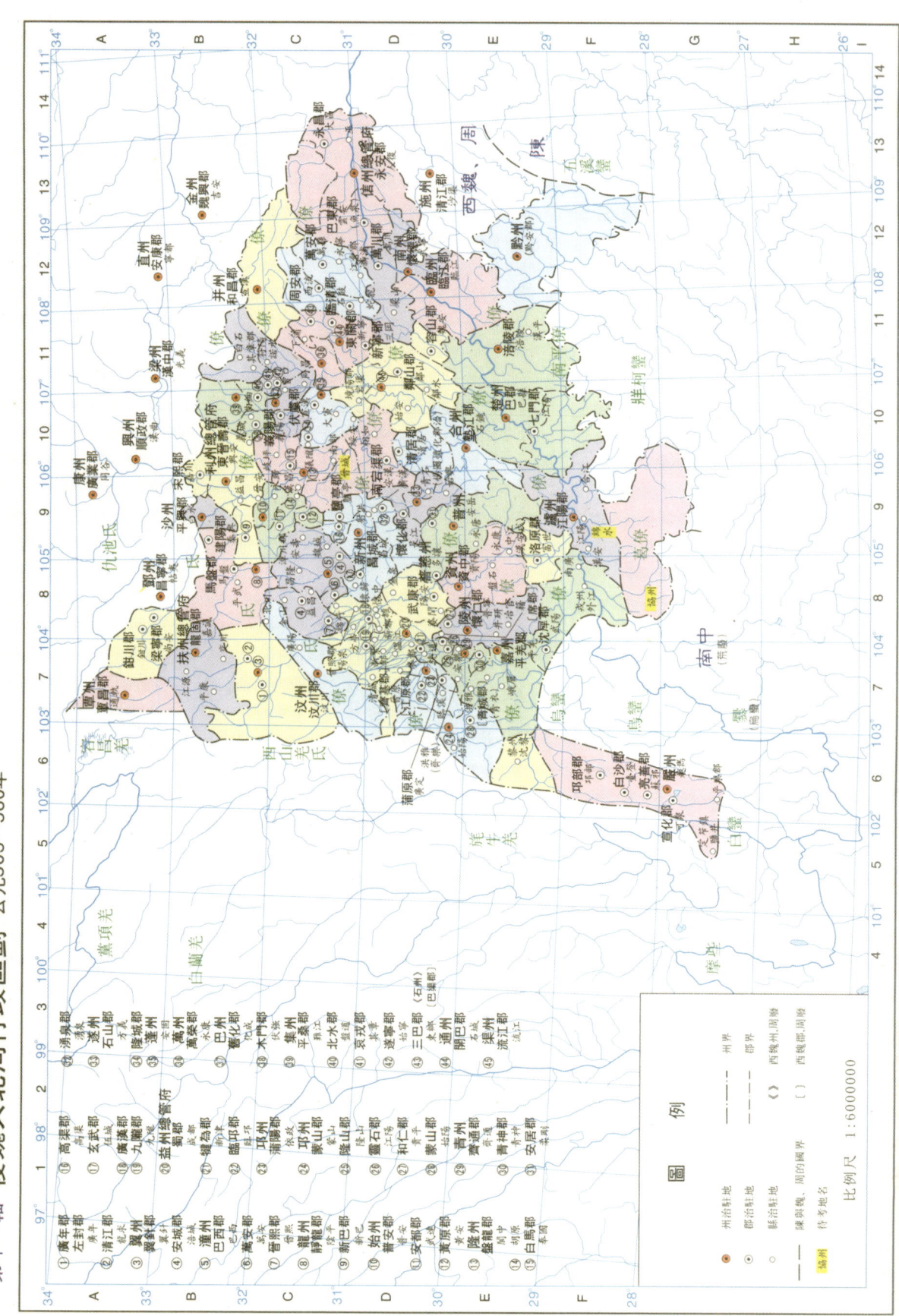

第十二幅 隋代行政區劃 公元581—617年（主要是610年前後）

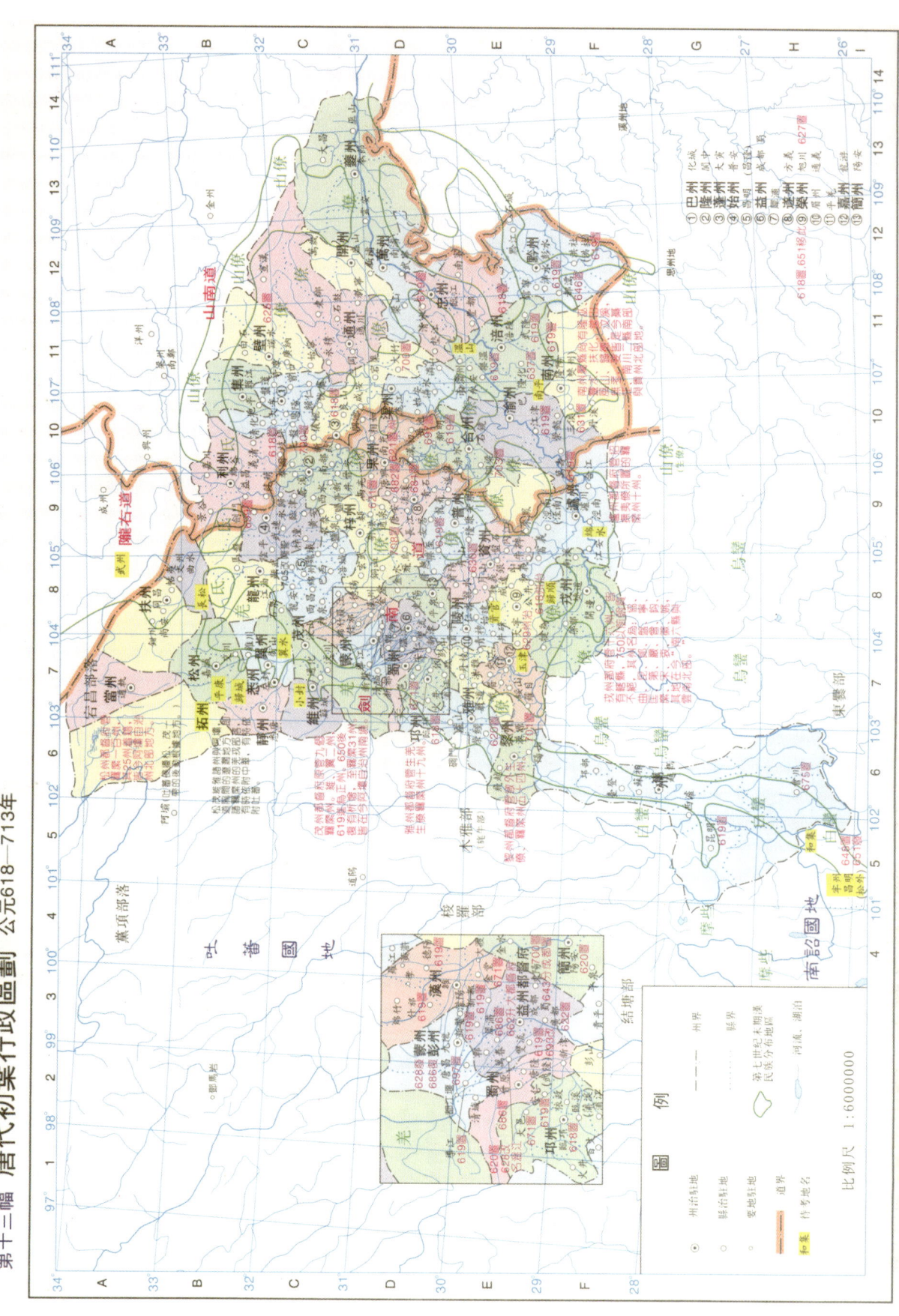

第十四幅 唐代中叶、末叶行政区划 公元714—891年

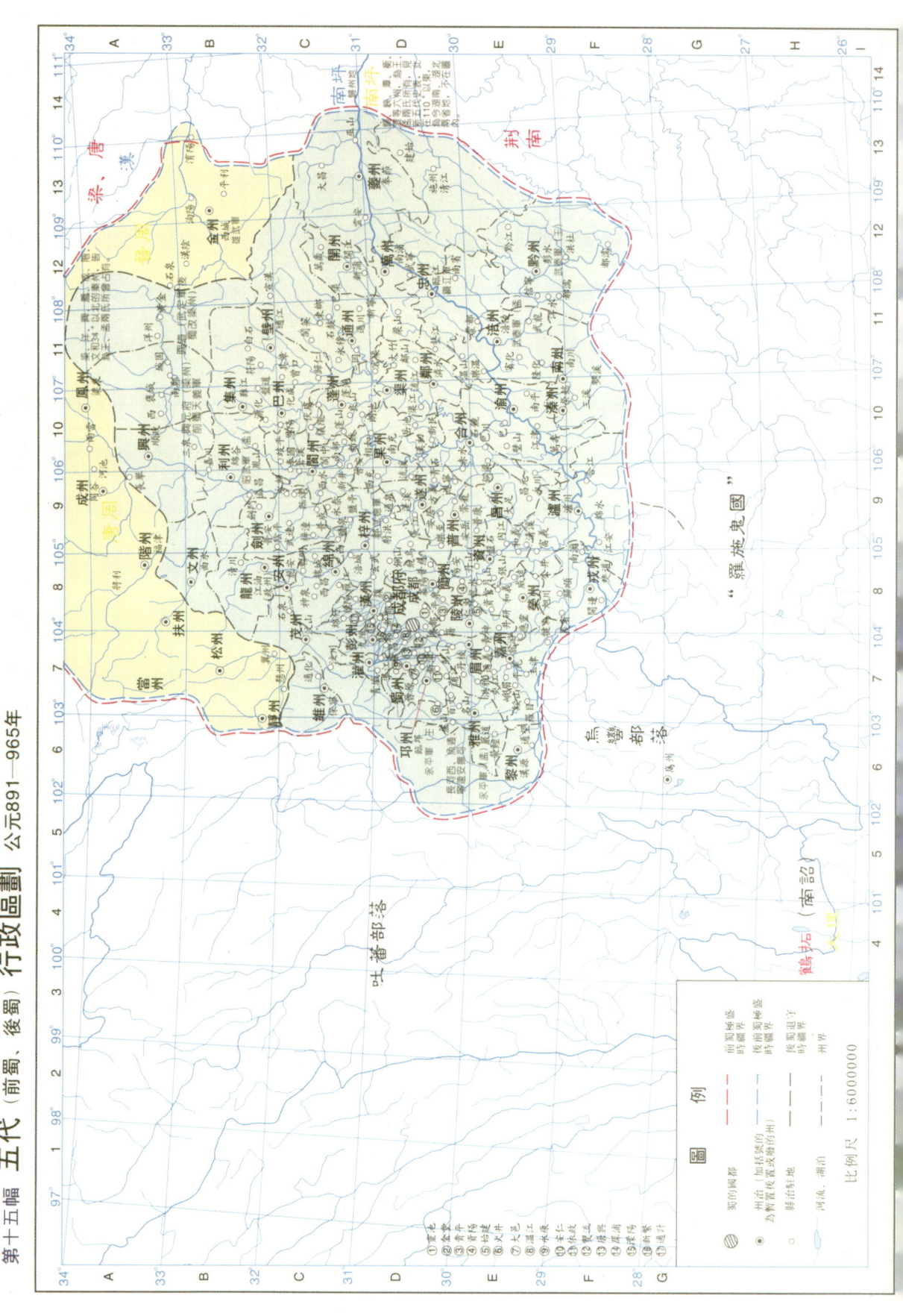

第十六幅 北宋行政区划 公元965—1126年

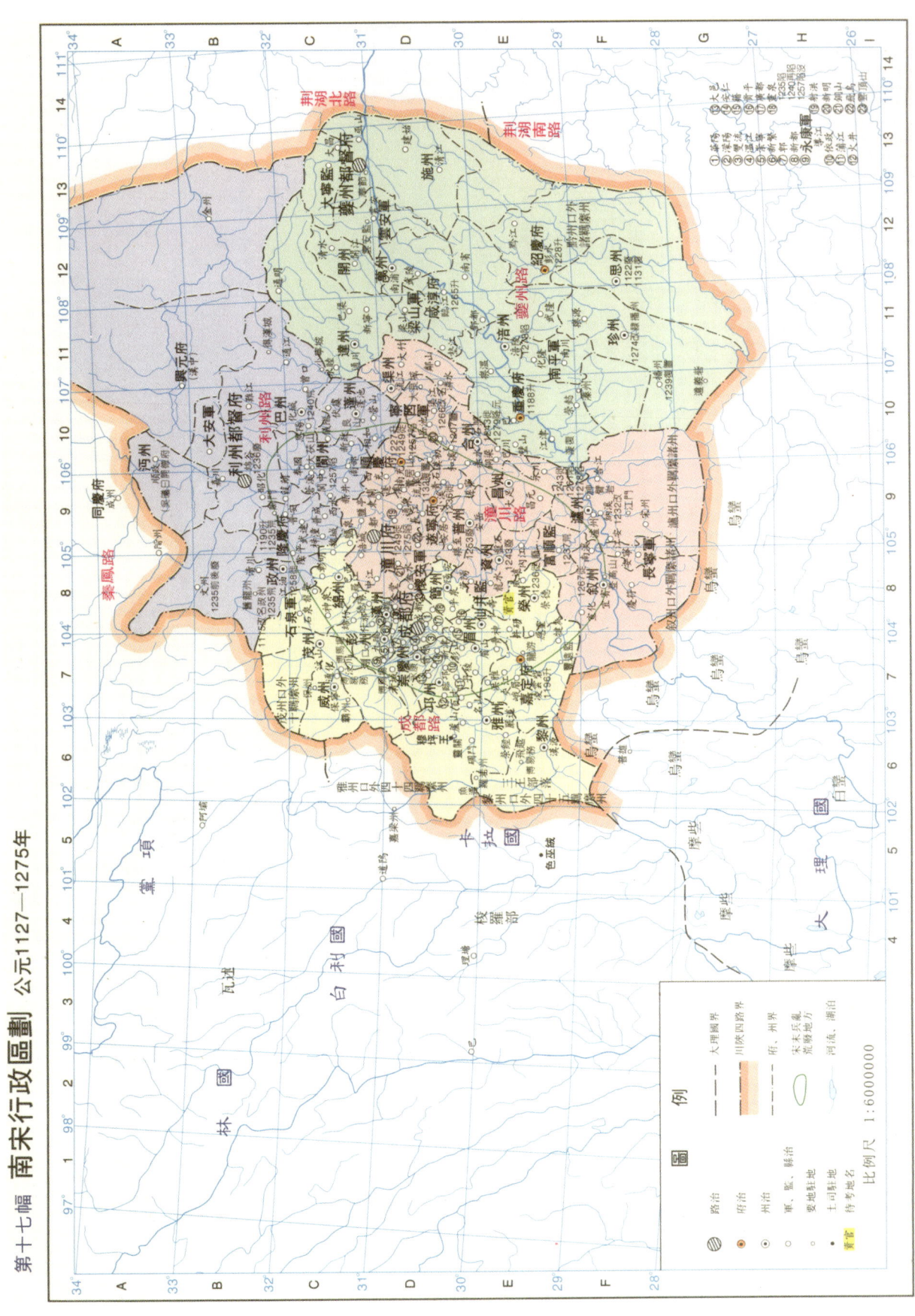

第十八幅 元代四川等处行中书省 公元1276—1370年

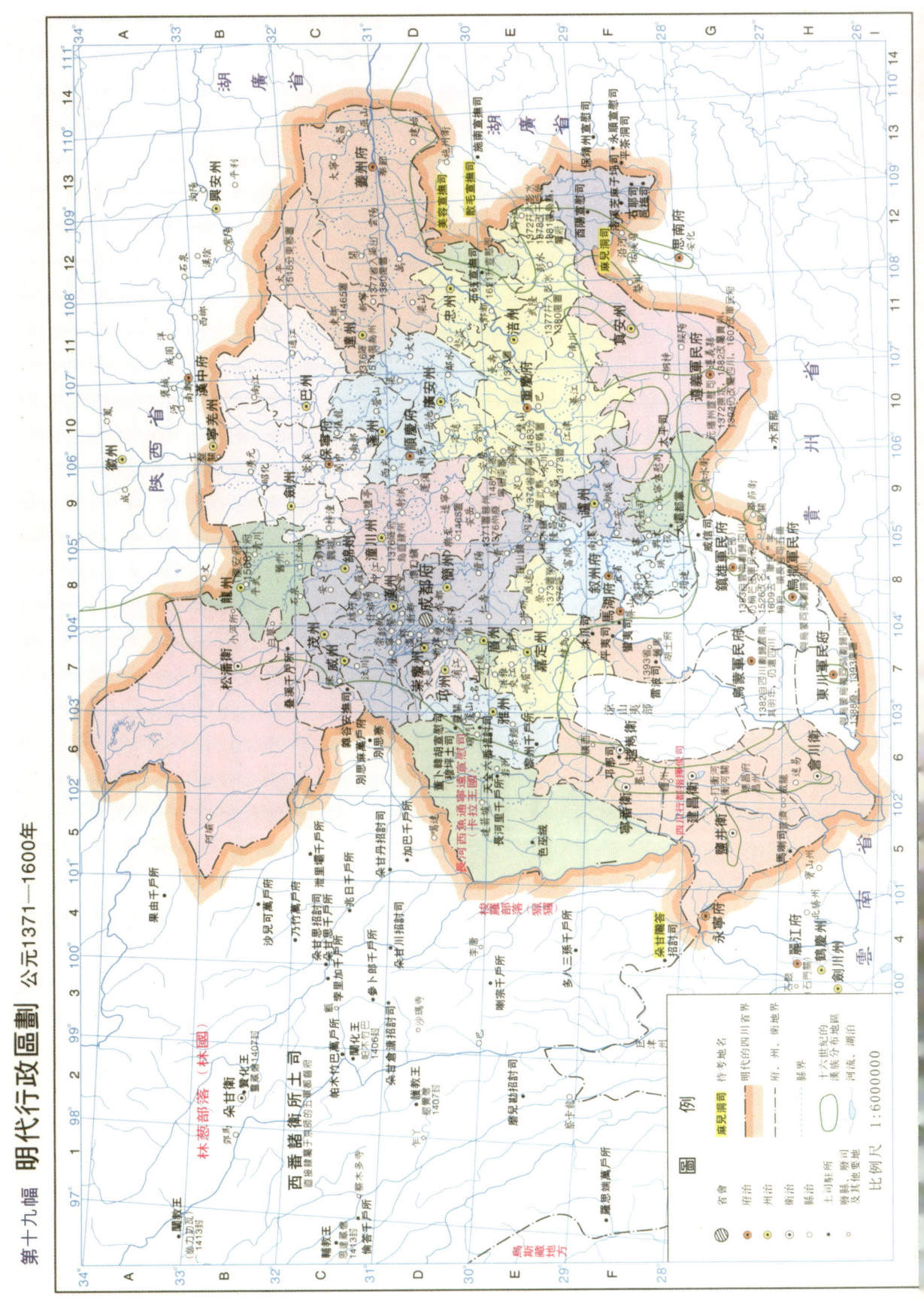

第二十幅 明末清初行政區劃 公元1601—1726年

第二十一幅 清代中葉行政區劃 公元1727—1850年

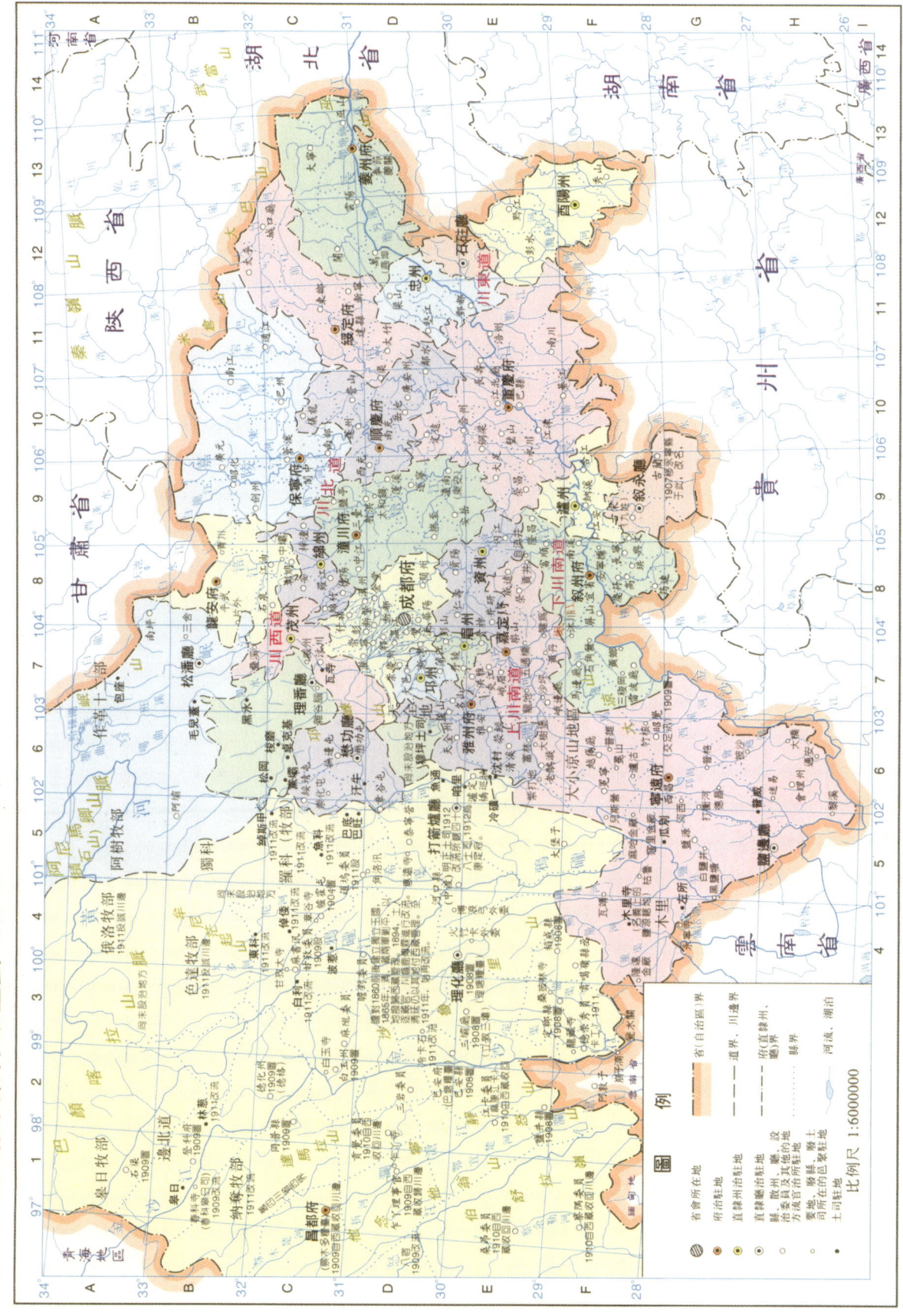

第二十二幅 清末叶行政区划 公元1851—1911年

第二十三幅 民國時期（上）行政區劃 公元1912—1938年

第二十五幅 建國初期川康行政區劃 公元1950—1953年

第二十六幅 1956年行政区划

第二十七幅 1958年行政區劃（至1959年3月15日）

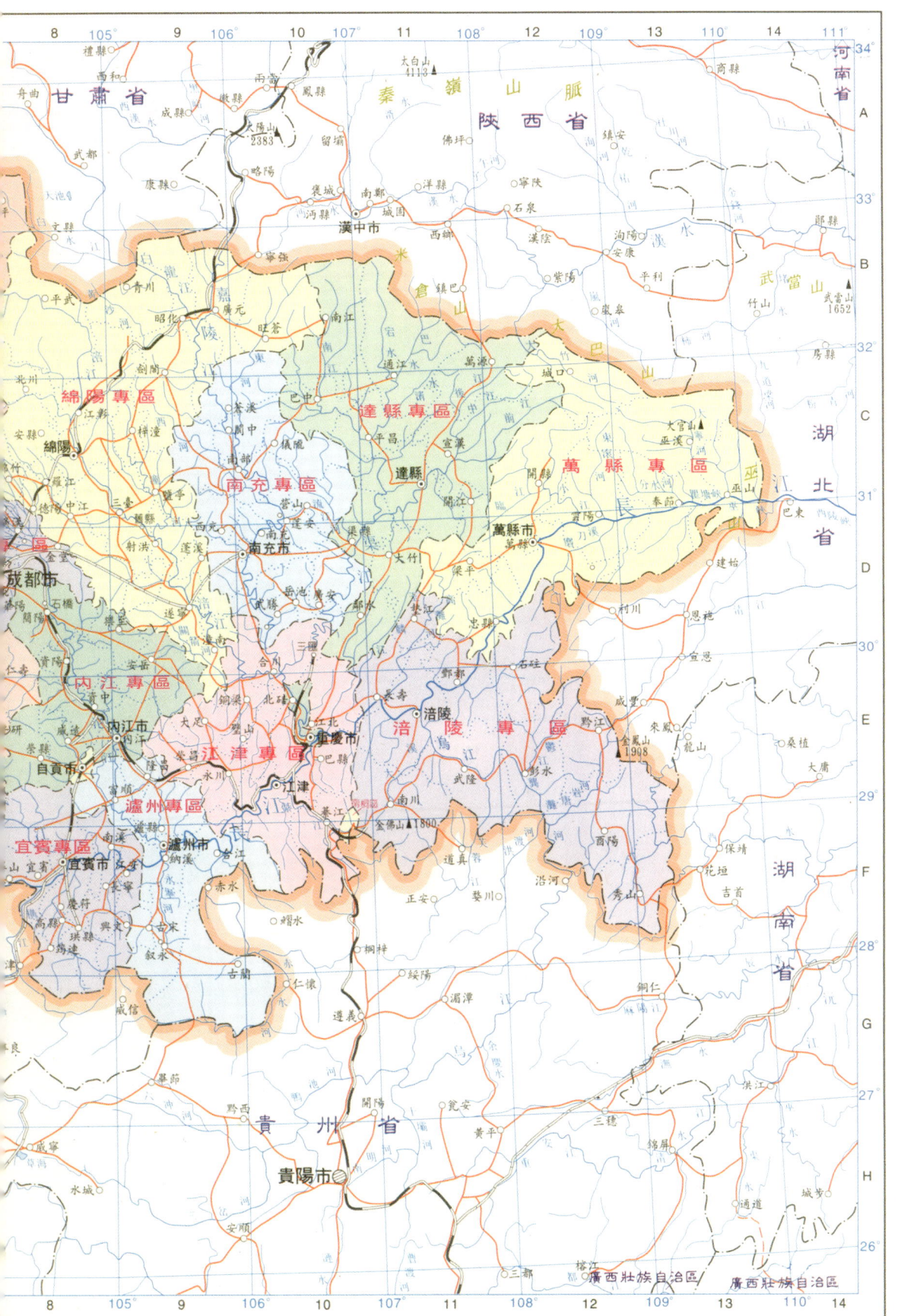

第二十八幅 1978年行政區劃

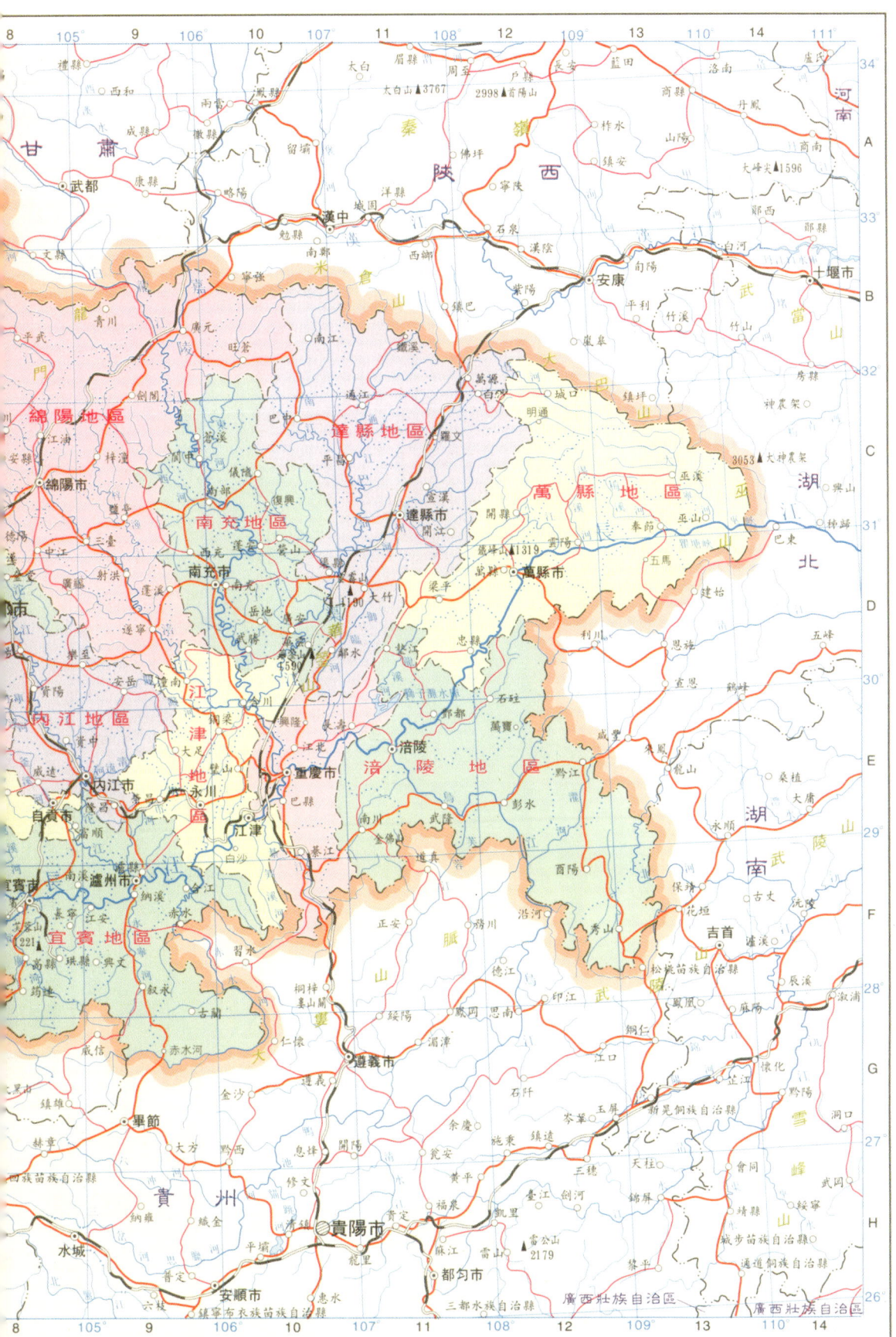

目　录

四川州县建置沿革图说

叙例 …………………………………………………………………… (003)
图与图说 ……………………………………………………………… (006)
附录一：四川州县建置沿革表 ……………………………………… (066)
附录二：关于编绘四川州县建置沿革图表的说明 ………………… (204)

西康地图谱

西康地图谱（1943—1944年） ……………………………………… (277)
第一类　总图之部 …………………………………………………… (279)
第二类　部分图之部 ………………………………………………… (299)
第三类　县区图之部 ………………………………………………… (321)

四川军阀战争图说

前　言 ………………………………………………………………… (357)
一、四川军阀酝酿形成时期（1911—1920年） …………………… (359)
二、四川军阀混战、兼并、发展前期（1920—1924年） ………… (381)
三、四川军阀混战、兼并、发展后期（1924—1932年） ………… (402)
四、四川军阀衰败没落时期（1932—1936年） …………………… (424)
五、主要参考图书资料目录 ………………………………………… (434)

四川州县建置沿革图说

任乃强全集·第十卷

叙　例

　　1927年，张澜先生鉴于四川军阀混战，提倡乡土史地教育。在他的鼓励下，我在南充中学新开了一门《乡土史》课程。次年，应外界之需，学校将我的授课讲义编印成书，公开发行。在这本书中，我手绘了十多幅四川历史地图，企图用图文相辅的方法，给读者以简单明晰印象和阅读方便。但这些图大都依据文献资料描绘而成，许多地方迷离惝恍，难以落实到今地，一直引以为憾。几十年来，多方搜集资料，亲赴各地实境考察，实测绘制了一百多幅州县形胜与交通地图，探幽寻古，采集风物，期以拾遗补阙，重撰一册能较全面反映四川历史变迁的著作。1983年四川省古籍整理规划小组成立，将此稿列入首批出版计划之中，考虑到原稿写作的时间较早，近几十年考古新发现和研究新成果未能运用，故在交稿前，又由在四川省社科院历史所工作的小儿任新建对全稿作了一次全面的整理，编制索引，调整图文，增添了近1/3文字。以尽可能地使本书臻于完备。

　　这本《四川州县建置沿革图说》，大体依照朝代和郡县变革较大的时间分幅绘成，也合并了一些朝代（如前汉与新莽，西晋与李成，王蜀与孟蜀，后魏与北周），平均每幅占一百年左右。转入近代，则各幅所占时间逐渐缩短，清代绘成三幅，民国绘成两幅，中华人民共和国成立后十年绘成三幅。

　　编绘这本沿革图的资料依据，概括说来，是以正史为蓝本。正史缺地志的，用《二十五史补编》里清代诸家的补辑本；参酌杨守敬的《历代舆地沿革险要图》（简称《杨图》），龚煦春的《四川郡县志》（简称《龚志》）拟成初稿。再参考《华阳国志》（简称《常志》）、《水经注》、《括地志》、《元和郡县志》（简称《元和志》）、《太平寰宇记》（简称《寰宇记》）、《元丰九域志》（简称《九域志》）、《舆地纪胜》、《大明一统志》（简称《明统志》）、《读史方舆纪要》（简称《方舆纪要》）、《大清一统志》（简称《一统志》）、《四川通志》和各府、州、厅、县、屯志，以及《西康建省记》等川边著述、考察报告，反覆酌斟，绘成定稿。民国以来各幅，则主要依据近世出版的地图、期刊、报纸及本人实地考测资料绘制。

关于古代郡县位置和置废年代，诸书多有分歧、牴牾之处。究其原因，多系据书考地，缺乏地理实践造成。即使是正史，由于依据资料和编纂者的态度不同，亦每有问题遗存，不能完全信赖。至于《杨图》《龚志》，可议之处和阙失之处亦为不少。故本书在考证任何郡县位置时，不专依一书，而采比较研究的方法，用当时历史条件、地理条件和社会经济发展情况对有关资料相互勘正，决定取舍。对于旧籍资料缺乏的古郡县，更是从历史发展阶段的社会经济情况和相关的其他资料从多方面比较后作出推断，若干不清之处，还实地进行过考察研究。本书在许多地方不囿于成说，破除"据书考地"的套路，别寻蹊径，力求实事求是地作出考订。为说明这一研究的必要和可信，我们在附录一里略举了几个考订的例子，以供读者辨识。

关于四川盆地外的川边部分，过去极少古地名资料，只近人丁谦曾作过一些推断性研究，亦大都迷离恍惚，难以为据。本书搜讨西南民族历史资料与近人游记、实测地图，参以藏、彝文典籍、传说，着重以实地考察的田野资料来填补地图上的空白，确定了部分古地名的位置。这方面的依据，在图说里作了专门的交代。

编撰本书的目的有五：

第一，把史籍里悬空无着的古地名，落实到形象直观的地图上来，明确其位置。

第二，明晰四川历代行政区划的变迁过程与其部位形势，便于读史。

第三，通过州县建置的发展变化，反映各时代各地区的经济兴衰、人口消长、政治疏密、文化隆替的社会发展历程。故本书不仅标绘州县位置、界线，且在图中和说明中标注了一些地方特产和民族分布等内容，以及各时代各地的地方特点。

第四，反映四川各时代的生产力。为此，专门绘有《四川州县建置的自然背景》一幅，以便与各时代的建置形势比对，表现出当时人们利用自然、改造自然、征服自然的程度。

第五，反映各时代地方民族的斗争和融合关系。这是因为四川在历史上就是多民族聚居区，历代的民族政策、民族关系在州县建置的变迁中有十分突出的反映。

基于上述目的和特点，本书实际上是一本简明的四川历史图册，又是一本研究四川历史沿革演变的专著。在不少地方已突破"沿革图"的成规。之所以这样，主要是我们认为必须从动态的角度来研究历史沿革。应当而且也可能在表述地方沿革时，深入发掘其变迁的原因和条件，从而为社会的发展进步提供更多的参考和应用价值。

此外，我们在编绘这本图说时，采取了一些过去编制沿革图所未曾用过的方法：

（1）加绘了《四川州县建置的自然背景》以便与各代建置对照。二者皆不用套绘而实收套绘之效。这一尝试避免了在小幅图内标注古今两种地名显得繁杂不清的弊病，而且便于加注民族分布、地方特产等内容。

（2）在各时代州县建置图中，择要绘出汉族分布地区的线条，借以说明州县建置与民族分布的关联，同时亦以说明汉族与少数民族在历史发展过程中关系的变化。

（3）图中所绘州县，不全属今四川省境（如甘南、陕南、鄂西、湘西、黔北、滇西北和青海南部、西藏东部等连界部分），古代州、郡、卫、司之跨有川境者，亦皆考订绘入（但在沿革表内，非四川省辖县则不再编入）。

（4）沿革图旧例不绘县界。但如无县界，州郡界便无凭标绘。故本书试行对各朝代之县界作了标绘。大体只依据山川形势和沿革变化而绘制，唯北宋幅则依《九域志》绘成。这样的尝试虽较粗糙，聊胜于无。

（5）为便读者使用，编制了《索引》，于图中标示区位代码，如 D8、E7 等，于表中标示页、行。读者以图号、区位标示即可于图中迅速查到该地，于表之页、行标示中亦可快捷查找到沿革表中该县的位置。

本书所绘沿革图二十八幅，使用同一底图。这幅底图系采用四川省陆地测量局三角定点的百万分一缩尺航空测图和二百万分之一缩尺的坊间地图编绘成的，虽只有省、州、县界和市、镇、水道，但在精度上是很注重的，用作历史沿革图之底图，应是可靠而适当的。近年随测绘科技的发展，已有更精确可靠的四川省图。但考虑到沿革图的需要原图已基本满足，未再更换，特此说明。

任乃强

1962 年 10 月初记

1988 年 10 月再记

图与图说

第一幅 四川州县建置的自然背景图说

州县建置沿革图，是反映各历史阶段社会经济发展程度的一种工具。自然条件虽然不是经济发展的决定因素，但它在一定社会发展阶段里，仍然是影响经济发展的一个重要因素。因此，研究一个地区的州县建置沿革，就必须先了解那一地区的自然条件。

本图就现有资料，把现今四川省境分为下列的自然区域，并就分区和小区作出简要的说明如下：

四川盆地部分 这是四川开发得最早的部分，绝大多数地面在海拔500公尺以下，气候温和，土壤肥沃，农业发达，矿产也相当富足，人口稠密，交通便利，是州县建置得最多的地区。就其生产力的配置来说，又可分为下列五类地形：

（1）冲积平原——这是石器时代的人类已能耕种的土地，农业发展最早，直到今天，仍然是全省最富庶的地方。面积不过全盆地的百分之五，人口却常占到百分之三十五以上。

（2）紫土丘陵——是铜器时代才开始耕种的优级农作地区。面积占全盆地的百分之七十以上，人口则常在百分之五十左右。地形是浅丘浅谷，岩石很易风化，河道与水量都不很固定。在过去时代里，交通条件比冲积平原区差得很远，所以社会发展也比较落后了些。

（3）砾紫土丘陵和黄土浅丘——都是本省的第三级耕土地区。土质黏重，或多砾石，人类到了铁器时代，才开始耕种这部分土地。直到现在，也还未曾尽量发挥它们的生产力量（在四川盆地以外的西南地区，这类土地却是农民比较密集之地）。

（4）侏罗系山地——这是与上面三类农业经济区最为接近的矿产地带，也是标志四川盆地和川东南褶皱山地界线的一个环形地带。宽度常在5—10公里间，海拔在500—1000公尺之间，富有煤铁矿产。它是大西南地面采冶工业发展最早的地区，分布也相当广阔。在四川盆地内，许多州县和市镇建置在这些地带与紫土区的接触线上。它们代表四川工农业生产品最原始的交易市场。

（5）盆地四周的高山地带——这是侏罗系以下，古老地层构成的山岳地带（主要是三叠系和资源丰富的二叠系），傍着侏罗系地层围绕盆地四周。海拔多在1000公尺以上。过去，它们是四川对外交通的障碍，也是被人们遗弃的地带。但它们比侏罗系蕴藏着更为重要的资源，优质煤铁矿、各种有色金属和森林都极为丰富，农牧业也大有可为，只是过去还没有条件利用它罢了。

从沿革图反映出来，四川盆地的社会经济，是从农业逐渐发展向工、商、林、矿方面的。四川郡县建置，是由平原地区，逐渐向水运发达的河道沿线，和工矿生产地展开的。但过去两千多年中，封建制度限制了社会经济的向前发展，直到今天，才有了开发山区的可能。未来的繁荣城市，正将产生在这些具有发展重工业条件的山岳地带。

建南高原部分　这是海拔2000公尺左右的、相当平旷的一个富裕的高原。由于纬度较低，虽然海拔这样高，气候仍很温和，与四川盆地相似。它具有比率大于四川盆地的冲积平原，亦具有不很宽的白垩纪紫色土壤，又具有比四川盆地更集中的侏罗系和二叠系地层，拥有更值得大规模经营的矿产。

它的各种地层和土壤的分布，不似四川盆地那样有规则。可值得注意的是：纵贯南北的安宁河平原，对于四川与云南两地人民的往来十分便利，同时它又是全高原的政治和经济中心区。因此，它成了川、滇两省民族历史上接触最频繁的地区，建置郡县也较早。在整个封建社会时代里，大民族主义与狭隘民族主义在这一地区经常发生冲突，地方很不安靖，州县也是置废不常的。

青藏高原部分　旧称"康藏高原"，这是海拔4000公尺左右的广大高原。就中可分三种地面：

（1）高原牧场——是海拔4000公尺左右的大草原（3500—4500公尺），为羌、藏民族的聚居之处。从来是游牧、半游牧地区，停滞在原始社会时期很长。

（2）高原峡谷——是高原诸河水向南刻削成的海拔3500公尺以下的深峡河谷。气候温暖，宜于农业，但可耕地不多。交通极其困难，住民稀少，地方经济从未得到合理的发展。有若干原始森林保存在这些河谷里，矿产也颇丰富，生产潜力相当大。

有些介于3000到3500公尺间的河谷，地形比较平坦，联系牧场甚便，成为高原上农牧交易的中心地带，很早就有邑聚产生。近世设置的县治，几乎全在这些高原阔谷内。康藏公路也是贯穿这样的地带建筑的。

（3）雪山和沮洳地——前者以甘孜藏族自治州最多，后者以阿坝藏族自治州最多，现在都还没有人居住，面积只占全高原的百分之十以下。

图中，四川盆地部分的地质分布，依据中央地质调查所1950年出版的绘制。建南高原部分，用刘之祥编《宁属和滇北地质调查》图，补以102度以西的部分。未经调查处尚多，无可增补。侏罗系以下的地层，分布细碎、复杂，本图概未绘入，亦未着色，留待使用者更依所得资料作必要的补绘。青藏高原部分，依中华人民共和国成立前的农牧分布实际情况审慎绘制。

第二幅 秦代行政区划图说

郡县制度始于秦，但秦郡县并无现成记录可供我们使用。《汉书·地理志》（简称《汉志》）、《续汉郡国志注》《水经注》《括地志》《元和郡县志》（简称《元和志》）等书各曾作过一些考订，但都不全面。清末，杨守敬编绘的《历代舆地沿革险要图》（简称《杨图》）中，才绘出一幅《嬴秦郡县图》来。杨氏的工作态度十分矜慎。他的方法可分为四步：（1）先把秦代设有哪些郡县，剖析清楚。（2）依据汉代遗存下的一些数字，算出汉县增于秦县的比率。（3）依《汉志》和《史记》的列传、年表，《水经注》等书，已经肯定为秦县的，列出秦郡县表来，并把"地见春秋战国而汉又有其县者"作为具有可能性的秦县，附入表去。（4）依据当时最精的《大清一统舆地图》考订古今地名，编绘成图，并依《元和志》《通典》等书，考订出四十郡的境界。

但是由于杨氏过于矜慎，非古人已经说成秦县的就不收，因此蜀郡才得九县，巴郡六县，汉中郡才五县，距他自己算出来的比率要求还差得太远。对于许多已知为当时肥沃富庶之区，都是空无县治。郡界也颇与历史实际不相符合。

本图尊重杨氏已经取得的成就，发展了他所创造的方法，在四川省境内增加了十七个县，并指出他误采的三个县（渝氐道、严道、蒲阳），还修订了黔中郡的郡界。

杨氏说："据《汉书·高帝纪》，项羽立帝为汉王，王巴、蜀、汉中四十一县，此秦三郡所领县数也。《汉志》：巴、蜀、汉中，领县三十八。《华阳国志》，汉分巴、蜀置广汉（原刻误作广阳）、犍为二郡。《汉书·地理志》，二郡领县二十五。合计，汉共领县六十三，与秦四十一县较，秦县视汉不过少三分之一。"然而杨氏所考得秦三郡的辖县才二十，不到四十一县的半数。更还有湔氐道、严道、蒲阳三县是不妥当的，实际只有十七县。

按《汉志》的县序，一般是旧县前列，新置县和新从别郡划入的县后列。其蜀郡十五县顺序为"成都、郫、繁、广都、临邛、青衣、江原、严道、绵虒、旄牛、徙、湔氐道、汶江、广柔、蚕陵"。《华阳国志》："高后六年……开青衣"，说明青衣不是秦县，由此可以判断江原以下的九县也不是秦县。事实正是如此：江原非秦县，即如杨氏的《嬴秦郡县图》亦未列入。绵虒、旄牛、徙、汶江、广柔、蚕陵等县，为汉武帝时开置，史有明文。又巴郡十一县的次序为："江州、临江、枳、阆中、垫江、朐䏰、安汉、宕渠、鱼复、充国、涪陵"。安汉自然不会是秦县。其前六县中，临江、朐䏰，《杨图》未曾定为秦县。但是，这两县从来都是以出产食盐著名的，江州和枳县的食盐都要仰给于它。同时这两县处在枳和鱼复六百里间向斜层的大江阔谷，巴国时已经相当繁盛的地带里，秦代必然设有一二县治，不能因为前世无文记指出它是秦县便剔除了去。至鱼复与涪陵县列在后面的原因，当系它们本是秦黔中郡地，因度入巴郡的时间不同（涪陵在已置充国县后才入巴郡），所以置县虽早，序次落后。又广汉郡为汉代"分巴割蜀"所置，其县序为："梓潼、什邡、涪、雒、绵竹、广汉、葭萌、郪、新都、甸氐道、白水、刚氐道、阴平道"。首县是梓潼，《华阳国志》说："孝武元鼎六年置"，不是秦县。然而因为是郡治，所以列在前面。《常志》又说："（李冰）导雒通山雒水，或出瀑口，经什邡、郫，别江会新都大渡。"什邡、新都与郫县都是李冰经营的水利地区，可能秦皆已置县。再则《常志》屡次提到成都、广都、新都是蜀国的三都，他二都既已确定是秦县，不会单遗下新都来。郪为秦县，说另附。葭萌，故苴国都，秦灭苴后自必置县。葭萌前的涪、绵竹、雒与新都同属川西大平原内的腴沃地区，又是秦蜀通道所必经，秦已置县是可以理解的。广汉虽在紫土地区，但它位于巴与蜀间水运冲繁的内水（涪江）沿岸，秦亦不能在垫江与涪的四五百里间不置一县（广汉的"汉"字是说的汉水，不是说的汉朝。秦、汉人以嘉陵江为西汉水，涪水是它的支流，故云广汉）。因此，肯定葭萌、郪与新都为秦县后，新都以上的什邡至广汉四县虽无旧籍可据，亦可定为秦县了。又，犍为郡县序为："僰道、江阳、武阳、南安、资中、符、牛鞞、南广、汉阳、朱提、堂琅。"《杨图》只定秦有武阳、僰道，而无江阳、南安、资中与符。然秦灭丹犁，不能无南安县。苌宏资中人，入仕于周，则资中（今资阳县治）开化甚早，在秦不当无县。秦世巴蜀工商、矿冶与农牧都相当发达，水运极为重要，故大河会口皆建郡县较早，江州、垫江、枳、僰道、南安、武阳皆是，"江雒水会"的江阳，"安乐水会"的符，皆不可能无秦县。广汉郡和犍为郡是汉割巴蜀两郡辖县设置的。广汉郡中，郪与广汉皆可判为巴郡故地，余皆蜀郡辖县。犍为郡的武阳、南安、资中、僰道皆蜀郡故县，只有江阳与符才可能是巴郡故县。如果说秦尚未设置此二县，那么汉初"分巴割蜀以成犍、广"这句话就不能成立了。牛鞞县是汉元鼎六年置，非秦县，其以下四县皆汉开南夷置的。

这样，依据《汉志》的县序规律来分析秦县，四川境内比《杨图》多了十六县，合《杨图》绘在川境可以肯定的十二县，共为二十八县。计蜀郡有成都、郫、繁、广都、临邛、新都、雒、什邡、绵竹、涪、葭萌、武阳、南安、僰道、资中十五县；巴郡有垫江、江州、临江、枳、阆中、朐䏰、鱼复、涪陵、巫、郪、广汉、符、江阳十三县。按《华阳国志》，田叔为汉中守时"属县十二"。县秦时汉中郡已十二县，合巴、蜀计，已是四十县了。其他一县，可能即是充县。充与涪陵、枳、临江、朐䏰、鱼复及巫县本秦黔中郡地。秦亡，黔中郡废，诸县改属巴郡。汉置武陵郡后，充县由巴改隶武陵。

此外，《常志》，周赧王三年（前312）秦"分巴蜀置汉中郡"。足见秦汉中郡不仅有蜀、楚二国地，亦且有巴国故地。今大巴山南之通、南、巴等县，至蜀汉时尚与汉中紧密联系，难于分别，则秦时汉中郡辖有巴南地方可知，惟未置县。应是南郑县属地。

常志："巴子时虽都江州，或治垫江。或治平都。后治阆中。"阆中与苴接近，故苴亲巴而叛蜀。"秦惠王遣张仪等救苴侯于巴。仪贪巴、苴之富，因执其主以归"（用《水经注》语）。

巴国发展过程是：由巴东盐泉地区循长江河谷向西。在故陵、朐䏰、临江、平都和枳，皆曾滞留一段时间，乃奠都江州。更由江州迁垫江，最后迁阆中，国亡。即是说它由以商业经济为主的适于多种经营的川东褶曲地区转入以农业经济为主的川北紫土丘陵地区了。其居垫江颇久。因为那里位于褶曲区与紫土区的交界处，居巴国最中，水运四达。谯周《三巴记》："阆苑白水东南流，曲折三回如巴字"，正是说的垫江的嘉陵江。巴国可能就是因此为名。秦巴郡治当亦在此。《常志》："张仪城江州"，不言以为郡治。《杨图》以秦巴郡治江州，非是。

秦与"南夷"间的主要商路是：巴郡由巴符关及枳县；蜀郡由符黑水（可能有个蜀符关）。符，是查验符信的意思。

《史记·秦本纪》，惠文王后元十四年（前311），"丹犁臣蜀"。武王元年（前

310），"诛蜀相壮。……伐义渠、丹犁"。足见丹犁是蜀地相当强大的一个部落，曾参加陈壮的叛乱，被秦讨灭。以地理形势估计，今丹棱、洪雅、眉山、青神、乐山、峨眉皆是丹犁故地。隋置丹棱县时，丹犁故事似尚在民间传说，但音讹耳。《史记正义》指为唐初姚州府管内的丹州、犁州，大非。秦代不可能已经用兵到金沙江以南的姚州地面去。

秦与"西夷"间的主要商路：西北出天彭阙（湔关），西南逾邛徕山（邛笮山）。商品主要是铁器和布帛的输出，奴隶和牛马等的输入。政府设关徼以稽出入，征商税，并修通五尺道以便商人往来。

《水经注》："秦惠王灭蜀，遂置蜀郡。"《常志》：周慎王五年灭蜀。赧王元年封子通国为蜀侯。七年，封子恽为蜀侯。十五年，封子绾为蜀侯。"三十年，疑蜀侯绾反，王复诛之，但置蜀守。"有人疑秦是郡守与侯国并置。按《史记·六国年表》称公子辉为"蜀守辉"，则自辉（恽）时已是蜀守加侯衔。又阅十三年，始以异姓为蜀守耳。

賨人与板楯同类，由所居地的经济条件不同，文化发展分歧，致有两种称呼。板楯居地属川东褶曲地带，生活以畜牧、渔猎为重。賨民居地属川北紫土丘陵，生活以农业为重，习近汉民，文化较高。

第三幅　前汉行政区划图说

《汉志》和班固的自注，早就成了国内沿革地理的范本。后来的任何地书，都只算得在为它作注脚，没有谁指责它与地理实际情况不符合的。昔人为它作考订和搜集补充资料很多，只《二十五史补编》所收入的就有十二种。吴卓信的《汉书地理补注》，多到一百零三卷。全祖望的《汉书地理稽疑》最称精简，亦非连日不能读完。他们的共同之点是，只钻书本，摘字句，并不考订古今对照的地名，难于达到古为今用的目的。古地理书中，如《水经注》、《括地志》、《元和志》、《通典》、《寰宇记》、《明统志》、《方舆纪要》和各省的通志，及府、州、县志虽都很注意《汉志》地名的考订，但两千年来，并未能把有关今地的问题全部解决。《二十五史补编》所收的十二篇中，有三篇是考水道的，亦未把汉代的西南水道弄清楚。杨守敬的《汉书地理志图》始把汉郡县绘成古今地名对照的地图。但由于当时掌握边区的地理资料不多，因而遗存的问题也不少。龚熙春的《四川郡县志》虽解决了一部分问题，也还是太少了。

本图参考了上述有关资料，标绘出《汉志》关于巴、蜀方面的地名。对古今地名的考订，采用了部分《杨图》和《龚志》，也有些是从近人著作里取得的，有些则仅按地理形势进行推断，并无文籍依据。这自然不可能全部正确。不过经过检验，对汉代历史各方面，都是大体说得通的。有些必要的说明，都已注入图内，这里就不一一列举了。

除了郡县位置和水道外，本图也很注意各地的特产，尽量把《汉志》里的盐官、铁官、桔官、工官等所在位置考列在图上。并补充了一些注解。

对于汉代汉族与少数民族的部分情况，本图也作了推断。主要是根据近人所论述的各少数民族的历史发展和当地地理形势的可能性来拟定的。举例说：汉开冉駹置汶川郡，一般人误把冉駹作为一个国名了。据《史记·西南夷列传》，这是"氐类"的部落。《司马相如传》："朝冉，臣駹，定筰，存邛"，说明冉与駹是两个同族类的部落，并非一个国家或部落的名称。因此，在本图中分别标出"冉氏"、"駹氏"的字样。标在何处呢？自然是岷江上游温暖宜农的河谷，那才是汉官吏们可能留驻之地。但最大限度只能是今松潘以南的岷江两岸，海拔再高的山地和草原，便不可能了（这也是本图不承认秦代湔氐道在松潘的一个理由）。再者，岷江河谷的中心地在旧茂县，杂谷脑河谷中心地当在旧理县。这两族谁该在茂县区，谁该在理县区呢？本图又依这两河谷区开通的先后作了推论：茂县区肯定要与四川盆地的蜀人交通为早，其路线是取道绵水和雒水河谷，由绵、雒直通茂县的。绵、雒是秦代已疏导的河谷，水源出处的紫岩山和章山已经著于《汉志》，翻过山便是茂县，路不甚险。灌茂大道虽然早已通达，这条路仍是劳动人民出入茂县区经常走的捷道。而今天的灌茂大道，途中有龙溪峡、飞沙关那些险阻，在过去很长一段时间都不能通行畜运，开发得较迟。因此就惯于使牲畜运输的羌氏人民来说，他们是宁愿出绵、雒，而不愿出灌口的。据此可以判断：冉氏住在茂县地区，駹氏住在理县地区。汉人先开发茂区，再由茂区通入理区。所以茂县古名绵虒，而理县是最西的一县，古名广柔。"冉先"，"駹后"的话，因此成为顺口。这些都是没有文籍的推测，古人说得好："尽信书，则不如无书。"我们认为，研究两千年前汉代古地理，与其迷信唐以来的书籍图志（其实他们也是推想），莫如遵照自然科学所指导的线索进行推测，还要可靠一些。

第四幅　后汉行政区划图说

自灭公孙述至刘焉据蜀，四川在后汉二百二十余年中，郡县悉如汉旧。仅在和帝时（89—105）增置了五县：平都、宣汉、汉昌皆有年岁可考，只德阳、汉安未知置于何年。安帝时（107—125）分蜀郡、广汉、犍为设置三个属国都尉管区。

《续汉书郡国志》（简称《续汉志》）精审不亚于《汉书》。本图即据以编绘。其中有些小问题，在此略作交代：

（1）巴郡充国县，《汉志》原有，无注文。《续汉志》说："永元二年（90）分阆中置。"查巴郡的平都、宣汉、汉昌三县，都是和帝永元中新置的，那时巴郡户口有了增长，同时在长江、西汉水（嘉陵江）、潾水（巴水）、不曹水（渠水）四大河谷里各增一县是合乎情理的。如此，则前汉就不当有充国县。曾有人怀疑《汉志》里充国二字为衍文。也有人认为，前汉已经有充国县，只是由于王莽时蜀地兵乱而荒废了，后汉永元中又重新设置，这也有可能。因此，本图前汉幅据《汉志》，后汉幅据《续汉志》。对这一问题，未作定论。

（2）四川旧县名中，有三个名同地异的德阳县。最早一个是后汉设立的。刘昭《续汉志注》引《华阳国志》说："有剑阁道三十里，至险。"这明明是指今剑阁县地方。这个德阳，蜀汉时叫作汉德县，属梓潼郡。另一个是蜀汉时的德阳县，即《张裔传》的德阳陌，在涪江下游。《华阳国志》：广汉郡，"德阳县有青石祠"。又：巴郡，"北接安汉、德阳"。《龚志》判为潼南之下县坝，是可遵的。但该书同时又把后汉的德阳也定在此处，那就不对了。还有一个是汉州旧管的德阳县，唐武则天时设置，今仍称德阳。后汉德阳不能说成蜀汉德阳，正如汉代德阳不能说成唐以来的德阳一样。本图对此三地，分别作了说明，嵌在图内。

（3）《续汉志》地名中与《汉志》出入之处很多，应该加以说明。例如：《汉志》蜀郡的蚕陵县，《续汉志》作"八陵"。查《后汉书·安帝纪》，永初元年七月，"蜀郡夷寇蚕陵，杀县令"。《筰都夷传》记载此事更为详细，也是说"攻蚕陵城"。可见后汉图籍原作"蚕陵"，《续汉志》乃作"八陵"。疑这一"八"字，乃是当时蜀人习惯使用的一个象形字，作ㄣㄣ，乃两蚕待食对望之形，不是错字。又，前汉的符县，《续汉志》作"荷节"。查《三国志·杨戏传》，季汉辅臣赞注说王义疆"为符节长"，看来是《续汉志》误符为荷了。又如：越嶲郡，《汉志》有兰县，师古曰："音兰"。意为其地是邛国边徼，故名曰兰。续《汉志》乃作"阐县"，音与义都不相同，显然也是一个错字。其他如三绛作三缝，那还可以说绛为古缝字（都从丰，不作绛），为了正音，可以别写。筰秦作莋奏，是由于宋版字误，殿版已经勘正。这些错字，本图在编绘中，已经作了一些必要的订正。

（4）《后汉书》记录关于少数民族的资料，多于《汉书》或《史记》十倍。但驳杂零乱，不如《史》《汉》之眉目爽朗，人地明确，难于全部绘入图里。本图仅从《南夷传》《西南夷传》和《西羌传》里取得一些部落名称绘入。这一工作，由于资料本身过于空洞，图上位置安来安去仍觉不适当，这只好留待将来修正了。兹举例说明：

《后汉书·筰都夷传》说："居处略与汶山夷同。"又说："永初元年，蜀郡三襄种夷与徼外汙衍种并兵三千余人反叛，攻蚕陵城，杀长吏。"说明筰国这一部落，与蜀郡西北的蚕陵（今叠溪）、汶山（灵帝以汶江、蚕陵、广柔置汶山郡）很接近。又说："青衣道夷邑长令田与徼外三种夷三十一万……举土内属。"说明在筰都夷又包括青衣江区与其西徼外广大地面的民族。又说："旄牛夷叛攻零关。"旄牛夷为筰的一部。零关，章怀太子《注》："零关道，属越嶲郡。"说明筰都夷与今越西县也很接近。算来筰都夷分布在今松、茂以西，沿大渡河而南，达于建南高原的北部，地面辽阔约近千里。这在当时，是一个很难想象的大国（筰国）了。如果再根据定筰县的名义来看，把今盐源县也算作筰都夷地，那境域的南北长度便超过一千里，宽有多少，更难推测了。此《传》里还有更重要的一大段，叙述白狼、槃木等百余国，百三十余万户，六百万口，举种内属。随着又有白狼、楼薄也率种十七万口内属。如记载属实，用今天康区的人口密度来衡量，其地面要超越金沙江，远达西藏、青海去了。但试分析白狼王献的三章诗，那又不是羌、藏族的语言，而是建南与滇北地区僰人的语言。例如，他把多少的"多"字译为"邪"（凡四处），把"归顺"译为"路"（凡三处），把"大"译作"是"（凡两处），以及形容词与动词不在主词后面：这些都与羌、藏语毫不相同。传文记载，白狼部落是筰都夷的主体。但从《史》《汉》的《西南夷传》和《蜀志张嶷传》来看，两汉、魏、晋的筰夷主体都是旄牛夷。又：《西羌传》的牦牛羌，也当即是《筰都传》的旄牛夷，"旄"、"牦"两字原是通的。像这样复杂的部族，习俗、地盘和称谓的错综搅扰，实在难为剖析。

本图处理这一问题的方法是：根据"筰"的溜索的解释（见《杨升庵集》）来判断，它不是一个部族的自称，而是汉族见到他们使用溜索渡河这一特点，加给他们的称呼。凡是大渡河上、中游的部落，都适用这一称呼。《张骞传》说：汉武帝为求通天竺的路，派人"出駹、出筰、出徙、出僰，皆各行一二千里，其北方闭氐筰，南方闭嶲、昆明"，指出冉駹以西之地，原都是使用溜索的筰夷之地。其他如雅砻江与金沙江河谷的少数民族，无论他们是羌、是氐、是僰人，抑是斯叟，都可依照《后汉书》一例，包在筰都夷内，称作筰夷。至于筰中的首领部落，则判定为旄牛夷，其住地在今泸定和冕宁以西。前汉以筰都为沈黎郡，有二十一县，其后郡废，还保存一个旄牛县，即是以旄牛部代表筰部的体现。至于所谓白狼部落，则判其为建南高原西部半农半牧的部落。献诗内附之事，全是朱辅买通经商的夷人扮演成的。他们的部落并没有那样多的人，也不会作诗。这诗可能是朱辅作给他们去翻译的，所以有很大部分还译不出义来，只是仍用汉音。本图便是这样地体会《筰都夷传》的文字，从而标绘出那些地名。

第五幅　蜀汉行政区划图说

自初平二年刘焉入蜀，已经形成了割据的局面，传到其子刘璋，开始析置郡县。继后经过蜀汉先主、后主两世，至魏灭蜀，七十七年中，其辖地已有二十余郡。在今四川境内的，有十七郡。但是析置的县不多。每郡所辖，多不过九县，少的只三县，一般四至七县。这是六朝滥置州郡的开端。

《三国志》无地理志。清乾隆中，洪亮吉创为《补三国疆域志》（简称《洪志》）。其后谢钟英有《补三国疆域志补注》和《三国疆域表》（简称《谢表》），吴增仅有《三国郡县表》（简称《吴表》），杨守敬有《三国疆域图》（简称《杨图》），并为《吴表》撰有考证。谢氏亦绘有图纸七十张，今不可得。《杨图》无郡县界，未能表达当时建置体系，又因选用资料未当，县治位置差谬，与《洪志》及吴、谢二表皆有不尽可遵处。兹参考上列图表及《华阳国志》、《晋书·地理志》、《寰宇记》、《一统志》、《四川通志》与《四川郡县志》等书，斟酌编绘，不专依一书。

《杨图》最讲依据，但所依据多为隋、唐以后著作，不尽切合汉代实际。特别是川边部分，由于当时地理情况尚多未明，沿革考订未审，因此《杨图》错误之处也就最多。兹举出本图所订正者数处：

（1）《杨图》依《晋书·地理志》定今灌县为蜀汉汶川郡之都安县，而别据《水经注》定今松潘为蜀汉汶山郡之湔氐道。《洪志》与谢、吴二表并据《三国志·后主纪》与《裴注》，定蜀郡有湔县。兹考蜀湔县即旧之湔氐道，晋改都安县，并是今灌县地。蜀非同时有湔氐道与湔县，亦如晋不同时有湔氐道与都安县。至于今松潘，在蜀为平康县地（见《姜维传》），《杨图》于此两处皆误。

（2）《杨图》定汉复县于彭水县龚滩附近，又标汉发县于彭、黔、酉阳三县间的乱山丛里。查《华阳国志·涪陵郡》说："汉发县，有盐井。"按黔江流域有盐井的，只有郁山镇。足见汉发县当定在此处。《华阳国志》无汉复县。《晋书·地理志》涪陵郡有汉复，无汉发县。《三国志·吴书·钟离牧传》："魏遣汉发长郭纯试守武陵太守，率涪陵民入迁陵果。"此郭纯，在宋绍熙刊本作"汉发长"，在清武英殿本作"汉复长"。是汉复与汉发实为一县。"发"、"复"音近，边区地名，传写易讹。《杨图》依《洪志》与《谢表》分为两县，已非，又误定其地。《吴表》有汉复与汉葭，无汉发，是。《谢表》与《洪志补注》亦皆以汉发为汉葭，但定汉发在"今彭水县东一百里"，汉复在"今彭水东南九十里"，皆误。我们定汉复在郁山，汉葭在龚滩，不用"汉发"字。又按，《寰宇记》引《太康地志》，说："汉葭在郡东百里，沣源出县界。"则似汉葭是秦、汉充县改名，旧境当在今秀山、龙山、来凤三县地界。然《寰宇记》引书多非原文，或有讹乱，不能肯定。录之以备参考。

（3）《杨图》定越巂郡卑水县在大凉山与马湖之间。同时又以今雷波为蜀汉之马湖县。当时置县当不至如此密集。按《华阳国志》记，武侯南征，先入越巂，与高定和雍闿的联军相拒于卑水。闿死、定败以后，乃渡泸平益州四郡。卑水县因水为名，"水通马湖江"（并见《华阳国志》与《水经注》），即今宁南县之披砂河（普格河）也。马湖江为金沙江之别称，魏、晋、隋、唐、宋、元各地书皆然，不必即指马湖附近。《杨图》胶着于"马湖"二字，故误。兹定卑水县于普格。

（4）《杨图》又无新道、安上二县。蜀有新道县，见《三国志·蜀书·李严传》。时旄牛故道不通，故别自犍为郡开路通于越巂，故名新道县。兹依《传》文，按地理，补新道县，属犍为郡，在今峨边旧县（大堡子）。安上县见《三国志·张嶷传》。言其"去郡八百余里"（今本《华阳国志》同），乃由传说者极言其远，不是实际道里数字。张澍《蜀典》与《叙州府志》都定其地为今屏山县，与当时实际情形不合。按史书记载，安上是越巂夷人叛后的郡治。武侯军还后，太守龚禄居此，被高定派人来杀了。张嶷受命后，亦是先在安上驻军三年，经营越巂，做到了"蛮夷皆服"，才由安上"徙还故郡"。看来安上县不会距越巂郡故治太远。远也不可能逾越大凉山而到达屏山县的位置。我们这里把安上定在昭觉。昭觉是可种水稻的大平原，虽在大凉山中，对越巂故郡各县联系甚便。清末设立县治时，在旧城坝发现汉砖和五铢钱甚多（见宣统《昭觉县志》），足见其在汉代曾经筑城设治。

第六幅　西晋及成汉行政区划图说

《晋书·地理志》修于唐代。州、郡、县名，大体依据《太康地志》，又复杂采后出诸书，致与《太康地志》多所牴牾。洪亮吉斥其"前后失据"，毕沅谓"唐初诸贤不究地理学之过也"（并见《晋书地理志新补正·序》及《跋》）。方恺历指其矛盾、讹谬处四大端（见《新校晋书地理志》序文），并各为专著纠谬，拾遗，为之补正。杨守敬酌采诸人之说，编绘为《西晋地理图》、《东晋疆域图》和《十六国疆域图》，均各有图说或图表。这都是清代学人对古地理学的巨大贡献。本图即以杨氏《西晋地理图》为蓝本，参考《华阳国志》、《宋书·州郡志》、《隋书·地理志》、《晋书·地理志》和毕沅的《晋书地理志补正》、方恺的《新校晋书地理志》作图。又参考《四川郡县志》和有关的府、县志，考订了一些今地名。

公元263年魏灭蜀时，已是司马氏执政的年代，隔了一年，便改号晋。晋统一不过二十年，朝廷内部大乱。自269年开始，流民与少数民族便相继起兵，303年，刘渊和李特建立起两个民族政权，中国开始分裂。316年，西晋王朝覆灭，司马氏遗族流亡到江左，重建政权，是为东晋。李氏在巴蜀地区所建立起来的政权，最初国号成；338年，又改号汉，史称成汉。至347年，始为东晋所灭。成汉统治下的巴、蜀郡县规制，大体仍是晋旧，只小有增置和改易名称，故本图把成汉与西晋合为一幅。

洪亮吉与杨守敬都把成汉称作"后蜀"。《杨图》冠有目录一篇，依洪亮吉《十六国疆域志》李氏所辖的州、郡、县体系，表列出来。在杨氏之前，又有徐文范之《东晋南北朝舆地表》，考订南北朝各国的疆域变化。本图对于成汉的郡县沿革，即用《洪志》、《杨图》、《徐表》参互考订。

但是，在一幅图里绘上两个朝代的建置，不可能绘得十分全面，如果添上若干复杂的线条和注脚，阅时又会感到不便。如汉昌县，《晋书·地理志》属宕渠郡，李氏划属巴西郡。又析汉昌境置汉兴县，属宕渠郡。若要在图上表明这些变化，就须添上一条县界作为更改后的郡界，并且调整一番颜色。然而这却无多大的实际意义。故在编绘本图时，采取以西晋为主，只附注成汉新置郡县的名字。对更改的县名，也未尽注入图。

以下把杨守敬《后蜀疆域目录》关于四川之部的郡县附列出来，并为它作必要的注文（加有括弧的字都是注文）：

益州（凡七郡，二十七县，皆在今四川境。）

（1）蜀郡——成都、广汉（《洪志》作广都，杨氏字伪）、繁、郫（凡四县，皆晋旧属）。

（2）汉原郡（《徐表》："成玉衡五年，分蜀、汉嘉二郡置沈黎、汉原二郡。"）——汉原（旧曰江原县）、临邛（二县仍晋旧境，其一改名）。

（3）犍为郡——武阳、南安、僰道、资中、牛鞞（五县仍晋旧）。

（4）汶山郡——汶山、升迁、都安、广阳、兴乐、平康、蚕陵、广柔（八县。多晋汶山一县。其图以今茂县为汶山郡治与汶山县治，以松潘为升迁县治，兴乐县又标在松潘西北，以黑水会口为广阳，旧汶川城西岸标在广柔，皆属错误。又《徐表》谓："玉衡三年，李恭、费黑掳晋汶山太守兰维，遂克巴、汶山二郡。"考《华阳国志》，兰维于晋太安二年弃郡随罗尚逃奔巴郡。永嘉五年，即成玉衡元年，李恭等取巴郡，维与晋吏民奔涪陵。建兴元年，即玉衡三年，又自涪陵还趋枳，欲出巴东，为李恭、费黑所获——见《大同志》。是成取汶山郡在太安二年，即公元303年，取巴郡在其后八年，虏前汶山太守兰维又在其后二年，徐氏疏误）。

（5）汉阳郡（《洪志》、《徐表》并称汉嘉郡）——汉嘉、徙阳、严道（三县仍晋旧）。

（6）沈黎郡——晋乐、旄牛（二县晋旧）。

（7）江阳郡——江阳、符、汉安（三县晋旧，无新乐。又按《徐表》，李寿汉兴五年时有八州，三十七郡。首："司隶之成都、汉原、汉嘉、汶山、犍为、沈黎。"次："益州之蜀、广汉、梓潼、德阳。"他把司隶作为一州，辖地到汉原至沈黎五郡；又把成都作为一郡列入，于理不通。成都既作为郡，那么蜀郡原辖的郫、繁、广都是否仍属蜀郡？若仍隶属郡，那么益州的蜀郡就把司隶五郡隔开了。若还一并划归司隶，则蜀郡又辖何地？以理推断：当是司隶治成都，不领郡。益州与蜀郡亦皆仍治成都。原表的汉原至沈黎五郡及广汉至德阳三郡皆属益州）。

梁州（凡八郡，四十三县。其七郡在今四川境。）

（1）汉中郡——（南郑等八县，皆在今陕西省境）。

（2）梓潼郡——涪城、梓潼、武连、万安、汉德、葭明（《洪志》葭萌）、剑阁、白水（八县。剑阁县，《杨图》：晋无，成有，《毕志》则晋亦有。涪城，晋为涪县。葭明，晋为晋寿县。余仍晋旧，无改）。

（3）广汉郡——广汉、雒、什邡、绵竹、郪、新都、阳泉、五城（八县。多晋阳泉一县）。

（4）德阳郡（《徐表》玉衡九年李雄所领四十七郡无德阳，玉衡十三年的十八郡有。）——德阳（一县，晋阳。按：《徐表》，李雄时无新都郡，应是雄初年并新都郡于广汉郡，后乃再析广汉郡之广汉、郪、德阳三县为德阳郡。实际较晋制只算改换了两个郡名。即改新都为广汉郡，改晋之广汉郡为德阳郡。杨氏胶泥于县名与郡相应，把李雄的广汉郡治定于广汉县，又把广汉定为今之遂宁县。这样，就把原新都、广汉两郡所辖的其他六县被这广汉郡治的广汉县全给德阳隔断了，从而不能不设想为德阳郡只辖德阳一县。这是杨氏设想之误，不知他有何依据。查李雄所改郡县，大都较西晋为更合理，不会把成都平原的新都、雒、什邡、绵竹等县隶属于在今遂宁设立的广汉太守，也不会使德阳郡只辖一县。即使到了刘宋、南齐年代，也还没有一郡只辖一县的例子。李雄曾以他的儿子李越为车骑将军驻广汉，李寿又曾以他的重臣解思明为广汉太守，都说明广汉是近畿大郡，郡治仍当在雒，不当在涪江流域的广汉县。那时的广汉县，与郪和德阳县都该属于德阳郡）。

（5）涪陵郡——汉复、涪陵、汉平、汉葭、万宁（五县，晋旧。按：巴郡、巴东皆属于荆州，则涪陵郡不能离荆州而悬属梁州，当属荆州）。

（6）巴西郡——阆中、西充国、苍谿、岐惬、南充国、汉昌、安汉、平州（八县，较晋多苍谿。又自宕渠度入汉昌县）。

（7）宕渠郡——宕渠、汉兴、宣汉（三县，其二晋旧。新增汉兴一县，当是李寿时增置）。

（8）阳平郡——阴平、平武（二县晋旧。再按：《徐表》，李寿汉兴五年所领，"梁州之晋寿、汉中、巴西、宕渠、北阴平"。凡五郡，梓潼、广汉、德阳三郡属益州。比《杨图》多晋寿郡，并列在汉中郡前，为梁州首郡，那是可疑的。《华阳国志》说，李雄的征北大将军梁州刺史常驻晋寿，不能遂设想晋寿已经为郡。这正如蜀汉的大将军驻涪，而涪仍是梓潼郡属的一县，不曾置郡。[李寿时，大将军亦常驻梓潼郡的涪县。]且李雄反晋，晋寿是旧县名，他可不改。若还新置成郡，就不会称作"晋寿"了。《杨图》不列此郡而以晋寿为葭萌县，是合理的）。

荆州（共二郡，八县，皆在川境。）

（1）巴郡——江州、垫江、临江、枳（四县，皆晋旧）。

（2）巴东郡——鱼复、朐䏰、南浦、汉丰（四县，晋旧。又按：《徐表》云："荆州之巴、巴东、涪陵、江阳、建平。"《杨图》以江阳郡属益州。查李寿时，晋人屡由荆州及牂柯郡攻蜀江阳与巴、涪陵等郡，并曾一时占领。是江阳及巴、涪陵与荆州关系较多。比较《徐》、《杨》二表，《徐》说为长。至于建平郡，蜀人亦曾取得，但旋复归晋。《徐表》收列之，亦是）。

宁州（领建宁、晋宁、平夷、南广、西平五郡，二十九县。皆非川境，不录。）

汉州（领兴古、永昌、云南、河阳四郡，十八县。皆非川境，不录。）

安州（领牂柯、夜郎、朱提、越巂、平乐五郡，二十四县。在川境者只越巂郡。）

越巂郡——会无、邛都、卑水、定筰、台登、护龙、苏祁、晋兴（八县。七县晋旧。晋兴当系侨县，在邛都县境内）。

第七幅　东晋行政区划图说

　　四世纪初期，关陇入蜀流民，在李特兄弟父子领导下，逐去晋朝官吏，据有全蜀。至347年为东晋所灭。在这段时间内，全国人民发生了大迁徙的动乱。蜀、巴、犍、广诸郡大户、豪族，东下荆、湘，南入七郡，留存下来的民户稀少，多数郡县的燕子无处栖宿，"巢于林间"。于是有被称为"獠"（以下作僚）的一种民族，从牂柯郡山地出来，填住蜀中空地。凡属紫土丘陵地带，在李寿、李势的统治年代里，就已差不多全被僚人占据了。东晋虽然收复了蜀土，却无力管理这些僚民，许多郡县都是有名无实的。每郡所辖汉民仅在千户左右，少的不足百户。除川西平原地区外，只沿江水运枢纽地附近才有汉户。但在同一时期，由于华北广大地面都为少数民族建立的政权所统治。汉民继续流徙到汉、沔，到巴、蜀来的仍源源不断，在川西北和川东北地方建立了许多侨郡、侨县，有民无地，随其乡贯编成档籍，征赋税，养官员而已。川东南旧郡、旧县的人民，亦多有不胜僚人压迫，向北迁徙，在川西平原附近建立侨郡侨县的。这些侨郡侨县的人民，初只寄居城市经营工商业，后来亦渐领荒垦种，定居下来。晋末厉行"土断"时，有些侨郡、侨县变成了实郡、实县。惟亦有流人不服土断，改实县后又复逃徙，致实县竟未建成的。有时政府方才据报立档，而所报郡县的人民又已它徙或溃散了。有时一县流民不够建成侨县或侨郡，又联系别县散民或别郡流民配补成为侨县或侨郡，混乱情形，往往使当时掌版籍的人都弄不清楚。这是东晋以后侨郡县与实郡县混乱难理的时代特点。

　　东晋实际统治全蜀的时间，并不很长。从公元347到419年的七十二年中，就有三段时间在别人统治中。那就是：（1）347—352年，汉遗臣邓定、隗文等奉范贲为帝，占据成都并统治巴、蜀大部地面两年。（2）373—385年，全蜀为苻坚占有，南中诸郡连同邛、筰、夜郎等民族部落都归附于他。（3）405—413年，全蜀为谯纵所据。算来晋朝只统治四十多年，而且也是经常动荡不安的。在这些政局变化中，郡县建置又多有改变，因而侨郡县与实郡县的变化更为复杂了。

　　《晋书·地理志》对东晋的郡县沿革说得异常简略。洪亮吉的《东晋疆域志》和《十六国疆域志》，毕沅的《晋书地理志新补正》，以及徐文范的《东晋南北朝舆地表》，也都未能解决这些混乱、复杂的问题。本图编绘时，把上举这些资料，参考《宋书·州郡志》与《杨图》、《龚志》作过一番整理，鉴别出哪些属于实郡、实县，哪些属于侨郡、侨县。凡是实郡、实县皆考订入图。而侨郡县则不完全加以考订，除与下面各幅实郡县有沿革关系者外，概不入图。还有，在各实县中，许多是僚多汉少，实际辖境很难确定，因此图里只绘实郡的郡界，不绘县界。

关于鉴别实郡县与侨郡县的方法，主要是：（1）史有明文著为侨置的或旧立的。（2）史无明文，则凡郡名与所领县皆非巴蜀所固有者，判为侨郡。（3）郡治无考，或考得其附着于某城邑，及领县皆无实地可指者，判为侨郡。（4）郡治无实地可指，而所领各县中有一县以上为蜀中旧县者，认为是在旧县境内建立的侨郡，在这样情况下，则图中只收录旧县与郡名，其余属县（侨县）皆不收录。（5）同一县名见于数郡者，以系在原所属郡者为实县，其脱离故郡而别属新郡者为侨县，从而亦可判断所系之新郡为侨郡。

这种鉴别实郡县和侨郡县的方法，通用到宋、齐、梁、魏各幅，过去在叙述这些朝代郡县的书籍里，无论是正史，是补辑，总是列举了许许多多的郡县，似乎那时各地区的郡县增长得多，其实并非如此，相反还比前代减少了。许多旧郡旧县皆已荒废，徒在局部地区涌出大量的侨郡、侨县来。实际是土著户口大大减少，客民陆续有些增加；荒废郡县尚存虚名，增加客民虚立郡县的虚伪现象。本图之所以一定要把实郡县与侨郡县区别出来，便是为了揭出这些历史现象，让阅者进一步了解到当时各地方人口稀密的实际情形。

但是，这一整理工作做得很不细致，也可能有误删和误留的郡县。还有苻秦和谯纵所增、省、废、移和改名的郡县，图里全未考到。这些，都有待于今后的修订和补充。

图里新增各县的位置，旧籍没有定说，此次亦曾作了初步的考订，择要在图里嵌了小注，但未一一说明。

第八幅　刘宋行政区划图说

刘宋时，巴、蜀地区，夷僚日增，汉户日减，旧郡益少，旧县颇稀。较大城市和较安静地方，流民麇集，侨郡县起灭复杂。有一城设置四五郡的，如成都与汉中。有就旧县设侨郡的，如汉德县侨置南安郡，兴安县侨置宋熙郡。也有就垦荒民户设置侨县侨郡的，如华阳郡、西宕渠郡、新城郡。有因新抚僚户而设郡县，寻复陷没的，如巴渠郡。亦有旧县为夷僚侵没，但存其名的，如临邛县与汶山郡。又有许多旧郡旧县，避僚迁徙，初在邻邑侨寄，旋又避乱远迁，屡次转徙，所至备案，同时又或留有部分人民于原地，以致同一县名互见各郡的；如：晋安、晋城，本巴西郡属县，而新巴与南新巴二郡也都有；汉安，本江阳郡属县，而白水、南晋寿两郡也都有。至于北民南徙，南民北徙，交互流动，所在混居，随时报籍，多非故地。如梁州汉中，有安固郡，领二县，有桓陵县；其后巴西郡亦有桓陵县，是为北人南流，所在置县之一例。又梁州的华阳郡，领四县，有华阳、宕渠两县；魏兴郡，领十二县，有宣汉县，《宋书·州郡志》说，"本建平流民"；又有安晋、延寿两县，"本蜀郡流民"，是皆南人北流的例子。如此南北交流，侨旧混乱之例甚多，虽在当时，掌版籍者亦不能尽识，生在十余世纪以后的人，要想清厘完善，考订明确，绘出图来，是很困难的。好在沈约的《宋书·州郡志》是当时最好的一本地理资料汇纂，现今全部保存。本图便依据它来编绘。

沈约生于宋世，为史臣，获见晋武帝太康（280—289）和惠帝元康（291—299）两朝版籍，并据王隐的《晋书·地道记》，宋人刘道荟的《晋起居注》，何承天的《国书·州郡志》（简称《何志》）、徐爰的《国史·州郡志》（简称《徐志》）和宋高祖永初（420—422），孝武帝大明（457—464），顺帝升明（477—479）三朝版籍及其他地理杂书（指《华阳国志》、《汉赵记》、《西河记》、《凉记》、《邺中记》、《交广记》、《楚记》等书），反复参校，比列异同，纂为《宋书·州郡志》。态度忠实，工作细致，能使千载后人灼然考见五世纪时州、郡、县邑配布的实际情形。南北朝郡县混乱之迹，赖以澄清。故本图专依《沈志》，略参杨守敬《刘宋州郡志》，其他地书无所资取。

就《沈志》所记，参验地理形势，可得刘宋巴、蜀地区郡县户口概况。从而考订实郡、实县境域，侨郡、侨县位置，眉目略备。大抵：成都平原，自江原以东，迤及涪城、晋寿，通连汉中一线，未有僚户。各地迁流人民，争集此区，侨建郡县最多，地名甚难考订。本图使用上幅分别侨郡县的方法，先把实郡、实县定入图内。再用齐、梁新出现的郡县来查对《沈志》，判断哪些是县城侨立郡治后才转为实郡的，哪些是因夷僚扰害迁徙或荒废了的。查出来哪些是全属实郡实县没有侨寄的，如广汉郡和巴郡是；哪些是实郡实县兼有侨县的，如梓潼郡、巴西郡和越巂郡是；哪些是实县侨郡，兼有侨县的，如广都县与宁蜀郡，绵竹县与南阴平郡是；哪些是侨县占有垦地，类似实县的，如南安侨郡有华阳县，南阴平侨郡有阴平县是；哪些是由于豪族垦地占籍编成新郡新县的，如新城郡、新巴郡、武都郡是，等等，分别填绘入图。

至于沿江水运节点上的一些郡县，如犍为郡、江阳郡、巴郡、遂宁郡等，都是就僚区中保存汉户较多处建立的,皆旧郡旧县,沿革分明,不待考订。此外,在川西南沿边地区,还保存了一些旧县和晋未设置的新县,如越嶲郡的晋兴县,南广郡的新兴、晋昌、常迁县等,大都是由于巴、蜀流民因留恋其盐、铁、工、商业务与所垦土地,徘徊未肯还蜀,暂时支持着宋朝官吏而建置的。入齐不久,亦皆逃散荒废了。

第九幅　南齐行政区划图说

南齐的巴、蜀州郡,虽仍保持着晋、宋的格局,但实际户口更少,荒废的郡县愈多,只川西北一带(成都到汉中的大道附近)较为繁盛,成都平原向眉山平原及沿江一线稍有发展而已。川西南沿边的汉户大都迁回蜀地来了,越嶲、沈黎两郡等于沦没。由于土断已久,各侨郡县转为实郡县者渐多,故《南齐书·州郡志》,用力虽不及《宋书·州郡志》之勤,郡县条理却甚清楚,制图比较容易。

《南齐书·高帝纪》:建元二年二月丁卯"置巴州。壬申,以三巴校尉明慧昭为巴州刺史"。是齐有巴州甚明。但元、明、清代通行的《南齐志》全阙巴州一页,仅存鄞州前"汉平、涪陵、汉玫"三县一行,可判为巴州属县。杨守敬的《南齐州郡图》,依据《宋书·州郡志》、《隋书·地理志》及《太平寰宇记》补巴东郡与鱼复、朐䏰、新浦、南浦、汉丰、巴渠六县,巴郡与江州、临江、垫江三县,涪陵郡之枳一县,并序云:"其《宋书》巴东郡之𠅗阳县,建平郡之新乡县,《隋志》不载,又失本土,不复补焉。"龚煦春《四川郡县志》亦补巴州郡县,则是:州治巴郡,领垫江、临江、江州、枳四县;巴东郡领鱼复、朐䏰、新浦、南浦、汉丰、𠅗阳、巴渠七县,建平郡领巫、北井、秦昌及秭归、归乡、沙渠、新乡七县,涪陵郡领汉平、涪陵、汉玫三县。都是暗中摸索,未能符合实际。近自涵芬楼影印五代蜀刻本《南齐书》行市,全具此页,巴州郡县始恍然大明。全文是:"巴州。三峡险隘,山蛮寇贼,宋泰始三年,议立三巴校尉以镇之。后省。升明二年复置。建元二年,公荆州巴东、建年(平),益州巴郡为州,立刺史,而领巴东太守。又割涪陵郡属。永明元年省,各还本属焉。巴东郡:鱼复、朐䏰、南浦、聂阳、巴渠、新浦、汉丰。建平郡:巫、秭归、北井、秦(泰)昌、沙渠、新乡。巴郡:江州、枳、垫江、临江。涪陵郡:汉平、涪陵、汉玫。"本图据以绘制,并订正原刻"平"、"泰"两字。其汉玫县,《龚志》作汉玖,兹考即汉复县,一作汉发,发字古亦作發,边县名字易讹,传写讹为支,又写作玫耳。玖字非是。其聂阳县,应即《沈志》之𠅗阳县,已有考注在图。又《沈志》无涪陵郡,《齐志》未言涪陵郡原属何州。应是宋废此郡及其属县。齐复立县属巴郡,建巴州时乃以三县为郡,故云"割涪陵郡属"。省巴州时,当仍废涪陵郡,县属巴郡,故曰"各还本属"。又,《龚志》皆以垫江为巴郡治,蜀刻本乃治江州。按《元和志》谓:"巴县,本汉江州……南齐改为垫江县。"《寰宇记》谓:永明五年(487),江州"自郡内移理僰溪口"。可见立巴州时(480—483),巴郡与江州仍治今重庆市,省巴州后,江州才徙治僰溪口。郡治未移,但改名为垫江。兹并注其徙改时间入图。

以下,就各僚郡、左郡与荒郡加以解说:

《南齐书》益州有五"獠郡"。"东宕渠獠郡"领宕渠、平州、汉初三县,可见其地在今渠县、广安、武胜、南充、营山、平昌诸县界间,是占领渠河流域的僚族受抚置郡的证据。也是这一僚区中还有少数的汉民和賨民保守几个城邑与僚人和平相处的证据。这是蜀中唯一有属县的僚郡。"沈黎獠郡"与"越巂獠郡",皆是彝族占领地区,彝族从朱提郡徙居大小凉山与僚族自牂柯徙入四川盆地在同一时间。他们原是两种民族。汉官未能分辨他们之间的特点,混称曰"獠"。这两郡无属县,是因为除郡治所在尚保存有少数汉户外,全境都已被彝人及其他少数民族占据不供赋役了。惟有少数未迁走的汉户保据这座城邑,以工商业与其他民族周旋。他们为了倚仗齐政权的声威而请留太守,齐廷亦图借他们与彝民的联系以绥抚彝民。故曰"獠郡"。实际上维持不久便全都沦没了。"甘松獠郡"与"始平獠郡"皆是氐羌民族占据地区,也被称为"獠郡",这更反映南北朝时汉人对少数民族观念的模糊——凡属不讲汉语,不从汉俗,不供官府赋役的人,都叫"夷獠"。甘松、始平,也都是由于还有少数汉户在羌族住区内聚居而维持着郡治的虚名,正与越巂、沈黎两郡相同。甘松是松潘草原特产之香料,郡以此名,当是此郡汉户主要以经营草地香药为业,与羌民发生经济联系,赖以保存此郡。始平本关中郡,晋世已有流民在梁州建立侨郡,至齐乃成獠郡。故地当在今平武县内。

"左郡"为何郡?旧无解说。汉魏时,士大夫阶级习称基层劳动人民为"左民"。《宋书·百官志》说:汉成帝时始置四曹尚书,"其三曰民曹,主吏民上书事。……魏世有吏部、左民、民曹、五兵、度支五曹尚书。……太康中,有吏部、殿中、五兵、田曹、度支、左民六尚书。惠帝世,又有右民尚书"。又"三十四曹郎"中亦有"左民、右民"两曹。这说明汉魏晋时,只有士大夫家族才可以称为民或右民,他们才能参加九品中正的选举,其余绝大多数的人民都只能称为左民。但他们的数量很大,上书呼吁不平的人很多,故左民尚书在南北朝时成为要职,不少名臣都曾经历此职。南北朝也是民族大融合的时代，有许多汉化了的少数民族，已习汉语、汉俗，还不能同士大夫们咬文嚼字的，也被视为左民（例如湘、鄂一带的"蛮民"），故在晋人的文字里，又常以"蛮左"、"夷左"连称。实际上，这些汉化后的少数民族也与汉族基层人民友好，他们也屡次相结叛官抗赋。有时又相率受抚，建立郡县。《宋书·州郡志》里，江州南新蔡郡有阳唐左县；荆州，"文帝世，又立宋安左郡，领拓边、绥慕、乐宁、慕化、仰泽、革音、归德七县"；郢州西阳郡有蕲水、东安、建宁、希水、阳城五个左县。便都是就受抚"蛮左"地区建立的。《南齐州郡志》记载：郢州有六个左郡，共领十六县；司州有十二左郡，共领四十六县；还有郢州西阳郡领四个左县，湘州始安郡领建陵左县；都是湘鄂间的"蛮族"地区。益州没有"蛮族"居住，而南齐设有齐通、齐开两个左郡，这显然是郡人都只有基层劳动人民，没有上层士大夫人家的一种原因。这一分析，为我们考订这两个左郡位置，提供了线索：

齐通左郡，《隋书·地理志》通义县云："旧置齐通郡及青州，西魏改曰眉州。"《龚志》云："治今眉山县北二十里龙安铺。"可以肯定此郡在今眉山县。这地区有大平原，原是刘宋已经荒废了的，由于僚人不住平地，故复有汉民来此开垦，南齐因而立郡，称为左郡。"齐开左郡"，《龚志》说："或即齐乐之异名。"这不是必然的。《隋志》丹棱县，"后周置，曰齐乐"，非南齐已有。本图定齐开左郡于今仁寿、资中界上的铁山地区（今龙结镇），理由是：汉魏晋宋年代的川西平原人民使用的铁，主要靠这铁山地区供给，设有冶官专管。后来发展为冶官县。南齐时，冶官县矿山被僚民占了，县民和矿工们大部分向铁山区的西南边缘徙去，在僚民压力较弱的地方发展新矿区（详《关于编绘四川州县建置沿革图表的说明》举例三）。必然也有一部分矿民向东寻找新矿，而在僚人压力较小的资中地界发展矿场。这是符合资中、牛鞞和遂宁郡的人民愿望的，所以一时兴盛起来，成为左郡。齐开，可能就是取开采新矿的意思。唐宋的龙水县，可能就是在这一矿区的基础上发展起来的。

《南齐书·州郡志》，梁州有"四十五郡荒，或无民户"。查这四十五郡，全都是侨郡。大概是由于人民不服土断，逃散而荒的。惟其中有个"归化郡"，是刘宋抚辑僚民设置的。其荒废的原因，当是僚人不愿亲近汉官所致。又有个"东宕渠郡"，据《元和志》说："宋文帝元嘉中于此置东宕渠郡。后魏恭帝于东宕渠改置合州。"而《南齐志》列在荒郡里，别有"东宕渠僚郡"在此郡之东。可见合州在南齐时确曾荒废过。其一部分人民南徙巴郡，故巴郡治改名垫江，而江州县治替它迁移到羹溪口了。另一部分人东向故宕渠郡回流，因而建立起东宕渠僚郡来。这些虽史无明文，却有蛛丝马迹供人寻绎的郡县，本图亦尽量收入。

第十幅　萧梁行政区划图说

　　州郡建置之滥，至梁为极。《隋书·地理志》云："天监十年，有州二十三，郡三百五十，县千二十二。其后务恢境宇，频事经略，开拓闽越，克复淮浦，平俚洞，破牂柯，又以旧州遐阔，多有析置。大同年中，州一百七，郡县亦称于此。既而侯景构祸，台城沦陷，坟籍散逸，注记无遗，郡县户口不能详究。"《通鉴》卷一百五十八：大同五年十二月，"散骑常侍朱异奏：顷来州治稍广，而大小不伦，请分为五品，其位秩高卑，参僚多少，皆以是为差。诏从之。于是上品二十州，次品十州，次品八州，次品二十三州，下品二十一州。时上（梁武帝）方事征伐，恢拓境宇，北逾淮汝，东距彭城，西开牂柯，南平俚洞，纷纶甚众，故异请分之。以下品皆异国之人，徒有州名而无土地，或依荒徼之民所居村落置州及郡县，刺史守令皆用彼人为之，尚书不能悉领，山川险远，职贡罕通。五品之外，又有二十余州不知处所。凡一百七州。又以边境镇戍，虽领民不多，欲重其将帅，皆建为郡。或一人领二三郡太守。州郡虽多而户口日耗矣"。户口日耗而州郡反较增多，是从汉到梁五百多年间，州、郡、县和户口发展变化的规律。从天监十年到大同五年（511—539）的二十九年中，由二十三州增长到百零七州，几达五倍。究其地盘，乃不出前汉的荆、扬、益、交四州与徐州的一部分。在汉元始二年，这部分地面仅有郡、国三十，县四百一十六，户三百四十万八千四百零六，口一千四百二十八万四千三百四十三（据《汉书·地理志》的南阳、南郡、江夏、庐江、九江、临淮、会稽、丹阳、豫章、桂阳、武陵、零陵、汉中、广汉、蜀、犍为、越嶲、益州、牂柯、巴、武都、郁林、苍梧、交止、九真、日南二十六郡及楚、广陵、六安、长沙四国计算）。由汉五州，五百年中发展至百零七州，即二十一倍半。而户口，则由平均一县八千余户减至一百户左右。兹将这一发展过程表列如下：

年代	州		郡、国		县		户		平均每州郡数	平均每郡属县数	平均每县民户数
	数	增减率（%）	数	增减率（%）	数	增减率（%）	数	增减率（%）			
汉平帝元始二年（2）	5	100	30	100	416	100	3408406	100	6	13.87	8120

续表

年代	州		郡、国		县		户		平均每州郡数	平均每郡郡属县数	平均每县民户数
	数	增减率(%)	数	增减率(%)	数	增减率(%)	数	增减率(%)			
后汉顺帝永和五年（140）	5	100	35	116.7	419	100.7	4387953	128.8	7	11.971	11245
晋武帝太康二年（281）	9	180	86	245.7	664	158.5	1132709	−25.8	9.556	7.72	1706
宋孝武帝大明八年（464）	20	222.2	231	268.6	1244	187		006.4	11.55	5.385	（十四州平均数）720
梁武帝天监十年（511）	23	115	350	151.5	1022	−82		013.9	15.218	2.92	100（估计数）
梁武帝大同五年（539）	107	462.5									

大抵，从汉武帝拓展疆土，增置郡县，立十三州刺史，到梁武帝大同五年，约六百四十年中，郡县增置可分两个时期——西晋永嘉以前四百二十年中，是正规的发展时期。全是实郡实县。必须要承担赋役的户口发展到相当数量，才会增置县邑；每县多至万余户，少亦不下二千余户。户口减少时，便要省并郡县。如王莽乱后，光武"省郡国十，县邑道侯国四百余所"（见《续汉书·地理志》）。后汉中叶，户口繁滋，增县颇多，除边区增置属国都尉外，州、郡并仍前汉之旧。汉末政乱，民户大减，乃图加强牧、守权力，控制地方。三国时，郡数大增，西晋时，更多置州。每县属民，则减至千户左右。永嘉以后二百二十年中，为头重脚轻的畸形发展时期，始于滥置侨郡县，县户降至一百左右。实郡实县荒废者多，存者皆仍旧域，但户口锐减，县户率在一千以下。土断后，境域乃分，县平均五百至七百户，州、郡乃大增加；县则已难更增，至于每郡领县递减，或二三县，以至于有郡无县。大同年中，虽上州辖境，不及两汉一郡之广，属民更不及两汉半县之多。五品下州，则境域与属民皆不及两汉时边荒一县。

梁代版籍毁于台城之役，《梁书》无州郡志，它的州、郡、县名，赖《隋书·地理志》及《梁书》、《南史》的《纪》和《传》记录了一些，清人洪齮孙辑有《补梁疆域志》。兹更参考徐文范《东晋南北朝舆地表》，杨守敬《萧梁疆域图》，龚煦春《四川郡县志》编成此图，取材于《洪志》、《龚志》者为多。亦有参考唐、宋、明、清诸地理书志，予以考订裁正之处，分注图内。然限于篇幅，不可能作详细叙述，兹提出梁代四川地区州、郡建置的特点如下：

（1）土断结束，州、郡、县已各有辖境。但仍有极少部分流动人口，随所在建立郡县（包括少数民族归附设立的郡县），旋复荒废，与旧时侨郡县性质相似。

（2）由于侨旧混居的历史关系，往往于一城内设置两个州、郡，而由一官兼摄，如"南梁北巴州"、"巴西梓潼郡"，事实上已为一州、一郡，只并存其旧名，故曰"双头州"、"双头郡"。有时十余里内，置两县邑，甚至一县寄理他县。但仍各设官分管本县，故不成为双头县。

（3）每有空县州名，并无属郡、属县的，例如邛州。又有州领一郡，郡领一县的，例如戎州、六同郡、南广县。

（4）自剑门以外，嘉陵江与白龙江上游，迤东至大巴山南的渠河上游地方，广大山区，为梁与魏互相争夺，作拉锯战约五十年（503—553）的地方。双方各自招诱地方豪强或土酋，假以州、郡牧、守、令、长名义，此招彼诱，叛服不常，州、郡亦置废无定，名称屡改。许多县治，皆就土豪所在山寨设立，辖境难于推断。

（5）梁常选宗室重臣驻成都，都督旧益州故地诸州（天监初为勋臣邓元起，寻代以西昌侯肖渊藻。九年，为始兴王憺。十三年，为鄱阳王恢。普通元年，为晋安王纲，未赴任，立为太子，即简文帝，大同三年为武陵王纪。萧憺全衔为"都督益、宁、南梁、南北秦、沙六州诸军事、镇西将军、益州刺史"，萧恢全衔为"使持节，都督益、宁、南北秦、沙七州诸军事、镇西将军、益州刺吏"，萧纪全衔为"持节，都督益、梁等十三州诸军事，安西将军，益州刺史"，寻加授"散骑常侍，征西大将军，开府仪同三司"（《梁书》并存传）。实际是诸州之上再加都督，都督相当于汉末之州牧，诸州相当于旧郡，诸郡约相当一个县而已。

第十一幅　后魏与北周行政区划图说

公元 505 年（梁天监四年，魏正始二年），汉中太守夏侯道迁叛梁降魏。魏遣邢峦率军入汉中，遂取梁川，前锋王足破剑阁，围涪城。别军克武兴，灭仇池。"开地定民，东西七百，南北千里。获郡十四，二部设军，及诸县戍"（《魏书》卷五十三《峦本传》）。是为后魏侵入蜀之始。这里说的获十四郡，按《峦本传》，当为汉中、晋寿、南安、梓潼、巴西、武兴、仇池与广长、东洛、大寒、武始、除口、平溪、桶谷。后七郡皆梁就镇戍所在设立，即所谓"边境镇戍虽领民不多，欲重其将帅，皆建为郡"者，其地皆在今甘南与陕南地方。（东洛、除口为戍，见《傅竖眼传》。桶谷即补谷戍，见《峦本传》。）峦军北还后，梓潼、南安、巴西三郡复为梁有，东、西汉水上游诸郡县皆入于魏。《魏书·地形志》所记南秦、东益、益、巴、梁、南梁、东梁七州二十六郡七十二县，皆正始年间就此次所得地面重新布置设立者。其益州，领东、西晋寿、新巴、南白水、宋熙五郡十县，与巴州、南梁州（《志》并云"郡县阙"）皆在蜀境。其巴州原治阆中，梁为"南梁北巴州"（见《隋书·地理志》）。魏军入蜀，邢峦以土豪严玄思为巴州刺史，表请建郡（见《峦本传》）。后为梁军取还，魏乃徙巴州于今巴中县界，《隋志·清化郡》云"旧置巴州"是也。后又改称北巴州，《寰宇记》："后魏延昌三年（514）于太谷郡置北巴州"是也。其南梁州治隆城镇（见《通鉴》卷一百五十三）在今仪陇县境，与北巴州皆虚立于熟僚地界，以招诱梁朝巴郡流民，实无属郡属县。

此后，梁与魏争夺山南，连年战争。氐、僚土豪，受双方招诱，迭有叛服。至大同元年（535），梁乘东西魏分裂时，复取巴南、汉中、仇池诸郡县（今川北地方，时称巴南）。至553年，西魏乘梁内难，遣尉迟迥率军取蜀。取蜀四年，宇文氏受魏禅，是为北周。

魏、周占有蜀地时间虽短，然建置纷繁。魏承梁敝，州郡设置颇滥。周代则每有省并，又复多所展拓。且在梁魏互争山南时间，双方在同一地区建置名称各异，亦宜分别绘出，以便对照。自公元505至556年，包括西魏全有蜀地与后魏争夺山南时间的建置。

《魏书·地形志》主要依据武定年间（543—549）的版籍，州郡发展，则截至正始之世（504—508）。永平以后约三十年中（508—535），山南州、郡、县、戍，颇有改变。及西魏奄有全蜀后，建置皆无专著载录。赖《隋书·地理志》（原属《五代史志》的一篇）、《周地图记》等书传其梗概。今《周地图记》已佚，可恃者惟有《隋志》，然《隋志》简略，不可辑得魏代建置全貌。兹更参考《元和志》、《寰宇记》、《旧唐书·地理志》、《大清一统志》，以及徐文范的《东晋南北朝舆地表》、杨守敬的《历代疆域沿革图》、龚煦春的《四川郡县志》，斟酌地理形势编绘。对于《龚志》州郡体系，厘正之处颇多；古今地名考订，亦较前人周密。但这种整理旧资料的工作，不可能在仓卒中一次做好。如何使之更加完善，还有待于有识之士的继续钻研、探讨。

僚族自东晋时大量徙居蜀地，发展甚为迅速。长久遭受地主官僚压迫的汉族劳动人民，每与他们结合为一体，发展农业和工巧，建设富裕的山区。他们也迫得各处地主当权者退居城市，或流徙远走。地主豪绅亦常常以劫掠之利来请求政府官吏调军"伐獠"，以资报复。如此汉、獠相攻，历二百年之久。至西魏时，由于獠区盐、铁、农、林生产技术大大提高，需要与汉人发展市易，沿江地区与盐井、矿山所在，逐渐容许汉商居住，流通商品。从而逐步接受汉族文化，向封建社会过渡。在巴南地区的獠民，受汉族文化影响尤深，此时已有"衣冠大姓"。邢峦请置巴州表称："彼土民望，严、蒲、何、杨，非唯三五族落。虽在山居，而多豪右。文学笺启，往往可观。冠带风流，亦为不少。但以去州既远，不能仕进。"正说明当时的巴南地区獠民进化的情况。梁魏互争山南时，这些"獠左"豪杰，往往被拔为牧守、令长（如巴州刺史严思玄、严始欣，即是进化的獠人首领）。他们都率领族属，遵奉朝廷令教，是为"熟獠"。惟大巴山地区、铁山地区和川东南山岳地区的獠人，仍然不受政府管束，称为"生獠"。但是，也还逐渐在向封建社会发展。有些獠区发展成为国家组织形式，他们与政府对抗甚久，经周、隋、唐至于五代，多次战争后，蜀中獠逐渐衰落。至宋代，汉獠始完全融合了。本图对历代獠人分布的形势与郡县发展的关系，各幅皆有表达。此幅为"熟獠"产生之始，故特作说明。

　　当公元553年西魏攻取全蜀时，已是宇文氏专政时期了。到557年，宇文氏即代魏为周。故蜀地受西魏统治仅有四年，受北周统治的时间为二十四年（557—580）。

　　在这短短的二十八年中，郡县沿革变化之大却是惊人的。就州郡名称说，许多是随时都在改变。例如：今重庆市，汉以来均为巴郡与江州治，梁武陵王萧纪于巴郡置楚州。后（当作西）魏改为巴州。周闵帝又改为楚州。隋开皇九年改楚州为渝州（《元和郡县志》卷三十三。《太平寰宇记》同，更有"梁太清四年"、"西魏大统十七年"与"周闵帝元年"等字）。又如：今广元县，宋、齐为东晋寿郡。《隋书·地理志》说："后魏立益州，世号小益州。梁曰黎州。西魏复曰益州，又改曰利州，置总管府。"《元和志》记录尤详："梁天监，以竺胤为太守，随夏侯道迁入后魏，改立西益州。梁大通六年又克之，始通剑路，改西益州为黎州（按：以上西益州西字当衍）。萧纪僭号于蜀，以席嶷为黎州刺史。嶷反，州属魏，复改黎州为西益州。正始三年，改西益州为利州。"《寰宇记》文又不同，谓："后魏正始五年，于东晋寿郡立西益州，世号为小益州。梁大同二年，改西益州为黎州。至西魏，复曰西益州。梁承圣三年，又改西益州为利州。后周废州，又为晋寿郡。隋初复为利州。"（考萧纪僭号于承圣二年，即公元553年，当年覆亡，地入于魏。《元和志》"正始三年"，《寰宇记》"承圣三年"皆误，当作西魏废帝三年乃合。又：梁克黎州，据《通鉴》，在大同元年，《元和志》"大通六年"与《寰宇记》"大同二年"皆有字误，附此订正）。其他郡、县名改变亦繁，不可胜举。

就地名沿革说，有许多是突如其来，无所因袭的。例如：始州、并州、容州等州名，武康、七门、昌城等郡名，皆此时新创，为数甚多。又有许多是使用旧郡县名而地域与原旧郡县相隔绝远，不可联系的。例如：僰道，本是岷江与金沙江汇口的汉旧县，曾为犍为郡治。后汉郡治徙于武阳，在今彭山县江口，而后周于今成都平原之江原镇（属崇庆县）立犍为郡与僰道县。其时已立新津县，属益州。此犍为郡与僰道县，不仅与岷江汇口之僰道县地远隔千里，即与江口武阳之犍为旧郡亦毫无联系。《隋志·新津县》说："后周并，置犍为郡。开皇初郡废。大业初又废僰道县入焉。"《元和志·蜀州唐兴县》说："后魏于此立犍为郡，隋开皇三年罢郡，又徙僰道县于此。大业二年废入新津。"《寰宇记·蜀州江源县》说："后魏于此立犍为郡及僰道县，大业二年省。"查后魏未曾占有蜀州，当从《隋志》作后周。而《隋志》又常因文字过于省略，以至于害意，当参考《元和志》和《寰宇记》改正。

至于这期间的增、省、移、并，更属纷庞。依龚煦春的《四川郡县志》统计：西魏保存梁代旧州不改的只十一个，增改的州有十九个；旧郡不改的二十五个，增、改的郡四十七个。北周改西魏的州十个，存旧之州二十四个；增、改西魏的郡二十三个，存旧之郡五十三个。

似此庞杂的纷更情形，不可能在一幅图里全部表达出来。亦不可全用文字各为说明，注入图内。只好举出上面几个最突出的例子，以概其余。

《龚志》对西魏和北周的建置沿革用功特多。他与徐文范的《东晋南北朝舆地表》虽皆根据《隋书·地理志》、《元和志》、两《唐书·地理志》、《寰宇记》、《舆地广记》、《读史方舆纪要》、《一统志》等书籍编撰，却比《徐表》要矜慎细致得多。本图即以《龚志》为主要依据，并参考诸舆地理形势，综合考订编制。但《龚志》也颇有考订未当之处，诸如：说周安郡"领西流、新浦二县"，容山、容川为"双头郡"，周巴西郡治涪而所领晋城县"治今西充县"，周平羌郡平羌县"治今乐山县治"，邻山郡邻山县"在今大竹东南"之类，这些在本图中都作了订正。对邻山郡邻山县的故治，还专作了详细考订（参看附录二之（四）：《大竹、潾山两县的建置沿革和今地位置考》）。

第十二幅　隋代行政区划图说

《隋书·地理志》是一般沿革地理学者共同承认的好书，虽则它对沿革变化叙述嫌太简略，但对于隋代的地理形势部分则是很完善的。本图四川盆地之部，即就《隋志》编成，也略参考了《杨图》、《龚志》。

《隋志》总序说："周氏初有关中，百度草创……及于东夏削平，多有省废，大象二年，通计州二百一十一，郡五百八，县一千一百二十四。高祖受终，维新朝政，开皇三年，遂废诸郡。洎于九载，廓定江表。寻以户口滋多，析置州县。"又说："陈氏……州有四十二，郡唯一百九，县四百三十八，户六十万。"正是说的灭陈时所得版籍数字。算来开皇九年灭陈后，全隋共有253州，617郡，1562县。即是说，虽然经过周武帝省并州郡，州郡的数字仍然继续六世纪初（梁代）的膨胀惯性在发展着，而县是没有增长的。《隋志》又说："炀帝嗣位，又平林邑，更置三州。既而省并诸州。寻即改州为郡。（《旧唐志》云：大业三年）乃置司隶、刺史，分部巡察。五年，平定吐谷浑，更置四郡，大凡郡一百九十，县一千二百五十五，户八百九十万七千五百四十六。口四千六百一万九千九百五十六，垦田五千五百八十五万四千四十一顷。"看来隋代虽仅短短的三十七年，而且统一的时间仅仅二十七年，州郡建置变化却是很大的。开皇年间，还在继续南北朝的弊政发展州郡数字。到大业初年才加以整顿，把原来的二百多州，省并为一百多郡，原来的六百多郡全废了，县亦省并了许多，这时的户口则的确是大大增长了，平陈时（589），陈地相当全国四分之一，仅六十万户。二十年间（大业五年为公元609年），全国已有八百九十余万户，至少也增长了平陈时的三倍以上。这时全国平均每郡6.6县，每县7098户，每户5.17口，每口有耕地1.2顷。如此，乃符合于"地足以养民，民足以养官"的建置原则，廓清魏晋南北朝四百余年滥置州郡之积弊，算得是隋炀帝值得称道的一大善政。《隋志》以大业五年为断，本图亦即以大业五年为断。开皇时置废作注。

四川盆地以外，青藏高原和建南地区这两部分，《隋书》的记载不多，其他志书亦少有说到的。本图对这两部分用力较多，把一些过去未曾落实的古地名考订出今地位置来。由于这些都是创说，所以择要作简单说明如下：

附国　就《隋书》卷八十三《附国传》的文字分析，这是第六世纪至第七世纪初期，在今甘孜藏族自治州内的一个最大部落，党项（黄河上游地区）以南，女国（今西藏绛塘草原与澜沧江上游地区）以东的羌族部落都奉他为盟主。它已经进入农业生产阶段,具有国家组织形式。首邑似在今邓柯县的春科寺附近,辖地包括今邓柯、德格、白玉、江达和玉树等县。《传》文里的"南有薄缘夷",指的当时新强盛起来的吐蕃国。薄缘,是藏文ས྄ལ྄ཡོན྄的对音,今世通译为"播域",即蕃王领地之义。附国与其附属的羌族部落,此时不胜吐蕃压迫,故于大业四年(608)与嘉良、左封等部派出联合代表六十人向隋朝表示归附,请求开通山道,以便缓急乞援。"炀帝以劳人不许。"不久,他们与党项、吐谷浑都被吐蕃吞并了。

嘉良　《附国传》文特别提到:"嘉良夷即其东部,所居种姓自相率领,土俗与附国同。"又说:"嘉良有水阔六、七十丈。附国有水阔百余丈。"这正说的嘉良在大金川地区,附国在金沙江地区。唐、宋两代雅黎诸羁縻州中,皆有东、西嘉梁,可见嘉良是今大小金川之地。今藏语犹称其地为嘉绒(རྒྱལ྄རོང྄)"嘉"是历史名称,"绒"是"温暖河谷"之义。

大小左封　《附国传》里列举了大小左封等二十一个部落的名称,许多已不可考。其可考者:大小左封,是岷江上游地区,相当今黑水和马尔康两县地区的农牧兼营的羌族部落,有两个大族和许多小首领,唐代曾屡次归附,设置州县,也屡次叛离。他们住在附国诸羌部落和中原进行贸易的门户上,所以特别著名。

白苟和白兰　是两个历史悠久的游牧部落,原居处在雅砻江的北方各草原(今石渠、色达两县),后来扩散到雅砻江以南的各草原(今白玉、昌泰和理塘草原),藏人把他们叫作瓦述(义为狐族)。

林台　即今邓柯县的林葱区,那是传世很久的林国发祥之地。

北利　今译白利,在甘孜县西,也是一个历史悠久的著名部落。

利豆　今译理塘,也是一个历史悠久的,具有定居性的大牧部。

春桑　今译濯桑,是理塘县南部河谷地区的农牧兼营的古国。

迷桑　今译墨桑,在理塘县极南的河谷地区。

桑悟　今译少隅石,在乾宁县。

千碉　无今地名可以对音,疑是译义字。今丹巴县小金川会口之北,有地名大寨,矗立碉房如林(即《附国》所说的"垒室为碉"),羌人以极多数为"千",故曰千碉。

阿坝、塔贡。这两个地名是据西藏史籍绘上的。塔贡,是吐蕃赞普松赞干布建立的神殿;阿坝是他侵略松、扶等州的后勤根据地,建立时间都在大业末年。

越嶲郡苏祇县。《隋志》越嶲郡统县六,"越嶲带郡"(谓郡守兼县令),与邛都县治皆在今西昌城。台登,今泸沽。邛部,今越嶲县。苏祁,本作"苏祇",今礼州。汉苏示县本是今冕宁县地,在台登北。周武帝天和三年重开越嶲,放弃其他,别于台登以南立县,隋、唐因之,而字讹祇为祁。《元和志》:"东南至(嶲)州二十五里",可证。又说:"温水出县东平地二十一里",即今礼州热水沟是。

越嶲可泉县。即今西昌县西南的河西村(旧隶盐源县)。《元和志》:"东北至(嶲)州二十七里",可证。又说:"泸水在县西一百二十里……土人以牛皮作船而渡",与今打冲河(冲河关)地位吻合。周武帝在昆明盐池(今白盐井)立定筰镇,当即隶属此县。周、隋虽置越嶲郡,所辖仅今西昌以北,泸沽、越嶲,北通富林一线之地。惟其西南必须深入定筰,因为那是全郡食盐仰给之地。

其他各少数民族部落名称与其位置,本图依据《隋书》和新旧《唐书》填绘了一些。限于篇幅,未一一说明。

第十三幅　唐代初叶行政区划图说

唐初分天下为十道,至开元二十一年(733),更分为十五道。兹即从此年划分唐代为上、下二幅。

唐高祖初据陇、蜀,变革隋制,"改郡为州,太守并称刺史。其缘边镇守及襟带之地,置总管府以统军戎。……群盗初附,权置州郡,倍于开皇、大业之间。贞观元年悉令并省。始于山河形便分为十道。……至十三年定簿,凡州府三百五十八,县一千五百五十一"。算来,贞观年间,虽已把武德年间滥置的州郡加以并省,比之大业五年,还多出州(郡)一百六十八,县二百九十五。刺史权轻,故在州上更置总管府,都督军事。景云二年(711),并曾经"分天下郡县置二十四都督府以统之"。这便是军、民、财政兼理的地方最高级政府了,但因"议者以权重不便,寻亦罢之"(以上均引《旧唐书·地理志》)。只管军戎的都督府,则是始终设立的。县少州多,更设都督府管州,这是唐代初叶百一十年地方建置的特点。四川地区在当时为剑南全道和山南、江南两道的一部分。其州、县与都督府皆已编绘入图。惟都督府所管之州,亦屡有变更,且各州亦不尽属于都督府管辖。兹依《旧唐志》将各府沿革分别作补充说明如下:

成都大都督府　武德元年置益州总管府,管益、绵、陵、遂、资、雅、嘉、泸、戎、会、松、翼、嶲、南宁、昆、恭十七州(通行本原少一州。又恭州乃开元二十四年置,此不当有,注以备考)。二年,增督邛、眉、普、荣、登五州。三年,改为西南道行台。九年,罢行台,置益州都督府,督益、绵、简、嘉、陵、眉、犍、邛十州（原少二州），并督嶲、南会、南宁三都督府。贞观六年，罢南宁都督，更置戎州都督。八年，兼领南金州都督。十年，又督益、绵、简、嘉、陵、雅、眉、邛八州，与茂、嶲二都督。龙朔二年，升为大都督府。大抵剑南全域各州皆隶此府都督。

泸州都督府　武德三年置总管府，管一州。其后为都督府，督纳、薛、晏、巩、顺、奉、思峨、能、淯、浙十州。皆在今叙泸以南。（详附录）

茂州都督府　武德三年置总管府，管会、翼二州。七年改都督府，督南会、翼、向、维、（塗）、（冉）、穹、炎、徹、笮十州。皆羁縻州。（维与翼后进为正州）

嶲州都督府　武德三年置总管府，管一州。七年改都督府。

松州都督府　贞观二年置，督崌、懿、嵯、阔、麟、雅、丛、可、远、奉、岩、诺、峨、彭、轨、盍、直、肆、位、玉、嶂、祐、台、桥、序二十五羌州。仪凤二年复加整比，督文、扶、当、柘、静、翼六州，及研、剑等三十八羁縻州。（贞观时属陇右道，永徽后属剑南道）

戎州都督府　贞观六年置，督戎、郎、昆、曲、协、紫、盘、曾、钩、公、分（衍文）、尹、匡、哀、宋、靡、姚、徽十七州。（以上属剑南道）

利州都督府　武德二年置总管府，管利、龙、隆、始、蓬、静六州。七年改都督府，督利、龙、隆、始、沙、南平、静八州。（于时集州隶梁州都督府）

夔州都督府　武德七年置总管府，管夔、硖、施、业、浦、洛（涪）、渝、谷、南、智、务、黔、克（充）、思、巫、平十九州。贞观十四年改都督府，督归、夔、忠、万、涪、渝、南七州。（以上山南道）

黔州都督府　武德四年置，督务、施、业、辰、智、牂、充、应、庄等州。十一年，督思、辰、施、牢、费、夷、巫、应、播、充、庄、牂、琰、池、矩十五州。多在今黔北、鄂西、湘西界内。（以上江南道）

州以上除设都督府管军外，各道又设监察御史，分区巡按，以六事察吏民（一，官吏善恶；二，人口赋役；三，农桑库藏；四，奸非盗贼；五，德行才器；六，豪宗强暴）。对沿边少数民族来归附的，则设羁縻州县，以其首领为刺史、令、长，不登版籍，不征赋税，但受都督府钤束，这是土司制度的萌芽。其有倾慕汉风，自请入籍供赋者，则升为正州、正县，如当州（647）、悉州（656）、静州（676）、柘州（658）及其属县皆是。但是，这些外正的州县，由于没有或少有汉民混居，内部情形多不明白，又每每叛乱徙去，置废不常；能永远成为正州者甚少。有关他们的地理资料，大都是不准确的。尤其是岷江上游的羌氏诸州，当时一面由于吐蕃对羌族的压迫，羌族纷纷来附；同时又因汉官管理不善，屡有叛乱发生，州县变化非常复杂，地位迁流无定，给研究沿革地理带来很多困难。本图据《元和郡县志》所记录的道里，推究各州位置，斟酌地理形势，估定这一地区的正州，主要都在今日岷江上游之黑水与杂谷三大河谷内，只少数在松潘北面的包座河谷与马尔康的梭木河谷内。因为唐政权还无力管理草原区内的游牧部落，虽有牧部归附，亦只好以空名羁縻。惟入居河谷经营农业和商业的羌民，可借市邑和耕地控制他们，从而发展正州正县。羌人中从事经营农耕的，也乐得定居在这些河谷里，借唐朝的声威，抵抗吐蕃的凌逼。所以构成了这一地区正州逐渐增加的局面。但这并不是羌、汉民族已经融合了。这一地区的民族冲突，一直到明、清之际，才逐渐消弭下来。

　　黔州都督府所辖各州，也正是这样的情形，由于他们不在四川境内，图中只收了几个比较著名和固定的州名。附录中的"待考州县名表"也不收录这些四川省境以外的夷州。

　　《旧唐书》里，每有关于剑南诸僚的记载，并有特称为"山獠"、"生獠"的，可见唐代在四川犹存在一些纯僚人的住区。本图里的"僚"字，即是依据这些资料填入的。

　　川西平原区，由于州县太密，特绘制放大了一倍的一幅，从而删节了原图的这一区内许多县名和界线。

第十四幅　唐代中叶、末叶行政区划图说

　　《新唐书·地理志》："开元二十一年，又因十道分山南、江南为东、西道，增置黔中道及京畿、都畿，置十五采访使，检察如汉刺史之职。……开元二十八年户部帐，凡郡府三百二十有八，县千五百七十三，户八百四十一万二千八百七十一，口四千八百一十四万三千六百九，应受田一千四百四十万三千八百六十二顷。"较贞观十三年州少三十，县增二十二。较大业五年户减四十九万余，口增二百一十二万余。平均每州4.8县，县5348户，户5.46口，口受田近三十亩。四川地区，川西平原人口最密，平均每州五至十县，每县万户以上，户五口以上，皆超过全国平均数。紫土丘陵地区，平均每州五县，县三千户以上，户3.4口。人口较稀，每县多不及千户。天宝以后，中原多乱，四川盆地以内，安静之日为多，户口增殖与产业之盛，为全国之最，时有"扬一益二"之目。直到唐末，益州殷富更在扬州以上。蜀中州县，亦因户口增殖，随时有所增加。本图于各州县置、废、移、并年度，皆用公元纪年附注。由于各书所记，或为申请之岁，或为实施之年，每有参差。本图中所记，

只取一书，故每有与他书差一年的，非是绘误。

天宝元年（742），全国改州为郡。但一般不习称郡，仍自称州。乾元元年（758），又复改郡为州。《新唐书·地理志》以州与郡连称。本图亦遵其例。

天宝年间，四川盆地各州僚民，大都与汉族融合了，各旧僚区皆已建立州县。荣州、陵州、简州等地，保存了许多僚语地名。普州、昌州、逢州、渠州等地，因山南区严禁使用僚语地名，故僚区遗迹不甚显著，但毕竟仍保存了一些。这可见僚语在当时基层社会里的势力之大。这是研究唐、宋两代四川社会史的人值得留意的一件事。这些僚语地名、县名有"婆日"、"婆闰"，水名有"拥斯茫"、"赖溪"，小邑和盐井、盐场尤多，本图大都没有收入，另在《四川历史地图》里详著。

《新唐书》卷四十二嶲州与姚州注文，记有贞元十四年（798）内侍刘希昂出使南诏所经程站。唐绰《蛮书》卷一，亦记有成都府至羊苴咩城程站，与刘希昂同出一路，而所记地名道里不同，恰好相互核订、补充，把贞元至咸通（860—874）年间，黎、嶲两州驿道沿线地名考绘出来。这对于研究唐、诏关系和建南地理形势的工作是有益的。兹附两书原文，并注今地，合成一表，以便与图对校。表分三栏，上栏为《新唐书·嶲州》注文，中栏为《蛮书》文，下栏为考得之今地名。

《新唐书》				
《蛮　书》	从义奉驿至雅州界荣经县南道驿七十五里，至汉昌六十里，属雅州，地名葛			
（今　地）	飞仙关	荣经县	黄泥堡，唐为汉昌城，本名葛	
店。至皮店三十里。至黎州潘仓驿五十里。至黎武城六十里。			至白土驿三十五里	
店。小关	大相岭上长老寨，清溪城，在大相岭下。汉源街，唐为汉源县			
		自清溪关	南经大定城百	
至通望县木苴驿四十里，至望星驿四十五里		至清溪关五十里。	至大定城六十	
附郭驿。富林，今汉源县治。	大树堡，在大渡河南岸。大桥，在晒经关下。平坝驿（属			
一十里至达仕城。	西南经箐口，百二十里到永安城。城当滇笮要冲，又南经			
里。至达仕驿五十里。至新安城三十里。至菁口驿六十里。				
越西）	海棠城	新安汛	蓼叶坪	越西县旧城在王家屯。
水　口	度木瓜岭，二百二十里至台登城，又九十里至苏祁县。			
荥水驿八十里。	至初里驿三十五里。	至台登城平乐驿四十里。		

续表

炒米关	小相岭，冕山营	泸沽，贞元时为苏祁县，有台登城，	
	又南八十里至嶲州。又经沙野，二百六十里至羌浪驿。又经阳		
	至苏祁县四十里。至嶲州三阜城四十里。 至沙也城八十里。至俭浪驿八十里。		
后为县。礼州，唐末为县治。西昌之小庙。	黄水塘	锦川桥	甸
蓬岭百余里至俄准添馆。阳蓬岭北为嶲州境。其南，南诏境。又经		箐口、	
至俄准岭，七十里。下岭入云南界。……从嶲州俄准岭七十里至菁山驿。三十里至			
沙关小岭，唐曰阳蓬岭，南诏曰俄准岭。各置 驿馆。		益门镇	
	会川，		
苴驿。六十里至会川镇，差三人充镇。五十里 至目集馆。七十里至会川，有蛮充刺史，称会			
大湾营	会理，本南诏会川都督治所。	凤山营	张官村，为南诏会川都督别
四百三十里至河子城镇。又三十里渡泸水。又五百四十里至姚州又南九十里外渗荡馆。			
川都督。从集目驿至河子镇七十里。	泸江，乘皮般渡……	弄栋城……	外弥荡
墅，避唐使时居之。黎溪州	金沙江	大姚县	
又百里至 佽龙驿，与戎放往 羊苴咩城路合。（别有姚州注，非采刘希昂记。）			
八十里。 云南城	阳苴咩城。（渡泸后程站不录，只收三个地名。）		
	云南驿（属祥云县）大理城。（云南省境程站地名未全考录。）		

《新唐书·姚州》注云："自嶲州南至西泸，经阳蓬、鹿谷、箐口、会川，四百五十里至泸州。乃南渡泸水，经哀州、微州，三百五十里至姚州。西距羊苴咩城三百里。""西泸"，县名，今西昌河西乡。本可泉县，天宝元年更名。自嶲州赴会川者，或取道安宁河岸，则经此县。"鹿谷"，即今夷门（益门）南之白果湾。"泸州"，唐旧名，南诏改曰河子城镇。"哀州、微州"，皆云南境内羁縻州，隶姚州都督府。姚州陷后，戎州都督府犹遥领之，见《新唐书》卷四十三。

有关韦皋对吐蕃作战的一些地名，本图亦作了初步考订。另有拙著《〈吐蕃传〉地名考释》（连载《西藏研究》1983—1986年）详考。

第十五幅　五代（前蜀、后蜀）行政区划图说

四川在五代时，先后为王孟二氏所据，皆国号蜀。《新五代史·职方考》列出两

蜀所领州名，未具属县。杨守敬《五代疆域图》，龚煦春《四川郡县志》，都曾据唐、宋两代史志皆具有的县，和古籍中曾经直接或间接说到两蜀州县名的，补成两蜀时的州县体系。近人刘石农撰《五代州县表》（载《师大月刊》十一、十五期），所收资料更为详备。兹即依三家之说，绘成此图。惟《杨图》依梁、唐、晋、汉、周划代，把两蜀割为五幅。本图将两蜀合为一幅，用两种线条加以区别。

两蜀疆域的共同特点是：（1）州、县俱从唐旧，变革很少。（2）西南与少数民族接触部分没有变动。这反映了汉民与少数民族之间是和平安处的。（3）东北面与中原王朝，和东南面与荆、楚小朝廷间纠纷较多。特别是孟蜀，立国较久（934—965），它与后唐和晋、周的兵争频繁，疆域消长不一，故再用两条线表示它最大疆域和最小疆域，并把他们曾经占据过的州县都会入图。这些四川省外的州县位置，全是依据《杨图》标绘。

那时四川比中原安静，中原的世家大族避地入蜀者很多，东、西两川人口都有很大的增长，生产和文化也很发达。从南北朝以来，这七十多年，可算是四川地区最富庶、最繁荣的时代。

成都历来就是西南地区的政治中心，工商业发达很早，这时由于王孟两氏的建都，和北来豪族的荟萃，更显得格外繁盛。那些北来豪族，挟其重资，兼仗封建势力，多在川西平原购地出租，或在彭、灌、蜀、邛等州经营工矿，或分派族属到小城邑放贷子钱，发展新的剥削，这就愈益增长了社会的贫富悬殊。这些虚假的繁盛气象，促成了社会道德的堕落，丑恶的封建积弊也随之发展起来。贵族的奢淫，官吏的贪污，武人的虚骄，文士的卑鄙，在史籍里都有不少的记载。

《蜀梼杌》载王衍时，吏部侍郎韩昭司铨选，受贿徇私，选人如赴市。时人嘲之曰："嘉、眉、邛、蜀，侍郎骨肉；导江、青城，侍郎亲情；渝、合二州，侍郎自留；巴、蓬、集、璧，侍郎不惜。"这一风谣，不但反映了当时选官的真实情况，还反映了当时州县社会的发展变化。就嘉、眉、邛、蜀和导江、青城两县说，在南北朝时，都是川中很荒凉的州县，甚至成了汉民绝迹的地区，这时，它却成为卖官鬻爵的"肥缺"了。"渝、合"，一本作"果、阆"，与嘉、眉，皆沿江水运商运发达之州，这时亦在"肥缺"之列。而巴、蓬、集、璧四州，都是隋、唐间州县很密的地区，也是"獠乱"时期汉族地主们集中居住的地区。到了此时，大概是地主们都迁居到川西平原去了，只有一些贫苦的劳动人民留住下来，因而成了卖官的下缺。

还有一个故事，证明彭州是当时最优的一个肥缺。相传陈敬瑄有妾，得其父红绫小笺云："深宫富贵事风流，莫忘生身老骨头。因与太师欢笑处，为吾方便说彭州。"彭州与邛、蜀和导江、青城一样,都是靠近少数民族的地区,一半山地一半平原,农、工、商、矿业都很发达的新兴州县。这些州县的突然繁盛,正反映出那时社会经济的突变。

四川社会经济发展的这一巨大变化,反映在州县建置的变化上极其明朗。试把王、孟据蜀以前的四川州县建置与宋代以后的四川州县配置情形对照一下,就可以看出:第十世纪以前的四川盆地,只有北半部是进步的、繁荣的。南半部本是水运最便、气候最暖、资源最富的地方,却是落后的、荒旷的。自十世纪以后,南半部在北半部带动之下,逐渐发展起来,并逐渐成为经济地位领先,压倒北半部的现象。从十一世纪起,整个四川盆地的州县,才得平衡发展(经济发展和人口密度逐渐平衡)。王孟二氏据蜀的年代,正是这一发展变化的关捩年代。

宋乾德三年平蜀,得州府四十六(益、彭、眉、嘉、邛、蜀、绵、汉、资、简、梓、遂、黎、雅、陵、戎、泸、维、茂、昌、荣、果、阆、渠、合、龙、普、利、兴、文、巴、剑、蓬、壁、夔、忠、万、集、开、渝、涪、黔、施、达、洋、兴元府),县一百九十八,户五十三万四千三十九(见《宋史·地理志》)。平均每州4.34县,县2697户。这代表唐末宋初的州、县、户比率,较开元二十八年,每县辖户数恰好减少一半,每州辖县数亦略有减低。但这是就承担赋役的民户而言,实际户口绝不如此。按《宋史》的记载,后蜀年代,两川的实际情况是"土狭民稠,耕土不足给"了。估计那时的四川盆地,至少有三千万人,就平蜀所籍民户言,以平均每户十口计,也仅有五百三十四万余人,不足实际户口的七分之一。即是说,规避赋税的户口约为承担赋役的户口为六倍之多。这样的社会是很危险的,所以宋军入蜀,蜀民都不愿抵抗。再发展下去,不久还爆发了王小波、李顺等的农民大革命。

唐自安史乱后,刺史皆治戎。于是要冲大郡,增设节度使以钤束之。剑南分设东西两节度:西川节度治成都府,管彭、蜀、汉、眉、嘉、资、简、维、茂、黎、雅、松、文、龙、戎、翼、姚等州。东川节度治梓州,管梓、绵、剑、普、荣、遂、合、渝、泸等州。是为"两川"。王建、孟知祥初兴,皆兼两川节度使。又有山南西道节度治兴元府,所管开、通、渠、集、利、蓬、壁、果、阆、洋、凤、金、商等州。兴元世称汉川,故合剑南两川称为"三川"。后唐庄宗以赵季良为"三川制置使"是也。山南东道节度治襄州,别分归、夔、峡、忠、万等州为荆南节度,治江陵府。世称为"三峡"或"峡中"。《五代史记·前蜀世家》,王建"复攻东川,别遣王宗侃、宗阮等出峡,取渝、泸州"。天复二年"攻下夔、施、忠、万四州"。天复六年，又复攻取归州，于是并有"三峡"是也。这四个地区，五代时俱为前蜀所有。宋平蜀后，置"川峡四路"，便是在这样基础上建立的。

第十六幅　北宋行政区划图说

唐代末年，十五道领州的制度已经破坏，别以节度使分区辖州。王、孟二氏皆奄有剑南东、西川、山南西与荆南四节度之地，建都于西川成都府。宋乾德二年伐蜀，分由汉川与归峡两路进后，两路统帅俱称"西川行营前军都部署"（《宋史·太祖本纪》）。次年（965）平蜀，即以其地为"西川路"。开宝六年（973），分夔、万、忠、涪、渝、施、开、达等州为"峡西路"（《元丰九域志》作"峡路"，现依《四川通志》作"峡西路"）。咸平四年（1001），又分西川为益州、梓州、利州三路，改峡西路为夔州路，合称"川峡四路"，省称为"四川路"。这是四川名称的起源。

嘉祐五年（1060）改益州为成都府，六年改益州路为成都府路。重和元年（1118），升梓州为潼川府，改梓州路为潼川府路。宋制：路设经略安抚使一人，掌一路军民之事。别有都转运使或转运使掌财务。路辖府、州、军、监，一般仍称为郡。设知府、知州、知军、知监，"掌总理郡政"（《宋史·职官志》）。别有通判等官佐之。知府一名府尹，多以京卿出任，职权比于京府。知州亦称刺史，分望、紧、上、中、下五级。军为节度使末期的遗蜕，只设于边防要地。监，设于盐铁井矿地区，原隶提举司，专管工矿民户生产技术诸务。后与军皆划定辖境，兼管境内民事。亦仍有专管工矿技术的监，只管一井、一场或一铸钱工厂，如嘉州丰远监，邛州惠民监，泸州淯井盐、南井监，云安军云安监，皆由提举司委托知州兼辖。府、州、军、监皆有属县。军，最多不过二县，监只一县。富顺监原为富义一县升监，治平元年（1064）置富顺县为监治，熙宁元年（1068）县废，遂无属县。

宋县分赤、畿、次赤、次畿、望、紧、上、中、下九级，赤县为京都首县，唐叫京县，畿县为四京府所领县。各府所领首县叫次赤，属县叫次畿。宣和以后，废亦、畿级称。县以外理民的机构，还有院、慰司、城、寨和关。如达州的通明院，辖六乡三场。梓州的永泰慰司，辖三乡二镇。忠州的南宾慰司，辖二乡。泸州的乐共城，领一砦三堡。茂州的镇羌寨、鸡宗关，皆辖有羌户地面。直隶于知州，实际皆同于县。县亦有直隶于京师的，如利州路的三泉县。关亦有辖县的，如剑门关，景德三年（1006）管剑门县；熙宁五年，以县属剑州，关仍直属于路。（以上见《九域志》）

县以下，又有乡、镇、城、砦、堡等区划。"镇置于管下人烟繁盛处，设监官，管火禁，或兼酒税之事。砦置于险扼控御去处，设砦官，招收土军，阅习武艺，以防盗贼。凡杖罪以上并解本县，余听遣决"（《宋史·职官志》）。砦堡或领于城，如泸州乐共城领江门砦与镇溪、梅岭、大洲三堡。或自返县降改。如"大观三年（1109）建纯州，置九支、安溪两县，及美利城。宣和三年（1121）废纯州及九支县为九支城，以安溪、美利为砦，改慈竹砦为堡"（《宋史·地理志》）。名目繁多，职性明确，建置固定而少有更改，这是宋代地方行政区划的特点。它反映了封建社会历史发展已经进入了一个周密完善的新阶段。

《宋史·太祖本纪》说，乾德二年十一月命将分道伐蜀时，"宴西川行营将校于崇德殿，示川峡地图，授攻取方略"。可见五代时，四川已有军用地图了。宋时，州县户籍又随时都有上计簿账。这些图籍，各自有二份以上，保存在中央与地方政府，历世未曾遗失。故宋、元的地理书籍，无论就数量和质量说，都比唐以前有一定的进步。《宋史·地理志》是完全可以信赖的地志，我们根据它编绘此图。

《九域志》载有各县所辖乡数与镇、砦、关、堡、场、厂等名称，甚有利于准确地绘出当时的县界。这一县界考订正确，即可依据各县前后分、并、离合的记载，修订唐以前与元以后的县界。我们试图做好这一工作。但做得很不够。有许多镇、砦、场、厂的今地位置，由于方志没有记载，因而我们也无法判断它应在何处，也就不能充分利用《九域志》的地名全部标绘出所有的县界来。切盼各县从事修志工作的同志们，注意这一方面，多考出一些古地名的位置来，帮助本图再版时修正县界。

宋代四川社会的特点是：盆地以内，已经完全成为汉族的封建文化区，结束了民族间的摩擦和战争。产业兴盛，人烟稠密，都超过以前的任何朝代。盆地以外，则是少数民族居住区，中间只有一条狭窄的民族混居地带。宋代的民族政策，主要是茶马市易，经济交流，只有较短的时间在洮、湟和泸南、黔南地区用兵，企图展拓，结果受到事实教训和舆论制裁而作罢。终宋之世，四川边境都是较为宁谧的。

更值得注意的是：大西南各少数民族，在隋、唐三百多年的混战中，各自受到了锻炼，再经过五代以来民族间的和平相处，大都在产业和文化方面，各有一定的进步。各民族自身的团聚，从而大体结束了以前的多民族混居的局面，建成若干新的民族聚居区。本图特别用线条把这些民族聚居区标绘出来，并作简要说明载入图内。

第十七幅　南宋行政区划图说

四川社会，从周、隋、唐发展到北宋初年，人口稠密，贫富悬殊和地主剥削、政治腐败的程度都已达于极点。因而爆发了大规模的、连续四年的农民革命战争（993—996）。这次农民大革命，促使宋王朝对西陲吏治的注意，实行封建改良主义，缓和阶级斗争的方法。当时太宗还下了罪己诏说："念兹失德，是务责躬。改而更张，永鉴前弊。"表示对人民的让步。这次对四川地区的行政大革新，做得还彻底，也很收效。以后约近三百年间，四川社会都是在安静中得到发展。因此，后来在反抗金人和抗击蒙古军的战争中，能作出伟大的贡献。

南宋一百五十年中的四川，一直在反抗民族压迫的战争中度过。反抗金人时代，是固守秦、凤以卫川峡，作战在川境以外。这一百年中，四川州郡未曾有大变革，只新增了几个县，把几个皇帝接位前曾经服官的州郡改称为府（如恭州为重庆府，剑州为隆庆府，嘉州为嘉定府，黔州为绍庆府，果州为顺庆府，忠州为咸淳府）。所有与北宋不同的州名和军、监，几乎全是北宋末年已经改定了的，南宋遵用未变。

反抗蒙古侵略的五十年（1231—1279），首先沦陷的是川西平原地区，其后宋管州县逐渐向川东南方面退缩，最后只保存得重庆、合、涪等几座城池和其间的一些山砦。直到宋亡以后，四川的抗战才得以结束。这段时间，四川境域和州县治所的变化都很大。本图未用线条表示境域的退缩情形，只在各州注明迁徙和沦陷的年代。迁徙的府、州、军、监新治，亦皆绘入图内。

蜀人鉴于蒙古军来去飘忽，所至摧陷的情况，想出了凭据险阻筑城，使得蒙古铁骑无法驰骋。这原来是劳动人民所创造出来的，经制置使彭大雅采取试行，未著成效就被撤职了。其后余玠帅蜀（1249—1253），采纳了冉琎、冉璞弟兄的建议，总结过去抗敌的经验，建立了全面迁徙州郡城池的办法。这一措施，收到了限制蒙古铁骑活动的极大效果。它使四川东南半壁的抗战人民扎稳了根，只要州城没有降将，各山砦的人心就有所维系，就能够继续抗战下去。尤为著明的效果是：1258年，蒙古宪宗亲率百万之师入川，1259年死在钓鱼城下，只好舆榇退师。同时已经攻占湖南北势如破竹的蒙古大军，亦不能不撤退，使宋王朝得以再延续二十多年的命运。

兹将四川当时筑城和徙置州郡的地点，表列如下：

原州郡名	徙治地名	今地位置	筑城和徙城的时间	沦陷、收复和再沦陷的时间
隆庆府	苦竹隘	剑阁县北四十余里小剑山顶	端平中筑。宝祐五年（1257）徙府治	宝祐六年（1258）被攻陷
阆州	大获城	苍溪县东四十里，宋江西岸，大获山上	绍定中筑。淳祐九年（1249）徙州治	宝祐六年（1258）宋将杨大渊降，陷
巴州	平梁城	巴中县西二十里，有石刻记筑城事	淳祐二年（1242）筑	1258 陷
	小宁城	平昌县东五十里，通江水南岸	淳祐九年（1249）筑，徙	平梁城陷后，复立巴州于此
蓬州	运山城	蓬安县东四十里营山界上。一曰云山，营山	淳祐初徙	1258 陷
洋州	得汉城	通江县北二十里苦草坝，小通江北岸	淳祐十年（1250）筑为洋州治	绍定元年（1228），蒙古陷沔州，洋州人流入巴南。1250 余玠巡边，立洋州治于此。咸淳元年（1265）陷
（以上利州路诸城）				
潼川府	云顶山	金堂县南五十里沱江西岸，南距怀州二十里。大小云顶两山相连，号称川西奇险	淳祐元年（1241），汉州守将王夔突围奔此拒守。淳祐九年（1249）余玠徙府治于此	宝祐二年（1254）陷
遂宁府	灵泉山	遂宁县东八里	淳祐中徙	宝祐六年（1258）陷
	蓬溪砦	蓬溪东二里赤城山	宝祐七年徙	
顺庆府	青居城	南充县南三十里，嘉陵江东岸青居山上	端平三年（1236）筑，淳祐九年（1249）徙	宝祐六年（1258）守将刘渊杀都统段元鉴降，陷
合州	钓鱼城	合川县东，隔嘉陵江，四壁悬崖，环以江水	端平中筑城，淳祐九年（1249）徙	宝祐六年（1258）蒙古主围攻七个月，不能克，殂于城下，蒙古舆尸还。1279，宋亡，受招降
广安军	大良城	广安县东八十里，渠河南侧山上，与小良城相连	淳祐九年（1249）徙	宝祐六年（1258）守将蒲元圭降，翌年，合川军收复。咸淳二年（1266），再被攻陷。再收复，改名宁西军。1279，同合州受招降
渠州	礼义城	渠县东六十里礼义山上，今日三角砦	宝祐三年（1255）徙	德祐元年（1275）陷

续表 1

原州郡名	徙治地名	今地位置	筑城和徙城的时间	沦陷、收复和再沦陷的时间
泸州	神臂砦（铁炉城）	泸县东八十里神臂崖，一曰老泸州，南临大江，隔江为弥陀场	淳祐九年（1249）徙（《方舆纪要》云"淳熙三年"误）	景定二年（1261）守将刘整降元，陷。景定三年（1262）收复。德祐元年（1275）再陷。1276再收复。1277再陷
富顺监	虎头山	富顺县南八十五里（段志云六十里）沱江东岸虎头崖	咸淳元年（1265）徙	嘉熙元年（1237）故治陷。淳祐中复定。1265徙此，德祐元年（1275）陷
资州	磐石山	资中县东部	淳祐初筑	淳祐三年（1243）陷，废
普州	瑞云山	安岳县东五十里。《一统志》云："四壁如削。"	端平三年（1236）城陷，淳祐三年（1243）复置，徙	宝祐以后废
荣州	紫云砦	犍为县南三十里幺姑沱，岷江左岸	端平三年（1236）徙，侨置嘉定府界	1236置，宝祐后废，德祐元年（1275），随昝万寿降元
叙州	登高山	宜宾县东七里大江右岸	咸淳四年（1268）徙	德祐元年（1275）陷
(以上潼川府路诸城)				
重庆府		重庆市	嘉熙中制置使彭大雅筑城	
涪州	三台山	涪陵县东北黔江岸，一名龟山	淳祐九年（1249）徙	德祐元年（1275）陷，二年收复，1279再陷
万州	天生城	万县东郭山上	淳祐中筑城，徙治	旧为州人避兵处
梁山军	赤牛城	梁平县西二十里牛头砦	淳祐二年（1242）筑，徙	祥兴元年（1278）陷
达州	石城山	达县西二十里渠河北岸	淳祐中徙	
开州		开县城	端平中增修	咸淳二年（1266）被攻陷，三年收复，1279再陷
云安军	旧县坪	云阳县西八十里，大江北岸山上	淳祐中徙	咸淳十年（1274）陷
夔州都督府	白帝城	奉节县东十里白帝山，俯瞰大江	端平中筑	嘉熙元年（1237）旧治陷，三年收复，徙。1279再陷
(以上夔州路诸城，忠州所徙无考)				

续表2

原州郡名	徙治地名	今地位置	筑城和徙城的时间	沦陷、收复和再沦陷的时间
嘉定府	九顶山（凌云砦）	乐山市岷江东岸大佛崖后，与三龟山相连	淳祐中与三龟山皆筑城	德祐元年（1275）守将昝万寿降元
简州	灵泉山	简阳县龙泉山，山泉铺附近	《巴中县志》谓：与潼川府同时徙	
石泉军	龙安砦（三盘砦）		《宋史·地理志·龙安县》："宝祐后为军治所。"	

凡本表所无州郡，皆端平中已陷未收复者。

县城也多有迁徙山砦上的，如仪陇县徙金城山，大竹县徙荣城山，西充县徙南岷山，南部县徙跨鳌山等，难于尽举。按余玠的主张，是不徙县治的。平时，县官各就原治所理民；战时，则率其巨室豪族之无砦可守者同入州城助守。故县城的迁徙，是临时性的，惟州郡的徙治是永久性的。所以本图不标徙县治处。

第十八幅　元代及明夏行政区划图说

蒙古设中书省总理全国政务，在征战中，以行中书省分理一路军民之事，由宰执任之，简称"行省"，是中央派出机构。行省以地分是元世祖即位后才开始的，分地内"钱粮、兵甲、屯种、漕运、军国重事无不领之"。四川地方，初总于陕西行省。至元二十三年（1286），始置四川省于成都，统九路五府。路称总管府，府称散府，各设蒙、汉长官一员，路秩正三品，府秩正四品。府有隶于路的，有直接隶于行省的；有统州县的，有只统州不统县的。"至元三年，定一万五千户之上者为上州，六千户之上者为中州，六千户之下者为下州"，上州长官从四品，中州正五品，下州从五品。"六千户之上者为上县，二千户之上者为中县，不及二千户者为下县。"上县长官从六品，中县正七品，下县从七品。县隶于州，或径属于府。边远兵要地置军，比于下州，有属县。少数民族区则设长官司以理民，秩如下州。凡路、府、州、军、县，皆设蒙、汉长官各一员，蒙长官都名"达鲁花赤"，汉长官叫"总管"、知府、知州、知县（又叫府尹、州尹、县尹）。长官司达鲁花赤及长官、副长官，则参用土人为之。（以上据《元史·百官志》）大抵因于宋制，只编配不同。路之上设置行省，为明清以来最高地方行政区域称"省"之始。

元立陕西行省在中统元年（1260）。忽必烈远征云南，取道川边，嶲州及松、茂、雅、黎所督诸羁縻州率先降附，当时以四川所得各地俱归陕西行省统摄。因为松、茂、雅、黎地区多有蕃族，奉喇嘛教。至元初（1264），立总制院（1288 改宣政院），领于国师八思巴，于是院领及行省所领之土官、流官，错综交处于这些地区，难于分别。建立四川行省时，仍以松、茂、雅、黎诸州划归陕西，各为陕西行省二十七直隶州之一，构成历史上最特殊的行政区划。寯州部分，原是大理国领土，故划入云南行省（1274 建）。

《元史·百官志》详列了宣政院所管的土官。这些土官，实际是居住在康青藏高原的部落酋长，经八思巴和后代帝师保荐给元朝加以任命的，辖地与陕西行省沿边的路、府、州、县辖地交叉混杂，故元代的陕西省与宣政院的领地划分不出界线来。并且，这些宣政院所管的土官，在纠察政治得失方面，是隶属于"陕西诸道行御史台"的。柯劭忞的《新元史·地理志》把它们划归陕西行省。

元代记地理的书，有《大元一统志》和《经世大典》。明宋濂等撰《元史·地理志》，清魏源撰《元史新编·地理志》，皆采自上述两书，大抵雷同。柯劭忞嫌那些"官修之籍"不足征信，乃"订其舛讹，补其阙漏"为《新元史·地理志》，比较旧志，要正确些。本图即以《新元史》为据，参酌《元史》、《魏志》、《龚志》及杨守敬《元地理志图》编绘。至于明玉珍父子据蜀时期建置，则依据《明史·地理志》。

由于蜀人抵抗蒙古军的坚决，和蒙古军屠杀蜀人的残酷，到元统一时，四川人口已稀。路、府、州、县虽多仍旧设立，大都徒拥虚名，除吏从、军从、屯户以外，别无实户。后经过七十余年的招垦，仍然没有任何州县合于至元三年规定的下级标准的。所以，元代的四川，在史籍里几乎找不出记录来。至正十七年（1357），明玉珍率军由湖广入峡，发现这片空旷的腴美之地，陆续从湖广招来大量农民领垦，建立夏国，都重庆。十多年后，四川盆地的人烟才渐稠密起来。明氏父子国势富强，新增了几个州县，又招抚沿边土司，凡有年度可考的，皆已注入图内。

元代宣政院所辖土官在今四川省境者，分属于土蕃等处宣慰司和土蕃等路宣慰司，考订其部位如下：

"天全招讨司"和"六番招讨司"。在明、清两代为"天全六番正、副招讨司"，二土官姓高与杨，分驻碉门（今天全县治）与始阳。他们原属氐族，兼习汉语和蕃语。宋、元皆以碉门为茶马市易场，蕃商、汉官皆仰二姓为中介，由是发展成为两个土官。职位虽不高，权势很大，近边土司中，他们历来以富盛著称。

"鱼通路军民万户府"（省称鱼通万户府）是近世康定县鱼通土司的祖先，所管为今上下鱼通和打箭炉附近地区，当入蕃茶运要道，故地面虽小，却颇著名。

"碉门鱼通等处管军守镇万户府",即穆坪土司的祖先,驻地在今宝兴县。与鱼通土司同族。

"长河西管军万户府",即泸定县境内咱里土司的祖先。管区在大渡河西岸。这段大渡河与西昌的安宁河,元、明时称"长河",是忽必烈征云南所取道。

"朵甘思哈答李唐鱼通等处钱粮总管府",即明正土司的祖先。原驻色巫绒(今康定县西南百余里),辖境在今甘孜藏族自治州的北部和东南部,所以称"朵甘思"。相传他的始祖是瓦述,住在"安多"地区,后来作了木雅王,今其地仍叫"木雅乡"。哈答即噶达,今为乾宁县。李唐即理塘,皆是他的分支部落,故连合为称。

"亦思马儿甘军民万户府",是德格土司的祖先。元时是居住在白玉县"沙玛贡"(红土寺)的一个萨迦教派的小教主(见德格世谱)。"亦思马儿"对音沙玛。"甘"对贡音。

"朵甘思管军万户府",即邓柯县林葱土司的旧称。他的祖先就是有名的林格萨王,曾建立过统一康区和安多区的政权,故称朵甘思(多康)。

"剌马儿刚等处招讨司",西藏地理书说"康地六冈"中有剌马冈,在巴塘附近。今义敦县之喇竜(喇马垭)即是其地。

"奔不思招讨司",即甘孜白利土司的祖先,白利原为"崩波"教派(黑教)的大国,此用其教派名称。

"奔不儿亦思冈百姓达鲁花赤",即大金川土司的祖先。原以最大黑教喇嘛寺(雍宗寺)为政治中心。清灭金川,乃改兴黄教,改寺名广法寺。"奔不儿亦思冈"即康地六冈之一的绷波冈。

"唆尼招讨司",即今阿坝自治州马尔康县四土的祖先,又叫梭磨,后乃分为党坝、松冈、卓克基四部。(《元史·百官志》无此司名)

"征沔招讨司",《元史》无,《新元史》有。无可考。

以上隶属"碉门鱼通黎雅长河西宁远等处军民宣抚司"(《元史·百官志》作安抚司,秩正三品。《地理志》作宣抚司。《柯志》云:"安抚司误。"统于设在河州的土蕃等处宣慰司。另有"松潘宕叠威茂等处军民安(宣)抚司",所辖静州茶上必里溪安乡等二十六族军民千户所","龙木头都留等二十二族军民千户所","岳希蓬萝卜村二十二族军民千户所","析藏军民万户府",皆在阿坝自治州内。各土官近世犹存。图中皆已标出各土官驻牧地的部位,惟用字颇有删省。

第十九幅　明代行政区划图说

　　洪武四年（1371）明灭夏，以其地为四川省。后定云南，又以建昌、乌蒙、东川、乌撒、镇雄及贵州遵义改属四川。明制：省设承宣布政司，掌民政；都指挥使司，掌军政；提刑按察使司，掌刑名，纠察官吏。是为都、布、按三司，号"三大宪"。承宣布政使司设左右布政使各一人，秩从二品，领府、州、县。知府正四品。州或直隶布政司，或属于府；皆领县，无附郭县；知州秩皆从五品。知县正七品。都指挥使司（简称都司），辖诸军、卫、所及沿边土司。宣德中，又于建昌置行都司。都司，设都指挥使一员，正二品。卫设指挥使一员，正三品。其下，千户所千户一员，正五品；百户所百户一员，正六品，皆管屯田练军，世袭，以优待开国武臣。洪武时，四川凡有十三府，六直隶州，十五属州，一百一十一县，一宣抚司（永宁），一安抚司（石砫，后升宣慰司），十六长官司。皆有辖户，编里一千一百五十有奇。其后卫、所、土司，屡有变改，而府、州、县大体仍旧，如图所示。

　　《明史·地理志》依据《大明一统志》编成，对腹里州县体系叙述颇为清晰，对边区土司部落则是模糊不清。本图参考《明史·兵制》和《西域传》，把川边地区一些土官部落的位置作出考订如下：

　　乌斯藏太宝法王　按《明史·西域传》所述，乃是当时西藏拉萨政府所崇奉的噶举派（白教）祖师哈立麻的名号。其寺今为西藏的楚浦寺。

　　大乘法王　是后藏萨迦寺祖师的封号。

　　大慈法王　是黄教祖师宗喀巴的弟子，即创修哲蚌寺者。

　　帕木竹巴阐化王　是白教中一个大派帕竹噶举的首领，他的寺院即西藏泽当县的丹萨替寺。

　　灵藏善化王　疑即今邓柯县林葱俄兹寺的祖师，他的化域，主要是在青海境内。

　　馆觉护教王　即今贡觉寺的祖师。贡觉县，明代原是白教辖区，清代灭白教，才设营官（宗本），改兴黄教。

　　必力工瓦阐教王　寺庙在青海境内。

　　思达藏辅教王　原是宋、元间"乌斯藏王朝"的教皇（白教），元代封以"司徒"官职，故藏籍称他为"司徒王朝"。当他的政权崩溃后，搬到昌都附近的类乌齐建寺行教。清初受到黄教徒的胁迫，再搬到德格的八邦寺来溃法行教。现尚保存有明代颁赐的诰敕和金印。

以上这些法王，都各拥有一定的辖境属民，由另一完全听从于他的护法王国——土司推行政令，他自己表面上一般不直接管理政务。故明朝不把他们作为土司看待而给以法王的封号。各土司名义上隶属于乌斯藏卫的都指挥使司。

明朝在多康地方设有"朵甘卫都指挥使司"，实际就是林格萨王后裔的地方政府，今邓柯县的故林葱土司还保存有明代颁赐的诰敕可证。朵甘卫所辖土司，在今四川境内的，其可考者如下：

董卜韩胡宣慰司　即穆坪土司，《明史》有传。

天全六番招讨司　即天全的高、杨两土司，《明史》有传。

长河西鱼通宁远宣慰司　即打箭炉（康定）的明正土司，是康区最大一个土司。明代由色巫绒迁居到打箭炉来。打箭炉，明史作"达箭炉"。

长河千户所　即泸定的咱里土司。

加巴千户所　是道孚县郭卡村甲巴寺前辈祖师的封号，今尚保存明代颁赐文件在寺。

朵甘丹招讨司　即道孚的"打日国王"，后为霍尔王所灭。清末因都邑"丹"旧名译为"道隖"，民国为道孚县。

兆日千户所　即炉霍县朱倭村的古国。明末清初为霍尔王所征服，改建为霍尔竹窝部。兆日、竹窝、朱倭是藏语同一名的异译。

朵甘思招讨司与朵甘司千户所　是一地有两个部落酋长，疑在甘孜县，为后来霍尔孔撒、麻书两部的前身。

孛里加千户所　即信奉黑教的白利国，今为甘孜县的白利村。

朵甘川招讨司　在今新龙县。"川"为"瞻对"（新龙县旧名）的对音，旧时王寨遗址犹存。

朵甘仓塘招讨司　即白玉县昌泰牧区。

参卜郎千户所　今昌泰夺柯寺北十余里河谷内有旧夺柯寺遗址，即古参卜郎部落首邑。

帕木竹巴万户府　在今邓柯县境。

乃竹万户府　在今甘孜县东北，东谷寺北至色达县的乃大吉寺一带，古称为"乃"。有乃龙神山为其信仰中心。

沙儿可万户府　即色柯。为一纯牧部，在今色达县。

果由千户所　即俄洛（果罗克）牧部，今属青海省。果由，是（果域）的对音。

泄里坝千户所　即色尔巴的对音，今属绰斯甲县，为产金名地。

别思麻千户所　即别思满部落，在今小金县东部。

喇宗千户所　即喇马冈部落，在今义敦县的喇马垭。

多八三孙千户所　今稻城县，旧叫稻坝，是多八的对音。

磨儿勘招讨司　即麻康，今为西藏芒康县。原白教部落，清初为顾实汗征服，改信黄教。

罗思端万户府　在今昌都地区的桑昂县。藏语"罗思端"为上南部之义。

以上十九部落，除《明史·兵志》里具有名目外，别无任何资料。本图按照藏文对音与康区地理情形，作了这样的初步考订。此外，还在康区添上了几个地名："沙玛寺"，据德格世谱；"李唐"、"噶达"，据《元史》；"梭罗部落"，据《徐霞客游记》的"猎猡"和蕃民传说；"巴"，据西藏的地理书。

《明史》里还有许多建立在建南高原的土司，本图只考列了几个摩些族的土司位置。属于彝族的都全未考列。因为彝族在建南高原的流动性太大，各土司大都没有固定住地，而且是常因民族压迫而叛服无常，起灭无定的。

第二十幅　明末清初行政区划图说

从明万历二十八年（1600）平定播州，置遵义府，到雍正改土归流以前，凡一百二十六年，经历了明、大西、南明、清四个王朝，四川州县建置并无重大变革。就沿革地理说，可以划作一个时期。

这一时期，战争频仍，播州的战争刚结束，蔺州和水西的战争又起（1621—1628）。少数民族反压迫的战争才过去，农民大革命战争又起（1629—1646）。接着是反抗清政权的战争（1646—1664）。以后又是吴三桂割据的战争（1674—1680）。直到十七世纪的九十年代，四川才停息兵革。那时四川盆地中部已经是人烟绝迹，只盆地边缘的山区，保存了少数"孑遗之民"，许多州县都徒有其名。

农民革命军首领张献忠在四川建立大西国（1644—1646），整个四川和西南广大地面的少数民族部落，大都归附于他（发出了约近两千号土官印信）。但因年代很短，资料不足，同时又常有地主武装叛乱，占据了一些地方，所以本图未能把"大西"的疆域明确地定出来。

在这一悠长的战争年代里，四川盆地内，只嘉定和保宁两处保存的民户较多。因此，这两地区成为永历年间（1647—1662）明、清两方的省政府所在地。清军首先打败了岷江、涪江上游残存的恢复军，并招抚了龙安、松、茂一带的土司（图中注有招抚年代）。后来依次打败了川东南、川西南和贵州、云南的明军。在 1710 年前后，又招抚了剑南区的许多部落，设置建昌兵备道来管理五卫和各土司。1701 年前后，清兵进攻打箭炉的白教政权，扶立起明正土司，并招抚了口外四十八部落，称为"西炉"。到 1719 年前后，进后西藏，又招抚了康南一带的许多部落。1728 年，又招抚到康北许多部落（年代附注在图内）。这些新抚部落，统称之为"炉边"。西炉和炉边一百二十二个土司的地面，名义上归雅州府管辖，实际是只由化林协这个军府管理土司们的贡赋。此外，川西北草地的土司，包括三俄洛部落的广大地面，归松潘卫管辖，建南高原西部九个土司，包括木里在内的广大地面，归盐井卫管辖；大小凉山地区，归建昌等卫管辖。云南东北部的四个军民府，则仍如明制，与遵义府均划为四川省境。

以上是明末清初四川沿革地理上的特点。本图把这些地方的部位、区划，作了初步考订，标绘出来。

明末清初这百多年中，各省文、武、流、土官制变化很大。因其属于地方行政制度，故略述之。

明中叶每遇漕运或军事发生困难时，则以都察院都御史加总督、巡抚等衔出赴所在，整肃其事。事讫而罢，不常设。正德以后，总督军务的常兼督数省；巡抚则权力只及一省，称"提督军务"，或只巡察一路一府（如郧阳巡抚，偏沅巡抚），称"赞理军务"。皆由文臣担任，一方武臣皆当受其节制。由于军饷出自钱粮，故督、抚浸渐直接管理军民政务。大省设总督，小省设巡抚。或一省兼设总督与巡抚，后亦合并为官，称"总督兼巡抚事"。布政使司渐变为督、抚衙门的分司。督、巡以下，设官分道督理政务，有分巡道、督粮道、茶马道，皆由中央派出，称御史。其后乃径由督、抚委派布政司官任之。惟管理一省司法的"提刑御史"，仍由中枢任遣。

武职，则因屯卫制度历久窳败，兵皆虚额，将多老弱，都司权轻。乃别设总兵官镇守一省，总理练兵事务。其下层设副总兵、参将、游击、守备等官。都司降为总兵属员，位在游击以下。清初各路用兵，武职泛滥，每省复设提督一员，总理练兵、战斗之事。总、副、参、游，率军分防各道及险要所在。其分防一道者，称镇守府（如建昌镇），后称兵备道。

宣慰使、宣抚使、安抚使，在宋代为中枢派遣的方面大吏，不常设；元代，乃为分管路、府、州军的常设官；明代，始用于沿边土司；清代，遂成传用于土司的爵号。名义上仍是元明品秩（宣慰从三品，宣抚从四品，安抚从五品，长官司长官正六品）。实际上，对七品以下流官亦必须恭谨，俗称"见官低一级"。土官分属各兵镇，世袭承替，钱粮征纳，兵役征调，皆听命于镇将，而镇将又受制约于督抚、司道、府州等文官。这些制度，皆在十七世纪末叶次第形成。

第二十一幅　清代中叶行政区划图说

清雍正朝（1723—1735），推行改土归流政策，曾激起滇、黔两省少数民族大反抗。四川境内推行得较迟，并未全面贯彻，也未曾引起战争。经过这次改土归流以后，四川行政区划有下列的改变。

（1）原建昌兵备道管的五卫改为州、厅、县，设宁远府统之。土司仍旧未改。

（2）调整了川、滇、黔三省的境界，把川东、乌蒙、镇雄三府划归云南；威宁（乌撒）、遵义两府划归贵州；原隶于威宁府的永宁县改隶四川叙州府，不久又改设叙永直隶厅。

（3）黎雅区改土归流比较彻底，设置天全州和青溪县（今汉源县），隶属于雅州府。把天全的高、杨两土司家，迁徙到江西省为民。黎州土司也彻底消灭了。

（4）川东南地区和川西北地区的土官，雍正朝未进行改土归流，只把松潘卫改为厅。

（5）康藏高原地区的土司，在此时期内无变动，只增设了打箭炉厅。

乾隆（1736—1795）时，继续推行川东南的改土归流，设置了酉阳州、秀山县和石砫厅。又取消了杂谷土司，设理番厅。后来更用兵二十多年，屠杀大小金川的藏民，重新移植汉民，设置五屯（懋功、抚边、绥靖、崇化、章谷）、两厅（美诺、阿尔古），不久并为懋功一厅。

在乾隆年代里，四川各州县人口逐渐有了增长，州县渐臻繁荣，地方官吏和大地主们勾结起来残虐农民的罪行也有了很大的发展。于是刚到嘉庆初年，便爆发了川、陕、鄂三省间的农民革命。清王朝镇压了农民军之后，割原夔州府的达州、新宁、东乡、太平和顺庆府的渠、大竹共六县为绥定府。后又增设城口厅。于是四川所辖有十二府，八直隶州、六直隶厅，共管一百六十余州、厅、县。划分为以下五道：

成绵龙茂道　驻成都。分巡成都、龙安二府，绵、茂二州，松、理、懋三厅。

建昌上南道　驻雅州。分巡雅州、宁远、嘉定三府，眉、邛二州。

川南永宁道　驻叙州。分巡叙州一府，泸、资二州，叙永一厅。

川东道　驻重庆。分巡重庆、夔州、绥定三府，忠、酉阳二州，石砫、城口二厅。

川北道　驻保宁。分巡保宁、顺庆、潼川三府。

这一建置体系，直到清末都改未改变。本图依此绘成。

值得特别提出来说明的，是所谓西炉和炉边的建置体系。

雍正七年（1729），把雅州同知移到打箭炉，主要任务是管理藏、汉人民的贸易和关内外百多个土司的朝贡事宜。后来因为对西藏屡次用兵，这里成了后勤供应的冲繁要地，建设粮台。并发展成为理塘、巴塘、昌都、拉里等几个粮台和沿途护运的营汛。因要把达赖从拉萨接到惠远寺来住，又建筑泰宁城和康北一些营汛来保护他。这些新建的营汛和土司，一并拨归阜和协管理。打箭炉同知专理粮运和民事。由于把茶市由碉门迁到打箭炉来了，这座城成了突然兴旺的边地市场。相关的化林坪（阜和协参将原驻打箭炉，后移驻化林坪，改称化林协）、冷碛（冷边）、泸定桥、泰宁、巴塘、理塘和中渡口（今雅江），都发展成为新兴的城市。

阜和协所管的一百二十多个土司，大小不一。他们原都是青海和硕特蒙古固始汗（顾实汗）在明朝末年征服了的部落，设有营官分管。固始汗信奉黄教，反对黑教和白教，因此在他统治的年代里，许多不信奉黄教的部落都被消灭了。固始汗亲附清廷，所以这些地方，在清初已经是清廷的辖地。土司有百多员，按其部落特性，可分作十一区：

（1）德格区　即德格宣慰司的辖地。地域辽阔，这时林国衰微，反成了它的附庸。他是奉萨迦派（花教）的部落，由于出了高僧，受到固始汗的尊敬，故不仅花教获得保存，其部族反而在这时强大起来，虽处在黄教政权的高压下，仍保存了白、红、黑教的一些寺院。

（2）霍尔区　霍尔五部，即麻书、孔撒、竹窝、章谷与杂科（霍尔咱）五个土司，全是固始汗子孙建立的。他们的祖先霍尔法王，一手建立了十三座规模巨大的黄教寺院，铲除了其他的教派。从前盛极一时的白利王国，这时亦归附于他，号称霍尔白利，改奉黄教。

（3）上、中、下瞻对　即今新龙县地。是一个完全信奉旧教，反抗固始汗的部落，从来就以强武好斗著称。自诩其部落是用生铁结成的，号为"甲堆"（铁结），清人最早把它译成"瞻对"。

（4）巴塘区　原是固始汗委任的营官（兼管兵、民的地方官）辖区。降清后，仍为一个土司辖区。

（5）理塘区　原是固始汗委派的营官辖地。主要地方都是草原，不及巴塘温暖富庶。但是这里有达赖三世亲自创建的一座喇嘛寺，名声很大，信徒分布得很宽。

（6）西炉区　原是白教徒最后与黄教徒撑拒的一个地方，康熙时，经清廷出兵把白教法王消灭了，新扶植明正土司起来管理这地方。所管有四十八个土百户。还有附近的沈边、冷边、咱里、鱼通、穆坪和金川的巴底、巴旺、革什咱等小土司，实际是他的附庸部落。

（7）瓦述色他　是康北一个历史悠久的牧部。明正土司和理塘附近的五瓦述（毛丫、曲登、毛茂丫、崇喜、啯龙）和昌泰牧部，都是由这部落分化出来的。

（8）绰斯甲和独科　是与金川和理番四土司生活习惯都很接近的部落，农牧兼营，不喜与汉族来往。

（9）纳夺草原　是金沙江以西，昌都、德格间的一个大草原，酋长不只一二个，随德格同时降清，故也划归炉边的范围。

（10）三岩区　是跨金沙江的一个农业部落，从来就不受西藏地方管辖，也不受清王朝招抚，被称为"野番"。雍正五年（1727）划川藏界时，把它划属炉边。直到清末才被征服。

（11）木里区　这是个黄教法王管区，世代以木里寺的活佛主政。清王朝却把它归盐源县管理，事实上从来未曾管理它。

第二十二幅　清代末叶行政区划图说

从十九世纪五十年代到1912年推翻清王朝统治的六十二年间，四川盆地以内，除了增置一个潼南县外，没有其他变更。五道的名称改了三个，即：改成绵龙茂道为川西道，上、下川南道削去建昌、永宁等字。但边境地区，又曾涌起改土归流的高潮，现就当时边区建置变化作出说明：

川边改土归流，是从瞻对区开始的。瞻对在川边是一个不平静的地区，雍正八年（1730）、乾隆十年（1745）、嘉庆二十年（1815），都各进行过一次"剿办"。但都没有把瞻民镇服下去。咸丰年间（1851—1861），那里又建成了反对黄教统治和反对清王朝的地方政权。因为清王朝当时正受到太平军起义的压力，没有力量兼顾炉边，只命西藏达赖派兵去镇压。西藏军讨平了瞻对，向清王朝索军费银二十万两。清王朝无力偿付，便把瞻对拨与西藏地方管理。这样就给西藏造成了个孤悬在四川境内的飞地。贪污的藏官，便借宗教力量向附近部落发展，干涉政俗，鱼肉人民。

反对黄教政权的瞻对人民，又于1894年发动革命，赶走了西藏派来的僧、俗官吏。川督鹿传霖乘时主张改流，派军队去接收瞻对，并把霍尔部落的章谷、麻书两土司取消，改设炉霍屯和麻书汛。但是，由于达赖的反对，清王朝又撤换鹿传霖，仍将瞻对划隶西藏。这时国内已有了报纸，舆论都拥护鹿氏的主张，清王朝起用了鹿氏为军机大臣，积极布置改土归流。

最先在川南叙永厅界内，把九姓司改土归流，设古宋县。并压服了土民的反抗，增置古蔺县（原叙永厅附郭的永宁县，在此时裁撤）。随即向大凉山彝族用兵，设置了昭觉县。同时在建南，分盐源县南境置盐边厅，分会理州东境置宁南县。

那时西藏达赖十三世当政，反对外国人在西藏活动，憎恶清王朝官吏信奉洋教、优容洋人，暗中唆使各地藏民进行反抗。清王朝于1904年派军"剿办"，烧毁了二十多座带头反抗的黄教寺院。光绪三十三年（1907）攻破乡城的桑披林寺后，军事大体结束，清王朝便在1908—1911年间，取消川边的全部土司，改设府、厅、州、县，并乘机进军，把昌都地区，拉里和工布地区，以及波密地区，一体改设流官。负责"剿办"的赵尔丰，拟把这些新开的地面建立四道、十余府、州，设置巡抚，作为一省，并已在巴塘修好巡抚衙门，颇得清王朝器重，特地把赵尔丰调充四川总督，并同意他保荐的傅嵩炑来负川边的责任。傅嵩炑著有《西康建省记》，对当时分区改土归流的经过，有比较翔实的记载。本图据此，把当时改土归流地区的部位和改土归流年份绘入。

但是，赵尔丰回到成都，正碰着四川人民反对把川汉铁路划归国有的高潮。并由此导致全国人民大革命，推翻了清王朝。赵尔丰也被川人捉来杀了。傅嵩炑率领得力的川边军赶回四川来援救赵尔丰，亦在雅州被擒。藏民乘驻军撤走，再起反抗，赶走流官。赵、傅"西康建省"计划未能实现。

第二十三幅　民国时期（上）行政区划图说

从民国元年到1938年的二十六年中，四川建置分为两部：原来五道辖地为四川省；打箭炉以西的地面，叫川边特别区域。民国二年，废除府、州、厅，由道直接辖县。四川省五道改名为西川、东川、永宁、建昌和嘉陵道，辖境不变。州、厅都改成县名。县的区划则全仍清旧（只1918年把穆坪改流，新立宝兴县和金汤局）。

这一时期，是军阀混战时期。各地驻军径行委派地方行政官吏，逐渐发展成为"防区"制度。一百五十县中，常有十多个"各自为政"的军阀政权；甚至连、排长皆可直接委派县、局官吏。一县有几个知事（县长）。遍地都是关卡、税卡。预征田粮到四五十年以后。月月打仗，处处拉兵。道、县政府，成了驻军的外勤机构。有时，地方组织的武力与驻军相抗，自称"民团"，实际上就是地主武装。他们逐渐发展成为地方政权，任意派丁派款，和国防军没有本质的区别。

这些军阀们，连年混战，此起彼落，变化万千。他们的共同特点是：勾结地主豪绅，剥削人民，尽力镇压辖境以内的革命力量。当这些军阀无力镇压人民革命的时候，蒋介石率军入川，夺去政权，为了加强管制地方，把有名无实的道尹制度废除，另行划分为十八个行政督察专员和成都、重庆、自贡、万县四个市。县的变更有：分广元为旺苍，分涪陵、彭水为武隆，分高、珙、筠连为沐爱，分屏山、马边为沐川，分平武为青川，分西昌为德昌，这些被分出的地方，最初都叫设治局，后来，除沐爱外，都由设治局转为实县。

最初划定的行政督察专区和指定的专员驻地，很不合理，事实上不能遵行，所以不久便自然地改变了。专员驻地，第一区由彭县改为温江，第二区由仁寿改为资中，第三区由江津改为永川，第四区由邛崃改为眉山，第五区由犍为改为马边，第八区由涪陵改为酉阳，第九区由万县改为奉节，第十区由广安改为大竹，第十二区由安岳改为遂宁，第十四区由平武改为剑阁，第十六区由理番改为茂县。本图的专区和专员驻地，便是依据它最初划分时的规定绘成的。

川边特别区域的变化，主要表现在与西藏地方分界方面：

（1）民国元年，西藏驻防军发生混乱，纷纷离队回家。早已逃往印度的达赖十三世，在英帝国主义的愚弄下，回到西藏，并唆使川边各地的黄教寺院藏人驱逐汉官。一时把已经设治的太昭（工布江达）、嘉黎（拉里粮台）、硕督（硕般多）、科麦（桑昂曲宗）、察隅五县，和尚未设治的波密区占领。赖留在川边的旧边军，守住了瓦合山脉，还保存了澜沧江流域以东的地面。这一局势，相持了六年之久。

（2）1917年，西藏地方政府又在英帝国主义的唆使和供给武器的支持下，再度向川边大举进攻。于1918年攻陷昌都，乘势进占察雅、贡觉、宁静、武成、同普、德格、白玉、邓柯、石渠等县。至川、藏两军相持于绒坝岔时，有英帝国主义间谍台克满出面，先后诱致边军分统刘赞廷、镇守使陈遐龄与藏军订立"休战协议"，把以上各县划归藏军占领。

（3）1931年初，西藏地方军队借大金寺与白利土司的纠纷，又在英帝国主义唆使下向川边进攻，一时占领了甘孜、瞻化两县和炉霍县的一部分。后来遭到川康边防军的反攻，败退回金沙江去。但在这时，由于川康军在川东方面发生了战争，便匆匆与西藏地方军队在冈拖订立和约，规定以金沙江水为两方驻扎军队的界线。川边收回德格、白玉、邓柯的江东地面与石渠、甘孜、瞻化县地。但是，巴安（巴塘）的江西岸地和盐井县，却又让西藏地方军队占去了。

康南的巴、理、乡、稻、得、义六县，全是黄教寺院的化域，崇奉达赖。因此英帝国主义通过达赖来资给乱民以军火，唆使其反抗。在清末的巴塘、定乡两大战役后，叛乱迄未停止。义敦在民国五年赶走知事，县便荒废了。得荣、定乡、稻城曾有过七八任知事，全是受辱逃跑或死在那里的。巴、理经常驻有防军，也只保得一城，有几年也在陷没中。民国的二十六年中，川边实际管得了的，只有康定、泸定、九龙、丹巴四县和雅江、道孚、炉霍、甘孜的一部分。

在大小凉山的彝族住区，这时四川政府亦不能控制。清王朝建立的土司制度，已被彝族人民推翻。昭觉县也于民国四年失陷，县官常住西昌。盐源的九个土司，亦次第被彝族打垮。西昌专区所辖八县，实际只保存得城池附近和大道沿线的平原地方。

松潘所管七十多个土司的地方，所谓"口外""口内"十多部，亦是早已无形放弃了的。口内部落和理番县的四土，亦只在不即不离之间，与康北情形一样。至于黑水区，更是土民与政府军队打仗的地方。最远的上、中、下三俄洛部落，则由青海的马家军占领，并在那里设县征税。

这些情况，不可能从地图上表现出来，故在这里补充说明。

此外，川、康两省县区和县名的小改变，可以从前后两幅图内对比出来，这里不赘述。

第二十四幅　民国时期（下）行政区划图说

从1939年西康建省，到1949年川康全部解放的十一年中，四川和西康两省所辖县、市的位置和境界无甚改变。最大的改变是：把原四川省辖的第十七、十八两行政督察专区划归西康省，只十七区的名山县留属四川省的眉山专区。从此，四川省辖成都、重庆、自贡三市和十六个专区，随后新设了酉阳专区，共十七个专区，共辖一百三十七县和一个管理局（北碚管理局），面积为三十万零三千二百四十八平方公里，人口约六千万（据1946年四川省统计处公布的人口数目是四千七百二十二万三千八百多人，这数字显然不确。按1953年普查，所得四川人口已近七千万，则解放前当在六千万左右）。

这十一年中，县的变革是：成都县治迁土桥。华阳县治迁中兴场。理番改名理县。旺苍设治局、平昌（江口）设治局和武隆设治局都改县，武隆由旧武隆徙治巷口镇。

西康省，原只十九县。1940年分道孚置泰宁设治局（后改乾宁县），加上从四川划拨的十四县和两个设治局（金汤设治局，1928年置；宁东设治局，1939年置），共三十三县和三局，面积二十三万六千四百九十五平方公里，人口不足二百万。初未设行政督察专员，只依习惯分为康、宁、雅三部。康区即川边旧境，省府仍设于康定。宁区即原四川的第十八专区，隶入西康后，设屯垦委员会代替专署办事。雅区即原四川的第十七专区，入康后，亦不设专署，但省主席长期驻雅安，实际上成了西康的新省会。后来亦曾在康区设立三个专员：康南专员驻理塘，康北专员驻甘孜，康东专员驻康定，实皆空名尸位，无事可办，徒以安顿冗员而已。

宁属屯垦委员会曾在许多彝族住区里设置"政治指导区"，规定任务为："编查保甲，训练壮丁，管辖赋税，化导彝人，调查产业，设计开发，推行政务，禁种烟苗。"实际是一些官吏用来与彝人进行鸦片交易的机构。那些指导区，也有些成为后来建置新县的基础。在1942年，已建成的特级区有四所（拖乌、泸宁、腴田、普雄），甲级区七所（大桥、黄草、龙窝皆在盐源县境；三冈、菩提、巴溪皆在昭觉县境；麻陇在德昌县境），乙级区很多，随建随废，难于指教。惟普格、布拖、金阳等区，后来都升级到设治局的规模。此外，在会理境内，增设了骖鱼设治局。这些指导区和宁东、骖鱼两设治局，在当时只有治所，未划境界，本图都只作为"要地"标绘出来。

这时期内曾发生川、康、甘、青四省争界的事情。首先是西康和四川争绰斯甲这块地盘。由于绰斯甲是赵尔丰指定改土归流之地，但尚未及实行，清廷已被推翻了。民国以来，仍是四川管辖。西康建省后，两省互争这一地区，结果是西康胜了。曾进行改流置县，但未为土司所接受，随着便有俄洛划界的争执。

俄洛草原跨黄河上游，东连阿坝，西包鄂陵湖，长达千里，南以巴颜喀喇山脉与康北的色达接境，北跨大积石山脉接青海的同德县，从来是党项羌民居住的中心区。曾被吐蕃征服，奉行红教。区内有个白衣寺，是他们的信仰中心。对区外的寺庙，则信奉德格的祝靖寺。清初叶，他们与四川的杂谷土司发生纠纷，又曾侵扰青海玉树的商队，经四川提督岳钟琪进兵降服后，委派了三个土司，拨归松潘卫管辖。但因过于辽远，松潘卫实际未曾过问。那时上、中、下俄洛共辖有四十五个小土官。后来由三大部落发展成为五大部落，尊奉一女酋为首领，这个女酋成了世袭的女王。

清末川边改流，派祝靖寺喇嘛前往招抚，女王接受了，但尚未进行改流，川边已经陷于混乱。甘肃省的拉卜楞寺（黄教）那时正在发展教区，向四川的松潘土司地方推进，并配合有一定武力。俄洛人民不服，向青海马家军求助。青海遂派军进驻俄洛的白衣寺，征收赋税。俄洛人民不堪苛虐，群起反抗，驱逐了马军（1937 年前后），受到青海反动政府的残酷报复。于是俄洛人又向四川省政府要求保护。当时的四川省政府向青海抗议，西康、甘肃两省亦起来争夺这块地方。遂有四省协商划界之议。解放后俄洛划归青海，建成民族自治州。

还有几处是当时川、康政府都不能管理的地方，在此略作说明：

大小凉山彝族区　那时是官方令教不能入境的地区，西康省只在它的边缘部分建设了些指导区。四川的峨、马、雷三县，则几乎县城都难保了。

两盐西境连界云南地区　一般叫"张夷地界"，也是政令不能入境的彝区，西康曾置黄草指导区，旋即放弃。

木里黄喇嘛辖区　原是盐源县所辖九个土司之一，这时，亦成为不受汉官钤辖的地区。西康省虽曾多次招抚，俱未收效。

东阿绒　是康南一个古老的特殊地区，从清代就未降服过。他们信奉喇嘛教，与康南藏民打交道。

色达牧区　包括甘孜和炉霍两县北部的达柯、独柯这些河谷的游牧部落，色柯在清代曾受招抚，并曾由霍尔法王在境内建立"乃大吉岭寺"（十三大黄寺之一）。达柯亦曾附属于甘孜的霍尔孔撒土司。惟独柯未与官方有过交道。在此期中，原西康省政府并未过问这些地方。解放后，西康设色达县。

松潘口外土司地方　松潘旧管土司中，包括阿坝草地、黑水和四土，在这时期，与三俄洛地方一样，是松潘县政府管理不了的。

第二十五幅　建国初川康行政区划图说

1949 年冬，中国人民解放军进军大西南，解放了川、康、黔、滇四省。设西南军政委员会于重庆市，代表中央人民政府，领导和监督西南各省、市，实施人民民主建政工作，进行各种社会改革、经济建设和文化建设，并继续进军解放西藏。1950 年解放昌都地区，1951 年和平解放西藏。于是西南大行政区（包括原来的川、康、滇、黔四省与西藏地方）全部解放。据 1950 年 7 月 18 日重庆《新华日报》发表的西南军政委员会办公厅所制《西南行政区划系统表》是：

(1) 重庆市　军委会直辖市。

(2) 川东行政区　行政公署设于重庆市区的黄桷垭。所辖万县、北碚二市，与璧山专区十县（1951年改称江津专区，专署自璧山徙江津），大竹专区六县，万县专区八县，涪陵专区七县和酉阳专区三县。

(3) 川南行政区　行政公署设于泸县。所辖自贡市，随复添设泸州市，凡二市，与泸州专区八县，乐山专区八县，宜宾专区、县，内江专区、县和沐爱设置局一局。

(4) 川西行政区　行政公署设于成都。所辖成都一市，温江专区十二县，绵阳专区十县，眉山专区十县和茂县专区六县。

(5) 川北行政区　行政公署设于南充。所辖南充一市，南充专区八县，遂宁专区九县，达县专区八县和剑阁专区十县。

(6) 西康省　人民政府设于雅安。所辖雅安一市，雅安专区六县，西昌专区十二县，康定专区十七县和昌都专区十八县（实设昌都解委会）。

以上四川、西康两省旧境，共有一个中央直辖市，四个行政区，共辖七个省辖市和二十一个专区，各专区共辖一百九十四县。其中在十四县不在今四川境内，在今四川境内的为一百八十县。均各依所属区绘入图内。

1951年，川南行政区增设了宜宾、内江二市；泸县徙治小市。撤销了沐爱设治局。川北区的南充县徙治龙门场。西康省撤销金汤设治局和泸宁设置局；并遵照国务院五月十六日发布《关于处理带有歧视或侮辱少数民族性质的称谓、地名的指示》，改瞻化县为新龙县，巴安为巴塘县，理化为理塘县，定乡为乡城县。1951年4月22日成立西康昭觉县彝族自治政府。到1952年7月，依中央人民政府委员会第十七次会议决议，成立凉山彝族自治区，属专区级，区人民政府驻昭觉，辖昭觉、普格、喜德、普雄、美姑、金阳、布拖七县。普格、喜德（治甘相营）皆旧设治局改县，普雄、布拖旧为政治指导区，美姑治牛牛坝，金阳治灯厂，皆新设县。

在这同时，中央人民政府委员会议决，成立四川省人民政府，并于省人民政府成立后撤销川东、川西、川南、川北四个人民行政公署。（1952年8月11日《人民日报》）

同时，西康省汉源县徙治富林；分会理设置会东县，治鲹鱼坝；分西昌、冕宁、盐源三县地置金矿县，治洼里；以木里土司地置县级的木里藏族自治区，于是西昌专区辖有西昌、冕宁、越嶲、德昌、盐源、盐边、会理、会东、宁南、米易、金矿、木里十二县。

1952年12月，四川省茂县专区内成立了藏族自治区（专区级），管辖松潘、茂县、汶川、理县、靖化、懋功六县及卓克基、松冈、党坝、梭磨和黑水、阿坝、若尔盖等地。茂县专署随即撤销。在这以前，已先成立了若尔盖、包座行政委员会，其后与阿坝、黑水、南坪及卓、松、党、梭四土中心的马尔康皆为县。

在这期间，温江专区撤销了成都县，把县境分别划归成都市和温江、郫县、新繁等县。西南军政委员会根据中央人民政府委员会第十九次会议决议，改称为西南行政委员会。

第二十六幅　1956年行政区划图说

1954年6月19日，中央人民政府委员会第三十二次会议，决定撤销大区一级的行政机构，西南行政委员会亦即撤销，重庆市改为四川省辖市。1955年7月16日，国务院全体会议，为了适应国家计划建设的需要和便利国家行政工作，建议撤销热河省和西康省，将西康省所辖市、县、自治州划归四川省。7月18日，经第一届全国人民代表大会第二次会议通过施行。9月，西康省除金沙江以西的昌都地方，归西藏管理外；金沙江以东的专区、县和自治区，并归四川省人民政府领导。9月下旬，川康两省完成交接工作。10月1日起，西康省人民委员会及所属工作部门宣布撤销。

在此以前，四川的酉阳专区已经撤销，其辖县并入涪陵专区。西康合并后，四川省对行政区划又进行调整：撤销眉山专区，以邛崃、大邑、蒲江三县属温江专区，名山属雅安专区，余县并入乐山专区。撤销大竹专区，以梁平属万县专区，长寿、垫江属涪陵专区，广安属南充专区，大竹、邻水、渠县属达县专区。撤销剑阁专区，以阆中、苍溪两县属南充专区，余县并入绵阳专区。同时，划原属绵阳专区的广汉、金堂、什邡三县属温江专区。原西康省的雅安专区，除新划入名山县外，又将西康藏族自治区的泸定一县划入，合旧有的雅、荥、天、芦、宝、汉、石棉共九县；西昌专区划出越嶲一县，尚有十一县。又改四川藏族自治区为阿坝藏族自治州，州人民委员会驻刷经寺；并新增阿坝、若尔盖、马尔康、绰斯甲、黑水、南坪六县属之。改西康藏族自治区为甘孜藏族自治州，州人民委员会驻康定，并将昌都专区所属金沙江以东的德格、白玉、邓柯、石渠四县划属之。原来的西康彝族自治区，除自西昌专区将越嶲划入外，又自乐山专区划入峨边、马边、雷波三县（1955年9月）。同时分越嶲置甘洛县，新增洪溪、瓦岗两县，共为十四县；至1956年2月，改称为凉山彝族自治州，州人民委员会仍驻昭觉。

截至1955年4月止，四川省共有三个省辖市，十四个专区，三个民族自治州和十四个专署辖市,一百九十八县。皆已绘入图内。

1953年6月30日,全国同时举行人口普查。据1954年11月1日《人民日报》发表的国家统计局《关于全国人口调查登记结果》所发表的公报:这一天的全国人口总数为601933035人。其中男占51.82%,女占48.18%。城镇人口占13.26%,乡村人口占86.74%。四川省总人口为62303999,占全国总人口的10.35%;西康省总人口为3331054,占全国总人口的0.56%;合计为65685063人,占全国总人口的10.89%。到1955年底,两年半的时间内增殖了12616344人(据四川省统计局1956年统计数字),平均每月增长450580人。增殖率冠于全国各省市。

四川人口还有一个特点,是农业人口的比率大,约占总人口的77%,而这些农业人口的分布与耕地分布很不平衡。有几个专区的属县,平均每一农业人口只得耕地1亩多,如遂宁专区九县,平均为每一农民耕地1.48亩,其中,最低的射洪县,平均每个农民才1.1亩,最高的盐亭县,平均每个农民为1.7亩。南充专区十一县,平均每个农民得耕地1.54亩;其中,最低的武胜县,平均每个农民才1.4亩,最高的营山县为1.7亩。达县专区十一县,平均每个农民得耕地1.75亩;其中,开江县平均每个农民1.4亩;渠县、巴中、达县、宣汉四县,每个农民才1.5亩稍多。泸县专区八县,平均每个农民有1.74亩;其中,合江、隆昌两县,每个农民才1.3亩稍多;泸县、富顺皆1.7亩左右。超过2亩的,只有古蔺、古宋、叙永三县。有些专区,平均每个农民所得耕地皆在2亩以上,如绵阳、西昌、雅安、宜宾、乐山等专区。其中绵阳专区平均每个农民得耕地最低的也超过2亩;最高的平武县则到3.58亩。西昌专区和三个自治州的荒地很多,大约还有五千万亩的荒地全是可以利用的良田。(以上据四川省统计局1956年统计资料计算)

为帮助阅者比照四川各地区农业人口和密度情况,兹将当时各专区、直辖市和自治州的面积、人口和耕地面积与农业人口的总数情况编为下表:

专区、市、自治州	所辖县、市数	面积（平方公里）	耕地面积（亩）	总人口	农业人口	平均每一农民所得耕地（亩）
温江专区	16县	12583	8666370	5027734	4560835	1.90
乐山专区	15县1市	23324	6056921	3073153	2875988	2.10
宜宾专区	9县1市	11494	4491022	2451217	2147357	2.30
泸县专区	8县1市	17710	6754600	4366672	3875394	1.74
内江专区	7县1市	12509	9673832	5777211	5375493	1.80
江津专区	10县1市	19208	11222794	6444310	6056877	1.87

续表

专区、市、自治州	所辖县、市数	面积（平方公里）	耕地面积（亩）	总人口	农业人口	平均每一农民所得耕地（亩）
南充专区	11县1市	20065	10021089	6835056	6496412	1.54
遂宁专区	9县	17291	9964871	7092439	6723976	1.48
绵阳专区	15县	30590	9085759	3584375	3207488	2.83
达县专区	10县	32828	10077898	6057579	5757472	1.75
万县专区	9县1市	29024	8898700	5213601	4888575	1.82
涪陵专区	11县	38936	9515846	4547809	4726329	2.01
雅安专区	9县1市		1957790	825533	805287	2.47
西昌专区	11县	约40000	3178201	2261708	1281276	2.48
成都市			207656	843526	143324	1.45
重庆市			458253	1678610	304154	1.50
自贡市			141632	268029	84665	1.67
阿坝藏族自治州	11县		1032200	398785	397734	2.60
凉山彝族自治州	14县		1584548	1030636	835100	1.90
甘孜藏族自治州	21县		1174462	523424	420177	2.79
合计	198县、8市		114164423	78301407	60961904	

（注：表列的面积，是据解放前《四川经济月刊》二卷二期发表各县面积改算的。人口各栏，采用四川省统计局1956年的统计数字。）

第二十七幅　1958年行政区划图说

本沿革图前面的二十七幅，于1958年9月15日绘成，行政区的沿革，绘至1956年底为止。在1957年里，只屏山县改划归宜宾专区，泸定县改划归甘孜藏族自治州。甘孜藏族自治州的义敦县治迁移冷卡石。到1958年下半年，才有较大的变化。

1958年7月，并茂县、汶川和理县的薛城、通化两区，成立茂汶羌族自治县，治威州。又据1958年8、9、10月份"全国县、市及县、市以上现行政区划变动情况"，其属四川省者：

"一、撤销温江专区的新繁县，将这个县的乡、镇分别归划新都县、彭县、郫县。

二、撤销温江专区的双流县，将其行政区域划归温江县。

三、撤销温江专区的崇宁县，将原崇宁县的乡、镇分别划归郫县、彭县、灌县。

四、撤销绵阳专区的彰明、江油两县，将两县的行政区域合并设立江彰县，县人民委员会驻原江油县的中坝。

五、涪陵专区酆都县改名为丰都县。

六、设立壤塘县，县人民委员会驻木达。

七、撤销遂宁专署，将其所属的安岳、乐至二县划归内江专区；遂宁、蓬溪、潼南、中江、盐亭、射洪七县划归绵阳专区。

八、将内江专区的仁寿县划归乐山专区。"

这次调整，除撤销了三个县，新增了一县和合并茂、汶两县为羌族自治县是变动了县界外，其余只是整个县境在专区间的转移。理县划出一部分归茂汶自治县，县人民委员会由原驻杂谷脑改驻到刷经寺；原驻刷经寺的阿坝藏族自治州人民委员会移驻到马尔康。理县西北界和黑水东北界略有调整。

行政区划的变更，多与交通事业的发展有着密切的关系。本图参考一些调查资料把1958年已经通车的铁路、公路和汽轮、木船的航道标绘出来，兹说明如下：

铁路　除成渝、宝成两线全线畅通外，川黔、叙昆两路开始施工；成兰路也着手勘测。筹划由本省设计兴筑者有：成都经彭县、灌县至茂汶的铁路，由德阳经绵竹至天池的铁路；由重庆至北碚的铁路，由白市驿到北碚的铁路；由资中到威远的铁路；由宜宾到珙县的铁路等。

公路　腹地公路，早已四通八达。边区和少数民族地区，亦在兴建或筹建中。如甘孜藏族自治州内，康定经雅江、理塘至巴塘的公路；阿坝藏族自治州内，唐克经若尔盖至郎木寺，绰斯甲至独松和黑水至奶子沟的公路；凉山彝族自治州内，峨边至巴普（美姑县地）与越嶲经普雄、喜德至泸沽的公路；西昌专区内，西昌经普格、宁南至银厂沟，西昌范穴村至盐源和会东至华弹的公路；雅安专区内，飞仙关经芦山至宝兴的公路；以及川东重庆至长寿的公路，都是横穿千山万谷的艰巨工程，都在1958年里建筑完成或将近完成。县与县间和县与工矿地区间的公路干线，也计划兴筑若干条。本图将1958年已经通车的公路线标绘图内。

水路　本图把各通行木船的河流终航点标绘出来，一些分季节间歇行船的水道，以及航线较短的小河，则未一一绘入。

这些水陆交通线，是四川经济活动的大血管，都有着促进地方产业发展的作用。经济和社会发展，总会促进行政区划的变革。故四川的行政区划在1958年后继续有所变动。限于篇幅本图截止于1958年。

附录一：四川州县建置沿革表

古地名\朝代 地市 县		秦 前316—前207	汉 前206—36 36—190	蜀汉 191—263	晋 264—347 348—419	刘宋 420—479	齐 479—502	梁 502—553	魏 504—556	周 557—580
成都市	成都市	成都县 蜀郡	成都县 益州·蜀郡	成都县 益州·蜀郡	成都县 益州·蜀郡	成都县 益州·蜀郡	成都县 益州·蜀郡	成都县 益州·蜀郡	成都县 益州·蜀郡	成都县 益州·蜀郡
	双流县	广都县	广都县 莽曰就都亭							
			广都县 后汉移此	广都县	广都县	广都县 宁蜀郡	广都县 宁蜀郡	广都县 宁蜀郡	广都县 宁蜀郡	广都县
								席郡	席郡	籍县 席郡 557置县

隋 581—617	唐 618—713 714—891	五代 891—965	宋 965—1126 1127—1278	元 1279—1370	明 1371—1600 1601—1644	清 1644—1726 1727—1850 1851—1911	民国 1912—1938 1939—1949	今地名	位置
成都县蜀郡 583 废州郡，置总管府，605 废府，复置蜀郡	成都县剑南道 成都府 618 复置益州，627 置剑南道，742 曰蜀郡，757 改为成都府	成都县 成都府	成都县 成都府	成都县 成都路	成都县 成都府	成都县 成都府	成都县	成都市	D8
	蜀县 华阳县 643 分成都置蜀县，附郭，758 改华阳县	华阳县	华阳县	华阳县	华阳县	华阳县 1670 并入成都，1727 复	华阳县	成都市	D8
							成都市	成都市	D8
	东阳县·灵池县 700 分蜀县、广都置东阳，742 改名灵池	灵池县	灵泉县 1026 改名	1285 并入简州				成都市 龙泉驿区	D8
	广都县 663 复置，移还故治	广都县	广都县	1283 省入双流				双流县 华阳镇（中兴场）1950 徙此，1965 并	D8
广都县 601 废								双流县（文星场南穿山堰附近）	D8
双流县 601 废广都县，别于此置双流县	双流县	双流县	双流县	双流县	双流县 1377 省入华阳，1380 复置	双流县 1670 并入新津，1728 复	双流县	双流县	D7
籍县 583 废郡，660 省入贵平	籍县 653 析贵平复置	籍县	籍县 1072 并入广都，1170 复置	废				双流县（籍田）	D8

朝代古地名\地市县名		秦 前316—前207	汉 前206—36 36—190	蜀汉 191—263	晋 264—347 348—419	刘宋 420—479	齐 479—502	梁 502—553	魏 504—556	周 557—580
成都市	郫县	郫县	郫县	郫县	郫县	郫县	郫县	郫县	郫县	郫县
	彭县					晋寿县 南晋寿郡 435置	晋寿县 南晋寿郡	晋寿县 东益州 南晋寿郡	晋寿县 东益州 九陇郡	九陇县 九陇郡
	新都县	繁县	繁县	繁县	繁县	繁县	繁县	繁县	繁县	
										新繁县 徙治，改名

隋 581—617	唐 618—713 714—891	五代 891—965	宋 965—1126 1127—1278	元 1279—1370	明 1371—1600 1601—1644	清 1644—1726 1727—1850 1851—1911	民国 1912—1938 1939—1949	今地名	位置
	犀浦县 686 分成都县置	犀浦县	犀浦县 1072 省入郫县					郫县 犀浦镇	D7
郫县	郫县	郫县	郫县	郫县	郫县	郫县	郫县	郫县	D7
	唐昌县 677 以导江、郫、九陇三县地置，693 改周昌，705 复名唐昌	唐昌县 908 改归化、923 复唐昌，936 改彭山，942 又复名唐昌	永昌县 1072 改永昌，1102 改崇宁	崇宁县	崇宁县	崇宁县	崇宁县	郫县 唐昌镇 1958 撤崇宁县	D7
九陇县 濛州 581 废郡，601 置濛州，605 废州	九陇县 彭州·濛阳郡 620 复濛州，628 废，686 置彭州，742 改濛阳郡，758 复名彭州	九陇县 彭州	九陇县 彭州	彭州 1275 省县入州	彭县 1377 降	彭县 1668 并入新繁，1728 复置	彭县	彭县	D7
	濛阳县 677 析九陇、雒、什邡三县地置	濛阳县	濛阳县	濛阳县	1377 省入彭县			彭县 濛阳镇	D8
			堋口县 1069 置，1071 省					彭县 堋口	D7
								新都县 清洗场附近	D7
581 省入成都	新繁县 620 复置	新繁县	新繁县	新繁县	新繁县 1377 省入成都，1380 复置	新繁县	新繁县	新繁县 新繁镇 1965 撤销新繁县	D7

古地市	古地县名\朝代	秦 前316—前207	汉 前206—36 36—190	蜀汉 191—263	晋 264—347 348—419	刘宋 420—479	齐 479—502	梁 502—553	魏 504—556	周 557—580
成都市	新都县	新都县	新都县	新都县	新都县	新都县	新都县	新都县 始康郡	新都县	新都县
	金堂县						西遂宁郡	西遂宁郡	西遂宁郡	怀中县
									金渊县 金渊郡	金渊县 郡废
									白牟县	废入金渊
	灌县		湔氐道	都安县 一曰湔县	都安县 汶山郡 西晋移郡来治	都安县 汶山郡	都安县 汶山郡 兼治漫官	都安县 齐基郡	都安县 徙郡治于 齐基县	县废
					晏官	晏官县	漫官县			
							齐基县	齐基县	齐基县 齐基郡	清城县 569废郡,改县名

隋 581—617	唐 618—713 714—891	五代 891—965	宋 965—1126 1127—1278	元 1279—1370	明 1371—1600 1601—1644	清 1644—1726 1727—1850 1851—1911	民国 1912—1938 1939—1949	今地名	位置
兴乐县 598改名，605省入成都	新都县 619复置，还旧名	新都县	新都县	新都县	新都县	新都县	新都县	新都县 1960并入新繁县，1962复	D8
	金堂县 671分雒、新都、金水三县地置	金堂县 942改汉城，寻复名金堂	金堂县 1056移新治					金堂县（赵镇）1950迁	D8
			金堂县 1056移治于此	金堂县	金堂县 1377省入新都，1380复置	金堂县	金堂县	金堂县 城厢镇（老金堂）	D8
金泉县（金渊县）	金水县 618改名	金水县	金水县 怀安军 9637置军	怀州 1276升州，1283省入金堂				金堂县 淮口镇（怀州镇）	D8
								金堂县 五凤溪	D8
	镇静军 618置盘龙县，寻改灌宁县；619移；636置镇静军	镇静军 孟蜀置灌州	永康军 966改州为永安军；978改永宁军；1072废	灌州 元初复置	灌县 洪武中降	灌县	灌县	灌县	D7
	导江县 619移灌宁县于此，改名导江县	导江县	导江县 永康军 1076于导江复置永康军，1086复故名	1276省入灌州				灌县 导江铺	D7
清城县	青城县 730改清为青	青城县	青城县	1276省入灌州				灌县 徐家渡附近	D7

朝代 古地县名 地市	秦 前316— 前207	汉 前206—36 36—190	蜀汉 191—263	晋 264—347 348—419	刘宋 420—479	齐 479—502	梁 502—553	魏 504—556	周 557—580
成都市 温江县								温江县	温江县
成都市 崇庆县		江原县 莽曰邛原	江原县	江原县 晋原郡 成汉 置汉原郡	江原县 晋原郡	江原县 晋康郡	江原县 江原郡	江原县 江原郡	晋原县 初名多融，后改晋原
成都市 崇庆县							晋乐县	僰道县 犍为郡	僰道县 犍为郡
成都市 大邑县									
成都市 邛崃县	临邛县	临邛县 莽曰临邛	临邛县	临邛县	临邛县	临邛县 渐没于僚	临邛县 临邛郡 555 复置，立郡	临邛县 临邛郡	
成都市 邛崃县						邛州 置于蒲口顿	依政县 邛州 蒲阳郡	依政县 邛州 蒲阳郡	

隋 581—617	唐 618—713 714—891	五代 891—965	宋 965—1126 1127—1278	元 1279—1370	明 1371—1600 1601—1644	清 1644—1726 1727—1850 1851—1911	民国 1912—1938 1939—1949	今地名	位置
万春县583省温江入郫县，603复置，改名万春县，605又省	温江县620复万春县，627改温江	温江县	温江县	温江县	温江县	温江县	温江县	温江县	D7
晋原县	晋原县蜀州·唐安郡686置州，742改郡，758复为州	晋原县蜀州	晋原县1140升崇庆军，1177升府	晋原县崇庆州1275立总管府，1283降为州	崇庆州洪武中省县入州	崇庆州	崇庆县	崇庆县	D7
僰道县583罢郡，606县移至外江	唐隆县·唐兴县618复置，改名唐隆；693改武隆；712改唐安；757改唐兴	唐兴县	江源县971改名	江源县1283省入崇庆州			崇庆县江源场		D7
		永康县孟蜀析青城置	永康县	永康县	洪武初省入崇庆州		崇庆县元通场		D7
	大邑县671析晋原置	大邑县	大邑县	大邑县	大邑县1377省入邛县，1380复置	大邑县	大邑县	大邑县	D7
	安仁县620割临邛、依政、唐隆三县置，643省，671复置	安仁县	安仁县	元初废入大邑			大邑县安仁镇		D7
临邛县581废郡	临邛县邛州·临邛郡657移州治于此，742改郡，758复为州	临邛县邛州	临邛县邛州	邛州1284省县入州	邛州1376降县1483复为州	邛州	邛崃县	邛崃县	D7
依政县邛州581废郡，605废州	依政县618复置邛州，657移州治于临邛	依政县	依政县	依政县	1483省入邛州		邛崃县固依镇东十里之高埂子		D7

地市	古地县名	秦 前316—前207	汉 前206—36 36—190	蜀汉 191—263	晋 264—347 348—419	刘宋 420—479	齐 479—502	梁 502—553	魏 504—556	周 557—580
成都市	邛崃县									
成都市	蒲江县								临溪县 554后置	临溪县
成都市	蒲江县								广定县 蒲原郡 554后置	广定县 蒲原郡
成都市	新津县									新津县 557置
德阳市	广汉县	雒县	雒县 广汉郡 莽曰吾雒 后汉自梓潼徙郡治于此	雒县 广汉郡	雒县 新都郡·广汉郡 西晋改新都郡，东晋复广汉郡	雒县 广汉郡	雒县 广汉郡	雒县 广汉郡	雒县 广汉郡	雒县 广汉郡

隋 581—617	唐 618—713 714—891	五代 891—965	宋 965—1126 1127—1278	元 1279—1370	明 1371—1600 1601—1644	清 1644—1726 1727—1850 1851—1911	民国 1912—1938 1939—1949	今地名	位置
火井县 616置	火井县	火井县	火井县 970移至平落场，998移还	废入大邑				邛崃县 火井槽（高家场）	D7
			火井县 970移此，998移还故治					邛崃县 平落场	D7
临溪县	临溪县	临溪县	临溪县 1072省入临邛					邛崃 临济（临溪渡）	D7
蒲江县 581废郡，601改县名	蒲江县	蒲江县	蒲江县	1283并入邛州	蒲江县 1373复置	蒲江县	蒲江县	蒲江县 1959并入邛崃，1962复	D7
								新津县 旧县	D7
新津县	新津县	新津县	新津县	新津县	新津县	新津县	新津县	新津县 1959并入大邑，1962复	D7
雒县 581废郡，598改县名为绵竹，605复名雒县	雒县 汉州·德阳郡 686置州，742改郡，758复改为州	雒县 汉州	雒县 汉州 宋末因兵乱荒废	汉州 1260复置州，明复又复置雒县	汉州 1371又省县入州	汉州	广汉县	广汉县	D8

朝代 古地名 地市 县		秦 前316— 前207	汉 前206—36 36—190	蜀汉 191—263	晋 264—347 348—419	刘宋 420—479	齐 479—502	梁 502—553	魏 504—556	周 557—580
德阳市	德阳市中区				万安县	万安县	万安县	（屠亭）	万安县 万安郡	万安县 万安郡
					苌阳县 南阴平侨郡414置，属晋熙郡	苌阳县 南阴平郡 （寄治）	废	苌阳县 梁复置	苌阳县	废入晋熙县
				阳泉县 分绵竹置	阳泉县 晋初废，后复置	阳泉县	阳泉县	阳泉县	阳泉县	阳泉县 晋熙郡
		绵竹县	绵竹县	绵竹县	绵竹县 李雄时徙赤祖		南汉中郡 437后废 （参看说明例二）	绵竹县	绵竹县	绵竹县
					绵竹县 （赤祖） 李雄徙此	绵竹县	绵竹县			
					绳乡					
	绵竹县				晋熙县 晋熙郡 414置	晋熙县 晋熙郡 437后废郡	晋熙县	晋熙县 晋熙郡 梁复置郡	晋熙县 晋熙郡	县并入阳泉，郡亦徙去

隋 581—617	唐 618—713 714—891	五代 891—965	宋 965—1126 1127—1278	元 1279—1370	明 1371—1600 1601—1644	清 1644—1726 1727—1850 1851—1911	民国 1912—1938 1939—1949	今地名	位置
	德阳县 620置	德阳县	德阳县	德阳县 1271升为德州，1276仍为县	德阳县	德阳县	德阳县	德阳市	C8
万安县 581废郡	万安县·罗江县 742改名	罗江县	罗江县	罗江县	罗江县	罗江县	罗江县	德阳县罗江镇	C8
								德阳县柏隆（柏社镇）	C8
隋初郡徙，县废								德阳县八角井	C8
								德阳县黄许镇（黄浒镇）	C8
								德阳县略坪场	C8
孝水县晋熙郡581徙郡来治，598置孝水县，606郡还故治	（姜诗镇）孝泉镇							德阳县孝泉镇	C8
绵竹县晋熙郡606徙郡还故治，县亦改名	绵竹县	绵竹县	绵竹县	绵竹县 1276省入绵州，寻复置	绵竹县	绵竹县	绵竹县	绵竹县	C8

朝代 古地县名 地市	秦 前316—前207	汉 前206—36 36—190	蜀汉 191—263	晋 264—347 348—419	刘宋 420—479	齐 479—502	梁 502—553	魏 504—556	周 557—580
德阳市	绵竹县				阴平侨县（属南阴平郡）	阴平县（属南阴平郡）南新巴郡（寄治阴平）	阴平县 南阴平郡（郡治阴平）	南阴平县废郡改县名	南阴平县	废
				武都侨郡	武都郡 刘宋初因乱废		南武都县梁置	南武都县	周废入晋熙县
	中江县			五城县	五城县280省，旋复	伍城县	伍城县	伍城县	伍城县玄武郡	伍城县玄武郡
					怀归县432置，初为侨县，土断后为实县	怀归县	怀归县	怀归县	557省入玄武
	什邡县	什邡县	什邡县前汉作汁方，莽曰美信	什邡县	什邡县	什邡县	什邡县	什邡县	什邡县	方亭县557改名，561后省

隋 581—617	唐 618—713 714—891	五代 891—965	宋 965—1126 1127—1278	元 1279—1370	明 1371—1600 1601—1644	清 1644—1726 1727—1850 1851—1911	民国 1912—1938 1939—1949	今地名	位置
								绵竹县 兴隆桥	C8
								绵竹县 伏虎坪（武都山）	C8
	飞乌县 648徙此	飞乌县	飞乌县	省				中江县 胖子店东八里飞蛾铺	D9
								中江县 南三里	C8
玄武县 583废郡，改县名；601置凯州，605州废	玄武县	玄武县	中江县 1012改名	中江县	中江县 1377入潼川州，1380复置	中江县	中江县	中江县	C8
								中江县 富兴场 高店子附近	C8
	铜山县 649置铜山监，679废监，分郪、飞乌置县	铜山县	铜山县	1283并入中江				中江县 广福院	D8
	什邡县 620置，复旧名	什邡县	什邡县	什邡县	什邡县 1377省入绵竹，1380复置	什邡县	什邡县	什邡县 1959划入广汉 1962复	C8

朝代 古地名 地市县名		秦 前316— 前207	汉 前206—36 36—190	蜀汉 191—263	晋 264—347 348—419	刘宋 420—479	齐 479—502	梁 502—553	魏 504—556	周 557—580
德阳市	绵阳市	涪县	涪县 莽曰统睦	涪县	涪县 东晋为涪城县	涪县 梓潼郡	涪县 梓潼郡	涪县 潼州·巴西梓潼郡 初为双头郡，梁末改巴西郡	巴西县 潼州·巴西郡 553 改县名	巴西县 潼州·巴西郡
								魏城县	魏城县
	安县				益昌县 373 后置	益昌县	益昌县	益昌县	益昌县	益昌县
					晋兴县 373 后置	晋兴县	晋兴县	晋兴县	省入益昌	金山县 571 置
					西充国侨县 373 后置					
						西浦县 413 置	西浦县	西浦县		

隋 581—617	唐 618—713 714—891	五代 891—965	宋 965—1126 1127—1278	元 1279—1370	明 1371—1600 1601—1644	清 1644—1726 1727—1850 1851—1911	民国 1912—1938 1939—1949	今地名	位置
巴西县绵州·金山郡 583废郡，585改州名，605改州为金山郡	巴西县绵州·巴西郡 618复州，742改郡，758又复为州	巴西县绵州	巴西县绵州	绵州	绵州	绵州	绵阳县	绵阳市市中区	C8
魏城县 616移	盐泉县 620分魏城县置	盐泉县	盐泉县	废				绵阳市刘家河	C9
魏城县 616移此	魏城县	魏城县	魏城县	1283并入绵州				绵阳市魏城	C8
584省入金山县	西昌县 682复置，改名	西昌县	西昌县 1072省入龙安					安县 花荄子（花街子）	C8
金山县 618废	龙安县 620复置，改名	龙安县	龙安县 1119改安昌，后复故名，1253后移石泉军来治	安州 1264升州，并县入州	安州	安州		安县 辕门坝	C8
					安县 1374降，徙此	安县	安县	安县	C8
								安县 沸水场	C8
神泉县 586改名	神泉县	神泉县	神泉县	1264省入安州				安县 塔水场	C8

古地市\朝代\地县名	秦 前316—前207	汉 前206—36 36—190	蜀汉 191—263	晋 264—347 348—419	刘宋 420—479	齐 479—502	梁 502—553	魏 504—556	周 557—580
绵阳市	北川县			白马县（?）						
				兴乐县					
	平武县		刚氐道						平武县	平武县
									江油县 龙州·江油郡 553 置	江油县 龙州·江油郡
	江油县									

隋 581—617	唐 618—713 714—891	五代 891—965	宋 965—1126 1127—1278	元 1279—1370	明 1371—1600 1601—1644	清 1644—1726 1727—1850 1851—1911	民国 1912—1938 1939—1949	今 地 名	位置
北川县	北川县 652 省入石泉							北川县 片口	B8
	石泉县 634 析北川县置	石泉县	石泉县 1117 为军，1121 降为军使，1125 复为军	石泉县	石泉县	石泉县	北川县 1914 改名	北川县 石泉铺（旧县）	C8
								北川县（曲山关）	C8
平武县	634 省							平武县 古城	B8
					平武县 龙州·龙安府 1373 徙龙州治于此，1566 升府，1590 置宁武县，后复名平武	平武县 龙安府 1658 置府（清实录）	平武县	平武县	B8
江油县 龙州·平武郡 583 废郡存州，605 废州置郡	江油县 龙门州·江油郡 618 改龙门郡，又加西字，627 改龙门州，742 改江油郡，757 改应灵郡，758 复为龙州	江油县 龙州	江油县 政州 1115 改政州，1131 复为龙州					平武县 旧州	B8
			江油县 龙州 1258 徙此	龙州 1285 省县入州				平武县 平油铺	C8
				龙州 1341 徙此后	江油县 1373 徙州，1377 省入梓潼，1380 复	江油县	江油县	江油县 武都镇（旧江油城）	C8

古地县名\朝代\地市		秦 前316—前207	汉 前206—36 36—190	蜀汉 191—263	晋 264—347 348—419	刘宋 420—479	齐 479—502	梁 502—553	魏 504—556	周 557—580
绵阳市	江油县				新巴县 新巴郡	新巴县 新巴郡	新巴县 新巴郡	新巴县 新巴郡	新巴县 新巴郡	新巴县 新巴郡
					阴平县 北阴平郡	阴平县 北阴平郡	阴平县 北阴平郡	阴平县 北阴平郡	阴平县 静龙郡
					汉昌县 东晋置	汉昌县	汉昌县			
								汉昌县 538徙此		
								昌隆县 552改汉昌为昌隆，徙此	昌隆县
	三台县					北伍城县 新城郡	北伍城县 新城郡	徙入郪县		
							始平僚郡	始平县 始平郡	涪城县 涪城郡	涪城县 安城郡

隋 581—617	唐 618—713 714—891	五代 891—965	宋 965—1126 1127—1278	元 1279—1370	明 1371—1600 1601—1644	清 1644—1726 1727—1850 1851—1911	民 国 1912—1938 1939—1949	今 地 名	位置
郡县废入阴平								江油县 雁门坝	B9
阴平县 581郡废	阴平县	阴平县	阴平县	废入梓潼				江油县 马角坝	B9
	显武县·兴圣县620置显武县,705改名兴圣县,714省入昌明县,寻复显武县,别立兴圣							江油县(中坝)	C8
								江油县 青莲渡	C8
								江油县 让水乡	C8
昌隆县	昌明县 712改名	昌明县·彰明县 923改彰明	彰明县	彰明县	彰明县 1377入绵县,1380复置	彰明县 1659省入绵州,1728复置,1731改属龙安府	彰明县	江油县 彰明镇	C8
								三台县 安乐场附近	C9
安城县·涪城县 581废郡,改县名安城,596复名	涪城县	涪城县	涪城县	1283并入郪县				三台县 涪城坝(葫芦坝)	C8

朝代古地名\地市县		秦 前316—前207	汉 前206—36 36—190	蜀汉 191—263	晋 264—347 348—419	刘宋 420—479	齐 479—502	梁 502—553	魏 504—556	周 557—580
绵阳市	三台县	郪县	郪县							
				郪县 东广汉郡	郪县	郪县	郪县	北武城县 新州·新城郡	昌城县 新州·昌城郡	昌城县 新州·昌城郡
	盐亭县					西宕渠郡	西宕渠郡	盐亭县 北宕渠郡	盐亭县 盐亭郡 554后	盐亭县 盐亭郡
										高渠郡
						东关县 侨置	东关县	废		
	梓潼县		梓潼县 广汉郡 莽曰子同县，前201置郡，115后移郡治于雒	梓潼县 梓潼郡 217置郡	梓潼县 307后移郡治于涪县，373后复为郡治	梓潼县 宋复移郡治于涪	梓潼县	梓潼县	安寿县 潼川郡 西魏置郡改县名	安寿县 潼川郡
广元市	市中区	葭萌县	葭萌县	汉寿县	晋寿县·益昌县 晋寿郡267改县名晋寿，327置郡，390改县名益昌	益昌县 晋寿郡	益昌县	益昌县	益昌县	京兆县	益昌县

隋 581—617	唐 618—713 714—891	五代 891—965	宋 965—1126 1127—1278	元 1279—1370	明 1371—1600 1601—1644	清 1644—1726 1727—1850 1851—1911	民国 1912—1938 1939—1949	今地名	位置
飞乌县 590 置镇，594 升县	飞乌县 648 徙							三台县 菊河场	D8
郪县 梓州·新城郡 583 废郡 600 改州名，607 置新城郡并改县名	郪县 梓州·潼川郡 618 复为梓州，742改郡名，758复为梓州，为东川节度使治所	郪县 梓州 王建改武德军	郪县 潼川府 966 改静戎军，978 改静安军，1118 升府，后兵乱荒废	郪县 潼川府 元初复立府	郪县 潼川府 1376 降为州，省郪县入州	潼川州 潼川府 1734 升府并置县	三台县 潼川府	三台县	C9
盐亭县 581 废郡	盐亭县	盐亭县	盐亭县	盐亭县	盐亭县	盐亭县	盐亭县	盐亭县	C9
高渠县 584 废郡为县，605 省入盐亭								盐亭县 堠溪铺	C9
			东关县 966 置	1283 并入盐亭				盐亭县 金鸡场附近	C9
	永泰县 621 析盐亭、黄安、西水置	永泰县	永泰县 1072 省入盐亭，1101 复，改名安泰，1161 复为永泰	元省				盐亭县 富村驿附近	C9
梓潼县 581 废郡，605 复县名为梓潼	梓潼县	梓潼县	梓潼县	梓潼县	梓潼县	梓潼县 清初属保宁府，1727 改属绵州	梓潼县	梓潼县	C9
益昌县	益昌县	益昌县 后唐改名益光，962 复名益昌	昭化县 972 改昭化	昭化县	昭化县 1377 省入广元州，1380 复	昭化县	昭化县 解放后徙治宝轮院	广元市 昭化镇	B9

087

古地县名\朝代\地市		秦 前316—前207	汉 前206—36 36—190	蜀汉 191—263	晋 264—347 348—419	刘宋 420—479	齐 479—502	梁 502—553	魏 504—556	周 557—580
广元市	市中区								晋寿县	废
					兴安县 390 分晋寿县置	兴安县	兴安县	兴安县 黎州·东晋寿郡	兴安县 西益州·东晋寿郡 554 改利州	兴安县 利州·东晋寿郡
				昭欢县	邵欢县 西晋废，东晋复	邵欢县	邵欢县	废		
					兴乐县 宋熙郡 420 后置县、立郡	兴乐县 宋熙郡	兴乐县 宋熙郡	嘉川县 宋熙郡 554 改县名		
									嘉川县 宋熙郡	
	旺苍县				平州县	平州县	荒	兴乐县 华州·华阳郡	义城县 556 分晋寿置	义城县
								池川县 532 置	池川县	池川县

隋 581—617	唐 618—713 714—891	五代 891—965	宋 965—1126 1127—1278	元 1279—1370	明 1371—1600 1601—1644	清 1644—1726 1727—1850 1851—1911	民国 1912—1938 1939—1949	今地名	位置
								广元市 黄金坝	B9
								广元市 宝轮院 1958昭化并入广元县	B9
绵谷县 利州·义城郡581废郡,598改县名,605改州为郡	绵谷县 利州·益昌郡618复利州,742改郡,758复为利州	绵谷县 利州 897置昭武军	绵谷县 利州路 1001置路,1236兵乱荒废	绵谷县 广元路 元宪宗三年(1252)复置利州,1277改广元路	广元县 1371为府,1376降州,1390降县	广元县	广元县	广元市市中区	B9
								广元市 沙河场附近	B9
								广元市 朝天驿	B9
嘉川县 618废郡	嘉川县	嘉川县	嘉川县	1277省入绵谷				旺苍县 两会坝	B10
义城县 义宁二年(618)改为义清	义清县·胤山县742改名胤山县	胤山县	平蜀县 965改名,1070省入嘉川				旺苍县 1942置设治局,1945改县	旺苍县	B10
583省入伏强	地平县 618分清化置狄平县,619改地平,623移静州来治,643州废,756改通平县,825省							旺苍县 普子岭	B10

地市	古地县名	秦 前316—前207	汉 前206—36 36—190	蜀汉 191—263	晋 264—347 348—419	刘宋 420—479	齐 479—502	梁 502—553	魏 504—556	周 557—580
广元市	苍溪县						汉昌县 初为侨县，后为实县	汉昌县	汉昌县	汉昌县
							义阳县 白马郡、义阳郡	奉国县 555 废二郡，改县名	奉国县	
				岐惬县	宋安县	宋安县	宋安县	歧坪县 554 改名	歧坪县	
	剑阁县				剑阁县 353 置，373 后废					
				武连县 西晋置，旋废	下辨县	下辨县	武功县 辅剑郡	武连县 安都郡	武连县 安都郡	
					华阳县 457 后置	华阳县	梁安县	黄安县 黄原郡 554 后改县名，置郡	黄安县 黄原郡	

隋 581—617	唐 618—713 714—891	五代 891—965	宋 965—1126 1127—1278	元 1279—1370	明 1371—1600 1601—1644	清 1644—1726 1727—1850 1851—1911	民国 1912—1938 1939—1949	今地名	位置
汉昌县 584 徙，改名								苍溪县 东岳庙附近	C9
苍溪县 584 徙汉昌于此，598 改名	苍溪县	苍溪县	苍溪县	苍溪县	苍溪县 1379 省入阆中，1380 复置	苍溪县	苍溪县	苍溪县	C9
奉国县	奉国县	奉国县	奉国县	1283 省入苍溪				苍溪县 元坝子	C10
歧坪县	歧坪县 825 省入奉国、苍溪	歧坪县 901 前后复置	歧坪县 1071 省入奉国					苍溪县 歧坪场	C10
临津县 587 徙胡原县于此，改名	临津县	临津县	临津县 1072 省入普安					鸳溪口附近	
	剑门县 699 分普安、永归、阴平置	剑门县	剑门县	1283 废入普安县				剑阁县 剑门关	B9
武连县 581 废郡	武连县	武连县	武连县	废				剑阁县 武连驿	C9
黄安县 581 废郡	黄安县·普成县 唐末改名	普成县	普成县	1283 废入普安				剑阁县 双龙场	C9

地市	古地县名	朝代	秦 前316—前207	汉 前206—36 36—190	蜀汉 191—263	晋 264—347 348—419	刘宋 420—479	齐 479—502	梁 502—553	魏 504—556	周 557—580
广元市	剑阁县				汉德县	汉德县	汉德县 南安郡	汉德县 南安郡	汉德县 安州 503置南梁州，后改安州	南安县 始州·普安郡 554改州县名	普安县 始州·普安郡
							白水县	白水县	永归县	永归县
						晋安县 南新巴郡 晋末立	晋安县	晋安县	晋安县	晋安县
							胡原县	胡原县	胡原县	胡原县
				广武县	广武县·平武县 280改名	平武县	平武县	氐据	马盘县 马盘郡	马盘县 马盘郡
	青川县								秦兴县 建阳郡	秦兴县 建阳郡
			白水县	白水县	白水县	白水县 白水郡	白水县	白水县 沙州·平兴郡	白水县 沙州·平兴郡	白水县 沙州·平兴郡
									鱼盘县 东洛郡 分京兆县置，并立郡	鱼盘县省郡

隋 581—617	唐 618—713 714—891	五代 891—965	宋 965—1126 1127—1278	元 1279—1370	明 1371—1600 1601—1644	清 1644—1726 1727—1850 1851—1911	民国 1912—1938 1939—1949	今地名	位置
普安县 始州·普安郡 581废郡，607改州为郡	普安县 剑州·普安郡 618复为始州，713改剑州，742改郡，758复为剑州	普安县 剑州	普安县 剑州·隆庆府 1164升普安军，1190升府	普安县 剑州	剑州 1373省县入州，1376州废，1380复置州	剑州	剑阁县 1913改	剑阁县	B9
永归县	永归县	永归县	967省入剑门					剑阁县 三岔河	C9
葭萌县 598改名	葭萌县	葭萌县	葭萌县	1277并入昭化				剑阁县 江口	B9
胡原县 587徙，改名临津								剑阁县 香沉寺	C9
马盘县 583郡废	马盘县 清川县 742改名	清川县	清川县	1285并入龙州			青川县 1941置	青川县 青溪镇（老青川）	B8
方维县 581废郡，改县名	方维县 627省							青川县（乔庄）	B9
景谷县 581废郡，改县名为平兴，598改景谷	景谷县 621置沙州,627废州	景谷县	省入平蜀					青川县 白水街	B9
鱼盘县 605省入景谷								碧口（在今甘肃境内）	B9

朝代古地名 / 今地市县	秦 前316—前207	汉 前206—36 36—190	蜀汉 191—263	晋 264—347 348—419	刘宋 420—479	齐 479—502	梁 502—553	魏 504—556	周 557—580
遂宁市 市中区									柔刚县 安居郡 575 置
遂宁市 市中区				小溪县 355 置	省	小汉县	小溪县 东遂宁郡	方义县 东遂宁郡 555 改县名	方义县 遂州·石山郡 562 置州，寻改郡
遂宁市 射洪县		广汉县	广汉县 莽曰广信	广汉县	广汉县 广汉郡 东晋移郡治于雒	广汉县	广汉县	广汉县	广魏县	光汉县
遂宁市 射洪县								射江县	射洪县
遂宁市 射洪县						通泉县 西宕渠郡	涌泉县 涌泉郡	通井县 涌泉郡 557 后改县名，并入射洪
遂宁市 蓬溪县									
遂宁市 蓬溪县				晋兴县 380 前后置	晋兴县	晋兴县	晋兴县	始兴县	始兴县

隋 581—617	唐 618—713 714—891	五代 891—965	宋 965—1126 1127—1278	元 1279—1370	明 1371—1600 1601—1644	清 1644—1726 1727—1850 1851—1911	民国 1912—1938 1939—1949	今地名	位置
安居县 581废郡，593改县名	安居县	安居县	安居县	废，地入安岳				遂宁市安居镇	D9
方义县 遂州·遂宁郡 581废郡存州，605废州复郡	方义县 遂州·遂宁郡 618复州，742改郡，758复为州	方义县 遂州 897置武信军	小溪县 遂宁府 977改县名，1115升府，1123升督府	小溪县 遂宁州 1283降为州，明复省县入州	遂宁县 1376降为县	遂宁县	遂宁县	遂宁市市中区	D9
581并入通泉								射洪县广味坝	D9
射洪县	射洪县	射洪县	射洪县	射洪县	射洪县 1377省入盐亭，1380复置	射洪县	射洪县	射洪县金华镇	D9
通泉县 581废郡，593改县名	通泉县	通泉县	通泉县	1283并入射洪				射洪县（太和镇）永泉坝	D9
	唐兴县·蓬溪县 682析方义县置唐兴，693改武丰，705复名唐兴，742改蓬溪	蓬溪县	蓬溪县	蓬溪县	蓬溪县 1377省入遂宁			蓬溪县明月场	D9
					蓬溪县 1380复置，移治于此	蓬溪县	蓬溪县	蓬溪县	D9
青石县 598改名	青石县	青石县	青石县 1073省入遂宁，1074复置	1283省入小溪				蓬溪县青石坝	D9

地市	古地县名	秦 前316— 前207	汉 前206—36 36—190	蜀汉 191—263	晋 264—347 348—419	刘宋 420—479	齐 479—502	梁 502—553	魏 504—556	周 557—580
遂宁市	蓬溪县				巴兴县 遂宁郡 355置	巴兴县 遂宁郡	巴兴县 东遂宁郡	巴兴县	长江县 怀化郡 556改县 名并置郡	长江县 怀化郡
南充专区	南充市		安汉县 莽曰安新	安汉县	安汉县	安汉县 南宕渠郡	安汉县 南宕渠郡	安汉县 南宕渠郡	安汉县 南宕渠郡	安汉县 南宕渠郡
	南充县									
						汉初县	汉初县 新兴郡		清居县 清居郡 556改县 郡名	清居县 清居郡
	武胜县									

隋 581—617	唐 618—713 714—891	五代 891—965	宋 965—1126 1127—1278	元 1279—1370	明 1371—1600 1601—1644	清 1644—1726 1727—1850 1851—1911	民国 1912—1938 1939—1949	今地名	位置
长江县 581废郡	长江县	长江县	长江县 1073省入遂宁，1074复置	1283省入小溪				蓬溪县 长江坝	D9
南充县 581废郡，598改县名	南充县 果州·南充郡 621置州，712改郡，758复为州	南充县 果州	南充县 果州·顺庆府 1227升府，1236兵乱，1249徙	南充县 顺庆路 1283升路				南充市 五里店	D10
					南充县 顺庆府 1371降为府，洪武中徙新治	南充县 顺庆府	南充县	南充市	D10
								南充县（龙门场）	D10
汉初县 581废郡改县名								南充县 青居街	D10
汉初县 596移此	汉初县	汉初县	汉初县	1283并入南充				武胜县 烈面溪	D10
				定远县 1267置武胜军，后为定远州，1287降县	定远县			武胜县 旧县乡	D10
			和溪县 1207置	1283省入岳池	定远县 1524徙此	定远县	武胜县 1914改	武胜县 庙儿坝	D10

古地名\朝代\地市县名	秦 前316—前207	汉 前206—36 36—190	蜀汉 191—263	晋 264—347 348—419	刘宋 420—479	齐 479—502	梁 502—553	魏 504—556	周 557—580
南充专区 武胜县									
南充专区 岳池县									
南充专区 广安县							始安县	始安县 504入魏,县废,520复置	始安县
南充专区 蓬安县							相如县 梓潼郡	相如县	相如县

隋 581—617	唐 618—713 714—891	五代 891—965	宋 965—1126 1127—1278	元 1279—1370	明 1371—1600 1601—1644	清 1644—1726 1727—1850 1851—1911	民国 1912—1938 1939—1949	今 地 名	位置
								武胜县（沿口镇）1953 徙此	D10
	岳池县 697 置							岳池县 金城山附近	D10
	岳池县 732 移此	岳池县	岳池县	岳池县	岳池县 1372 徙			岳池县 故县镇	D10
					岳池县 1372 移此	岳池县 1662 并入南充，寻复置，1866 又并入广安州，1721 复置	岳池县	岳池县	D10
	新明县 619 分石镜置，700 徙新治	新明县	968 后移					岳池县 黎子卫和罗渡之间	D10
賨城县 598 改名								广安县 黄城山	D10
賨城县 605 徙此	始安县·渠江县 618 复名始安，742 改名渠江	渠江县	渠江县 广安军 969 置军，1266 改宁西军	渠江县 广安府 1279 废军，1283 升府	广安州 1371 降州，1380 省县入州	广安州	广安县	广安县	D10
相如县	相如县							蓬安县 利溪场附近	D10

地市	古地县名	秦 前316—前207	汉 前206—36 36—190	蜀汉 191—263	晋 264—347 348—419	刘宋 420—479	齐 479—502	梁 502—553	魏 504—556	周 557—580
南充专区	蓬安县									
	营山县							绥安县 535后置	绥安县	绥安县
								宕渠县 境阳郡 547置	宕渠县 境阳郡	宕渠县 境阳郡

隋 581—617	唐 618—713 714—891	五代 891—965	宋 965—1126 1127—1278	元 1279—1370	明 1371—1600 1601—1644	清 1644—1726 1727—1850 1851—1911	民国 1912—1938 1939—1949	今地名	位置
		相如县	相如县					蓬安县 周口	C10
				相如县 蓬州 1278徙此	蓬州 1371后省县入州	蓬州	蓬安县 1913改	蓬安县	C10
	朗池县 621析相如置，825省，836复	朗池县	营山县 1012改	营山县	营山县 1377省入蓬州，1380复	营山县	营山县	营山县	C10
咸安县 598改名	咸安县· 蓬山县 757改名							营山县 大蓬寨	C10
		蓬山县	蓬山县 1070省入营山					营山县 小蓬寺	C10
宕渠县 581废郡	宕渠县 703徙							营山县 景阳山（带河场）?	D10
	宕渠县 703徙此，825省入蓬山，847复置	宕渠县	965省入良山					营山县 黄渡河	D10
	蓬池县 蓬州 763改大寅县为蓬池县，移此	蓬池县 蓬州	蓬池县 蓬州 1258移州治于云山城，县还故治					营山县安固场罗家坝和仪陇县响滩之间	C10

地市	古地县名	秦前316—前207	汉前206—36 36—190	蜀汉191—263	晋264—347 348—419	刘宋420—479	齐479—502	梁502—553	魏504—556	周557—580
南充专区	营山县							大寅县 502置	大寅县	大寅县
	仪陇县							仪陇县 隆城郡 502置	仪陇县 隆城郡	仪陇县 隆城郡
								宣汉县 伏虞郡 535后置	宣汉县 伏虞郡	宣汉县 伏虞郡
								安固县 535置	安固县	安固县 蓬州 566后置州

隋 581—617	唐 618—713 714—891	五代 891—965	宋 965—1126 1127—1278	元 1279—1370	明 1371—1600 1601—1644	清 1644—1726 1727—1850 1851—1911	民国 1912—1938 1939—1949	今地名	位置
大寅县	大寅县 蓬州·蓬山郡 741 移蓬州于此,742 改咸安郡,757 改蓬山郡,复改郡为州		蓬池县 1258 移此	1283 省入仪陇				营山县 天池场	C10
			良山县 1129 复置,移此	1283 省入营山				营山县 三元场附近	C10
仪陇县 581 废郡	仪陇县 620 置方州,625 州废							仪陇县 官址场	C10
	仪陇县 735 徙此	仪陇县	仪陇县	仪陇县	仪陇县 1377 省入蓬州,1380 复置	仪陇县	仪陇县	仪陇县	C10
伏虞县 581 郡废,598 改名	伏虞县 618 徙出,742 徙回	伏虞县	伏虞县					仪陇县 伏蛾坝	C10
	伏虞县 618 移此		伏虞县 宋末徙此	1283 省入仪陇				仪陇县 大罗池	C10
安固县 蓬州 605 州废	安固县·良山县 蓬州 620 复州,741 徙州至大寅改县名,825 省入蓬池							仪陇县 立山场	C10
	良山县 847 后复于此置县	良山县	良山县 1072 省入伏虞					仪陇县 芭蕉场附近	C10

朝代古地县名地市		秦前316—前207	汉前206—36 36—190	蜀汉191—263	晋264—347 348—419	刘宋420—479	齐479—502	梁502—553	魏504—556	周557—580
南充专区	阆中县	阆中县	阆中县	阆中县 巴西郡	阆中县 巴西郡	阆中县 巴西郡	阆中县 巴西郡	阆中县 南梁北巴州·巴西郡	阆中县 隆州·盘龙郡	阆中县 隆州·盘龙郡
									晋安县 金迁郡 557置	
									西水县 557置	
	南部县		充国县 90分阆中置，属巴郡							
				南充国县 193分充国置	南充国县	南充国县	南充国县	南部县 503改名	南部县 新安郡	南部县
					西充国县	西充国县	西充国县	西充国县	西充国县 木兰郡	晋城县	晋城县

隋 581—617	唐 618—713 714—891	五代 891—965	宋 965—1126 1127—1278	元 1279—1370	明 1371—1600 1601—1644	清 1644—1726 1727—1850 1851—1911	民国 1912—1938 1939—1949	今 地 名	位置
阆中县 隆州·巴西郡 581郡废，605改州为巴西郡	阆中县 阆州·阆中郡 618置隆州，改县名阆中，712改阆名，742改郡为阆州,758复为阆州	阆中县 阆州·阆中郡	阆中县 阆州 966改安德军，1193隶东川	阆中县 保宁府 1277升府，1284改路，寻改为府	阆中县 保宁府	阆中县 保宁府	阆中县	阆中县	C9
	新井县 618分南部、晋安置	新井县	新井县	1283省入南部				南部县 大桥场	C9
晋城县 583罢郡省晋安县，移晋城于此	晋安县 618复名	晋安县	晋安县 1071省入西水					南部县 升钟寺之晋安坝	C9
西水县	西水县	西水县	西水县	1283省入南部				南部县 灌垭场附近	C9
	新政县 621置	新政县	新政县	1283省入南部				南部县 新政坝	C10
								南部县 柳边驿附近	C9
南部县	南部县	南部县	南部县	南部县	南部县 1377省入阆中，1380复置	南部县	南部县	南部县	C10
晋城县								南部县 木兰寺	C9

地市	古地县名	朝代 秦 前316—前207	汉 前206—36 36—190	蜀汉 191—263	晋 264—347 348—419	刘宋 420—479	齐 479—502	梁 502—553	魏 504—556	周 557—580
南充专区	西充县									
	华蓥市							永康县 万荣郡 535 置	永康县 万荣郡	永康县 万州·万荣郡 561 置州
达县专区	达县									
						始兴县	始兴县			

隋 581—617	唐 618—713 714—891	五代 891—965	宋 965—1126 1127—1278	元 1279—1370	明 1371—1600 1601—1644	清 1644—1726 1727—1850 1851—1911	民国 1912—1938 1939—1949	今地名	位置
	西充县 621 析南充置	西充县	西充县	西充县	西充县 1377 省入南充，1380 复置	西充县	西充县	西充县	D9
	流溪县 681 析南充置	流溪县	流溪县 1073 省入南充，1157 复置	1283 并入西充				西充县 烈溪庙	D9
								华蓥市	
			新明县 968 移此	1283 省入岳池				华蓥市 溪口	D10
永穆县 582 废州，583 废郡，598 改县名	永穆县 619 置万州，627 州废	永穆县	永睦县 999 改名	1285 省				达县 桥湾河	C11
	太平县 619 析永穆置，627 省							达县 石桥河	C11
	恒丰县 619 析永穆置，629 省							达县 江陵溪	C11
								达县 河市坝	

地市	古地县名	秦 前316— 前207	汉 前206—36 36—190	蜀汉 191—263	晋 264—347 348—419	刘宋 420—479	齐 479—502	梁 502—553	魏 504—556	周 557—580
达县专区	达县							三冈县 536置	三冈县 新宁郡 553置郡	三冈县 新宁郡
			宣汉县 89后分宕 渠县置	宣汉县	宣汉县 初省，290 后复置， 东晋荒废	宣汉县 巴渠郡	宣汉县 巴渠郡 僚乱县移	石城县 万州·东 关郡	石城县 通州·开 巴郡	石城县 通州·开 巴郡
	达县市									
	宣汉县					宣汉县 僚乱移县 至此	宣汉县	宣汉县 并州·永 昌郡 西魏移州 至此	宣汉县 并州·永 昌郡	
								东乡县	东乡县 石州	东乡县 三巴郡

隋 581—617	唐 618—713 714—891	五代 891—965	宋 965—1126 1127—1278	元 1279—1370	明 1371—1600 1601—1644	清 1644—1726 1727—1850 1851—1911	民国 1912—1938 1939—1949	今 地 名	位置
三冈县 583 废郡	三冈县 825 省							达县 平滩场附近	D11
		三冈县 851 复,徙城	三冈县	三冈县 1073 省入新宁				达县 大溪口	C11
通川县 通川郡 581 废郡, 改县名, 605 复郡 改名	通川县 通州·通川郡 618 改郡为州,742 改州为郡; 758 复改郡为州	通川县 通州	通川县 达州 965 改州名	通川县 达州	达州 1376 省县入州又改州为县,1514 复为州	达县 达州·绥定府 1729 升府,1802 改州为县	达县	达县	C11
								达县市	C11
	阆英县 750 置	阆英县	967 省入石鼓					宣汉县 双庙场	C11
宣汉县 583 废郡, 585 废州	宣汉县 南并州 618 置州, 627 州废, 县徙							宣汉县 双庙场西之大城寨	C11
	宣汉县 627 徙此	宣汉县	967 省		东乡县 1465 复置,徙此	东乡县	宣汉县 1915 改	宣汉县	C11
东乡县 581 废郡	东乡县 620 置南石州,625 州废	东乡县	东乡县	1285 省入达州				宣汉县 普光场	C11

地市	古地县名	秦 前316—前207	汉 前206—36 36—190	蜀汉 191—263	晋 264—347 348—419	刘宋 420—479	齐 479—502	梁 502—553	魏 504—556	周 557—580
达县专区	宣汉县					巴渠侨县				
									汉兴县·西流县马镫郡 后魏置汉兴县和郡，西魏改县名	西流县 周安郡
						始安县 420置	始安县	石鼓县 宁巴郡	石鼓县 迁州	石鼓县 临清郡
						下蒲县 分宣汉县置	下蒲县	下蒲县	下蒲县	下蒲县
	万源县					东关县	东关县	东关县	东关县 并州·永昌郡 后魏置州	废

隋 581—617	唐 618—713 714—891	五代 891—965	宋 965—1126 1127—1278	元 1279—1370	明 1371—1600 1601—1644	清 1644—1726 1727—1850 1851—1911	民国 1912—1938 1939—1949	今 地 名	位置
	巴渠县 765 分石鼓置	巴渠县	巴渠县	1285 省入达州				宣汉县 下八庙	C11
西流县 581 郡废	西流县 627 省入盛山							宣汉县 南坝场	C12
石鼓县 581 郡废	石鼓县 825 废，847 复置	石鼓县	石鼓县 1074 省入东乡					宣汉县 东林河	C11
	昌乐县 620 分东乡置							宣汉县 芭蕉场附近	C11
下蒲县 583 省入东乡，602 复置	下蒲县 625 又省入东乡							宣汉县 马渡关	
		通明院	通明县 南渡后改县	通明县 至元中省				万源县 旧院坝	C12
								万源县 固军坝	C12

朝代 古地 地市 \ 地县名	秦 前316—前207	汉 前206—36 36—190	蜀汉 191—263	晋 264—347 348—419	刘宋 420—479	齐 479—502	梁 502—553	魏 504—556	周 557—580
达县专区 / 万源县									
达县专区 / 通江县							诺水县	诺水县	诺水县
达县专区 / 通江县							符阳县 其章郡 506前后置，旋废		符阳县 其章郡 570复置
达县专区 / 通江县								白石县 522后置	白石县
达县专区 / 通江县									

隋 581—617	唐 618—713 714—891	五代 891—965	宋 965—1126 1127—1278	元 1279—1370	明 1371—1600 1601—1644	清 1644—1726 1727—1850 1851—1911	民国 1912—1938 1939—1949	今地名	位置
	东关县 618 析宣汉置	东关县	967省入东乡					万源县长坝	C11
					太平县 1515置	太平县 1802升厅，1822复为县	万源县 1914改	万源县	B12
583省入始宁								通江县毛浴口	C11
	诺水县·通江县 壁州·始宁郡 625复诺水县和壁州，742改州为郡，改县名通江，758复改郡为州	通江县 壁州	通江县 1072州废	通江县 1283省入曾口，1292复	通江县	通江县	通江县	通江县	C11
符阳县 581废郡	符阳县	符阳县	符阳县 1076省入通江					通江县符阳坝	B11
白石县	白石县 623徙							通江县苦草坝之得汉城	B11
	白石县 623徙此							通江县烟溪场	B11
	白石县 695移此	白石县	白石县 1072省入通江					通江县壁溪场	B11

地市	古地县名	秦 前316—前207	汉 前206—36 36—190	蜀汉 191—263	晋 264—347 348—419	刘宋 420—479	齐 479—502	梁 502—553	魏 504—556	周 557—580
达县专区	通江县									
	平昌县							平州县 525置	平州县	同昌县
	渠县	宕渠县 218置郡，寻废	宕渠县 宕渠郡 238后复置郡，又寻废	宕渠县 宕渠郡 304置郡，东晋县、郡并废	宕渠县	宕渠县	废	北宕渠郡 渠州 522置郡， 537置州	流江县 渠州·北宕渠郡	流江县 渠州·流江郡

隋 581—617	唐 618—713 714—891	五代 891—965	宋 965—1126 1127—1278	元 1279—1370	明 1371—1600 1601—1644	清 1644—1726 1727—1850 1851—1911	民国 1912—1938 1939—1949	今地名	位置
	太平县·东巴县 735置太平，742改名东巴	东巴县	966并入通江					通江县 洪口（或万源县竹峪关）	B11
	广纳县 847复置	广纳县	966并入通江					通江县 广纳（上老官庙）	C11
	广纳县 620析始宁、归仁置，825省							平昌县 云台（下老官庙）	C11
归仁县 589改名	归仁县	归仁县	966省入曾口				平昌县 1948置	平昌县	C11
								渠县 三汇	D11
流江县 渠州·宕渠郡 583废郡，605废州复置，改县名	流江县 渠州·邻山郡 618改为州，742改郡，758复改为州	流江县 渠州	流江县 渠州	流江县 渠州	流江县 渠州 1366省县入州	渠县 1376降县	渠县	渠县	D10
	大竹县 700置，825后省	大竹县 复置	大竹县 1036省入流江县，1133复置	大竹县 1283徙				渠县 知县坝	D11

古地名\朝代\地市古县名	秦 前316—前207	汉 前206—36 36—190	蜀汉 191—263	晋 264—347 348—419	刘宋 420—479	齐 479—502	梁 502—553	魏 504—556	周 557—580
达县专区									
大竹县							邻山县 邻州 537置县及州	邻山县 邻山郡 555改郡	邻山县 邻山郡
邻水县							邻水县 537置	邻水县	邻水县
开江县							新安县 新安郡	新宁县	新宁县
							蛇龙县 开州·东关郡 552置	蛇龙县 开州·东关郡	
									蛇龙县 开州·东关郡 569移此

隋 581—617	唐 618—713 714—891	五代 891—965	宋 965—1126 1127—1278	元 1279—1370	明 1371—1600 1601—1644	清 1644—1726 1727—1850 1851—1911	民 国 1912—1938 1939—1949	今 地 名	位置
				大竹县 1283徙此	大竹县	大竹县	大竹县	大竹县 1953撤专署	D11
581废郡，县并入邻水	潾山县 潾州 618复置和州，625州废	邻山县	邻山县	1283省入大竹				大竹县 牌坊坝之大城寨及老官庙坝	D11
								邻水县 昆楼山	D10
潾水县 601徙此			潾水县 1168复徙此	1283省入大竹				邻水县 昆楼镇	D10
	潾水县 619徙此，825省入潾山，847复置	潾水县	潾水县		邻水县 1465复置	邻水县	邻水县	邻水县	D10
581省入三江（冈）县	新宁县 619复置，634徙新治		新宁县 996徙此	新宁县	新宁县 1377省入梁山，1380复置	新宁县 1668省入梁山，1728复置	开江县 1917改	开江县	C11
	新宁县 634徙此	新宁县						开江县 旧县坝（讲治坝）	C11
省入通川								开江县 白崖河附近	C11

古地名 地市 县名	朝代	秦 前316— 前207	汉 前206—36 36—190	蜀汉 191—263	晋 264—347 348—419	刘宋 420—479	齐 479—502	梁 502—553	魏 504—556	周 557—580
达县专区	南江县					北巴西郡	北巴西郡			难江县 集州·平桑郡
								难江县 北水郡	盘道县 556改名	盘道县
								伏强县 木门郡 525置	伏强县 木门郡	伏强倒 木门郡
										曲细县
	巴中县		汉昌县 89后置	汉昌县	汉昌县	汉昌县	汉昌县	梁广县 巴州·太谷郡 504置太谷郡, 514置巴州,525改县名	梁广县 巴州·太谷郡	化成县 巴州 580改县名

隋 581—617	唐 618—713 714—891	五代 891—965	宋 965—1126 1127—1278	元 1279—1370	明 1371—1600 1601—1644	清 1644—1726 1727—1850 1851—1911	民国 1912—1938 1939—1949	今地名	位置
难江县 581郡废,605州废	难江县 集州·符阳郡618复置州,742改郡,758复为州	难江县 集州	难江县 1072州废	1283并入化成	南江县 1516复置,改名	南江县	南江县	南江县	B10
盘道县	盘道县 637徙							南江县 八庙场	B10
	盘道县 637徙此	盘道县	966省入清化					南江县 赤溪河	B10
清化县 581废郡,587改名	清化县 618置静州,623移州至地平	清化县	清化县 1072省入化成					南江县 木门镇	B10
长池县 600改名	632省入难江							南江县 长池场	B10
	平桑县 618析难江置,627省,628复置,632又省入难江							南江县 南坝(关坝)	B10
	大牟县 618分清化置	大牟县	967并入难江					南江县 镇子场	C11
化成县 巴州·清化郡581废郡,607复置郡,改名	化成县 巴州·清化郡618改郡为州,742废州置郡,758复为州	化成县 巴州	化成县 巴州 1240兵乱民散	化成县 巴州	巴州 1376降为县,1514复为州	巴州	巴中县	巴中县	C10

119

地市	古地县名	朝代	秦 前316—前207	汉 前206—36 36—190	蜀汉 191—263	晋 264—347 348—419	刘宋 420—479	齐 479—502	梁 502—553	魏 504—556	周 557—580
达县专区	巴中县						归化郡 置以抚僚户	归化郡	曾口县 归化郡 525 置县	曾口县 归化郡	曾口县 归化郡
									义阳县 义阳郡 525 置	义阳县 义阳郡	义阳县 义阳郡
									其章县 哀戎郡 525 置	其章县 哀戎郡	其章县 哀戎郡
									始宁县 遂宁郡 525 置县和郡	始宁县 遂宁郡	始宁县 遂宁郡
	白沙工农区										

隋 581—617	唐 618—713 714—891	五代 891—965	宋 965—1126 1127—1278	元 1279—1370	明 1371—1600 1601—1644	清 1644—1726 1727—1850 1851—1911	民国 1912—1938 1939—1949	今 地 名	位置
曾口县 583废郡	曾口县							巴中县 曾口西南山上	C10
	曾口县 705徙此	曾口县	曾口县	曾口县 元末废				巴中县 曾口	C10
恩阳县 600改	恩阳县 643省, 695复	恩阳县	恩阳县	1283省入 化成				巴中县 恩阳河	C10
	七盘县 700置	七盘县	七盘县 1070省入 恩阳					巴中县 花丛垭	C10
其章县 586废郡	奇章县 其章县	其章县	其章县 1072省入 曾口					巴中县 清江遮附近之 其章坝	C11
始宁县 583废郡	始宁县 634徙							巴中县 清江渡	C10
	始宁县 634徙此	始宁县	966省入 其章					巴中县 始宁寺附近	C11
								白沙区	

地市	朝代 古地县名	秦 前316— 前207	汉 前206—36 36—190	蜀汉 191—263	晋 264—347 348—419	刘宋 420—479	齐 479—502	梁 502—553	魏 504—556	周 557—580
万县专区	开县				巴渠县 分宣汉置	巴渠县	巴渠县	巴渠县		万县 万安郡 566置郡，改县名
				汉丰县 216置	汉丰县	汉丰县	汉丰县	汉丰县	永宁县	永宁县
					新浦县	新浦县	新浦县	新浦县	新浦县 开江郡 556置郡	新浦县 江会郡 570改郡名
	万县市				南浦县 平吴后，移南浦于此	南浦县	南浦县	南浦县	鱼泉县 安乡郡 553改名，置郡	安乡县 万川郡
	万县			南浦县 230省羊渠立	南浦县 武陵郡 平吴后移					武宁县 南州·怀德郡 初是南州南部郡及源阳县，575改郡县名
				羊渠县	羊渠县 230省					

隋 581—617	唐 618—713 714—891	五代 891—965	宋 965—1126 1127—1278	元 1279—1370	明 1371—1600 1601—1644	清 1644—1726 1727—1850 1851—1911	民国 1912—1938 1939—1949	今地名	位置
万世县 583废郡，607复置，改名	万世县 618废郡，619徙新治							开县 谭家坝	C12
	万岁县 619徙县于此，649改县名	万岁县	万岁县·清水县 1078后改名	省入开州				开县 长店房	C12
盛山县 开州583置开州，598改县名，606改州，618改万州	盛山县·开江县 开州·盛山郡 618复为开州，742改郡，758复为州，763改县名	开江县 开州	开江县 开州	开州	开县 1373置开州，同年降为县	开县	开县	开县	C12
新浦县 583废郡	新浦县	新浦县	新浦县 1044废入开江					开县 南门场附近	D12
南浦县 581废郡，598改县名	南浦县 万州·南浦郡 619置南浦州，625州废，626复置浦州，634改万州，742改南浦郡，758复为万州	南浦县 万州	南浦县 万州	万州 1283省县入州	万县 1373降	万县	万县	万县市	D12
								万县（沙河镇）	D12
武宁县 州、郡并废	武宁县	武宁县	武宁县	武宁县	1371省入万县			万县 武陵镇	D12
								万县 长滩井	D12

地市	古地县名	秦 前316—前207	汉 前206—36 36—190	蜀汉 191—263	晋 264—347 348—419	刘宋 420—479	齐 479—502	梁 502—553	魏 504—556	周 557—580
万县专区	万县									
	梁平县								梁山县	梁山县
	忠县	临江县	临江县 莽曰监江	临江县	临江县	临江县	临江县	临江县 临江郡 540 置郡	临江县 临州·临江郡 553 置州	临江县 临州·临江郡
	云阳县	朐䏰县	朐䏰县	朐䏰县	朐䏰县	朐䏰县	朐䏰县	朐䏰县	朐䏰县	云安县 巴东郡
	奉节县	鱼复县	鱼复县	永安县 巴东郡 190 改固陵郡，221 改郡县名	鱼复县 巴东郡 280 改县名	鱼复县 巴东郡	鱼复县 巴东郡 480 置巴州，483 州省	鱼复县 信州·巴东郡 523 置信州	人复县 信州·巴东郡	人复县 信州·永安郡 置信州总管府

隋 581—617	唐 618—713 714—891	五代 891—965	宋 965—1126 1127—1278	元 1279—1370	明 1371—1600 1601—1644	清 1644—1726 1727—1850 1851—1911	民国 1912—1938 1939—1949	今地名	位置
			龙渠县 南渡后置	省入万州				万县 龙驹坝	D12
梁山县	梁山县	梁山县	梁山县 梁山军 969 置军	梁山县 梁山州 1283 升州	梁山县 1373 省州	梁山县	梁山县	梁平县	D11
临江县 581 废郡，606 废州，618 置临州	临江县 忠州·南宾郡 634 改忠州，742 改郡，758 复为州	临江县 忠州 前蜀为镇江军	临江县 忠州·咸淳府 1265 升府	临江县 忠州	忠州 洪武中省县入州	忠州	忠县 1913 改	忠县	D12
	清水县· 桂溪县 619 析临江置清水县，742 改名	桂溪县	桂溪县 1072 省入垫江					忠县 双桂场	D11
云安县	云安县	云安县	云安县 云安军 973 置军，宋末废	云阳州 1283 升州	云阳县 1373 降	云阳县	云阳县	云阳县	D12
		云安监 唐末置	云安监	云安监 1071 置义安县，1075 省县复为监				云阳县 云安镇	C12
人复县 信州·巴东郡 581 郡废，605 复置巴东郡，废信州总管府	奉节县 夔州·云安郡 618 复信州，619 改县名，649 改郡名，742 改郡，758 复为州	奉节县 夔州·云安郡 906 置军，926 改宁江军	奉节县 夔州·镇江军 968 置峡西路，1001 改夔州路，1006 徙城					奉节县 白帝城下鱼复村	C13
				奉节县 夔州路	奉节县 夔州府 1371 为府，1376 降为州，省县，1380 复为府，复县	奉节县 夔州府	奉节县	奉节县	C13

朝代\古地县名\地市		秦 前316—前207	汉 前206—36 36—190	蜀汉 191—263	晋 264—347 348—419	刘宋 420—479	齐 479—502	梁 502—553	魏 504—556	周 557—580
万县专区	奉节县					阳口县	阳口县			
	巫溪县				北井县 265置	北井县	北井县	北井县	北井县	566省入大昌
	城口县									
		巫县	巫县	巫县 建平郡 吴置郡	巫县 建平郡	巫县 建平郡	巫县 建平郡	巫县 建平郡	巫县 建平王国	巫县 建平郡
	巫山县				秦昌县 280析巫县、秭归置	秦昌县 一作太昌	秦昌县	秦昌县	秦昌县	大昌县改县名，置永昌郡，郡寻废

隋 581—617	唐 618—713 714—891	五代 891—965	宋 965—1126 1127—1278	元 1279—1370	明 1371—1600 1601—1644	清 1644—1726 1727—1850 1851—1911	民国 1912—1938 1939—1949	今 地 名	位置
								奉节县 安坪	D13
			大宁监 973 置					巫溪县 大宁厂	C13
				大宁州 1283 升监为州，移此	大宁县 1376 降	大宁县 1668 并入奉节，1729 复置	巫溪县 民初改	巫溪县	C13
						城口厅 1822 置	城口县 民初改	城口县	C12
巫山县 581 后改县名	巫山县	巫山县	巫山县	巫山县	巫山县	巫山县	巫山县	巫山县	C13
大昌县	大昌县	大昌县	大昌县	1283 省入大宁州	大昌县 1380 复置	大昌县 1670 省入巫山		巫山县 大昌镇	C13

古地县名\朝代\地市		秦 前316—前207	汉 前206—36 36—190	蜀汉 191—263	晋 264—347 348—419	刘宋 420—479	齐 479—502	梁 502—553	魏 504—556	周 557—580
涪陵专区	武隆县				汉平县 250 分枳县置	汉平县	省	汉平县 涪陵郡	汉平县 涪陵郡	汉平县 涪陵郡	汉平县 涪陵郡
					枳城县 涪郡 347后置, 旋废					
	涪陵市									枳县	废入巴县
		枳县	枳县	枳县	枳县	枳县	枳县	枳县	涪陵县 西魏改	涪陵县

隋 581—617	唐 618—713 714—891	五代 891—965	宋 965—1126 1127—1278	元 1279—1370	明 1371—1600 1601—1644	清 1644—1726 1727—1850 1851—1911	民 国 1912—1938 1939—1949	今 地 名	位置
581废郡省入涪陵								武隆县白马	E11
	武龙县 619置武隆县，712改隆为龙	武龙县	武龙县 1119改名枳县，1131复名武龙	武龙县	武隆县 1377省入彭水，1380复置，改名	武隆县 1668省入涪州为司		土坎（旧武隆）	E11
						武隆县 1944置		武隆县（巷口镇）	E11
信安县 615置	信宁县 619改名	信宁县	信宁县 1063省入彭水					武隆县江口信宁坝	E11
	都濡县 646分盈隆置	都濡县	都濡县 1063省入彭水					武隆县浩口	E11
	隆化县·宾化县 637析巴县置，712改宾化	宾化县	宾化县·隆化县 1064改隆化					涪陵市同乐场	E11
								涪陵市兰市	E11
涪陵县	涪陵县 涪州·涪陵郡	涪陵县 涪州	涪陵县 涪州	涪州 1283省县入州	涪州	涪州	涪陵县	涪陵市	E11

地市	古地县名	秦 前316—前207	汉 前206—36 36—190	蜀汉 191—263	晋 264—347 348—419	刘宋 420—479	齐 479—502	梁 502—553	魏 504—556	周 557—580
涪陵专区	南川县									
	彭水县			汉复县（汉发）	汉复县 涪陵郡 307 没入僚	省	汉玖县 南齐州郡志有	荒		黔州 564 置奉州，574 改名
	涪陵县	涪陵县	涪陵县 莽曰巴亭	涪陵县 涪陵郡	涪陵县	荒	涪陵县	荒		
	酉阳县			汉葭县 201 置	汉葭县 280 后废					
	秀山县	充县 黔中郡治	充县							
	黔江县									

隋 581—617	唐 618—713 714—891	五代 891—965	宋 965—1126 1127—1278	元 1279—1370	明 1371—1600 1601—1644	清 1644—1726 1727—1850 1851—1911	民国 1912—1938 1939—1949	今地名	位置
	隆阳县·南川县 南州·南川郡 619置隆阳县并置南州，712改县名，742改南川郡，758复为州	南川县	南平军 1075省县入隆化，置南平军	南川县 1285降	南川县 1377省入綦江，1380复	南川县	南川县	南川县	E11
	盈隆县·洋水县 619置盈隆县，712改盈川，742改洋水	洋水县	洋水县 1063省入彭水				彭水县 洋水坝		E11
彭水县 黔州 593置县，607改黔州为黔安郡	彭水县 630徙新治						彭水县 郁山镇		E12
	彭水县 黔州·黔中郡 630徙此，复为州，742改黔中郡，758复为州，890置武泰军	彭水县 黔州	彭水县 绍庆府 1131升府	彭水县 绍庆府	彭水县 1371废府	彭水县 1734置黔彭厅，1736厅废	彭水县	彭水县	E12
	洪杜县（一作洪社）619置	洪杜县	洪杜县 1063省入彭水				酉阳县 龚滩		F12
				酉阳州 明夏置宣慰司	酉阳州 1372置州，后仍为宣慰司	酉阳州 1735置县，1736升州	酉阳县	酉阳县 1953撤专署	F12
				石耶军民府 邑梅沿边军民府	溶溪芝麻子坪司	秀山县 1735置	秀山县	秀山县	F13
石城县 庸州（？） 585置，606废	黔江县 庸州 618复置石城县，742改名						黔江县 县坝乡		E12

131

地市	古地名 县名	秦 前316—前207	汉 前206—36 36—190	蜀汉 191—263	晋 264—347 348—419	刘宋 420—479	齐 479—502	梁 502—553	魏 504—556	周 557—580
涪陵专区	黔江县			丹兴县 201置	280后废					
	石柱县									
	丰都县									
	垫江县								垫江县 容州·容川郡 555置	魏安县 容川郡

隋 581—617	唐 618—713 714—891	五代 891—965	宋 965—1126 1127—1278	元 1279—1370	明 1371—1600 1601—1644	清 1644—1726 1727—1850 1851—1911	民国 1912—1938 1939—1949	今地名	位置
		黔江县	黔江县	黔江县	黔江县 1372省入彭水,1381复置	黔江县	黔江县	黔江县	E12
	南宾县 619分武宁置	南宾县	南宾县 石砫土司与县同治	南宾县 石砫宣抚使司与县同治	南宾县 明初并入酆都			石柱县 旧城坝	D12
				石砫宣抚使司 1375徙此	石砫厅 1762改土归流	石砫县	石柱县 1959改砫为柱	E12
	丰都县 618分临江置	丰都县	丰都县 北宋末废,1127又置	丰都县	酆都县 1377省入涪州,1381复置,改丰为酆	酆都县	酆都县	丰都县	E11
垫江县 581废郡,598复县名垫江	垫江县	垫江县	垫江县	垫江县 元初省入丰都,明夏复置	垫江县	垫江县	垫江县	垫江县	D11
			温山县 宋初徙此,1070省入涪陵					垫江县鹤游坪	D11

地市	古县名	秦 前316—前207	汉 前206—36 36—190	蜀汉 191—263	晋 264—347 348—419	刘宋 420—479	齐 479—502	梁 502—553	魏 504—556	周 557—580
重庆市	长寿县									
	合川县	垫江县 巴郡	垫江县	垫江县	垫江县	东宕渠 僚郡 旋复荒废	宕渠县 东宕渠郡	石镜县 合州·垫江郡 556 改县名并置州、郡	石镜县 合州·垫江郡	
	市中区	江州县	江州县 巴郡	江州县 巴郡 刘璋曾改永宁郡，201 复为巴郡	江州县 巴郡	垫江县 巴郡 487 移江州县，复移垫江县至此	垫江县 楚州·巴郡 550 置州	垫江县 巴州·巴郡 551 改州名	巴县 楚州·巴郡 557 改州县名	
	巴县									

134

隋 581—617	唐 618—713 714—891	五代 891—965	宋 965—1126 1127—1278	元 1279—1370	明 1371—1600 1601—1644	清 1644—1726 1727—1850 1851—1911	民国 1912—1938 1939—1949	今地名	位置
	温山县 619置	温山县	宋初移					长寿县 仁和场灌滩寺	D11
	乐温县 619分巴县置	乐温县	乐温县	1283省入涪州	长寿县 1373复置，改名	长寿县	长寿县	长寿县	E11
	永安县 南潾州 619析涪陵、巴县置，734省入乐温							长寿县 邻封场	E11
赤水县 588置	赤水县	赤水县	赤水县 1071省入铜梁，1074复置	1283并入石照				合川县 大河坝	D9
石镜县 涪州·涪陵郡 583废垫江郡，593改涪州，607改涪陵郡	石镜县 涪州·合川郡 618改郡为州，742改郡，758复为州	石镜县 合州	石照县 合州 965改县名	石照县 合州 1362明夏省县入州	合州	合州	合川县 1913改	合川县 1952—1958曾设市	D10
巴县 渝州·巴郡 581废郡，改州名；605置州为郡	巴县 渝州·南平郡 618置州，742改郡，758复州	巴县 渝州	巴县 重庆府 1102改恭州，1188升府	巴县 重庆路 1279改路，1284升上路，明夏为国都	巴县 重庆府 1381置府	巴县·江北厅 重庆府 1759置厅	巴县·重庆市	重庆市 市中区	E10
							巴县（鱼洞溪）		
	南平县 南平州 630析巴县，并置州为霸州；639徙							巴县 樵坪场	E10

地市	古地县名	朝代 秦 前316—前207	汉 前206—36 36—190	蜀汉 191—263	晋 264—347 348—419	刘宋 420—479	齐 479—502	梁 502—553	魏 504—556	周 557—580
重庆市	巴县									
	北碚区									
	江津县						江州县 487移此	江州县	江阳县 七门郡 西魏置郡 改县名	江阳县 七门郡
			乐城县 汉末置	乐城县 254省						
	永川县									
	荣昌县									

隋 581—617	唐 618—713 714—891	五代 891—965	宋 965—1126 1127—1278	元 1279—1370	明 1371—1600 1601—1644	清 1644—1726 1727—1850 1851—1911	民国 1912—1938 1939—1949	今地名	位置
	南平县 639 废州 徙县							巴县 跳石场	E10
	南平县 682 徙此	南平县	南平县 988 废					巴县 双河场附近	E10
							北碚局	北碚区 (建国初为县)	E10
江津县 581 废郡，598 改县名	江津县	江津县	江津县 967 移新治					江津县 顺江场	E10
			江津县 967 徙此	江津县	江津县	江津县	江津县	江津县 1960 前为专员公署	E10
	万寿县 620 析江津置万春县，622 改名	万寿县	967 省入江津					江津县 白沙	E10
	永川县 776 分璧山置	永川县	永川县	省入大足	永川县 1373 复置	永川县	永川县	永川县 1960 专员公署迁此	E9
	昌元县 昌州 758 置州与县，771 州、县并废，775 复置州，885 徙州于大足	昌元县	昌元县	昌宁县 1283 并昌元入大足，明夏置昌宁县	荣昌县 1371 改名	荣昌县	荣昌县	荣昌县	E9

地市	古地县名	秦 前316—前207	汉 前206—36 36—190	蜀汉 191—263	晋 264—347 348—419	刘宋 420—479	齐 479—502	梁 502—553	魏 504—556	周 557—580
重庆市	大足县									
	铜梁县									
	璧山县									
	江北县									
				常安县 254省						

隋 581—617	唐 618—713 714—891	五代 891—965	宋 965—1126 1127—1278	元 1279—1370	明 1371—1600 1601—1644	清 1644—1726 1727—1850 1851—1911	民国 1912—1938 1939—1949	今 地 名	位置
	大足县 昌州 758析巴川置，885移昌州于此	大足县 昌州	大足县 昌州	1280省州、县入合州	大足县	大足县 1662并入荣昌，1728复置	大足县	大足县	E9
	巴川县 735析石镜、铜梁置	巴川县	巴川县	1280省入铜梁				铜梁县 旧县坝	E10
	铜梁县 703置	铜梁县	铜梁县	铜梁县	铜梁县	铜梁县 1667并入合川，1721复置	铜梁县	铜梁县	E10
					安居县 1481析铜梁、遂宁二县地置	安居县 1662省入铜梁		铜梁县 安居镇	E10
	璧山县 757分江津、巴、万寿置	璧山县	璧山县	1285并入巴县	璧山县 1483复置	璧山县	璧山县	璧山县	E10
						江北县	江北县 水土沱 新中国成立后之江北县	E10
								江北县（两路口） 1966迁此	
								江北县 洛碛	E10

古地县名 朝代地市	秦 前316—前207	汉 前206—36 36—190	蜀汉 191—263	晋 264—347 348—419	刘宋 420—479	齐 479—502	梁 502—553	魏 504—556	周 557—580
重庆市	綦江县									
	潼南县	德阳县	德阳县	德阳县 成汉置德阳郡	德阳县	德阳县			

隋 581—617	唐 618—713 714—891	五代 891—965	宋 965—1126 1127—1278	元 1279—1370	明 1371—1600 1601—1644	清 1644—1726 1727—1850 1851—1911	民国 1912—1938 1939—1949	今地名	位置
	荣懿县 溱州·溱溪郡 642置	荣懿县 溱州	荣懿县 溱州	綦江县 元为长官司，明夏置县(1368)	綦江县	綦江县	綦江县	綦江县	F10
	三溪县 631置	三溪县	宋初省					綦江县 三溪镇	F10
	丹溪县 631置，643废							綦江县 东溪场	F10
	扶欢县 642置	扶欢县	宋初省					綦江县 扶欢坝	F10
	遂宁县 708析青石置	遂宁县	遂宁县	1283省入小溪县				潼南县 双江镇	D9
								潼南县 下县坝	D9
龙龛县 583为镇 616升县	龙龛县· 崇龛县 712改名	崇龛县	967省入安居					潼南县 崇龛镇	D9
						潼南县	潼南县 1912分遂宁、蓬溪置东安县，1913改	潼南县	D9

141

地市	古地县名	秦 前316—前207	汉 前206—36 36—190	蜀汉 191—263	晋 264—347 348—419	刘宋 420—479	齐 479—502	梁 502—553	魏 504—556	周 557—580
泸州市	泸州市	江阳县	江阳县	江阳县 江阳郡 213置郡	江阳县 江阳郡	江阳县 江阳郡	江阳县 江阳郡	江阳县 泸州·江阳郡	江阳县 泸州·江阳郡	江阳县 泸州·江阳郡
泸州市	泸县									合江县 565前为安乐成
泸州市	合江县	符节县	符县 莽曰符信，东汉改符节，或冒作荷节	符节县	符县	荒废				
泸州市	合江县				安乐县 360前后置		安乐县	荒废		
泸州市	纳溪县				绵水县	绵水县	绵水县	绵水县	绵水县	

隋 581—617	唐 618—713 714—891	五代 891—965	宋 965—1126 1127—1278	元 1279—1370	明 1371—1600 1601—1644	清 1644—1726 1727—1850 1851—1911	民国 1912—1938 1939—1949	今地名	位置
江阳县 泸州·泸川郡 581 废郡存州，605 改州为郡，改县名泸川	泸川县 泸州·泸川郡 618 改郡为州，742 改为郡，758 复为州	泸川县 泸州	泸川县 泸州	1285 并县入州，徙治	泸州 洪武初徙回	泸州	泸县 1913 改县	泸州市 新中国成立后建市	F9
				泸州 1285 徙此				泸州市 蓝田坝	F9
								泸县（小市）	F9
合江县	合江县 817 徙山下		江安州 1243 徙泸州及合江县于此，1260 陷，寻收复，改为江安州	合江县 徙州留县于此				泸县 弥陀场（神臂岩）	F9
		合江县	合江县 1237 徙神臂岩（今弥陀场）		合江县 洪武初徙回	合江县	合江县	合江县	F9
			安溪县 1109 置，1121 废					合江县 先市场	F9
	泾南县 634 析泸川置，后废		纳溪县 1051 置寨，1232 改置	纳溪县	纳溪县	纳溪县	纳溪县	纳溪县	F9
绵水县	绵水县	绵水县	967 省入江安					纳溪县 大渡口	F9

地市	古地县名	秦 前316—前207	汉 前206—36 36—190	蜀汉 191—263	晋 264—347 348—419	刘宋 420—479	齐 479—502	梁 502—553	魏 504—556	周 557—580
泸州市	古蔺县									
	叙永县									
宜宾专区	宜宾市	僰道县	僰道县 犍为郡 莽曰僰治 前135置郡，后汉徙郡治于武阳	僰道县	僰道县	僰道县 犍为郡 484自武阳移郡治于此	荒废			
								南广县 戎州·六同郡 544置州	南广县 戎州·六同郡	外江县 戎州 563改县名，徙南广
	宜宾县									

隋 581—617	唐 618—713 714—891	五代 891—965	宋 965—1126 1127—1278	元 1279—1370	明 1371—1600 1601—1644	清 1644—1726 1727—1850 1851—1911	民国 1912—1938 1939—1949	今地名	位置
	蔺州 806 置	蔺州 废				古蔺县 1907 迁永宁县于此，1909 改名	古蔺县	古蔺县	F9
			定川县 永宁路 1288 置路，后改为司	永宁卫 1371 置卫，1623 改流，设同知	叙永厅·永宁县 1651 置厅，1687 改永宁卫为县，同隶贵州省，1727 废厅，县属四川叙州府，1730 仍设同知为直隶厅	叙永县 1913 改县	叙永县	F9
	僰道县 戎州 785 徙还故治	僰道县 戎州	僰道县·宜宾县 戎州·叙州 1097 改州名，1114 改县名，1267 移于登高山	宜宾县 叙州路 1281 升路	宜宾县 叙州府 1373 置府	宜宾县 叙州府	宜宾	宜宾市	F8
僰道县 犍为郡 605 改州为郡，607 改县名	僰道县 戎州·南溪郡 618 复为州，742 改郡，758 又复为州							宜宾市 南广	F8
								宜宾县（小市）	F8
郃鄢县	郃鄢县·义宾县，619 省，620 复置，742 改名义宾	义宾县	宜宾县·宣化县 976 改宜宾，1071 省入僰道，1119 复，改名宣化	宣化县				宜宾县 泥溪	F8
开边县 586 置	开边县 南通州 630 置州，634 改贤州，旋废	开边县	967 省入僰道					宜宾县 安边场	F8
	归顺县 700 分郃鄢置	归顺县	967 省入僰道					宜宾县 隆兴场附近	F8

朝代古地名\地市县名	秦 前316—前207	汉 前206—36 36—190	蜀汉 191—263	晋 264—347 348—419	刘宋 420—479	齐 479—502	梁 502—553	魏 504—556	周 557—580
宜宾专区 南溪县									南广县 563 徙此
宜宾专区 江安县				新乐县·常安县 295 置县，373 后改名常安	常安县	常安县	常安县	汉安县	汉安县
宜宾专区 兴文县									
宜宾专区 长宁县									

隋 581—617	唐 618—713 714—891	五代 891—965	宋 965—1126 1127—1278	元 1279—1370	明 1371—1600 1601—1644	清 1644—1726 1727—1850 1851—1911	民 国 1912—1938 1939—1949	今地名	位置
南溪县 601改名	南溪县	南溪县	南溪县 963后徙					南溪县 李庄	F8
			南溪县 963后徙此	南溪县	南溪县	南溪县	南溪县	南溪县	F8
江安县 598改名	江安县	江安县	江安县	江安县	江安县	江安县	江安县	江安县	F9
			南井监 1075置	废				江安县 南井	F9
	晏州 677置，742改罗阳郡，758复为州	晏州	晏州 1068后省入长宁军	戎州 1285置	兴文县 1371降为戎县，1574改县名	兴文县	兴文县	兴文县	F9
	宋州	宋州	宋州 宋末废		九姓长官司 1373置	古宋县 1909改流	古宋县	兴文县 古宋	F9
			乐共城					兴文县 乐共场	F9
	长宁州	长宁州	武宁县·长宁军 1114设县、置军，1119废县	长宁军 1325改长宁州	长宁县 1372降县	长宁县	长宁县	长宁县 双河镇	F8

朝代古地市地县名	秦 前316—前207	汉 前206—36 36—190	蜀汉 191—263	晋 264—347 348—419	刘宋 420—479	齐 479—502	梁 502—553	魏 504—556	周 557—580
宜宾专区 长宁县									
宜宾专区 珙县									
宜宾专区 高县		南广县 前104置	南广县 南广郡	南广县 南广郡 西晋废，李雄置南广郡，东郡为朱提郡	南广县 南广郡	南广县 南广郡 渐荒废			
宜宾专区 筠连县									
宜宾专区 屏山县									

隋 581—617	唐 618—713 714—891	五代 891—965	宋 965—1126 1127—1278	元 1279—1370	明 1371—1600 1601—1644	清 1644—1726 1727—1850 1851—1911	民国 1912—1938 1939—1949	今地名	位置
	淯州	淯州	安宁县 淯井监 1075 置监, 1121 置县	1285 监县并省入长宁军				长宁县(安宁桥)	F8
	巩州 677 置, 742 改因中郡, 758 复州	巩州	巩州 1068 后省入长宁军	珙州 1276 置上下罗计司长官,明夏改珙州	珙县 1371 降县, 1377 省入高县, 1380 复置	珙县	珙县	珙县	F8
	高州	高州	高州 1068 后省入长宁军					珙县 平寨附近	F8
				高州 1276 复置,移此	高县 1372 降, 1477 复为州	高县 明改州为县	高县	高县	F8
			庆符县 祥州 1112 置, 1121 废州	庆符县	庆符县 1377 省入宜宾, 1380 复置	庆符县	庆符县	高县 庆符	F8
	筠州·连州	筠州·连州	筠州·连州	腾川县 筠连州 1280 改州置县	筠连县 1372 废县入州, 又降州为县, 1377 省入高县, 1380 复置	筠连县	筠连县	筠连县	F8
							沐爱设治局	筠连县 沐爱	F8
				马湖路 1305 徙此	屏山县 马湖府 1371 置府及县, 1589 罢府	屏山县 1589 罢府	屏山县	屏山县	F8

朝代 古地 地县名 市		秦 前316— 前207	汉 前206—36 36—190	蜀汉 191—263	晋 264—347 348—419	刘宋 420—479	齐 479—502	梁 502—553	魏 504—556	周 557—580
内江市	简阳县		牛鞞县 前115置	牛鞞县	牛鞞县	牛鞞县	牛鞞县			
								阳安县 武康郡 555置郡及县		阳安县 武康郡 557置资州，560移州治于资阳县
								婆闰县 555分牛鞞置		婆闰县
										多业县 普慈郡 575置
								贵平县 和仁郡 555置县和郡		贵平县 和仁郡
	资阳县	资中县	资中县	资中县	资中县	资中县	资中县	资中县		资阳县 资州·资中郡560改县名，并自阳安移资州来治
	资中县									盘石县 562置

隋 581—617	唐 618—713 714—891	五代 891—965	宋 965—1126 1127—1278	元 1279—1370	明 1371—1600 1601—1644	清 1644—1726 1727—1850 1851—1911	民 国 1912—1938 1939—1949	今 地 名	位置
								简阳县 石桥	D8
阳安县 简州 581 郡废，603 改置简州，605 又废州	阳安县 简州·阳安郡 620 置州，742 改郡，758 复为州	阳安县 简州	阳安县 简州	简州 1283 并县入州	简州 1373 降为简县，1513 复为州	简州	简阳县 1913 改名	简阳县	D8
平泉县 598 改名	平泉县	平泉县	平泉县	地荒废不置				简阳县 草池堰	D8
普慈县 581 废郡，593 改县名	普慈县	普慈县	967 省入乐至					简阳县 施家坝	D8
贵平县 581 废郡	贵平县 726 徙新治							简阳县 镇金（贵平寺）	D8
资阳县 581 郡废，587 徙州治于盘石	资阳县	资阳县	资阳县	省入简州	资阳县 1373 复置，1377 省入简县，1465 复置	资阳县	资阳县	资阳县	D8
盘石县 资州·资阳郡 587 移州来治，605 改州为郡	盘石县 资州·资阳郡 618 改州，742 改郡，758 为州，865 移州治于内江，886 复移还盘石	盘石县 资州	盘石县 资州	资州 元初州、县俱废，明夏复置州	资县 1371 降	资州 1727 升	资中县	资中县	E8
	银山县 618（义宁二年）置	银山县	银山县	967 省入盘石				资中县 银山镇	E8

朝代 古地名 地市县	秦 前316—前207	汉 前206—36 36—190	蜀汉 191—263	晋 264—347 348—419	刘宋 420—479	齐 479—502	梁 502—553	魏 504—556	周 557—580
内江市									
资中县									
						齐开左郡			
威远县									
									安岳县 普州 575置县 并置州
安岳县							普慈县	普慈县	
									永康县 575置 《旧唐书》作永唐

隋 581—617	唐 618—713 714—891	五代 891—965	宋 965—1126 1127—1278	元 1279—1370	明 1371—1600 1601—1644	清 1644—1726 1727—1850 1851—1911	民国 1912—1938 1939—1949	今 地 名	位置
月山县 618置	月山县	月山县	967省入盘石					资中县团鱼口附近	E8
	丹山县 630置, 632省入内江, 633复置	丹山县	967省入盘石					资中县铜钟河附近	E8
龙水县 618（义宁二年）置	龙水县	龙水县	龙水县 1120改为资州, 后复故, 1241废					资中县龙水桥	E8
								威远县连界场	
威远县 583置成, 591改成为县	威远县	威远县	威远县	威远县	威远县 1373复, 1377省入荣县, 1380复	威远县	威远县	威远县	E8
安岳县 605废州	安岳县 普州·安岳郡 619复置普州, 742改郡, 758复为州	安岳县 普州	安岳县 普州					安岳县铁门山上	D9
			安岳县 普州 969移此, 1243移险自守, 1253废	安岳县 元末复置	安岳县 1371置普州, 1376州废	安岳县 1662省入遂宁县, 1671改入乐至县, 1729复置	安岳县	安岳县	D9
隆康县 598改名	隆康县· 普康县 712改名	普康县	普康县 1072省入安岳					安岳县镇子场	E9

地市	古地县名	秦 前316—前207	汉 前206—36 36—190	蜀汉 191—263	晋 264—347 348—419	刘宋 420—479	齐 479—502	梁 502—553	魏 504—556	周 557—580
内江市	乐至县									
	隆昌县									
	内江市		汉安县 后汉分资中置	汉安县	汉安县 东江阳郡 成汉后陷，晋末复置	汉安县 东江阳郡 宋末又陷	汉安县 东江阳郡			中江县 576置汉安成，寻改为县

隋 581—617	唐 618—713 714—891	五代 891—965	宋 965—1126 1127—1278	元 1279—1370	明 1371—1600 1601—1644	清 1644—1726 1727—1850 1851—1911	民 国 1912—1938 1939—1949	今 地 名	位置
	乐至县 620置	乐至县	乐至县 1258后荒	地入安岳	乐至县 1465复置	乐至县	乐至县	乐至县	D9
					隆昌县 1567析富顺、荣昌及泸州地置	隆昌县	隆昌县	隆昌县	E9
	来凤县 618置，626废入富世							隆昌县 双凤驿	E9
内江县 581改名	内江县 865移资州于此，866复移还盘石	内江县	内江县	内江县 元初省入资州	内江县 洪武中复置	内江县	内江县	内江市 1951建市	E9
								内江县	
和义县 603置，617徙	和义县，818徙还此处	和义县	965省入威远					内江县 龙门场	E8

古地县名\朝代\地市	秦 前316—前207	汉 前206—36 36—190	蜀汉 191—263	晋 264—347 348—419	刘宋 420—479	齐 479—502	梁 502—553	魏 504—556	周 557—580
自贡市	富顺县								富世县 洛原郡 561后析 江阳县置
				绵水县 373后置	绵水县	绵水县 渐荒废			
	自贡市								
	荣县						冶官县	冶官县	冶官县

隋 581—617	唐 618—713 714—891	五代 891—965	宋 965—1126 1127—1278	元 1279—1370	明 1371—1600 1601—1644	清 1644—1726 1727—1850 1851—1911	民国 1912—1938 1939—1949	今 地 名	位置
和义县 隋末徙此	和义县 818 徙还旧治							富顺县 仙滩场	E8
富世县 581 废郡	富义县 627 改名	富义县	富顺监 963 升富义监，964 废县，976 改富顺监，1064 置富顺县，1265 移卤头山	富顺州 1275 复置监，1283 升州	富顺县 1372 降	富顺县	富顺县	富顺县	E8
牛鞞县 616 置	牛鞞县 742 改清溪	清溪县	967 省					富顺县 牛佛渡	E9
								富顺县 赵化镇	E9
							自贡市 1939 置	自贡市	E8
	公井县 618 置荣州于此，并置县，623 移州治于大牢	公井县	公井县 1071 并入荣德					自贡市 贡井	E8
	旭川县 荣州·和义郡 627 析大牢置县，657 移州治于此，742 改郡，758 复为州	旭川县 荣州	荣德县 荣州 1067 改县，1109 升绍熙府，1253 后府废	荣州	荣县 1373 置州，1376 降县	荣州	荣县	荣县	E8
冶官县 601 废								荣县 于佳场附近	E8

朝代\古地名\地市县		秦 前316—前207	汉 前206—36 36—190	蜀汉 191—263	晋 264—347 348—419	刘宋 420—479	齐 479—502	梁 502—553	魏 504—556	周 557—580
自贡市	荣县									

隋 581—617	唐 618—713 714—891	五代 891—965	宋 965—1126 1127—1278	元 1279—1370	明 1371—1600 1601—1644	清 1644—1726 1727—1850 1851—1911	民国 1912—1938 1939—1949	今地名	位置
咨官县 613前后置	咨官县 823徙新治							荣县 来牟铺	E8
	资官县 唐末徙新桥资国寺，改名资官							荣县 新桥	E8
		资官县 再徙资国寺北十里之镇子场						荣县 镇紫场（镇子场）	E8

古地名\朝代\地市\地县名	秦 前316—前207	汉 前206—36 36—190	蜀汉 191—263	晋 264—347 348—419	刘宋 420—479	齐 479—502	梁 502—553	魏 504—556	周 557—580
乐山市 犍为县								武阳县 沈犀郡	
乐山市 仁寿县				冶官县 414 置	冶(冶)官县	冶官县	怀仁县 怀仁郡	普宁县 陵州·怀仁郡	普宁县 陵州·怀仁郡
乐山市	南安县	南安县	南安县	南安县	南安县	南安县	荒		

隋 581—617	唐 618—713 714—891	五代 891—965	宋 965—1126 1127—1278	元 1279—1370	明 1371—1600 1601—1644	清 1644—1726 1727—1850 1851—1911	民国 1912—1938 1939—1949	今地名	位置
			资官县 990后徙此	省入应灵				犍为县 金石井	
犍为县 581废郡，改县名	犍为县	犍为县 936移于西岸	犍为县 1011徙新治		犍为县 1372徙此	犍为县	犍为县	犍为县	E7
			犍为县 1011徙此	犍为县				犍为县 清水溪	E7
								仁寿县 汪家场	E8
仁寿县 陵州·隆山郡583废郡，598改县名，607废州复郡，改郡名	仁寿县 陵州·仁寿郡 618置州，742改郡，758复为州	仁寿县 陵州	仁寿县 仙井监 1072改州为陵井监，1122改仙井监，1163改隆州	仁寿县 1283废州	仁寿县	仁寿县	仁寿县	仁寿县	E8
始建县 607置	始建县	始建县	1001省					仁寿县 镇子场	E8
	贵平县 726后移此	贵平县	贵平县 1072省入广都，1170复置	省入仁寿				仁寿县 文公场	D8
龙游县 嘉州·眉山郡 583置峨眉县，589改青衣，590改龙游，607废州改眉山郡	龙游县 嘉州·犍为郡 618改郡为州，742改郡，758复为州	龙游县 嘉州	龙游县 嘉州·嘉定府 1119改嘉祥县，后复故名，1196升府	龙游县 嘉定路 1275改路，后罢，1277复置	嘉定州 1371为府，1376改州	乐山县 嘉定府 1734置县，升州为府	乐山县	乐山市 1978建市	E7

古地名\朝代\地市县名		秦 前316—前207	汉 前206—36 36—190	蜀汉 191—263	晋 264—347 348—419	刘宋 420—479	齐 479—502	梁 502—553	魏 504—556	周 557—580
乐山市	乐山市								平羌县 嘉州·平羌郡	平羌县 嘉州·平羌郡
	沐川县									

隋 581—617	唐 618—713 714—891	五代 891—965	宋 965—1126 1127—1278	元 1279—1370	明 1371—1600 1601—1644	清 1644—1726 1727—1850 1851—1911	民国 1912—1938 1939—1949	今 地 名	位置
平羌县 移州治龙游，废郡								乐山县 铁蛇坳	E7
平羌县 611 移此	平羌县	平羌县	平羌县 1072 省入龙游					乐山县 板桥溪附近	E7
								乐山县 五通桥	E7
玉津县 615 置	玉津县	玉津县	966 省入犍为					乐山县 冠英场	E7
大牢县 593 置	应灵县 荣州 623 移荣州治大牢，651 复移州于旭川，742 改县名	应灵县	应灵县	应灵县	省			乐山县 金山寺	E8
								乐山县 苏稽	
				沐川司	沐川长官司	沐川司	沐川县 1942 置	沐川县	F7

古地名\朝代	地市	地县名	秦 前316—前207	汉 前206—36 36—190	蜀汉 191—263	晋 264—347 348—419	刘宋 420—479	齐 479—502	梁 502—553	魏 504—556	周 557—580
乐山市		井研县				江阳郡 东晋侨置	西江阳郡	西江阳郡		蒲亭县 西魏置, 后废	
		青神县								青衣县 青神郡	青神县 青神郡
		眉山县							通义县 555置		安乐县 558改名
						齐通左郡 946置		齐通县 青州·齐通郡 549置州	齐通县 眉州·齐通郡 553改州名	齐通县 青州·齐通郡后又改为青川
		彭山县	武阳县	武阳县 犍为郡 莽曰戢成县, 后汉为郡治	武阳县 犍为郡	武阳县 犍为郡 345后侨置西江阳郡	武阳县 犍为郡	武阳县 徙郡治于僰道	犍为县 江州·西江阳郡 梁置州、郡,改县名	江阳县 灵石郡	江阳县 灵石郡

隋 581—617	唐 618—713 714—891	五代 891—965	宋 965—1126 1127—1278	元 1279—1370	明 1371—1600 1601—1644	清 1644—1726 1727—1850 1851—1911	民国 1912—1938 1939—1949	今地名	位置
井研县 605 置	井研县 621 徙新治							井研县 千佛寺	E8
	井研县 621 徙此	井研县	井研县	1283 并入仁寿				井研县 盐井湾	E8
					井研县 明夏复置	井研县 1373 置，1377 省入仁寿，1380 复置	井研县	井研县	井研县	E8
青神县 青神郡 583 徙新治							青神县 刘家场		E7
青神县 583 徙县于此，废郡	青神县	青神县	青神县	青神县	青神县 1377 并入嘉定州 1380 复置	青神县 1667 并入眉州，1728 复置	青神县	青神县	E7
并入通义								眉山县 龙安铺	D7
广通县·通义县 581 废郡，改县名，601 改广通为通义	通义县 眉州·通义郡 619 置州，742 改郡，758 复为州	通义县 眉州	眉山县 眉州 976 改县名	眉州 1283 并县入州	眉州 1376 改眉县，1380 复为州	眉州	眉山县	眉山县 1953 撤专署	E7
并入隆山								彭山县 江口	D7

古地名\朝代地市县	秦 前316—前207	汉 前206—36 36—190	蜀汉 191—263	晋 264—347 348—419	刘宋 420—479	齐 479—502	梁 502—553	魏 504—556	周 557—580
乐山市	彭山县							隆山县	隆山县 隆山郡 564置郡
	丹棱县					齐乐县 齐乐郡	齐乐县	废	洪雅县 557后复置齐乐县，561后改名
	洪雅县								
	夹江县				开邦县				
	峨眉县								

隋 581—617	唐 618—713 714—891	五代 891—965	宋 965—1126 1127—1278	元 1279—1370	明 1371—1600 1601—1644	清 1644—1726 1727—1850 1851—1911	民国 1912—1938 1939—1949	今 地 名	位置
隆山县 581 废郡	彭山县 627 省隆山入通义，628 复置，712 改彭山	彭山县	彭山县	彭山县	彭山县 1379 并入眉县，1380 复置	彭山县 1667 并入眉州，1728 复置	彭山县	彭山县	D7
丹棱县 592 改	丹棱县	丹棱县	丹棱县	1283 并入眉州	丹棱县 1373 复置，1377 并入眉州，1380 复置	丹棱县	丹棱县	丹棱县	D7
洪雅县 593 新置	洪雅县 626 置犍州，627 州废，719 又置义州，720 又废	洪雅县	洪雅县	1284 省入夹江	洪雅县 1482 复置	洪雅县	洪雅县	洪雅县	E7
夹江县 593 分龙游、平羌置								夹江县 甘江场	E7
	夹江县 618 移此	夹江县	夹江县	夹江县	夹江县	夹江县	夹江县	夹江县	E7
	南安县 618 置，622 省，719 置，720 又省							夹江县 木城（南安镇）	E7
峨眉县 593 置	峨眉县	峨眉县	峨眉县	峨眉县	峨眉县	峨眉县	峨眉县	峨眉县	E7
绥山县 615 置	绥山县	绥山县	966 省					峨眉县 青龙场	E7

167

朝代 古地名 地市\县	秦 前316— 前207	汉 前206—36 36—190	蜀汉 191—263	晋 264—347 348—419	刘宋 420—479	齐 479—502	梁 502—553	魏 504—556	周 557—580
乐山市 峨边县			新道县						
马边县									
金口河工农区									

隋 581—617	唐 618—713 714—891	五代 891—965	宋 965—1126 1127—1278	元 1279—1370	明 1371—1600 1601—1644	清 1644—1726 1727—1850 1851—1911	民 国 1912—1938 1939—1949	今 地 名	位置
						峨边厅 1808置	峨边县 1914改	峨边县 大堡子（旧县）	E6
						（沙坪场）		峨边县（沙坪）	E7
						马边厅 1764置	马边县 1914改	马边县	F7
	罗目县 沐州 665置， 676废， 678又置		罗目县	966省				金口河工农区	F7

169

朝代 古地县名	秦 前316— 前207	汉 前206—36 36—190	蜀汉 191—263	晋 264—347 348—419	刘宋 420—479	齐 479—502	梁 502—553	魏 504—556	周 557—580
雅安市 / 荥经县		严道县 莽曰严治	严道县	严道县· 晋乐县 东晋移晋乐县至此，改名	晋乐县	晋乐县	荒		
雅安市 / 雅安市								始阳县 蒙山郡 西魏置	始阳县 蒙山郡
雅安专区 / 名山县								蒙山县	蒙山县
雅安专区 / 芦山县		青衣县·汉嘉县 前182置青衣，133改汉嘉，蜀郡属国治此	汉嘉县 汉嘉郡 221改蜀郡属国为汉嘉郡	汉嘉县 汉嘉郡 东晋废郡	汉嘉县	汉嘉县 后荒废			
雅安专区 / 宝兴县									

隋 581—617	唐 618—713 714—891	五代 891—965	宋 965—1126 1127—1278	元 1279—1370	明 1371—1600 1601—1644	清 1644—1726 1727—1850 1851—1911	民国 1912—1938 1939—1949	今地名	位置
	荥经县 620置	荥经县	荥经县	荥经县 明夏省入严道	荥经县 1380复置	荥经县	荥经县	荥经县	E6
蒙山县·严道县·雅州·临邛郡 581废蒙山郡,593改县名蒙山,置雅州;605置临邛郡,县改严道	严道县 雅州·泸山郡 742改郡,758复为州	严道县 雅州·泸山郡 前蜀置永平军	严道县 雅州	严道县 雅州	雅州 1371省县入州	雅安县 雅州府 1727升府置县	雅安县	雅安市	E7
名山县 593改名	名山县	名山县	名山县	石(名)山县	名山县 1377省入雅州,1380复置	名山县	名山县	名山县	D7
	百丈县 634置	百丈县	百丈县 1072省入名山,1087复置	百丈县	1380省入名山			名山县百丈驿	D7
芦山县 604置	芦山县	芦山县	芦山县	芦山县 后省入严道	芦山县 1373复置	芦山县	芦山县	芦山县	D6
	灵关县 618置 623省			天全六番招讨司	木坪董卜韩胡宣慰司	木坪宣慰司	宝兴县 1932置	宝兴县	D6

地市	古地县名	秦 前316—前207	汉 前206—36 36—190	蜀汉 191—263	晋 264—347 348—419	刘宋 420—479	齐 479—502	梁 502—553	魏 504—556	周 557—580
雅安专区	天全县		徙县	徙县	徙阳县	徙阳县	枞阳县			
	汉源县				城阳县 李雄置，东晋并入旄牛					沈黎县 黎州 568置州及县，寻废
			旄牛县	旄牛县	旄牛县 成汉置沈黎郡，346废郡，东晋复置，寻亦废	城阳县 沈黎郡 宋复置郡，改县名	沈黎僚郡	荒		
	石棉县									

隋 581—617	唐 618—713 714—891	五代 891—965	宋 965—1126 1127—1278	元 1279—1370	明 1371—1600 1601—1644	清 1644—1726 1727—1850 1851—1911	民国 1912—1938 1939—1949	今地名	位置
				天全六番招讨司	天全六番招讨司			天全县 始阳镇	D6
		长河西鱼通宁远安抚司	碉门县博易务	碉门县	天全六番副司	天全州 1729 改土归流置县	天全县	天全县	D6
沈黎县 登州 581 后复置县，600 置州，605 州废								汉源县 文武坡	E6
汉源县 605 分沈黎置	汉源县 黎州·洪源郡 618 置南登州,626 州废 701 置黎州 707 州废,716 复置,742 改郡,758 复为州	汉源县 黎州	汉源县 黎州	汉源县 黎州	黎州司 1375 置长官司,1377 升安抚司,1596 降千户所			汉源县 九襄（汉源街）	E6
					清溪县 1729 置	汉源县 民初复名	汉源县 清溪城	E6
	飞越县 677 析汉源置,742 省入汉源							汉源县 泥头	E6
	阳山县·通望县 618 析台登置阳山县,712 改名	通望县	通望县 1046 省入汉源					汉源县（富林）	E6
								石棉县 1951 置	E6

地市	朝代古地县名	秦 前316—前207	汉 前206—36 36—190	蜀汉 191—263	晋 264—347 348—419	刘宋 420—479	齐 479—502	梁 502—553	魏 504—556	周 557—580
凉山彝族自治州	西昌市	邛都	邛都县 越嶲郡 前川置郡	邛都县 越嶲郡	邛都县 越嶲郡 304徙郡治会无	邛都县 越嶲郡	荒	嶲州		越嶲县 西宁州 570重置州县，寻改州名严州
	西昌县				笮秦县					
								可县		可泉县 宣化郡 567置
					晋兴县 东晋因流民置	晋兴县	废			苏利县 亮善郡
			苏示县	苏祁县	苏利县（苏祁县）	苏利县				
	冕宁县		台登县	台登县	台登县	台登县				台登县 白沙郡
	昭觉县									

隋 581—617	唐 618—713 714—891	五代 891—965	宋 965—1126 1127—1278	元 1279—1370	明 1371—1600 1601—1644	清 1644—1726 1727—1850 1851—1911	民国 1912—1938 1939—1949	今地名	位置
越嶲县 嶲州·越嶲郡 586改西宁州，598改嶲州，605改州为郡	越嶲县 嶲州·越嶲郡 618复为嶲州，757没于吐蕃，797收复，832徙州于台登，860后没于南诏		(南诏设建昌府)860后	建昌府 宪宗时内附，1275置路	建昌卫 1392改卫	西昌县 宁远府 1728置府，改县名	西昌县	西昌市 西昌县	G6
								西昌县 打冲河	G6
可泉县 581郡废	西泸县 860后没于南诏			泸州 1288置	泸州 明末废			西昌县 河西	G6
苏祁县 581废郡	苏祁县 785后徙台登北谷，860后没于南诏			礼州千户所	守御礼州千户所	礼州分县属西昌		西昌县 礼州	F6
				苏州	宁番卫 1389改苏州卫，1393改宁番卫	冕宁县 1728改县	冕宁县	冕宁县	F6
台登县 581废郡	台登县 嶲州 832徙州于此，860后没于南诏			泸沽县 1252设千户所，1278改县	泸沽县 1374后废			冕宁县 泸沽	F6
					麻哈金矿局			冕宁县 金矿	F5
						昭觉县（交足汛）1909置	昭觉县	昭觉县	F6

175

朝代古地市地县名	秦 前316—前207	汉 前206—36 36—190	蜀汉 191—263	晋 264—347 348—419	刘宋 420—479	齐 479—502	梁 502—553	魏 504—556	周 557—580
凉山彝族自治州 昭觉县			安上县						
凉山彝族自治州 普格县									
凉山彝族自治州 布拖县									
凉山彝族自治州 金阳县									
凉山彝族自治州 雷波县									
凉山彝族自治州			邰䣢县 莽日屡鄢 后汉省	马湖县	邰䣢县 东晋省				
凉山彝族自治州 喜德县									

隋 581—617	唐 618—713 714—891	五代 891—965	宋 965—1126 1127—1278	元 1279—1370	明 1371—1600 1601—1644	清 1644—1726 1727—1850 1851—1911	民国 1912—1938 1939—1949	今地名	位置
				北社县	碧金县			昭觉县 旧城坝	G6
							设治局	普格县 1952复	G6
				里州 1281置千户所，1286 升州	里州 后废		布拖 (实验区)	布拖县 1955	G6
								金阳县 1953	G7
				中县 1285置	中县 后废			雷波县 瓦岗（沙骂）	G7
				雷波长官司	雷波长官司 1371置 1393省	雷波厅 1728设卫，1761升厅	雷波县 1914改县	雷波县	F7
				马湖路 1276置，1305徙屏山				雷波县 黄螂	F7
							宁东 (设治局)	喜德县 1953	F6

177

朝代 古地县名 地市	秦 前316— 前207	汉 前206—36 36—190	蜀汉 191—263	晋 264—347 348—419	刘宋 420—479	齐 479—502	梁 502—553	魏 504—556	周 557—580
凉山彝族自治州	甘洛县								
	越西县	灵关道	灵关道	护龙县 273改名	新兴县	越嶲獠郡	废		邛部县 邛部郡
		阑县	阑县	阑县	兰县	废			
	美姑县								
	宁南县	卑水县 前116置	卑水县	卑水县	卑水县				

隋 581—617	唐 618—713 714—891	五代 891—965	宋 965—1126 1127—1278	元 1279—1370	明 1371—1600 1601—1644	清 1644—1726 1727—1850 1851—1911	民国 1912—1938 1939—1949	今地名	位置
								甘洛县 1956	F6
邛部县	邛部县 没于南诏			邛部州 1290 置	越嶲卫 1392 改卫	越嶲厅 1760 改厅 1765 改县	越嶲县	越西县 1959 嶲改西	F6
					海棠县			越西县 海棠	F6
								越西县 普雄 1959 并	F6
								美姑县 1955	F7
								美姑县 洪溪 1958 并	F6
					披沙千户所		宁南县 1928 设披沙设治局，1929 置县	宁南县	G6
				润州 1289 改州，1292 设千户所	润州 后废			宁南县 窟乌	H6

朝代 古地名 地市县名		秦 前316— 前207	汉 前206—36 36—190	蜀汉 191—263	晋 264—347 348—419	刘宋 420—479	齐 479—502	梁 502—553	魏 504—556	周 557—580
凉山彝族自治州	会东县									
	会理县		会无县 前116置	会无县	会无县 304 徙越 巂郡治此	会无县				

隋 581—617	唐 618—713 714—891	五代 891—965	宋 965—1126 1127—1278	元 1279—1370	明 1371—1600 1601—1644	清 1644—1726 1727—1850 1851—1911	民国 1912—1938 1939—1949	今地名	位置
								会东县（鲹鱼坝）1952	H6
				会理州 1278 置	会理州 1394 后废			会东县 大桥	H6
				永昌州 1277 置	永昌州 1352 改县，1394 后废	会理州 1690 置，1728 移		会东县 苦竹坝	H6
				姜州 1278 置	姜州 1394 后废			会东县 江舟（姜州）	H6
				隆州 1280 置	隆州 后废			会理县 摩挲营	H6
	会川县 675 置，860 后没于南诏		（南诏设会川府）	武安州 会川路 1280 置州、路	会川卫 1392 置卫	会理州 1728 移来治	会理县 1913 改县	会理县	H6
				黎溪州 1272 置	黎溪州 1382 改县，1394 后废			会理县 黎溪	H5

古地名（地市/古地县）	朝代	秦 前316—前207	汉 前206—36 36—190	蜀汉 191—263	晋 264—347 348—419	刘宋 420—479	齐 479—502	梁 502—553	魏 504—556	周 557—580
凉山彝族自治州	德昌县									平乐郡
	盐源县		定筰县	定筰县	定筰县	定筰县				
	木里藏族自治县									

隋 581—617	唐 618—713 714—891	五代 891—965	宋 965—1126 1127—1278	元 1279—1370	明 1371—1600 1601—1644	清 1644—1726 1727—1850 1851—1911	民国 1912—1938 1939—1949	今地名	位置
废				昌州 德昌路 1275置州，1286置路	德昌府 1385为府，1392改昌州	德昌巡检司	德昌县 1946建县	德昌县	G6
				德州 1275设千户所，1276改德州	德州 1392改德昌守御所			德昌县 旧德州司	G6
				金县 1278为州，后降	金县 1384后废			盐源县 瓜别	G5
				闰盐县 柏兴府 1290置府和县	盐井卫 1391降州，1393改卫	盐源县 1728	盐源县	盐源县 卫城	G5
	昆明县 619置，后没入南诏							盐源县（白盐井）	G5
						木里司 1729	木里司	木里藏族自治县 1953	F4

古地名\朝代地市县	秦 前316—前207	汉 前206—36 36—190	蜀汉 191—263	晋 264—347 348—419	刘宋 420—479	齐 479—502	梁 502—553	魏 504—556	周 557—580
渡口市									
		三绛县 前116置	三绛县	废					
渡口市 米易县									
盐边县									
		大笮县							

隋 581—617	唐 618—713 714—891	五代 891—965	宋 965—1126 1127—1278	元 1279—1370	明 1371—1600 1601—1644	清 1644—1726 1727—1850 1851—1911	民国 1912—1938 1939—1949	今 地 名	位置
								渡口市 1965	H5
								渡口市 三磊子	H5
						迷易司		米易县 1951 迷易 1955 更	H6
				麻陇州 1280 置	麻陇州 1394 后废			米易县 麻陇	H6
				普济州 定昌路 1278 置路 和州，1286 州废	普济长官 司 1404 后废			米易县 普威	G6
				威龙州 1278 置	威龙长官 司 1404 改	威龙司		米易县 普威	G6
					马喇长官 司 属盐井卫	盐边厅 1900 置	盐边县 1915 置	盐边县	H5
								盐边县 鲊鱼 (赶鱼河)	H5

地市	古地县名\朝代	秦 前316—前207	汉 前206—36 36—190	蜀汉 191—263	晋 264—347 348—419	刘宋 420—479	齐 479—502	梁 502—553	魏 504—556	周 557—580
甘孜藏族自治州	雅江县									
	康定县									
	泸定县		沈黎郡		晋乐县 东晋侨置					
	道孚县									

隋 581—617	唐 618—713 714—891	五代 891—965	宋 965—1126 1127—1278	元 1279—1370	明 1371—1600 1601—1644	清 1644—1726 1727—1850 1851—1911	民国 1912—1938 1939—1949	今 地 名	位置
						河口县 1911改流为县	雅江县 1914改名	雅江县 (雅曲卡)	D4
				鱼通	达箭炉 长河西鱼通宁远宣慰司	打箭炉厅 1733	康定县 1913	康定县	D5
						金汤 (设治局)		康定县 金汤(边坝大堡子)	D6
						安良县 已定未设		康定县 阿娘坝	D5
						泸定县 1911置	泸定县	泸定县 (安乐)	E6
	大度县 677析汉源置，702省入飞越							泸定县 沈村	E6
						道坞寺	道孚县 1913改	道孚县	D5
						哈达寺	泰宁营	泰宁 (设治局) 1945置乾宁县	道孚县 乾宁	D5

187

地市	古地县名	朝代 秦 前316— 前207	汉 前206—36 36—190	蜀汉 191—263	晋 264—347 348—419	刘宋 420—479	齐 479—502	梁 502—553	魏 504—556	周 557—580
甘孜藏族自治州	石渠县									
	丹巴县									
	白玉县									
	新龙县									
	炉霍县									

隋 581—617	唐 618—713 714—891	五代 891—965	宋 965—1126 1127—1278	元 1279—1370	明 1371—1600 1601—1644	清 1644—1726 1727—1850 1851—1911	民 国 1912—1938 1939—1949	今 地 名	位置
								石渠县	A2
				朵甘思管军万户府地		朵甘卫	登科府 1909 改流	邓柯县 1913	石渠县 邓柯	B1
						石渠县 1909 改	石渠县 1913	石渠县 (色须寺)	A1
	嘉良州		嘉良州			章谷屯	丹巴县 1914 置	丹巴县	05
						白玉州 1911	白玉县 1913 降	白玉县	C2
						臧都设治委员		白玉县 章都 (臧都)	C3
						(瞻对)	瞻化县	新龙县 (雅砻) 1952	D4
					章谷寺	炉霍屯 1904 置屯	炉霍县 1912 改县	炉霍县 (章古)	C4

朝代 古地县名 地市		秦 前316— 前207	汉 前206—36 36—190	蜀汉 191—263	晋 264—347 348—419	刘宋 420—479	齐 479—502	梁 502—553	魏 504—556	周 557—580
甘孜藏族自治州	甘孜县									
	色达县									
	乡城县									
	得荣县									
	理塘县									
	稻城县									
	巴塘县									

隋 581—617	唐 618—713 714—891	五 代 891—965	宋 965—1126 1127—1278	元 1279—1370	明 1371—1600 1601—1644	清 1644—1726 1727—1850 1851—1911	民 国 1912—1938 1939—1949	今 地 名	位置
				奔不思招讨司地	甘孜寺霍尔部驻牧地	麻书汛 1909改院	甘孜县 1913置	甘孜县	C3
								色达县 1955	B4
						定乡县 1908改流为县	定乡县	乡城县 1951	F3
						得荣县 1911	得荣县	得荣县	F3
				李唐	李唐部	理化厅 1908改流为厅	理化县 1914改	理塘县 1951	E4
						稻城县 1911	稻城县	稻城县	E4
					巴塘部	巴安县 巴安府 1906改县，1908置府	巴安县	巴塘县 1950	D3
						大朔塘	义敦县 1937	巴塘县 义敦	E3

地市	古地县名	秦 前316—前207	汉 前206—36 36—190	蜀汉 191—263	晋 264—347 348—419	刘宋 420—479	齐 479—502	梁 502—553	魏 504—556	周 557—580
甘孜藏族自治州	九龙县									
	德格县									

隋 581—617	唐 618—713 714—891	五代 891—965	宋 965—1126 1127—1278	元 1279—1370	明 1371—1600 1601—1644	清 1644—1726 1727—1850 1851—1911	民　国 1912—1938 1939—1949	今 地 名	位置
							九龙县 1926	九龙县	F5
						德化州 1909 改流	德格县 1913 改	德格县 （更庆）	C2

朝代 古地名 地市		秦 前316— 前207	汉 前206—36 36—190	蜀汉 191—263	晋 264—347 348—419	刘宋 420—479	齐 479—502	梁 502—553	魏 504—556	周 557—580
阿坝藏族自治州	马尔康县									
	壤塘县									
	阿坝县									
	若尔盖县									
	红原县									
	南坪县								尚安县	尚安县 邓宁郡

隋 581—617	唐 618—713 714—891	五代 891—965	宋 965—1126 1127—1278	元 1279—1370	明 1371—1600 1601—1644	清 1644—1726 1727—1850 1851—1911	民 国 1912—1938 1939—1949	今 地 名	位置
								马尔康县 1955 建县	C6
						马尔康寺		马尔康县 四土（党坝、松冈、梭磨、卓克基）	C6
								壤塘县 1958 建县	B5
	吐蕃垦场					阿坝土官		阿坝县 1953 建县	B5
					作革土司部	作革寺		若尔盖县 1953 建县	A6
								红原县 1959 建县	B6
	和集县 恭州 736 置							红原县 刷经寺附近	C6
尚安县 扶州·同昌郡	同昌县· 万全县 扶州·同昌郡	扶州 废入文州			南坪	南坪县 （分县）	南坪	南坪县 1953 建县	A8

地市	古地县名	秦 前316—前207	汉 前206—36 36—190	蜀汉 191—263	晋 264—347 348—419	刘宋 420—479	齐 479—502	梁 502—553	魏 504—556	周 557—580
阿坝藏族自治州	松潘县								甘松县 甘松郡 属登州	嘉诚县 扶州·龙固郡
										交川县 566后置
										江源县 566后置
										平康县
										广平县 荣乡郡 567置县，寻废
										通轨县 覃州·覃川郡

隋 581—617	唐 618—713 714—891	五代 891—965	宋 965—1126 1127—1278	元 1279—1370	明 1371—1600 1601—1644	清 1644—1726 1727—1850 1851—1911	民国 1912—1938 1939—1949	今地名	位置
嘉诚县 583废郡								松潘县 黄龙寺	B7
	嘉诚县 松州 618置	嘉诚县 松州	荒	松潘叠威茂等处军民安抚司	松潘卫 1379置松州卫，1387改司，1563为松潘卫	松潘厅 1731改卫	松潘县 1914改县	松潘县	B7
交川县	交川县 唐末废							松潘县 归化关	B7
江源县	省入交川							松潘县 安顺关附近	B7
平康县	平康县 唐末荒							松潘县 沟口寨附近	B7
	峨和县 752置							松潘县 镇坪	B7
	利和县 657置			潘州	潘州卫 1379置，后并入松潘卫			松潘县 下包座	A7
通轨县 581郡废	通轨县 当州 628置县，647置州							松潘县 上包座	A7

197

古地名 \ 朝代 \ 地市县	秦 前316—前207	汉 前206—36 36—190	蜀汉 191—263	晋 264—347 348—419	刘宋 420—479	齐 479—502	梁 502—553	魏 504—556	周 557—580
阿坝藏族自治州	茂汶县								龙求县 清江郡
		蚕陵县 莽曰步昌 前116后开	蚕陵县	蚕陵县 东晋废		甘松僚郡 寻废	铁州 寻废		翼针县 翼州·翼针郡
		绵虒县 汶山郡 前111置县，前107置郡，前67罢郡，后汉改名绵虒道	绵虒道 汶山郡 刘备复立郡	广阳县 280改县名，后荒废，成汉仍置县，后又废	荒废	北部都尉	广阳县 绳州·北部郡 522复置	广阳县 绳州·北部郡	广阳县
	汶川县	汶江县 前111置县，后汉改汶江道	汶山县	汶山县	荒废		汶山县 汶山郡	汶川县 汶州·汶川郡	汶川县 汶州·汶川郡
	理县								

隋 581—617	唐 618—713 714—891	五代 891—965	宋 965—1126 1127—1278	元 1279—1370	明 1371—1600 1601—1644	清 1644—1726 1727—1850 1851—1911	民国 1912—1938 1939—1949	今地名	位置
清江县 583改县名清江,寻罢郡,598又改县名翼水	翼水县							苣藒堡	B7
翼斜县 607省州郡,以翼针为翼斜县	卫山县 翼州 618复置州,742改县名							茂汶县 叠溪	B7
汶山县 会州·汶山郡 601改	汶山县 茂州	汶山县 茂州·通化郡	汶山县 茂州	汶山县 茂州	茂州 1481兼置茂州卫,省县	茂州	茂县 1913改县	茂汶县	C7
汶山县 583罢郡	汶川县	汶川县	汶川县 1076置威戎军,1131复为县	汶川县	汶川县 威州 1432后徙州于此,县徙	威州分县 (保县)		汶川县 (威州) 1958—1962 为茂汶县	C7
					汶川县 1432徙此	汶川县	汶川县	绵虒 (老汶川)	C7
	薛城县 624置县,627废	保中县 维州 912改名,徙州治于此	保宁县 维州 1006曰威州	威州 1282省县入州	保县 威州 1373置州为州治,1432徙州	理番厅 1753置	理番	理县 薛城	C7
金川县·通化县 586置金川县,598改名通化	通化县	通化县	通化县 1023改名途川县,1037复名	通化县	1371省			理县 古城	C7
			通化军 1068后置军,1121省入威州为监					理县 通化	C7

朝代 古地县名 地市	秦 前316— 前207	汉 前206—36 36—190	蜀汉 191—263	晋 264—347 348—419	刘宋 420—479	齐 479—502	梁 502—553	魏 504—556	周 557—580
阿坝藏族自治州	理县		广柔县	广柔县	广柔县 307后荒					
	黑水县				升迁县 西晋置					广年县 广年郡· 左封郡

隋 581—617	唐 618—713 714—891	五代 891—965	宋 965—1126 1127—1278	元 1279—1370	明 1371—1600 1601—1644	清 1644—1726 1727—1850 1851—1911	民国 1912—1938 1939—1949	今地名	位置
	维州 624置， 742改维川郡，758复州，849改霸州	霸州	霸州		杂谷按抚司 1407置			理县 危关	C7
	金川县 624置县， 671改小封，686没于吐蕃							理县 （杂谷脑） 附近	C7
	定廉县 奉州 624置县， 740置州， 742改郡， 749郡徙县废							理县 米亚罗附近	C6
	保州 740置州， 749改天保郡，758仍曰保州	保州	春祺县 祺州 1114改置， 1119废					理县 孟董沟	C7
								黑水县 （芦花城） 1952设行政委员会 1954建县	B7
	番唐县 静州 657置， 689徙， 690置静州于此	静州						黑水县 芦花城附近	B7
左封县 581废郡，601改县名	左封郡 悉州 670徙悉州来治							黑水县 色尔古	B7
	柘县 柘州 677置							黑水县 打鼓	B7

朝代古地县名 \ 地市	秦 前316—前207	汉 前206—36 36—190	蜀汉 191—263	晋 264—347 348—419	刘宋 420—479	齐 479—502	梁 502—553	魏 504—556	周 557—580
阿坝藏族自治州 黑水县									
金川县									
小金县									

隋 581—617	唐 618—713 714—891	五代 891—965	宋 965—1126 1127—1278	元 1279—1370	明 1371—1600 1601—1644	清 1644—1726 1727—1850 1851—1911	民国 1912—1938 1939—1949	今地名	位置
	真符县 真州 758置州							黑水县 龙坪克叶 附近	C7
						阿尔古厅 1776设厅，1779并入懋功厅，改名绥靖屯	靖化县 民初改县	金川县 1953改名大金县，1980改金川	C5
						绰斯甲部 （土司）	绰斯 （设治局）	金川县 绰斯甲	C5
						懋功厅 1776设美诺厅，1779改名	懋功县 1914改县	小金县 1956改名	D6

附录二：关于编绘四川州县建置沿革图表的说明

一、德阳、绵竹两县在南北朝时的建置沿革考

这是一个情形复杂，异说纷庞，旧资料遗存问题极多，对古今地名位置全未得到适当解决，必须重新考订的最突出的例子。《绵州志》和绵竹、德阳两县志、两乡土志，虽有"沿革"和"古迹"，却都未能作出任何正确的判断。这几部清代修成的方志，有三个共同的缺点：（1）沿革只依据《大清一统志》，未博考其他古地理书。（2）未曾弄清地方历史的发展过程，不能把历史资料与地理情况有机结合。（3）古迹未经实地采访，也未核对过原始资料。这是他们不能作出正确判断的原因。

我们首先发觉，《一统志》关于这方面的沿革断案是错误的。它把汉置的德阳县（在今潼南县界）与唐、宋以来的德阳县（今德阳县）混搅为一，又把两汉的广汉郡与蜀汉的东、西广汉郡，西晋的新都、广汉两郡和宋、齐的广汉、遂宁两郡分不清楚；所以它的说法根本不可沿用。尤其是在自晋迄隋的四百年间，绵阳地区长期陷于动荡不安之中，暂置复废的侨郡县很多，在文献记录残缺和谬乱的情况下，不只《一统志》无足依据，即如其他著名古籍的记载，也非经过精细分析，谨慎抉择，是不可能得出正确论断来的。这段时间的正史，如《三国志》、《梁书》、《北周书》皆无地理志，《晋书·地理志》对永嘉以后的建置，仅寥寥短语，挂漏溷溷之处甚多。《魏书·地形志》全缺巴蜀部分。惟《宋书·州郡志》和《隋书·地理志》记载最详，取材最博，参考价值最大。《南齐书·州郡志》（简称《南齐志》）文虽简略，却是依据当时版籍写成，是《宋志》最好的补充资料。唐以后的著作，《元和郡县志》是最好的，但已残缺，且引书也往往有脱误处。《旧唐书·地理志》（简称《旧唐志》）和《太平寰宇记》虽皆号称芜杂，多有讹谬，但它们引据了许多今日已经亡佚的古地理书，如梁人的《益州记》、《周地图记》和唐人的《四夷地道记》等，皆是具有地理实践的宝贵资料。我们把这些书籍里关于这一地区的资料辑录出来，结合

这一地区的地理情形，比较分析，得出四百年中这一地区的历史发展过程有如下几个特点：

第一，汉绵竹县辖境很宽，包括今天的德阳、绵竹两县。东跨鹿头关，是川东北一个兵要重地，属广汉郡，郡都尉常驻此地，并曾作过益州牧的驻扎地点。

第二，因为它是兵冲要地，所以兵燹频仍，差徭繁重。到西晋末年，人民流亡大半，地方抛荒，绵竹故城也骤然荒凉下来，以至县治都搬迁到别处去了。

第三，四世纪是中国人民大迁徙的年代，关陇流民入蜀和川东北流民徙近成都的，经过此处，大都留居下来。故在晋、宋、齐、梁之间，先后建立侨郡、侨县很多。但这些流民户口，流动性很大，每当受到军队或官府的压迫，不能反抗时，便又向别处搬迁走了。故前后所立侨郡县的时间都很短。郡县治所，也常在相当偏僻的地方。

第四，经过梁、魏兵乱之后，到北周年代，这一地区开始安静下来。但郡县沿革已纷乱不堪，没有人能够全面系统地掌握资料加以整理了。周、隋两代屡次调整郡县，改划县界，迁移治所，往往使用旧县名称，辖境却非旧县故地，从而更增加了考订沿革工作的麻烦。

第五，从唐武德三年分置德阳县起，历五代、宋、元、明、清迄于现在，绵竹、德阳两县治所和境域大体固定。

以下分段说明这四百年中绵竹、德阳两县建置沿革变化和历史发展的过程：

汉代的绵竹县城，在今德阳县北三十余里的黄浒镇（一般呼为黄许镇）。《元和志》卷三十一《绵竹县》云："绵竹故城，在县东五十里，诸葛瞻于此战败。"《寰宇记》卷七十三《德阳县》云："绵竹县故城，在县北三十五里。李膺《益州记》云：'石子城二十里即故绵竹县城，诸葛瞻埋人脚战处也。'"唐宋的绵竹、德阳两县治和县境，皆约与今相同，参合两书道里，正当是黄浒镇。《元和志》又云："绵竹县，本汉旧县也。""德阳县，本汉绵竹县地。"足见汉绵竹县地包括今绵竹、德阳两县，面积约近一千四百平方公里（按今县推算）。它有百分之八十地面皆属平原沃野，绵、雒二水自流灌溉之区，百分之二十为山地，富有山林竹木、药材和矿产。县城当蜀郡与汉中、关陇交通的冲途，近鹿头关，与白马关（今属德阳市罗江镇）对立，历为川西平原最后一道兵防要地。这一地理特点，决定了这一地区的历史命运是：承平年代，则不但地主豪门、挟资趋利的人都愿搬来居住，劳动人民也愿来此就业，地方极其繁荣；战乱年代，则遭受徭役频繁和劫掠不止的痛苦，人民不得安居，次第逃徙，地方渐就荒凉。这是这一地区历史发展的规律，也是帮助解决建置沿革问题的重要依据。

蜀汉时，分绵竹县置阳泉县。其唯一依据在《宋书》："阳泉令，蜀分绵竹立。"这一阳泉县，历晋、宋、齐、梁、魏、周六代皆存在着。隋代才把它并入雒县去了（《隋志·绵竹县》说"后周……废晋熙入阳泉"。但《隋志》无阳泉县）。它的治所究在今日何处，明以前的地理书都未说到。《读史方舆纪要》说它在绵竹县北，《一统志》说它在德阳县西，《绵州志》与《绵竹县志》并同。《德阳乡土志》说"在县西四十里孝泉场"。今按：《宋志》、《齐志》阳泉与雒县、新都、五城同属广汉郡，绵竹与它所设立的侨县皆别自为郡，足见阳泉不当在今绵竹县的北方。孝泉在德阳县西，是姜诗故里，历代皆为重镇，屡见于古地理书（旧称姜诗镇，北宋时改称孝泉镇）。阳泉县置县三百余年，史志罕见记述，足见其县小地僻，断不会在孝泉镇。旧史有关阳泉县的唯一史料是司马飞龙起义一事。原出《宋书》卷四十五《刘粹传》（《南史》卷十七，《通鉴》卷一二二至一二三皆因以叙述），原文说：

粹弟道济……迁振武将军、益州刺史。长史费谦、别驾张熙、参军杨德年等并聚敛兴利，而道济委任之。伤政害民，民皆怨毒。……有司马飞龙者，自称晋之宗室，晋末走仇池（《通鉴》云："流民许穆之，变姓名称司马飞龙，自云晋室近亲，往依武都氐王杨难当。"盖参用《宋书》卷九十八《氐胡传》文所补）。元嘉九年，闻道济绥抚失和，遂自仇池入绵竹，崩动群小，得千余人。破巴兴县，杀令王贞之。进攻阴平。阴平太守沈法兴焚城遁走。道济遣军击飞龙，斩之。……五城人帛氏奴、梁显……及赵广等……诈言司马殿下犹在阳泉山中，若能共建大事，则功名可立。……众既杂乱，因相率从之。得数千人，复向广汉。……巴西、梓潼二郡太守王怀业……及司马南汉中太守韦处伯并弃城走。涪陵太守阮惠，江阳太守杜玄起，遂宁太守冯迁，闻涪城不守，并委郡出奔。蜀土侨旧翕然并反。……道济婴城自守。赵广本以谲诈聚兵，顿兵（成都）城下，不见飞龙，各欲分散。广惧，乃将三千人及羽仪，诈其众云迎飞龙。至阳泉寺中，谓道人程道养曰，但自言是飞龙……号为蜀王、车骑大将军、益梁二州牧。建号泰始元年，备置百官。……奉道养还成都，众十余万，四面围城。……广等并奔散，涪、蜀皆平。俄而张寻攻破阴平，复与道养合。……九月，益州刺史甄法崇至成都，诛费谦之。道济丧及（裴）方明等并东反。道养领二千余家逃于郪山。其余群贼亦各拥户藏窜，出为盗寇不绝。……十四年四月，赵广、张寻、梁显各率部曲归降。伪辅国将军王道恩斩道养，送首。余党悉平。

这里说的阳泉山，指的是德阳东山，北连鹿头关，今世称为鹿头山脉。南连金堂峡，今称金堂山脉，为郫县的西界，故又称郫山。中段当五城县（今中江县）与德阳八角井之间，即阳泉山了。山中有石泉寺（今属中江县），即《宋书》说的阳泉寺。其地东至中江六十里，北至黄浒八十里，西北距八角井六十里，正西经连山镇至广汉七十里，西南至赵家渡五十里。山路险窄，在当时为僻地，惟以泉甘著名。以此推测，阳泉县治当去阳泉寺不远。寺在山中，应非设治之地。蜀汉时，其东既已有五城县，北有绵竹县，只西南的赵家渡、连山镇或八角井有设立县治的可能。赵家渡当时隶属新都县。连山镇历来隶属广汉县，皆汉雒县地。只八角井历来隶属德阳县，正是汉绵竹县地。故可以设想蜀汉所立的阳泉县治在八角井。其辖境包有今德阳县的西南部，与中江县石泉寺一带山地（也可能包有连山镇，但不可能以连山镇为县治，因为太偏在南界了）。有人说：唐因阳泉旧境置德阳县，即以阳泉故城为治所。这是难于说通的。因为今德阳城去黄浒只三十里，太近了，蜀汉时不会在三十里内设立两县。八角井距黄浒五十里，比较合理些。用砖甃成八角八面的水井，是封建达官园庭所有的建筑。由于"八角井"三字，也可猜测这里曾经作过县城。

分立阳泉县以后的绵竹县治，仍在今黄浒镇，辖境仍然很宽，大概自今德阳县城和孝泉镇以北的绵竹、德阳县境皆是。西晋末年，此县成为关陇流民居留的中心地区。今黄浒镇北四十里的略坪场，当时叫作赤祖，是关陇流民领袖李特弟兄、戚族聚居的大本营（其说另详拙著《华阳国志校补图注》）。

他们与益州刺史罗尚所代表的封建地主集团发生武装冲突，在这川西平原里苦战连年（302—306）。当李特败死，李流还保赤祖，受到罗尚和荆州来的晋军夹攻时，流民内部的药绅、杜阿、苻成、隗伯、石定等都叛附罗尚了。绵竹县城原是李家军掌握着的，此时亦叛附罗尚。但就在这一年内（303），李家军镇压了内部叛乱，击退荆州军，反攻罗尚，并把他逐出成都，占领了整个川西平原。当罗尚从绵竹退军时，绵竹城内背叛李家军的官吏和绅民，不得不随军撤走，逃至罗尚军力尚能保护的地方侨立县治。现在的绵竹县治，可能就是那时罗尚指定的新治所。但为时甚短，约莫一旬半月，即随罗尚兵败而溃散消失了。李雄据蜀称帝后，晋人的史记再未见有说到绵竹二字的。可以设想：李雄时的绵竹县治设在赤祖，东晋和宋、齐的绵竹县治，也可能都在赤祖。大约在梁代曾经迁还故治，但那时绵竹县地荒民少，县治仍是荒凉的。

晋、宋、齐、梁的绵竹县境，除了县治北徙外，还有更大一个特点是：先后建立了许多的侨郡和侨县。按《宋书·州郡志》所载，当时建立在绵竹县境的侨郡县有下列这些：

(1) 晋熙郡与所领的晋熙、苌阳两县。皆"晋安帝时立"，"户七百八十五，口三千九百二十五"，管"秦州流民"。说明它们原是侨置的郡县。

(2) 南汉中郡与所领的南长乐、南郑、南苞中、南沔阳、南城固五县。"户一千八十四，口五千二百四十六"。它引《晋地记》说，"孝武太元十五年梁州刺史周瓊表立"。又引徐爰撰的《国史州郡志》："北汉中民流寓，孝武大明三年立。"又引《晋起居注》说："本属梁州，元嘉十六年度。"太元是晋孝武帝的年号，十五年为公元390年。大明是宋孝武帝的年号，三年为公元459年。综合这些资料看来，当符秦侵扰汉中的时候，汉中五县民流入蜀地者多。那时自绵竹以东的各县属梓潼郡，隶梁州。这五县流民还居留在梓潼郡界，故由梁州刺史表请设立郡县。元嘉十六年，为公元439年，正是镇压司马飞龙军事结束之后，才由梁州度入益州来。《徐志》说"大明三年立"，显然是这郡曾经废过，到459年又才复立为郡，这时距南齐开国已不远了。《南齐志》却没有南汉中郡，只南阴平郡所领四县中有南郑、南长乐。显然是把南汉中郡废除，把它残存的两个属县合并到南阴平郡去了。从而可以推想"大明三年复立"的南汉中郡，只辖有南郑、南长乐两县，其余三县，大概是因为所辖流民参加了司马飞龙起义，事败逃散而废弃了的。即如南郑、南长乐两县的人，亦不免有参加起义的，不过还有一部分封建豪门站在政府军这面，所以还把侨县保存下来，并且准其仍为一郡。宋代虽曾厉行土断，但益州地区都未曾贯彻下来。这些郡县，在宋、齐时仍只是侨郡、侨县。

(3) 南阴平郡与所领的阴平、绵竹两县。"户一千二百四十，口七千五百九十七。"这绵竹县下有注云："汉旧"，当然指的迁治后的绵竹县，是这地区唯一的旧县。这时的绵竹县，已不是汉、晋间那样的繁荣冲要，由于户口零落，下降到比个别侨县都不如的地步去了。这时南阴平太守"寄治苌阳"，说明宋代的晋熙郡已经成了旧绵竹县境内的行政主体，它代替了西晋年代绵竹县的地位。还当分析到的，是《宋志》在这一条里，特加小注"阴平郡别见"和阴平令"别见"两句。又说"永嘉流寓来属"，并且排叙在晋熙郡前的实郡中间。这说明：南阴平侨郡是西晋就已建立起来的，最晚也当是东晋桓温平蜀（347）后就已建立的。那时还没有晋熙郡和苌阳县，郡治不当是"寄治苌阳"，可能是寄治绵竹的。迨晋安帝时，全区重心移到晋熙郡后，它才转为寄治苌阳的。可见晋、宋间的苌阳、阴平和汉旧的绵竹县治相距不远，那时绵竹自然衰落了，阴平也未繁荣起来，只有晋熙、苌阳两处是最繁荣的。这些历史情况的探索，对考订各县治位置很有关系。

（4）武都郡与所领的武都、下辨、汉阳、略阳、安定五县。"户九百八十二，口四千四百一"。《宋志》引《徐志》说："本属秦州，流寓立。"又说："《永初郡国》、《何志》益州并无此郡。"这里所说的《永初郡国》，指刘宋开国时（420）编制的州郡版籍；《何志》，指何承天元嘉十六年（439）所撰的《国史州郡志》；《徐志》，指徐爰大明六年所撰的《国史州郡志》。武都郡本属秦州，永嘉乱后，仇池杨氏据有其地。晋末，首领杨定"善待士，为流、旧所怀"（《宋书》卷九十八。流指汉民，旧指氐、羌）。到元嘉初年，杨难当立，夺取汉中，与宋争战，自然会有一批武都的汉人不愿受他管治，流迁入蜀，在蜀地另立武都郡。到司马飞龙从武都入蜀起义时，这一武都郡的侨民，自必首先响应他（《通鉴》："蜀土侨、旧俱反。"这里，侨指流民，旧指蜀人）。飞龙失败后，这一武都侨郡不会继续设置，是可以理解的。故永初年间并无此郡，元嘉十六年也无此郡。《徐志》也只能提出它是秦州流民设立的历史。换言之：它只在元嘉初年才有。

以上，仅就刘宋一代之说，建立在旧绵竹县境内的郡县，就有四郡十四县，四千零九十一户，二万一千一百六十九口之多。同时，相邻的广汉郡包括雒、什邡、新都、阳泉、郪和伍城六县，才四千五百八十六户，二万七千一百四十九口；梓潼郡包括涪、梓潼、西浦、万安四县，才三千三十四户，二万一千九百七十六口；从故广汉郡分出的遂宁郡，包括巴兴、德阳、广汉、晋兴四县（皆在今遂宁、潼南、射洪、蓬溪四县界内），才三千三百二十户（无口数）。这是否由于我们把这四郡十四县中的某些郡县错误地估定在故绵竹县境内了呢？关于这点，我们已曾详细审核、考订，肯定各郡所在位置都在故绵竹县境。考订依据，后将分别详述。这里只论述这一地区的历史发展过程。

必须再一次提起，宋初的绵竹县，由于户口衰落，已经由汉代头等大县的地位，下降到比不上一个侨县的地位去了。但它旧境内的平原沃野、自流灌溉、山林竹木、地下蕴藏等各项自然资源的优越条件并未改变，只不过因兵燹频仍，旧民逃徙，暂时荒着。这些荒地具有绝大的吸引外来流民留住的力量。在晋末宋初年代，蜀地曾经暂时安静了十八年（自义熙十年至元嘉九年）。那时黄河流域混乱，汉民陆续经过汉中地区流入蜀地者很多。同时巴西、遂宁、犍为、江阳等郡，也因僚民与汉民冲突剧烈，民众向蜀界流徙别立侨县者亦不少。当时侨民的分野，大体有这样一个规律：江阳、犍为两郡的流民向武阳县（最接近蜀郡的一县）集中，遂宁郡人向郪、伍城两县（属广汉郡，接近梓潼郡）集中，巴西流民则向梓潼郡迁移。而蜀郡和广汉郡的川西平原地区，则是拒绝流民迁入的（犍为、江阳、遂宁三郡流民只能集中在武阳、伍城等县，主要原因在此)。雒县东北的雒水(石亭江)这条河，成了当时堵截流民迁入的防线。而巴西流民迁入梓潼的，仍未免有些恋土，进行得很慢，由梓潼的东南各县逐步向北各县蠕动，逐处停留下来，到刘宋初年，大都已在涪、西浦、江油等县地界定居下来了(主要是在今安县和江油地界)。巴西和梓潼在晋代原都是梁州的属郡，这里的流民，有梁州刺史拊循，故迁流仍在梁州界内，未入益州界的绵竹县。只有关陇和中原来的流民，他们一心想奔蜀地，大都是径直闯过鹿头关进入川西平原；当其被拒在雒水以外的时候，只好留住在绵竹县界了。换句话说，荒旷了的绵竹县，是晋、宋之间蜀郡和广汉郡的地主政权决定用来容留关陇流民的唯一县份。所以宋元嘉前此县境内，会有这许多的侨郡县和侨民。

土断政策，创于桓温，到了刘裕执政才得贯彻执行。刘裕是晋末的权臣，宋代的开国皇帝，可知晋、宋间的巴蜀，也是曾经一度厉行土断的。侨民在土断后，居住要固定，土地要纳赋，成丁要充役，工商要纳税，再也不能像侨县时代的仅仅纳点口赋养活自己推出的官吏便可以了。尤其是在这绵竹旧界内紧密聚居的侨县人民，更会感到土断的痛苦，这乃是司马飞龙起兵时这一地区侨民首先响应，并为之支持到底的一个原因。乱事平定后，这一地区的侨民大大减少，郡县有了新的调整。新调整的郡县，另在《南齐志》里反映出来。

《南齐志》与《宋志》核对，益州的广汉郡所辖六县全同，没有了晋熙、南汉中、武都三郡与其许多的属县。只有南阴平郡仍在，所领有"阴平、绵竹、南郑、南长乐"四县，显然是已把南汉中郡并入南阴平郡了。另外又新增了南新巴郡，所属有"新巴、晋熙、桓陵"三县，乃晋安帝时因巴西流民立。而益州有南新巴郡，领新巴、晋城、晋安、汉昌、桓陵、绥归六县，引《起居注》云"新巴民流寓。文帝元嘉十二年，于剑南立"。这里说的剑南，指剑门关的南面，本旧梓潼郡地，晋属梁州。刘宋已把梓潼郡和剑门关划归益州了。故刘宋的南新巴郡虽属益州，实在剑门附近，不在绵竹县界。南齐的南新巴郡比《宋志》少了四县，又多了晋熙一县。这显然是：原在剑门附近的南新巴郡侨民此时已大部流散了，只新巴、桓陵两县侨民有迁流到绵竹县界来的，仍称南新巴郡。益州政府因其侨民太少，又把晋熙旧县配给它，凑成一郡。这时不但晋熙郡与戋阳县都已荒废了，剩下的一个晋熙县，亦因户口凋零不能成为郡治。《齐志》于南新巴郡下有条小注："《永元志》，寄治阴平。"这里说的阴平，便是南阴平郡所治的阴平县(今为兴隆桥)。即是说南齐时的绵竹故县境内，只有南阴平和南新巴两郡，郡治皆在阴平县。这时的阴平县成了汉旧绵竹县境内唯一繁庶之地。南阴平郡代替了晋熙郡取得这一地区的政治中心地位。

南阴平郡在梁代仍很繁荣，西魏取蜀后乃渐衰落；周代，郡废为南阴平县；隋代又废县为南阴平乡。于时晋熙故城又复繁荣起来，再度成为汉旧绵竹县境的政治中心。这些发展变化，由《隋书·地理志》反映出来，当在下文详述。这里且先把《宋志》、《齐志》里的这四个新郡与其属县的位置考订出来。

晋、宋、齐、梁的晋熙郡和晋熙县治，在今绵竹县城的位置。其理由为：（1）唐、宋以来的绵竹县治没有移动过，而《隋志》说：绵竹县"旧置晋熙郡"。（2）《一统志》和《绵州志》等书亦都如此肯定。（3）如此拟定，对南北朝几百年中这一地区的历史记录和地理形势，都说得通。

宋、齐、梁、魏、周的南阴平郡和阴平县治，《方舆纪要》说：在德阳县西南。《清一统志》说：在德阳县西北，引《寰宇记》云："德阳县北厚（浮）中山有南阴平乡，即故郡也。"《德阳乡土志》说："在县北六十里兴隆桥"，未曾说出它的依据。今按：《德阳乡土志》所指是正确的。《寰宇记》卷七十三《德阳县》："浮中山，在县北三十里。《益州记》云：南阴平乡东南有浮中山，每芳春，游人登赏，谓之迎春岗，四面断绝。"这里说的《益州记》，指梁代涪县人李膺所撰的《益州记》。《一统志》说："梁李膺墓在绵州西南四十里。"他以这一地区的人，述这一地区的事，委琐曲尽，及于岁时游赏，从而把南阴平郡的位置和当时一方盛况反映出来，是一条宝贵的资料。惜后人传抄，颇有删窜，《乐史》便是依照删窜本抄录的。如：这条的"南阴平乡"，显然原书是"南阴平郡"，缘隋、唐人传抄改为"乡"字。李膺时，这里原是郡治，不是乡。又如："在县北三十里"，原书当是"在绵竹故县北三十里"，或原系在梁代的绵竹县下。那时绵竹县已迁回汉绵竹故城，即今黄浒镇，北距浮中山才是三十里。若如《乐史》所抄，系在德阳县下，那就该是六十里，不当说三十里了。况且李膺时并无德阳县，只是绵竹县，如何可以把李膺记的"县北三十里"说成是德阳"县北三十里"呢？《乐史》错了，《方舆纪要》、《一统志》和《四川通志》等书也跟着错了。此其一。浮中山的特征是："四面断绝"。按这一特征去找，便可在兴隆桥东的绵水分流复合之间，找出几座山来。如浮山、天台山，都是四围绝壁，江水包绕，如像浮于水面的山阜。所以叫作浮山，或浮中山，是可以理解的。这些山下，在冬春水枯之际，常有三面变成陆田，随处可以攀登。山不甚高，顶上宽平，芳草绿荫，足资游赏。远眺空明，四无障碍。在郡城繁荣的承平年代，士女登临赏春成为盛会。世乱之际，又可结寨自保。因而驰名远近，被李膺收入著作。记述真实，至今犹可按验。故《德阳乡土志》作者，虽不必博考群书，但凭实践，亦可作此判断。《方舆纪要》、《一统志》、《四川通志》、《绵州志》、《绵竹县志》等作者，由于无地理实践，反复考订而终不能确定何地，反有"扣槃扪烛之误"。此其二。有人说：南阴平县既在浮中山下，划定为兴隆桥东八九里的绵水沿岸，如坛坛窖等处更合，不当在兴隆桥。这也是似是而非之说。考兴隆桥，即《九域志》的石碑镇。《九域志·绵竹县》有"一十七乡，石碑、新巴、孝泉、高平、普润五镇"。德阳县有"一十三乡，柏社、略坪、灵龛三镇。有浮中山，绵水"。按唐宋建制规律，乡聚人口多者，设尉治之，特称曰镇，以别于乡。废县故址，往往为镇，镇亦往往发展为县。《一统志》说："在绵竹县东三十里。"（《方舆纪要》说在绵竹县北，非是。）与兴隆桥道里、方位并合。可以设想：南阴平故治，在隋、唐时，因兵燹衰落，由郡下降为县，又由县下降为乡。入赵宋后，承平日多，商贾复集，户口转盛，复升为镇。缘有旧碑，呼为石碑镇。到元丰时，已成绵竹首镇。可见这里的地理条件，在社会发展的一定阶段里，易于发展成为都邑。齐、梁时的郡治在此，具有一定的理由。不必一定要在浮中山下的绵水沿岸。

刘宋晋熙郡所属的苌阳县，曾为南阴平郡所寄治，足见其地在晋熙县与阴平县之间，不出今日孝泉和柏社两镇之间，柏社镇尤为适合。因为孝泉镇在汉、魏为绳乡（乘乡、沈乡各书用字不同，实为一地），属雒县。晋、宋间尚未改变，不会成为晋熙郡地。《方舆纪要》和《一统志》都说苌阳故城在德阳县西北，未能确指何地。今便有理由肯定它是在德阳县西北五十里的柏社镇了。

宋、齐的绵竹县治是否仍在略坪（晋时，肯定在略坪），这是无书可证的。我们推测：既然兴隆桥已经成为实郡实县的治所了，略坪在它东面不到二十里（今人一般说是十五里），不会仍是县治。《益州记》说浮中山"在县北三十里"，这个县治显然指的是绵竹故城（黄浒）。即是说，梁时黄浒镇已经复为县治了。这个县，当然是绵竹县，即是说梁时的绵竹县已经迁回黄浒镇的汉、魏故治了。但这不等于说宋、齐时就已经迁回黄浒。因为宋时的苌阳县治与阴平县治的距离还不到十里（今人一般说柏社到兴隆只八里），则相去十五里以上的略坪设有县治亦不足怪。这乃是流民新集，垦地相依，户口分布疏密悬绝时期的一般现象。因此，可以推想宋、齐时，或单只宋时，绵竹县治仍在略坪。梁代，则在黄浒。直到隋代，才移并于晋熙的。

刘宋的南汉中郡侨置何处，曾否土断成为实郡？这问题亦是任何古籍未说到的。由《南齐志》的南郑、南长乐二县隶属南阴平郡，可见其地全在今德阳县城以北。因此可以估定晋、宋的南汉中郡治在黄浒镇，并曾推行土断，省并五县为南郑、南长乐两县。南郑是郡治，同在黄浒。南长乐亦当在其附近不远，如新场、杨嘉场或肖家场这些地面，但也难定，只好不作断案。这两县的人都因参加司马飞龙起兵失败流散，置县时短，没有深入详考的价值。

至于武都郡和它所属的五县，在刘宋年代，仅仅是暂立的侨郡县，为时又很短，便因叛乱流散了。但后来复置的南武都县，却是实县，故应当详作考订。考武都郡原属秦州，在嘉陵江上游地区，山谷高寒，很少平地。其人民习于山居，长于狩猎和矿冶，故流寓入蜀后，不乐于在平原开垦，而乐于依山聚处，从事多种产业经营的生活。而且因为入蜀较晚，平原已经容纳不下了。元、明以来的地理书，都说"南武都废县在绵竹县西北"。并说县西北的武都山便是故治。虽然唐、宋及其以前的地理书并无此说，也是值得遵信的。绵竹西北角全是山地，所谓武都山，今天已经没有人能指得出究竟是那座山了。《一统志》引《旧志》说："在县北二十里，与紫岩山相接。"又说："《明统志》有秦中山，亦在县北二十里。"按今天的地图，所谓"县北二十里"应该指的是遵道场。遵道场位于龙蟒河（射水河）出山的水口外，为平原与山区交界处。自此而北，山崖突起亘数百里。崖顶山地比较宽平，可以耕牧，号为伏虎坪，北连红崖坪，皆饶竹木、茶、漆和煤、铁等矿产。有伏虎关，下临深谷，谷中有河口场（绵竹北三十里），路通茂汶县。疑所谓武都山，即今之伏虎坪。虎、武二字，在唐、宋两代是通用的。又疑：宋时的武都郡治即在伏虎关的位置，它所属的五县侨民，则散居在伏虎坪、红崖坪、河口场与河口场东北的跑马岭、何家山、卸军门等处，也可能有耕垦在遵道场、九龙场和马尾场一带山边的平原地带。他们参加第一次的司马飞龙起义军，在元嘉九年时便失败溃散了。故刘宋的武都郡建置年代很短，并未进行土断就荒废了。只有一部分流民保存下来，到梁代重建为南武都县。这时的南武都县，是实县，属晋熙郡，县民主要是从事农耕的（自然仍有部分是山居的）。县治可定为遵道场。因为它是代表武都山区人民与平原农业人民进行市易的一个邑聚。武都山就在它的侧近。还有个理由是：《九域志》所载绵竹的五个镇，石碑镇在今兴隆桥，新巴镇在今河坝场（下详），孝泉镇即姜诗故里，普润镇是今汉王场，皆可决定。惟高平镇无资料可考。以全县地理形势推断，正该是遵道场。高平二字字义与地形恰合。再依宋代镇多为故县遗址这一规律推测，南武都县治恰该是今遵道场了，因为它距晋熙县城才二十里，故后周把它合并到晋熙县。

这里还得特别提出的是：《明一统志》和《方舆纪要》都说：南武都县是因武都山而命名（原文是"南武都盖以山名"）。《一统志》说：《蜀王本纪》所谓武都山精化为女子，为蜀王妃，其后物故，蜀王命五丁力士往武都山担土为冢，便是这座武都山（意引）。这些文记都是错误的。案，以前的古地书，都没有说过绵竹有武都山，就可知五丁担土传说中的武都山是秦州武都郡的山。《宋志》的益州武都郡，明言"秦州流民立"，就可断定山因侨郡县而得名，不是因山而得名。正因为武都郡建置时间很短，唐人又讳虎为武，宋人往往乱改武为虎，故今日地名变成伏虎坪了。还有个相关的问题：这绵竹汉王场和遵道场一带，是南宋宰相张浚的聚族所在（今其故宅、茔墓尚可考见），他不仅是豪门大族，他父子还以功名、文章和理学名震一代，一时蜀中文人、学者依附门墙的很多。故宋代的《绵竹县志》、《绵州图经》等书对于晋熙、南武都的遗址是会考订得比较清楚的。元、明两代的地理书传承其说，故能超越唐、宋的地理书，把这两郡故址确指出来。可惜宋代的方志在元、明时全都散佚了。清代地书，如《方舆纪要》、《一统志》等，又只能从明代方志得其仿佛，未经调查取证，言之不能详切。我们今天也只能依据这些线索，作出较为确切的推论。

南齐的南新巴郡，最初寄治阴平。这与晋、宋间的南阴平郡寄治苌阳一样，乃是流民新到，居住分散，尚未建成邑聚的侨寓年代的暂时现象。待到属县垦地成功，邑聚建立，土断成为实郡实县时，必然要把郡治建立到自己的属县上。《九域志》所载绵竹县的新巴镇，当然是梁、魏时的南新巴郡治新巴县故址。有人怀疑《隋志》不言南新巴郡，以为这个侨郡并未成为实郡，魏、周时已没有了。这种怀疑是不符合历史实际的。第一，梁代是建置州郡最滥的一个朝代，武陵王萧纪经营蜀地，恢拓疆土，建置尤为泛滥。而且当时没有侨郡县，南新巴升为实郡是必然的。第二，新巴是晋时建成的旧郡，故址在今江油东北界上的雁门坝，而《元丰九域志》说绵竹有新巴镇，可见南新巴不是暂立复废的侨郡县，而是相当繁庶的实郡实县，虽在隋以前就废并了，遗邑仍是唐、宋时的较大乡镇，并且保存着旧名。第三，《隋志》本多疏脱之处，不能因其未说到，便以为梁、魏、周时也没有了。

按南阴平郡治为阴平县的事例，可以肯定南新巴实郡的郡治为新巴县，即《九域志》的新巴镇。它们的遗址究竟在今何处，旧籍全未说到的。由其郡曾经寄治阴平，可见新巴县应距兴隆桥不远。按今地理形势推求，当不出绵竹东北的富新场、中兴场、拱星场和河坝场（距兴隆桥二十里，今属安县）一带。河坝场西南绵竹县界内有地名新河坝，其地都是旧壤田畴，并非新冲积的洲渚。疑原是新巴故治，何时讹为"新坝"，又后来的人，更讹呼作"新河坝"了。

南新巴郡属的桓陵县治，疑在今绵竹北三十里的汉王场，即《九域志》的普润镇（汉王场当绵水出山的总口，分渠灌溉的开始）。桓陵原是汉中侨立安固郡（原属凉州）的属县，其侨民流动性极大，曾在巴西郡立南桓陵县（《周书·陆腾传》作桓陵），又在南安固、北阴平等侨郡（皆在今江油县境）立桓陵县（并见《宋志》），最后迁流入南新巴者建成实县。他们首先侨寓汉中，故多有汉中人混同流转。疑汉王场得名，由于旧有汉王庙。汉高祖初封汉王于汉中，故汉中流民共建汉王庙以纪念其原籍，如近世的会馆，后人用庙名作为场名，便叫汉王场了。凉州流民是畏恶湿热气候的，故所在喜居高地。汉王场也正是山区与平原交界地方，这也是推测桓陵位置的一个条件。

南新巴郡的晋城、晋安两县，是在剑门立郡时就已有的，可想见这两县的流民数量不小。这两县原是后汉时西充国县分立的。东晋孝武帝时曾在今安县沸水场建立过西充国县，属巴西郡（见《元和志》卷三十三《绵州神泉县》）。宋代县废，应有遗民留此，可能以乡谊招致晋安、晋城流民来此共垦。如果入梁后亦皆成为实县，那便可以判断故治在今沸水场、秀水河或睢水关（皆属安县）的位置。

今绵竹县东北和安县西南的广大地面，如上所举的富新、拱星、河坝、汉王、秀水、睢水、沸水等乡镇，在《宋志》、《齐志》里皆无实县，可以想见那是一片久荒之地，齐、梁新巴郡恰在此部，这也是梁代南新巴必然成为实郡的一个推断条件。

从梁到周近八十年间的史籍全缺了州郡志，仅于《隋书·地理志》略著其沿革。洪齮孙的《补梁疆域志》，主要仍是依据《宋志》、《齐志》、《隋志》。它于绵竹地区，仅依《隋志》列有晋熙郡一条，注文是"县无考"三字。简略到了如此地步，毫无参考价值。我们今天，也仍然只能依据《隋志》来考订梁、魏、周代关于绵竹、德阳地区的建置沿革，但不受《隋志》文义的束缚，而要从多方面来分析《隋志》的文字，找出它谬误、脱略和隐蔽的地方来，予以订正和補充。

以下分析《隋志》关于绵竹的德阳地区的两条文字。《隋志》卷二十九的原文是：

绵竹，旧置晋熙郡及长扬、南武都二县。后周并二县为晋熙。后又废晋熙入阳泉。开皇初郡废。十八年改为孝水。大业二年改曰绵竹。有冶官、有绵水、有鹿堂山。

雒，旧曰广汉，又置广汉郡。开皇初郡废。十八年改曰绵竹。大业初改名雒焉。又有西遂宁郡、南阴平郡。后周废西遂宁，改为怀中；南阴平郡曰南阴平县。寻并废。

这里"旧置晋熙郡"的"旧"字，时间概念非常混乱。例如，它说"蜀郡，旧置益州";"成都,旧置蜀郡";"双流,旧曰广都",都是从秦汉开置郡县说起。而这里说的"旧置",时间却不能等同,这是《隋志》行文含混,不足为法的地方。那么,这个"旧置",究竟包括哪几个朝代呢,必须要弄清楚。《宋书·州郡志》说,晋熙郡与所属的晋熙、苌阳两系,都是"晋安帝时立",这是十分明白的。《齐志》无晋熙郡,只存一个晋熙县,隶属南新巴郡。《隋志》说,"旧置晋熙郡……开皇初郡废",可见梁代已经恢复晋熙郡了。按梁代建置的规律,腹地郡治皆有附郭县。梁既恢复此郡,必然治于齐代犹存的晋熙故县。《隋志》未说有晋熙故县,反说后周并苌扬、南武都二县为晋熙,这就使人误以为在二县合并之后才复立晋熙县。试想:苌扬是齐代已废的县,梁代尚且恢复了;南武都是齐代所没有的县,梁代尚且设置了;哪能会没有齐代尚存的晋熙县而仅设立一个空头晋熙郡的事(梁代有一个县城设两郡治的,一般称为"双头郡";在边区亦有州治无郡、郡治无县的,我们把它叫"空头州""空头郡",例如邛州的席郡)。我认为《隋志》这句文里的"为"字,是"于"字的讹文,即是说:"后周并二县于晋熙县",这就讲得通了。原书或者本是个"于"字,由于传抄者因未见上文提到晋熙县,便误会其意,改作"为"字了。如果真是合并二县改名晋熙县,依旧时行文的规律,就该写作"并二县为晋熙县",末后这个县字是断不可少的。只有上文曾提及过的县,才可省去县字。《隋志》这段文,若还写作"晋置晋熙郡及晋熙县。梁又有长杨、南武都二县。后周并二县于晋熙"。仅增加六个字,文义便清楚了。这是《隋志》行文过求省略,因而产生害意误人之处,这是后世读史应该特别留心的。

过去《隋志》是研究沿革地理的学者们极为珍视的著作,一般都很尊重它的文义,不敢发为异说。由于我们发现了《隋志》上述的缺点,对其文义的体会便与昔人不同。例如:文中"后又废晋熙入阳泉。开皇初郡废"两句,我们的体会是:后周把晋熙县并入阳泉县,同时把晋熙郡治徙到阳泉县治。隋初(582年前后)废了晋熙郡,把它的属县并入广汉郡(旋复废了广汉郡,把属县都并入蜀郡了)。它不说开皇元年或二年,而在两条中都只说"开皇初郡废",都是为了行文省略,未曾顾到史实次第。

又如对"十八年改曰孝水"一句应是:公元598年,又把阳泉县治迁徙到姜诗故里去,改名孝泉县。这里面还包括有许多文章。第一是:姜诗故里(孝泉镇)汉属绳乡,是雒县楔入绵竹县的部分。《华阳国志》卷三《广汉郡》序:"本治绳乡……元初二年移治涪,后治雒城。"又雒县云:"沈乡(一本作汜乡),有孝子姜诗田地、宅、族姓。"《水经注》卷三十三:"洛水又南经洛县故城南。广汉郡治也。汉高祖……六年乃分巴、蜀置广汉郡于乘乡。……汉安帝永初二年移治涪城。后治雒县。……县有沉乡,去江七里,姜士游之所居。"(原文长近三百字,取材于《华阳国志》、《后汉书》,参合其他地志不一。故洛与雒,乘乡与沉乡,皆一地而书字歧互。)《元和志》卷三十一《德阳县》云:"姜诗泉在县北三十九里。"《寰宇记》卷七十三《绵竹县》云:"姜诗泉,井有碑存,即诗之宅。家在沈乡。"《九域志》卷七:绵竹县有孝泉镇。《方舆纪要》卷六十七《德阳县》云:"孝泉,在县西北四十里姜诗镇。东汉姜诗孝感跃鲤,即此泉也。宋治平中诏,名曰孝感泉,镇亦曰孝泉镇。"综合这些文字看来,孝泉镇即姜诗故里,是历代地理各书所共感兴趣的一个地方,对它的建置沿革考订得相当详细,而且是一致的;它隶属于雒县的绳乡,又作乘乡或沈乡,同音异字,实是一地;更有误作汎乡(明刻《华阳国志》)、治乡(清刻《后汉书》)的,那更是抄、刻人弄错了。这绳乡,原是雒县故治,顾名思义应在雒水沿岸,属蜀郡。汉初置广汉郡,郡治原在梓潼,直至公孙述时皆然(见《汉书地理志》)。后汉时乃徙郡治于雒。安帝元初二年(115)因羌乱,徙郡治涪城(《水经注》作永初,误)。同时雒县县治南徙,旧县治始称绳乡。羌乱平定后,仍徙广汉郡治还雒(这雒已非故治绳乡,而是新徙的雒县治城,即今日的广汉县治)。旧雒县境原是跨有雒水两岸地面的。雒水正流,后人呼为石亭江。故今绵竹县城西南孝泉、观鱼、新市、广济等场镇原是雒县属地。大约从安帝元初时防羌开始,历经刘焉防贾龙,刘璋拒刘备,罗尚防李特,都曾依凭雒水作防线,故到东晋时,雒水反成了绵竹与雒的自然界线。姜诗故里本在雒水之北三十里,由于它是历来雒县管辖的著名地区,故仍隶属雒县,成为雒县楔入晋熙郡境的部分。所以晋、魏、南北朝人的记载,都说孝泉属于绳乡,没有说它建立过县治的。《旧唐书·地理志》把《隋志》孝水县三字讹为"李冰县",正是刘昫不把姜诗故里涉想到隋曾置县的原因。《元和志·绵竹县》云:"开皇十八年改为孝水县。境有孝子姜诗泉,故取为名。"足见开皇时已把孝泉由雒县改划归阳泉县或晋熙县管理了。第二是:《寰宇记·绵竹县》云:"隋开皇三年,徙晋熙郡城,改为晋熙县。十八年改为孝水县,以境为姜诗泉也。"未知乐史所据何书,似与《隋志》同出于一种资料而文字取舍不同,足资互订。如依乐史所记,那就是开皇初年把晋熙县合并到阳泉县以后,经过不久的年月,又把绵竹县治从黄浒迁徙到晋熙故城来。再经过一段时间,又把新徙来的绵竹县改名为晋熙县。《寰宇记》虽未曾说过再经一段时间才改名晋熙的话,但有《元和志》说"大业二年复名绵竹"的一个"复"字,足证晋熙故城在开皇时有段时间叫作绵竹。若绵竹县才徙来就"改为晋熙",则是省并绵竹为晋熙县,不是徙县和改县名了。到十八年，又徙晋熙于孝泉，改名孝水县，故曰"境为姜诗泉"。这个"为"字，与《元和志》的"境有孝子姜诗泉"含义大大不同。"境为"，乃指新治正在姜诗泉处；"境有"是说县境以内有姜诗泉，不必正在治所。以理推断，"为"字是确切的。第三是：参合《隋志》、《元和志》和《寰宇记》看，既不是把阳泉徙到孝泉，也不是把晋熙徙到孝泉，实际是第二次合并晋熙、阳泉两县（第一次是后周时），改立县治于新从雒县划出来的孝泉镇，改立孝水县名。《隋志》把徙绵竹到晋熙故城的话省去，遂只说阳泉县改名孝水，又是一个严重的脱略。

我们对于《隋志》"大业二年改曰绵竹"这句话的理解是：公元606年，炀帝改州为郡的同时，也改正了许多县名。把开皇十八年改名的"绵竹县"仍称为雒县。把孝水县治徙还晋熙故城，仍旧称为绵竹县。因此，《隋志》的三度改易县名，实际反映了郡县治迁徙的过程。这样，也就和相关的资料都说得通了。从历史的发展规律来说，也每每是在迁徙县治时，而改易县名的。

以上说明了考订沿革的方法，在于探究历史的真实和符合地理的实际，不能迷信权威，专依旧文。旧文如《隋志》尚且如此难遵，其他汇抄之书，记问之文，应更无一味盲从之必要了。

《隋志》还有更为严重疏谬之处，是它既未提到南新巴郡，而又把南阴平郡误系到雒县条去了。假使上面考订的南阴平等郡县位置不错的话，则南阴平县与雒县之间，始终都是由晋熙县与阳泉县隔断了的（无论它们是分立或是合并的时间都是隔着的），南阴平故地只可能并入阳泉或晋熙（绵竹），绝不可能并入雒县。就是说，为了要把已废的郡附注在隋代所在的县名之下，那就应该把南阴平和南新巴两郡都附注在绵竹之下，不能附注在雒县之下（隋无新都县。西遂宁郡实在雒县边界，可以附注雒县）。《隋志》的错误，是误以为南阴平县合并到雒县了。或者是由于撰述者既无地理实践，又未核验图籍，把弄不清楚的故郡县，一并附注在郡所治的县名下，这自然是不好，而又脱遗了周代始废的南新巴郡，就更显得疏忽了。后人迷信《隋志》，沿误下来的不少。如《一统志》说："后周废南阴平郡为南阴平县，寻废入雒县。"《绵州志》、《绵竹县志》、《德阳县志》又皆沿用其说，推其原因，这些错误，实皆由《隋志》所造成。

以上举出《隋志》省文害意和考订疏误这两点，并非说《隋志》便毫无价值。梁、陈、魏、周的郡县沿革，专赖有《隋志》才得保存个梗概，我们此次亦只能依靠它提供的线索探寻下去，同时又不为它的疏误所迷惑，经过研究对比和地理实践，提出比较符合实际的科学论断，为后来研究古地理者铺出新的道路。

《元和郡县志》也是一般人所公认的极好一部地理书，但它也不是没有缺点，兹就其与本文有关的《德阳县》一条（原书卷三十一），加以分析批判。它说：

德阳县，本汉绵竹县地。后汉分绵竹县立德阳，属广汉郡。周闵帝元年，郡县并废。武德三年复置，属益州。垂拱二年割属汉州。

这里硬把"蜀分绵竹立"的阳泉县说成是"后汉分绵竹县立德阳"，是大错特错。考后汉分广汉县立德阳县，"县有青石祠"，与垫江（今合川）、安汉（今南充）接界，并见《华阳国志》。刘璋命张裔拒张飞于德阳陌，李特遣骞硕、任臧屯德阳拒荆州刺史宋岱水军，明著史籍。可见其地在涪水下游，即今潼南县境，与绵竹相去五六百里，中间隔有广汉（今射洪县地）、郪（今三台县地）、伍城（今中江县地）等县，这如何可以与阳泉县混搅起来呢？至于说"周闵帝元年，郡县并废"，更是一句离奇的话。周闵帝宇文觉，是北周首届皇帝，他承西魏新抚蜀土之初，一切因循旧规，不会省废郡县。即使曾经省并郡县，也不会省并到广汉郡来。《隋志》说开皇初才废广汉郡，是完全可靠的。至于涪江下游的德阳县，在齐、梁之际已就荒废，别有巴兴县起而代之，属遂宁郡，断断不是周代才废了的。看来《元和志》所说的"郡县皆废"，乃是错误地把隋初废广汉郡和阳泉县说成周初废广汉郡和德阳县去了。无论所据何书，时间、地点都是说不通的。

研究历史，仅仅占有资料，而不能分析它的发展形态，并探寻出各种形态的内部联系，是不可能获得正确结论的。迷信任何一个权威，偏重任何一种资料，都有可能陷入歧途。区域建置沿革，主要是随着地方社会的发展情况而变化的。任何资料，若不能与地方社会发展的历史情况相应，便不会是正确的资料。地理形势，也是会随着社会发展的历史阶段的地理形势而变化着的，任何资料，若不能与各历史发展阶段的地理形势符合，也不会是可靠的资料。充分地占有资料，精细地分析资料，是我们对情形复杂、资料纷庞的沿革考订工作的方法——历史地理学的方法。这样作的好处，不仅把南北朝时期这一地区的郡县的建置沿革初步理出个头绪，并且把从来没人谈到的这些郡县的境域变化，找出了大致不差的轮廓。本图表对于整个四川的百几十个县，和两千多年的建置沿革，虽未尽都如这两县的细致考订过，但对于绝大部分的州县，都是采用这种方法，尽了力的。这里只是举例之一而已。

兹把上述千头万绪的复杂情况，简括为下面的结论：

（1）汉绵竹县治在今德阳黄浒镇，辖境包括今绵竹、德阳两个整县和罗江、安县的一部分，属广汉郡，为都尉治。历为川西军事冲要之地。

（2）蜀汉分绵竹立阳泉县。故治在今德阳县南二十里之八角井，辖境包有今德阳县西南部和中江县西界的山地（阳泉山）。

（3）西晋永宁、太安年间（301—303），李特率领的流民军以绵竹为根据地，与政府军苦战，地方残破，沃野荒旷，绵竹县城毁废。李雄据蜀后，徙县治天赤祖，今为略坪场，属德阳市中区。

（4）李雄定蜀，大事招徕关陇与汉川流民徙居此区者甚多，远如南阳，也有流民来蜀建立侨郡（李氏立南阳郡在雒县西，见《寰宇记》）。到晋安帝义熙九年（413）平定谯纵时，推行土断，在绵竹县境新建立了晋熙郡和晋熙、苌阳两县，南阴平郡和阴平县。今绵竹县城即当时的晋熙郡与晋熙县治。今德阳市的柏社镇即当时的苌阳县治。今德阳市北六十里的兴隆桥即当时的南阴平郡和阴平县治。那时的绵竹县，辖境缩小，隶属于南阴平郡。

（5）入宋以后，又从梓潼郡界徙入南汉中郡和所属的南长乐、南郑、南苞中、南沔阳、南城固五县；郡治在今黄浒镇的绵竹故城，所属五个侨县的垦民散住在今德阳市的北境。元嘉初年，又新立了武都桥郡和所属的武都、下辨、汉阳、略阳、安定五个侨县；郡治在今绵竹县北武都山（伏虎坪）附近，五县侨民散处在绵竹遵道场以北诸山地者为多。司马飞龙起兵时，这些郡县流民全都响应了。宋军镇压叛乱后，晋熙、南汉中和武都三郡并废，属县大部都不存在了。

（6）入齐以后，晋熙郡只存晋熙一县，南汉中郡只存南郑、南长乐两县。惟南阴平郡尚能保持繁荣，南汉中郡残存的两县亦划归管辖。这时，又有新巴郡的部分人民迁来领垦，新立了南新巴郡的新巴、桓陵两个侨县；并以晋熙旧县划归新巴郡管辖；郡寄则仍寄治阴平，所辖县民皆在今绵竹县境。这时的阴平县，即南阴平郡治，成了故绵竹县境内人口最密的地方，也就是这地区内唯一的政治中心。这时的绵竹县治，似已迁回黄浒故城，赤祖划为阴平县地了。

（7）梁代的南阴平郡，仍治阴平县，继续繁荣着。辖境为今德阳市以北，柏社镇以东，包括罗江和安县的一部。南新巴成为实郡，郡治新巴县。故址在今绵竹与安县界上河坝场西南的新河坝。辖境为今绵竹东北的富新场、拱星场、汉王场和安县西南的沸水场、睢水关、秀水河一带。梁又复置晋熙郡于晋熙县，复立苌阳县，在南武都故地立南武都县，皆隶属于晋熙郡。

（8）西魏取蜀，此地区郡县仍旧。后周武帝初年，并苌阳与南武都两县入晋熙。又废南新巴与南阴平二郡为县，其属县惟绵竹保存，同隶晋熙郡。又自广汉郡划阳泉县改属晋熙郡。这时的晋熙郡境与秦汉时的绵竹县境几于一致了。比较汉代绵竹县，还新增了雒水北岸的一带地方（即今广济、新市、观鱼、孝泉等场镇）。孝泉镇从来隶属雒县，这时亦划归晋熙县了。

（9）周灭北齐（577）以后，约在大象元年（579），又废南阴平和南新巴两县为乡，属绵竹县。又废晋熙县，并其地入阳泉。郡治亦徙阳泉。那时，阳泉与绵竹二县境，约自今日的德阳市和柏社镇、富新场一线纵断的，以东为绵竹，以西为阳泉。

（10）隋初废晋熙郡入广汉（约在开皇一、二年间）。旋复废广汉郡，以其县皆隶蜀郡。同时，把绵竹县治迁移到晋熙故城来（开皇三年，583年）。旋复改绵竹县名晋熙。这时的晋熙与阳泉县境，改由今孝泉、柏社一线横断，以南为阳泉县，以北属晋熙县。

（11）开皇十八年（598），再合并阳泉、晋熙两县为孝水县，立治所于孝泉。这时，阳泉县和绵竹旧县的大部地方，约略相当于今黄浒镇和杨嘉场以南，即雒县到黄浒大路与绵水下游两岸地方都划归雒县了。故同时改雒县名为绵竹，因为这些新划入的地方都是秦、汉绵竹县的旧境。到大业初年，又复改名雒县；而把孝水县治徙还晋熙故城，复开皇三年的绵竹旧称。这时，雒与绵竹的交界线在黄浒到杨嘉场这一条直线左右。

（12）唐武德三年（620），又分雒县，以阳泉故地立德阳县。自此以后，绵竹、德阳两县治筑有城池固定下来，迄今未再迁徙。这两县的境域，历代仍有小小的变化。例如：《元和志·绵竹县》说："绵竹故城，在县东五十里，诸葛瞻于此战败。"这是说唐时黄浒镇仍归绵竹县辖，因而黄浒以北的略坪亦当为绵竹县地。同书《德阳县》又说："邓艾平蜀京观，在县北三十三里。艾以景元四年征蜀，大破诸葛瞻于绵竹，筑台以为京观。"又记有秦宓宅、鹿头戍和姜诗泉等古迹，足见唐代的德阳县辖境亦曾到了黄浒镇和孝泉镇。实际就是两县各管有这两镇的一半，以一条街心为界（今日孝泉镇尚是如此）。《九域志·德阳县》说："州东北八十五里。一十三乡。柏社、略坪、灵龛三镇。有浮中山。"这是说宋代的略坪、兴隆桥、柏社镇地都隶属德阳县，黄浒自然亦已划属德阳，而孝泉镇则全归绵竹县管辖了。到了清代，则孝泉、柏社和兴隆桥都成了两县分管一半之地。

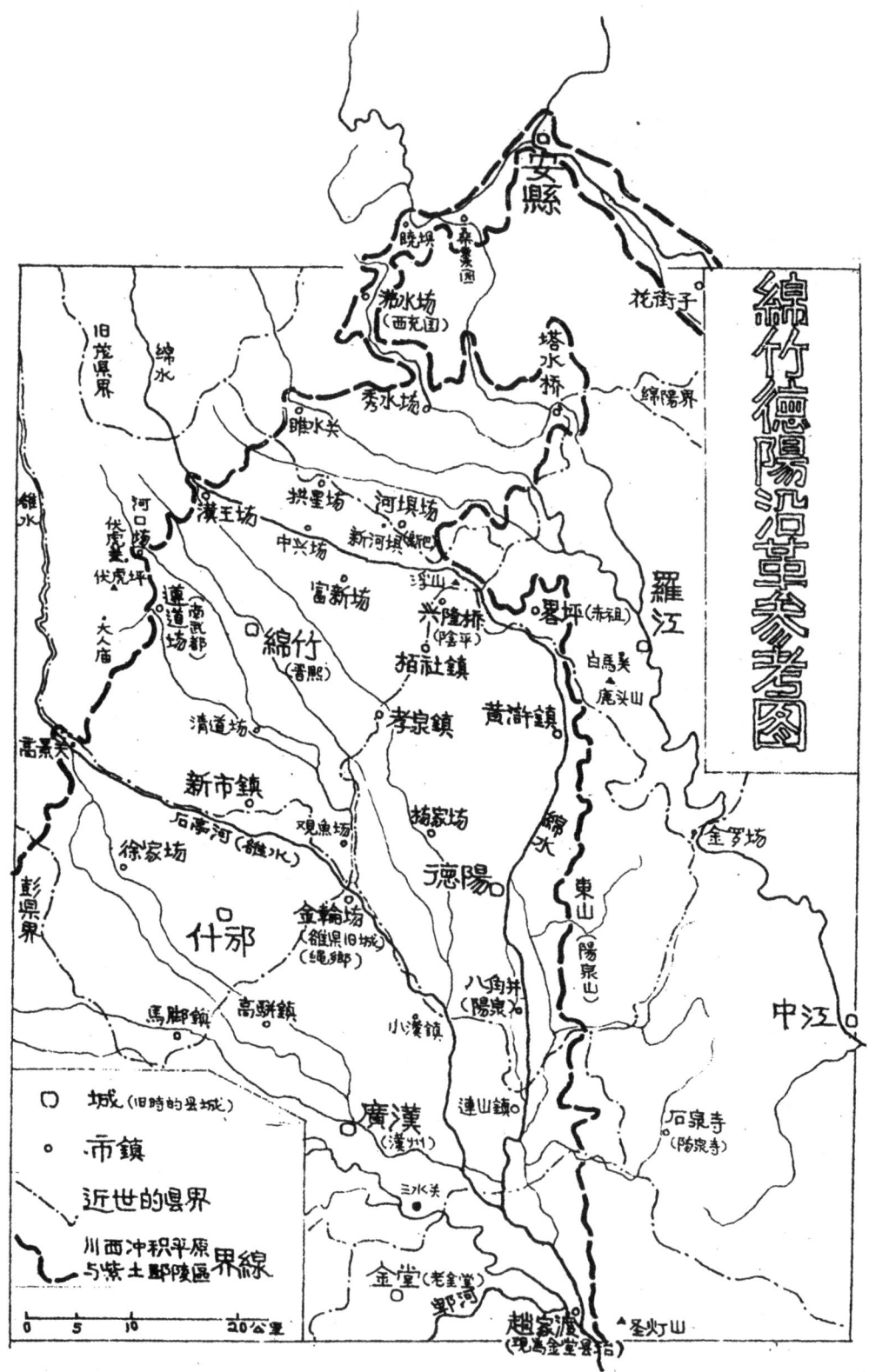

二、西遂宁郡和怀中县的位置考

这是一个资料过于简单，以至难以获得探寻线索的例子。这类"无头公案"的例子很多，因前章雒县已说到西遂宁郡，故赓续论述这一问题。

《隋志·雒县》注："又有西遂宁郡、南阴平郡。后周废西遂宁，改为怀中，南阴平郡曰南阴平县，寻并废。"此外，唐、宋的地理书，再没有见过西遂宁郡和怀中县的条文。明、清地理书才有提到它的，可是他们对《隋志》的体会各有不同。兹举两个具有代表性的文记如下：

怀中废县，在州北。《隋志》：齐、梁间置西遂宁郡。后周废郡改曰怀中县。隋废入雒县。（《读史方舆纪要》卷六十七《汉州》）

怀中废县，在汉州北。《隋志》：雒县有西遂宁郡。后周废西遂宁改为怀中。寻废。（《清一统志》卷二百九十二《成都府古迹》）

它们都说其地"在汉州北"，这就更使人迷惑不解了。汉州北，就等于说雒县北。按《九域志》：雒县"二十乡。白堋、高田、连山三镇。有铜官山、雒水、绵水"。考白堋镇今为金轮场，在县北三十七里。高田镇今名高骈铺，在县西二十五里。连山镇今仍旧名，在县东三十里。铜官山在今赵家渡东南，中江县界（故铜山县界）。绵、雒二水在连山镇南二十里金堂县界合流，经赵家渡入金堂峡。峡以南，由唐以来为简州属地。峡以北，唐以前皆属雒县。如果《隋志》说的西遂宁郡在雒县北，那就只好是白堋镇最适合了。白堋镇即古来的绳乡，曾经为雒县治，北临石亭江，即古雒水正流，是雒县兵防的一重保障。如上例所述，晋、宋、齐、梁朝代雒县人是不容许各地流民过这条河的（所有成都平原的侨郡县，都是李雄时招入的流民或晋、宋时屯营罢废后所建立）。关陇流民既然不能过此河来，遂宁郡的流民自亦不可能在齐、梁之间远徙来此建成侨郡。如果白堋镇附近曾经建立过西遂宁郡和怀中县，那么，依宋代乡镇名称惯例，此镇也必名为西遂或怀中，不会叫作白堋了。《隋志》是把西遂宁与南阴平合叙的，既然阴平郡不在雒县界内，那么，西遂宁郡亦可能不在雒县界内，而是在广汉郡界内的。那时广汉郡的郪和伍城两县皆在成都平原以外，与遂宁郡接境，西遂宁郡有可能是侨立在这两县境内的。纵不然，也当是建立在雒与这两县的边界上。"汉州北"之说，肯定不能成立。

查遂宁郡始见于《宋书·州郡志》，它说："《永初郡国》有。《何》无。《徐》云旧立。"领巴兴、德阳、广汉、晋兴四县。广汉、德阳皆汉旧县。巴兴，"疑是李氏所立"。(《方舆纪要》说："李特置德阳郡，使其党塞硕守之。"疑它的郡治便是巴兴县。)晋兴县，只看县名二字已可知它是晋代新立的。《徐志》所谓"旧立"，实指的晋代所立。《元和志》和《寰宇记》都说："东晋分(广汉)置遂宁郡。"又说"穆帝永和十一年置"小溪县(后为方义县，即今遂宁县地)。从这些资料看来，遂宁郡是东晋永和十一年(355)益州刺史周抚表请就汉旧的广汉、德阳二县和李雄所立的巴兴县，并新立晋兴县建立的。那是桓温平蜀的第三年。李势虽然降了，余党拥立范贲为帝，桓温留下周抚招讨，经过三年时间，全蜀才得真正平定。这四县皆位于涪江下游两岸，历为成都军与荆州来的军队交战地区。晋讨范贲，这一路是军、粮要道，地方很不安宁。平定蜀地后建立此郡，取名遂宁，显然具有祝愿的意思。这种祝愿，正反映了地方素不安宁的情况。范贲败后不到二十年，谯纵据蜀(373)。晋平谯纵和宋讨司马飞龙之时，这条河(时称内水)又成了兵要重地，人民逃避兵燹，迁流他方，是势所必至的。熟地荒废，山里僚民迁来填实，于是汉僚冲突又复严重起来。《寰宇记》卷八十七《遂州》云："谯纵乱后，移于石坪。盖其地多獠，官长力弱，不相威慑。宋泰始五年，刺史刘亮表分遂宁为东西二郡。梁因之。后周武帝废郡，始置遂州。"这段话，很明显地说明了晋、宋间这带地方荒乱的情形、流民发生的原因与其建立侨郡的时间。

《寰宇记》这条记载，未注资料来源，猜测它分郡以上一段，可能取自李膺的《益州记》，史事是真实的。用这段文与《隋志》结合起来看，可以设想刘亮表分的东西二郡，是以本郡四县地方为东遂宁郡，而以向西流徙入广汉郡界的四县流民侨立西遂宁郡，并不是把原来的四县地方分为两郡。正如说：西遂宁郡是泰始五年(469)建立起来的，同时把原来的遂宁郡改称为东遂宁。西遂宁到周武帝时(561—578)废为怀中县。同时也把东遂宁郡改为遂州。怀中县人民虽是从遂宁郡来的，此时乃属于广汉郡，并非隶属遂州，故《隋志》附注在雒县条下。

在考得怀中县建置的历史之后，再对其位置进行考订便有线索可寻了。首先，要弄清当时遂宁郡民流徙的情况。

按两遂宁郡历史发展的情况来看，最先流徙出外的人民，应在东晋年代。他们每当兵燹成灾，无力抵抗之际，便向偏僻小路移徙，希望乱定之后，又回故乡。由于他们是有劳动力的农民，随处皆可生活，故轻于逃徙。但他们仍是依恋故土的，所在常有"油油不忍去"之意，所以移动得很缓慢，得地耕种可以留住时便住下来。

到晋、宋之间，僚民很迅速地占有了这郡的山区，与乡村中的中小地主们发生了冲突。这些中小地主们，内受城邑官僚地主们的压榨，外受山区僚人的骚扰，兼以劳动力的不足，不能不放弃了他们所拥有的土地，跟着劳动人民逃荒。唯有城邑居住的大地主们，凭借自己的部曲和官府的兵力，尚能留下来与僚民相互攻掠，"以自腴润"。这是当时社会必然出现的实际情形。了解到这一社会情形，对进行西遂宁郡的位置考订，有很大的帮助。

受兵燹压迫而逃徙的城乡人民，他们没有一定的投走方向。有的走入山区，也就与僚民融合起来；有的不愿与僚人相处，则唯有向西北的广汉郡界流徙（因为西、南、东三面的紫土丘陵地区已被僚人占领了）。他们的西北方，即郪和五城两县，那时属广汉郡，土沃人稀，尚无僚民。流民中有劳力的，所在容易受雇、佣力，或佃地耕种。但这两县没有无主荒地，中小地主阶层就不易留住下来；因为不能取得地权，便与他们素常的生活方法不相容。他们又比较有资财，能远徙，必然趋向川西平原去求领地垦荒。但在那时，雒县、阳泉、新都等县官僚地主们严拒流民徙入，当他们走到阳泉山、金堂峡一带山地时，只好暂时留住下来，开垦山荒。这带山地，即所谓金堂山区，天然砦堡很多（最显著的有大小云顶山、金堂山、圣灯山、三学山等），是川西平原的天然保障。山土浅薄，川西平原的农民在人口还稀少的年代，没有人愿意来垦山荒。而紫土丘陵区的农民则是有山耕谷汲的习惯的，所以能在此地定居下来。其后，也有部分官僚地主，听说这些山地无僚患，甚险固，从而陆续迁来。益州政府亦愿意安抚他们，借以巩固这些砦堡，保障川西平原的安全。一时这些山地人口激增，大都是遂宁郡的流寓，遂有必要建立为西遂宁郡了。到后周时，僚汉已渐融合，蜀地渐就安靖，大地主们次第迁还原籍，中小地主们继之，西遂宁郡这块山地的情形变了，只保留得有一定的民户，故周武帝把它的所有侨民进行土断，成为一个怀中县。因为这带山地属广汉郡界，故怀中县是属广汉郡的。废县时，当在周末隋初。

周代的怀中县治，我们推断在今赵家渡（现为金堂县治）。理由为：（1）赵家渡从来就是成都平原与金堂山一带山地人民土产交易的市场，是齐、梁年代西遂宁郡与广汉郡市场的中心地点。广汉郡政府是依靠这一市场来控制这一带山居人民经济生活的。怀中县既然属广汉郡，郡政府必然把县治设在平原内而又是与山居人民联系得较为紧密的地点，再没有比赵家渡这个地点更适当的了。（2）赵家渡当金堂峡的北口。峡的南口，魏、周、隋为金渊县（《隋志》金泉县），唐名金水县（属简州），宋乾德五年（967）置怀安军，元改怀州（今怀口镇俗讹为淮州）。唐咸亨二年

(671)，蜀郡长史李崇义析雒县、新都及简州的金水三县置金堂县，县治北至汉州五十二里（并见《元和志》），东南至怀安军五十里（《寰宇记》、《九域志》同），宋嘉祐元年（1056）徙治西北二十里（即解放前的金堂县治），以旧治为古城镇。地理准望，古城镇恰是赵家渡。不叫作旧城、故城，而叫作古城，足见在设置金堂县以前，这里已经有城了。可以设想：那座古城，就是后周时的西遂宁郡或怀中县治城。(3)金水县或金渊县、金泉县，名称久定，宋建军治，不用这些旧名，叫作怀安，而金堂县又恰巧是怀安军的属县，可见这个"怀"字，与怀中旧名颇有关系。(4)《隋志》：蜀郡金泉县"有昌利山、铜官山、石城山"。《元和志·金堂县》"昌利山，在县东北一十里"。《九域志·金水、金堂》两县皆说"有金台山、中江"。昌利山在金堂峡口北，金台山在峡口南。看来金水与金堂两县之间一带山地，南北朝时原是西遂宁郡的地方，自西魏立金渊县，周立怀中县，始各分有峡南、峡北之地。唐代承之，而有金水、金堂两县，一属简州，一属汉州，宋又合为怀安军。实则怀安军地，大部分皆故西遂宁郡地，也就是怀中县故地。但怀中故城决不在峡南的怀口镇，因为怀口镇在西魏时已置金渊县和金渊郡了，后周置怀中县时金渊县仍存在。这样看来，怀中故治肯定在赵家渡。西遂宁郡治可能亦在赵家渡，但也可能在金堂山中，如云顶山这些地方（我们认为，在赵家渡的可能要大些，因为废郡为县的惯例，多是以郡治为县治的）。

这样的断案，可能不完全正确。因为：既无旧籍依据，又无时人论及，方志未曾提到，碑碣无可佐证。但是，这总算把《隋志》悬空提出的地名，落实到地面上来了，并且是大致不差的初步断案，将来再经地理实践的发掘，或许会证实它是正确的。

综上文，简要括述如下：

东晋穆帝永和十一年（355），平定益州，在涪水下游，即今射洪、蓬溪、遂宁和潼南县地，建立遂宁郡。由于地当兵冲，加以僚人压迫，有大部分人民向西北的广汉郡所属郪、五城等县流徙，最后在金堂山脉即金堂峡左右一带山地侨居垦种。到宋泰始五年（469），就流民所在的金堂山脉地区建立西遂宁郡，郡治可能在今赵家渡。后周武帝时（561—578），蜀地渐就安靖，遂宁流民部分迁回原籍，乃废西遂宁郡为怀中县，隶属广汉郡，县治肯定在今赵家渡。周末或隋初（约在废晋熙郡，或是废广汉郡的同时）县废，其地并入雒县。其时金堂山地的南部已置金渊县，属简州阳安郡。唐高宗咸亨二年（671），割雒县、新都、金水（即金渊县）三县地立金堂县，即以怀中故城为县治。宋太祖乾德五年（967），于金水县立怀安军，统金水、金堂二县。旧时西遂宁郡与怀中县故地全在军境，所以定名为怀安。元改怀安军曰怀州。明废怀州入金堂县，但迄今五百多年，一般人仍把故治呼作"怀州"。这也可以说明，由隋到宋四百年内，人们未能忘掉怀中这一地名，而建立怀安军的名称是无足怪的。

三、冶官、咨官、资官三县的沿革和境域、位置考

这是一个县名屡改，县治屡迁，县境屡变，遗址改订之诸家各持异说的例子。

《宋志·益州》，犍为郡领五县：武阳、南安、资中、僰道、治官。前四县都注明是"汉旧县"，只治官县注是"晋安帝义熙十年立"。《南齐志·益州犍为郡》五县，县名与《宋志》同，惟治官作冶官。县序变成"僰道、南安、资中、冶官、武阳"了。这一变化说明：(1) 治官和冶官是一个县名，不是《宋志》写错，就是《齐志》写错了。考订证明："冶"字是正确的，"治"字是错的。(2) 宋、齐两代的犍为郡境没有变动，只郡县治地点有很大的变动。宋时郡治武阳（今彭山江口镇），是全部极北靠近成都平原的城，在汉、魏、晋代都是全郡文化最高和最富庶的地方。齐时郡治僰道（今宜宾），是全郡最偏南的一座城，去益州州治的成都很远。这种现象反映在当时户口的变化上，是郡北部的人口渐少，南部的人口增加了。历史事实，亦足以证明这一社会现象的变化。北部户口减少的原因，由于铁山区的僚人很强盛，在严酷的汉僚冲突斗争中，官僚地主们步步失败，汉境在步步退缩。南部户口增加的原因，是西晋末年大批流入南中七郡的蜀民，仍然恋土，早在李雄据蜀之际，已有次第迁回蜀界的；此时南中大乱，逼得他们不能不迁回蜀地来。但这时蜀中"僚乱"正盛，所以他们多停留在蜀地边界上的僰道，等候便舟，准备溯流回成都，或顺水下巴郡。这原是一种暂时现象，所以仅到梁代，僰道县也是"荒无人户"。不惟郡治常迁徙，县治也难固定。水运线上的县治如南安（今乐山）、武阳、资中还比较稳定。非水运线上的山区县治则断难稳定。冶官，必然是个从矿业发展起来的山区县名。在所谓"僚乱"年代里，必然不是迁徙，就是荒废。

《隋志》既没有治官县，也没有冶官县。看来这个宋、齐的旧县在周、隋时已荒废了。但《隋志》在隆山郡注文里有这样几条：

隆山郡，西魏置陵州。统县五，户一万一千四十二。（《元和志》说："后周闵帝元年置陵州。"）

仁寿，梁置怀仁郡。西魏改县曰普宁。开皇初郡废。十八年改县名焉。又西魏置蒲县。大业初置隆山郡，蒲县并入焉。有盐井。（按：《元和志》、《寰宇记》皆有籍县，大业二年废。不言置蒲县。）

贵平……（注略）。

井研，（无注）。

始建，开皇十一年置。有铁山。

隆山，旧曰犍为，置江州。西魏改县曰隆山。后周省州，置隆山郡。开皇初郡废，又并江阳县入焉。有冶官。有鼎鼻山。（《元和志》："周武帝于此置隆山郡。"）

这段文字值得注意的有：（1）后周置隆山郡，治隆山县（今为彭山县），旧称江州，侨置有江阳县。隋的隆山郡治仁寿，旧称陵州（今仍称仁寿）。那时已先有始建县。（故城在今仁寿县的镇子场）。（2）始建县有铁山。隆山县有冶官。冶官是管理采矿冶金的官。今彭山县境并不出铁、铜诸矿，而隋代设有冶官；始建县拥有铁山，乃无冶官。这是值得大大怀疑和探索的事。我们推测这种事象产生的原因，不外下列三种：（1）旧冶官县的人民（主要是冶金工人）与江阳县人民一样，因受僚人压迫，流徙到隆山县境来，建立冶官侨县。隋开皇初，与江阳侨县一并废入隆山县了。但仍保留一个冶官衙署，管理冶铁的守业工人，如汉代小铁官的制度（汉制：县有铁者置铁官。无铁者置小铁官，冶废铁）。（2）始建县是冶官县废徙后改设的。旧冶官县还留存有一部分人在铁山下冶铁，他们原属籍于侨寄隆山县境的冶官县，不愿改隶新设的始建县，故成为隆山县的飞地。隆山冶官铸造的铁器就是靠这里冶炼出来的铁运输去供应的。（3）《隋志》采用周代关于隆山郡的记载，误在隆山县下记入了"有冶官"三字。其实冶官原在铁山附近，周时属隆山郡而不是在隆山县境，隋代应当在始建县境，《隋志》疏略，遂淆混起来了。

《隋志》隆山县有冶官的原因，必不出于这三者的一种。查《汉书·地理志》、《常志》，"武阳，有铁官"。蜀郡广都县"山有铁矿"。就四川的地质、矿产分布情况来说：汉武阳和广都县境大部分是紫土丘陵地，那是没有铁矿的。小部分由白垩系下层露出的山地，可能有少量的菱铁矿或褐铁矿，数量不大，早已采掘完了。汉晋年代的冶铁工人，已经大量在侏罗系分布的山地采炼比较高级的铁。汉武阳县的铁官，肯定是采炼铁山地区的铁。广都县南境也可能达到铁山。《元和志》卷三十二《始建县》说："铁山，在县东南七十里，出铁，诸葛亮取为兵器。其刚利堪充贡焉。"这条资料证实了汉代已开始在铁山采冶侏罗系地层的铁矿。和蜀汉时已把这侏罗系地层的铁矿冶炼成比铁更高级的钢。还证明了宋、齐的冶官县是在故始建县东南七十里的铁山附近。从而可以判断：《隋志》隆山县的"冶官"，是旧冶官县荒废后，矿冶工人和其他县民流徙到犍为郡建立的侨县所蜕变成的。铁山下原还有小部分矿工在那里继续冶铁，但隋代的始建县境已经没有冶铁工人和冶官，只存留得铁山这一历史名称了。

分析以上资料，可以判断晋义熙十年建立的冶官县冶，在今仁寿县东南百二十里的汪家场附近，即《隋志》所谓"铁山"的下面。那里原是汉广都县南境，蜀汉时开始在铁山采炼精铁，从而繁盛起来。李氏、苻秦和谯纵先后据蜀的年代（302—413），那里成了川西平原地区铁料的主要给源，可能已经没有冶官来管理矿工、铁工、铁器商贩和农矿市易。晋平谯纵后，因而析广都南境置冶官县。县境可能包括今仁寿县治以南镇子场、富加场等粮棉产区和查家场、识经场等铁矿地带。汪家场位置恰当铁山矿区与平地粮区的中心地点；这一地理条件，决定了它的命运是必然随铁山矿业的兴衰而兴衰的。仁寿民间的风谣说："一汪二富三镇子"，即是说：县境最繁荣处首推铁业中心的汪家场，其次才数棉业中心的富加场，第三才数曾为始建县治的镇子场。充分反映了产业和都市的地理关系。

僚民最先从江阳郡界（今泸州专区）进入四川盆地。慢慢循着山林地区向北进展，约在萧齐初年才到达铁山地区。晋、宋年代，铁山北面的矿业还是安全的，故新设了县治。大约在萧齐末年，冶官县吏民已经难于自保，开始流徙了。齐梁之间，僚民完全占领了铁山地区，迅速强盛起来，建成了国家机构，那便是周、隋年代赫赫著名的"铁山僚"。旧冶官县也随着铁山僚人的强盛而消灭。

那时益州政府保守着川西平原地区，不能放弃精铁生产。所以旧冶官县虽然荒废了，必然又要在另一个地区建立起新的铁业中心来。有资料证实隋代仍然有冶官县，但不把县名写作冶官，而是讹为"咨官"了。《元和志》卷三十三《荣州咨官县》云："本汉南安县地。晋义熙十年置冶官县，属犍为郡。隋后误以冶为咨也。武德元年属嘉州。贞观六年改属荣州。"这无异于说隋代仍有冶官县，只是误把冶字写成咨字罢了。《隋志》未曾载的冶官或咨官县的原因，由于《隋志》郡县是依大业五年户籍版编写的，可能是大业初或其以前曾经废过此县，后又复立。唐初已把原有的咨官县从犍为郡改属嘉州，故《元和志》不说武德元年复置属嘉州，而只说"武德元年属嘉州"。还有个证据是：《旧唐志》把荣州的咨官县写作资官（《一统志》引作始官），而在卷一九一的《袁天纲传》说："隋大业中为资官令。"（《新唐书·天纲传》作："仕隋，为盐官令。"隋无盐官县，疑是误咨为盐字。）宋代只有资官县，故宋人的书都不用"咨官"二字（《环宇记》："旧名咨字误"）。刘昫是宋时人，故讹咨官为资官。这亦说明隋的末年有咨官县。结合《元和志》看，隋、唐咨官县的前身，便是晋、宋、齐代的冶官县。"咨"字与"冶"字形似，"冶"字与"治"字形似，故《宋志》误"冶"为"治"，隋末误"治"为"咨"，赵宋以来又讹"咨"为"资"。甚至有误为"始官"、"盐官"的。

我们考订这一个山僻小县建置沿革和遗址位置的方法，首先是探索县名屡改的原因。按照改变县名的规律，不外是：

（1）避当代皇帝庙讳。

（2）别府、州辖县有同名的。

（3）经过重大的天灾人祸后，改名以表示庆幸和祝愿（一般都是由朝廷或州部、省府自上而下，以命令施行的）。

（4）地方官绅憎恶某字，要求改名。

（5）为了要突出地表彰地方某一人物、故事、特产和地理特点而改的（一般是经由自下而上申请，批准施行的）。

（6）还有一种并不经过命令施行，仅仅由于地方偏僻，文化落后，认字人少，经过某种事变之后，办文书的人弄不清楚故县的名字，援音援形，认为别字；同时尚方掌版籍的亦弄不清原作何字，沿讹行为，遂成定案，入于官书。这种例子并不少，单就四川境内说：前汉的符县，后改名为符节，《续汉书·郡国志》却写的是荷节。又郁鄢县，王莽时写作屖鄢，唐时还普遍写作郁鄢。蜀汉的汉复县，晋时援音讹为汉发。晋初在南浦设置武陵郡，周、隋、唐皆写成武宁。隋、唐、宋的名山县，《元史·地理志》讹成石山县；又把芦山县讹成泸山县。这些，都是沿用謌字于官文书，并在一段时间内上下曾经遵用的例子。这类事例，又必然发生在地处边远荒旷，一般文化人都不注意的县份或改朝换代、县治远徙，旧吏绝迹的时候。

根据这个规律，可以判断：从治官、冶官、咨官到资官县屡次改名的原因属于上举的第 6 种。它不但在改朝换代之际改变了县名，而且还屡次迁徙了县治，改变了县境。明、清的地理书，都说资官废县在荣县境内，是元代省并的。那么，晋义熙十年建立的冶官县，历宋、齐、梁、魏、周、隋、唐、五代到宋、元之间九百三十余年，已经由仁寿汪家场附近的一县蜕变成为荣县西南境的一县了。这样看来，南北朝的冶官县，与唐代的咨官县，和宋代的资官县，名称、部位皆不相同，实际是两县、三县，为什么从来的地理书都把它们说成是沿革相承的一个县呢？若还不把这一地区的地理实际情况和历史发展过程先摸清楚，是无法了解这一问题的。为此，我们跟着研究铁山地区的地理情况和社会发展过程。

这里所谓"铁山地区"，指的是今天的荣县、威远、资中、仁寿、井研、犍为六县之间一带山地的总称。它是一个侏罗系地层构成的穹窿状态的山窝，随处都蕴藏着铁和煤矿。古代的人，发现了它露头最显著、采掘最方便、蕴藏也丰厚的地方最先采掘，称为铁山。《隋志》所载始建县的铁山（即今汪家场附近的铁矿），便是其中最便于采冶的一处，所以被人最先开采，并且从汉迄今近两千年仍是旺盛的。当僚民占有这座铁山以后，汉族劳动人民必然会又在其他方面找到铁苗较好的地点开采起来，继续供应川西南官民的需要。这一行动，也必然是益州政府所支持的，在这批矿民聚集的新矿区设置县官来"保护人民"，实际是为了继续掠取精铁。故县治和县境虽皆已改变了，仍从矿工们的意愿，使用旧县名称。但是，新矿刚开，僚人的威胁又会到了；除了一些矿民坚持在那里抵抗外，文士们是不会愿意到那里做官吏的，所以全县识字的人不多，甚至县官县吏也把县名写不正确。（这样情形的郡县，宋齐两《州郡志》里多有，称为"左郡、左县"。在铁山地区《南齐志》便有"齐开左郡"。那时把文化落伍的劳动人民叫作左民，梁以后才废除了左、右二字。）

铁山僚人比他处僚人特别能够较快地发展强大起来的原因，与铁山地区富于盐铁资源有关。他们爱慕汉族劳动人民的先进生产，常向矿工聚集地区招商贩运铁器和其他生活物资，也常与汉族互相掳人去做奴隶。他们掳到矿工，颇为优待，向他学习技术，使他能发挥所长。劳动人民在封建歧视下不能发挥出来的智慧，在僚区反能大大发展起来，使铁山地区的生产一时成了蜀中最先进的生产（例如用竹筒小井汲取深层地下的盐水，是劳动人民在唐代便已发明了的，被代表地主利益和守旧思想的政府一直压制禁止着。而铁山僚则大力推行。故到了宋代小井盛行时，许多生产旺盛的小井都仍保持着僚语的名字）。在这样的经济基础提高的情况下，铁山僚逐渐由奴隶社会向封建社会过渡。他们与汉族政权一面斗争，一面融洽起来；与汉民由物资交易而文化融合，一直发展到宋代消灭了民族界线。铁山僚人这样的社会发展变化，无疑是考订铁山地区这一县治沿革的重要前提。

梁、魏、周、隋年代，即汉僚冲突最剧烈的年代，这一个承担起供应川西汉人住区精铁任务的冶官县，必然是在战争情态中建立起来的。益州政府为了争取铁山矿冶，不能不维持这一县治的设立，但又无力保障所在矿山的安全，不能保持县治的稳定，只好随着矿工们的迁徙而迁徙、新矿区的建立而建立。矿工们被迫迁徙的原因，还不仅仅是为了躲避僚人的威胁，在那技术还很落后的时代，也会经常受到灾害事故的迫胁而不能不另找矿区。例如矿脉断了，矿坑水淹了，矿峒塌了，炭源、水源和粮源条件不够等，都可能迫使迁徙。有时发现丰富和便利的新矿山，也会吸引他们迁徙。是故梁、魏、周、隋年代的冶官县治必然是经常迁徙着的。有时迁徙不远，有时会迁徙到数百里外。每逢发生大变故，大迁徙的时候，也就是县名最易发生讹变的时候。

无论它怎样迁徙，总之是为了继续维持铁业生产。迁徙的范围总离不开这一个侏罗系地层分布的"铁山地区"。而只能是在侏罗系地层与白垩系地层接触的一条线上，即是说只能在铁矿区和农产区的交界线上移动。并循着一定方向移动，而不会在广阔的铁山地区忽东忽西，忽南忽北地错互移动，这是必然的规律。运用这一规律来分析旧籍资料，就可能比较正确地指出这个矿业县治历次迁徙的位置了。

大抵晋、宋、齐、梁的冶官县皆在今仁寿县境，县治屡有迁移，但最先的和最久的一个遗址应该在汪家场。魏、周、隋的冶官县有了大的变动，连县境都改变到今天井研县的部位了。县治可能在今井研东林场与荣县的余家场、观山场、长山桥一带。这一判断，并无旧文依据，只是因见魏、周、隋代对蜀中其他地区郡县多所省并，独于铁山西北地区新增了一些州郡县，例如平羌县、普宁县、蒲亭县、井研县和始建县，还有平羌郡、怀仁郡和嘉州与陵州（参看《沿革表》乐山专区与内江专区）。这显然是为了争取铁山地区的盐铁资源（指陵井、研井这些盐井和铁山区的精铁）而加强地方政权和军事部署的体现。就中嘉州与它最先的治所平羌县，故址在今乐山县岷江以东的铁蛇坳，是尤其值得注意的。它证明周代曾在今乐山、井研两县之间（铁山西面与岷江最为接近的地带），大力推进了政治和军事力量来保障这一地带的盐铁资源。因此，可以判定周、隋年代的冶官县是向西迁徙去依靠嘉州政府保护的。在隋代尚未建置井研县以前，这一铁山区与岷江之间的地面，应当是平羌、冶官两县辖境。就地理形势说：东林场、余家场、观山场和长山桥这些产铁地方，与铁山区的主体部分隔断了一条拥思茫水，对于周隋官军保护新矿区供给了方便（参看插图）。这种形势的经营，是梁武陵王萧纪经营蜀地时就已开始了的。（《元和志》卷引，嘉州云："汉犍为郡之南安县也。后为夷獠所侵。梁武陵王萧纪开通外徼，立青州……周宣帝二年改为嘉州。"）到周武帝时更是加强了一大步。隋初因之。所以知道魏、周、隋的冶官县在今井研、荣县之间，拥思茫水以西的铁山部分。

附注：我们定周代的嘉州和平羌县治所在为铁蛇坳的依据是：

《寰宇记》卷七四《嘉州平羌县》："本汉平羌戍。在荣州应灵县界，深谷戍是也。周保定元年（561）置平羌县，因平羌山为名，属平羌郡。开皇三年（583）罢郡，以县属（当作"为"字）嘉州。仁寿元年（601）獠叛。大业七年（611）移就大江。宝历二年（826），又（徙）于开峡驿，去旧县一十五里。""导江水在县西二十步。"又"四望水在县东南六十里，源出陵州仁寿县界。来经县界，合大江"。又《嘉州》总序云："后周又于此置平羌郡。隋开皇初郡废而州存。"

这很清楚地说明：宋初的平羌县在今乐山县北青神峡口的板桥溪（《一统志》平羌废县引《旧志》云"废县在州北四十里，今为平羌驿"），本为开峡驿，唐宝历二年才由其南十五里的旧县徙治的。它们都在岷江（原文的"大江"，又叫"导江"）东岸。在隋仁寿元年以前的平羌县，那便远在荣州应灵县界的深谷戍了。又改：宋初应灵县治在今犍为县的金山寺，辖境为四望溪下游与拥思茫水中游地带，是开皇十年（590）开置的大牢县的改名。足见隋代的平羌县包括有四望溪的上游，即铁蛇坳、楼子冲、白马场和井研县一带。县治所在的深谷戍（平羌戍）也应在这一带。因铁蛇坳地位较为隘要，故拟订它是平羌故治。

魏、周之际，岷江以西地面也是僚人占据了的。周武帝才开始在今乐山县城地方设置峨眉县，后改名龙游县。隋开皇九年（589）才在峨眉山下别建峨眉县。唐初又才徙嘉州治龙游县。周隋嘉州治平羌县（见《元和志》）。可见铁蛇坳这地方，在周代，同时还是嘉州与平羌郡治。隋初"郡废而州存"，正说明隋初的嘉州治所仍然在此（故"开皇三年罢郡以县为嘉州"）。大业七年才连州及县徙到岷江东岸去的。迁徙原因是避"獠叛"，实际就是对僚战争失败了。

隋仁寿元年（601）的一次"獠叛"，实际是铁山僚人对嘉州政府军压迫的一次大反攻和大胜利。这次迫使平羌县和嘉州退避到岷江东岸去了。冶官县当然会随之荒废。这是《隋志》不载冶官县的原因。袁天纲大业中做咨官县令，当必是大业七年移徙州治以后，经过一番整理，嘉州的军力又充实起来，再一次恢复冶官县。这次恢复，是在另一个新矿区建立起新县治，距旧县之废大约十多年，所以县名讹成了咨官。这次迁徙的新县治，仍当在嘉州界内。可能仍然迁徙过几个地方，但其中最主要、最长久的一个地点是今荣县西七十七里的来牟铺。

来牟铺曾作过咨官县治，赵熙主编的《荣县志》曾作坚决的主张。它说：

资官县治，今来牟铺……宝庆后废。其地在县西。《元和志》：东南至州九十里。《寰宇记》同。惟《九域志》云去州七十五里。合以《元和志》：白崖山在资（按：《元和志》原文作咨）官县西北十里，《寰宇记》本作拥思茫水西二十里（按：原文为"拥思水在县西二十里",《荣县志》强解为县在"水西二十里",故称"本作",又说"写官误矣"。竟谓今刻本是错了的),一一吻合。当今来牟铺确矣。(卷十三《古迹门》)

唐杜佑,宋马端临,皆云:荣州齐置南安郡。今县西七十里来牟铺有古南安郡碑。(《沿革》第一)

南齐南安县碑,在今县西七十七里来牟铺。南安县为南安郡首县,县在此,郡即在此。(《金石》第十四)

《荣县志》有个根本错误,是它把晋宋以来的冶官县和隋唐的咨官县以至宋代的资官县设想为一个固定不变的县治去了。甚至把《元和志》的咨官改写成资官。它既把来牟铺定为历代的资官县治,又说南齐置的南安郡和南安县也在这里,相互牴牾。来牟铺本是汉魏晋宋的南安县地。若碑上仅有"南安"二字,不可以就断定植碑地点是南齐的南安郡和南安县。它并未举出碑文来,就说"县在此,郡即在此"和强改县治对拥思茫水的方位,都是武断。但说来牟铺是唐代的咨官县治,是可遵的。其唯一可靠的证据,是《元和志·咨官县》有"白崖山在县西北十里"这一条。但这一条只适用于唐代的咨官县,不适用于宋代的资官县和隋以前的冶官县。

宋代的资官县不在来牟铺的理由:(1)《九域志》载:资官县有石梯(浙本作石佛)、赖牟、永吉三镇。镇乃是县府的推出机构,设有尉丞,分管一部分民事。县治城市过大的,亦可在城厢或附郭置镇(如成都县有㳌江、蚕丛二镇,阆中县有东郭、南津、西津、北津四镇)。小城市就没有既设县治又设镇司的。赖牟即来牟,既是资官县的属镇,就不会是资官县治。(2)南宋时,陆游有《赖牟早行诗》,云:"孤灯照影听雏鸡,揽辔情怀倍惨凄。雪作未成云意闹,茅荒无际客魂迷……"所描写的是从荒凉驿馆上路的景色,全不像个县治。诗题亦只说的"赖牟",未说是资官。可见宋代的资官县治并不在此;只是因为宋代汉僚两民族已经融洽,荣州已经建立,嘉、渝二州间陆路畅通,这个赖牟镇设有驿站,成为旅客们选定的宿站而已。

宋代的资官县,决不是隋和唐代的咨官旧治,已经明白。以下推究宋代为什么要改县名资官和迁徙县治的问题。

首先应当提出:铁山南面的荣州,是铁山地区建置最晚的一州。《元和志》说:"武德元年(618)割资州大牢、威远二县于公井镇置荣州。"《寰宇记·公井县》说:"武德元年于镇置荣州,改为公井县。贞观六年(632)移州于大牢。"又荣州总序说:"永徽二年(651),移州治于旭川。"唐初的大牢县治在四望溪下游的金山寺,是荣州辖境的极西南挨近大江的地方，与公井（今云贡井）和旭川（今荣县治）东西相去皆在百五十里以外，距所辖的威远、和义两县各在二百里外。为什么唐初要把州治设在那样偏远的地点呢？这有一个历史发展过程问题，下面作简略分剖：

铁山区南面的广阔紫土陵地区，晋、宋以来皆是所谓"生獠"盘踞的地面。他们受铁山獠的领导，顽强地与汉官斗争，同时发展自己的生产。这一地区，在獠民大力推行小井（竹筒井）技术后，盐产异常丰富，獠人自用不完，欢迎汉商入境贩运，加以保护。故盐铁商民深入此区，以至扎庄留住的不少。同时这区獠人亦逐渐倾慕封建文化，逐渐与汉人持近融洽，不似"铁山獠"的坚持对抗。周武帝保定二年（562）隆州总管陆腾大破"铁山獠"，并镇压了资州境内的"獠乱"（详《周书》卷二八《陆腾传》）。遂以资州为基础，向此区开展招抚工作。当时在此区的盐业中心地设立了公井镇（今云贡井）。隋开皇三年（583）"置威远戍以招抚生獠。十一年改戍为县，属资州"。开皇十年（590），又于大牢溪（今荣县河）"置大牢镇。十三年，改镇为县"（故治原在今荣县龙潭镇，后徙犍为县的金山寺）。可见当时招抚工作进展迅速，是由于这区獠人已多愿意受抚。但是，坚持獠汉斗争的"铁山獠"是反对受抚的。他们在仁寿元年（601），集中力量，大举向西南面突袭，击退了自嘉州进逼的政府军，并打破了大牢县。大约就在此时，大牢县治由大牢溪岸迁徙到它的县境极西南的四望溪岸，与咨官、平羌等县共同依傍嘉州政府军，维持铁山西部地区盐铁等矿生产。大业以后，铁山獠逐渐衰弱。此区獠人又复逐渐受抚。故唐初能顺利地建立起荣州来。在建州以前，此区有两大经济资源，构成汉民族与益州政府经营此区的目的。一个是东部的盐井。它能弥补陵井、富义井这些大井盐产的不足。这一以产盐为主的东部地区，过去是由资州进取经营的。另一个是西部的铁矿地区，如上所述，过去是由嘉州进取经营的。唐初在东部设立了公井、旭川与威远、和义四县，西部维持了平羌、咨官与大牢县。同时因汉獠冲突已经和缓，徙嘉州于岷江西岸的龙游县。乃于资嘉之间割大牢、资官、公井、威远、旭川、和义六县为荣州。实在就是合并盐、铁生产人民于一州。所以唐初荣州的任务，主要就是发展盐、铁生产；初设治于公井，是为了督理盐产；嗣徙于大牢（应灵），是为了督理铁产；到铁山獠亦已驯服之时，又才徙州治于旭川，居中控制。

由于荣州的建立和铁山獠的驯服，盐铁两种产业又获得一度的跃进和展拓，东、西部各县都是盐业与铁业并重了。这时的咨官县，矿峒和盐井都发展得很宽，县境繁庶，由素不著名的一个山县一跃而成为荣州最大的一县。《元和志》荣州的县序是旭川、咨官、和义、威远、公井、应灵。这反映元和初年咨官县的地位已经跃居其他大多旧县之上了。也反映了唐代咨官县的县境辽阔，户口殷实，各种产业（包括农业在内）都很发达。它的县境本是以拥思茫水为中心的（这条河下游可以行船）。在产业发达（尤其是盐铁等商品生产发达）的山区县份，最需的是水运。因此，可以设想拥思茫水的水运也会在这时开发出来。从而促成了县治的迁徙和县境的改变。即是说，唐代中叶以后，咨官县治必然会离开赖牟，向拥思茫水下游迁徙。资官县的改名，便也是在这次迁徙中发生的。

这种假想，不是唯心的幻想，而是合于客观法则的。在《荣县志·社祀》第十一，有这样的记载：

资国寺，县西南七十五里，滨拥斯茫水，环境伏瓦砾，时出铁钱、异物。寺后堂阶遗址犹存。国变十年，土人得碑，列四界及县丞尉氏姓，固宋时官阶，其地殆镇所也。宋制：人烟繁盛处置镇，设盐官、掌火禁。凡杖罪以上并解本县，余听决遣。《旧志》云：资国镇已废，盖即此。碑云：西止资官县界溪水。据知为荣德辖也。

又《水道》第五，拥斯茫水一条，有这样的记载：

拥斯茫水，盖晋（按：当作齐、梁）铁山僚立名也。……按其源，今名红豆坡。……流经查家场……铁马桥、平滩、回龙场……长山镇……高洞……小井沟，地有盐井……山产屮、石炭、灰矿往往而有。有宋、明摩崖三则。有地曰银矿坳，光绪末，冶工采，谂曰锑。而铁矿尤多。真铁山之嫡脉矣。而西径青冈坪，水流高疾，与沙荡河等，故有上下高洞之目。……又西至芋家山，老农场水自西来注之。屈而南，径杨家坳，有盐井，较小井沟减矣。……又南径老筒车，又南为渔子坨……又南径马村……又南径挖船坳，流径甚狭。迤而东，径牛鞭洞，以桥下石得名。又东径开井坝，旧有盐井。水泽溪自西来注之。屈而南，至新桥。清初，宜宾贩米而至，运木耳归，归仅十余舟。咸丰间为金石井盐运道，商贾遂盛。光绪初，金石井盐改辚路。今所载，石灰、陶器而已，舟仅百余具。新桥市小而高，光绪戊戌淹于水，里人勒云："六月二十六日街衢行舟。"……又南径云台观……又南径资国寺，宋曰资国镇。其下李家坝，土人掘碑，审知烽燧记，资官、荣德依水为界，则宋时固以镇而兼戍守之地者。两岸庙址甚多。有矶，不治，曰闻喜桥。又南径白鹿洞……后边坝，董家坝水自西南注之。烽燧碑所谓与资官县界者也。又南径大佛沱，崖有佛刻。自是入宜宾……经合什场、观音场、入岷江。

又《古迹》第十三,有"资国废镇"一条:

西南七十里拥斯茫水北岸曰李坝,国变七年,得碑记烽堠界:"东止本甲小市。南止大江。西止资官县界溪水。北止本栅小市。"款识:"保丁王庆宣、保长许大猷、甲头白皓、张伯鸿、都保张伯之、右迪功郎县尉陈、左迪功郎主簿樊、右从政郎县令丁。"按:官阶左右,绍兴时制,至淳熙而字去也。与资官县界溪水,则地辖荣德。溪,今名金鱼坝,在拥斯茫水南,则荣德、资官分壤之判也。《旧志》称:"资国镇,西南四十里。废。"此殆其地。今寺曰资国寺。相传:元兵渡马湖,由江而入,一焚荡尽,故曰犹积瓦砾云。

这部《荣县志》的可贵,在于它供给了丰富的实地采访资料。但编纂人未能细心分析资料和考订,仅依据武断的见解把一个问题的相关资料分割在若干部门载出,使读者对任何一条不能得到全面的理解,这是它的缺点。为了说明资国寺是唐宋间的资官县遗址,这里特将其说归纳为三点,进行分析:

按《荣县志》说:(1)只有来牟铺是历代的资官(冶官)县治。(2)资国寺只是宋代资国镇的故址,属荣德县,即今之荣县。(3)过金鱼坝溪水(又水道说"董家坝水")而南,才是资官县界。关于资官县治从来就不是固定这一点,上面已说过了。以下只讨论(2)、(3)两个问题。

《九域志》卷七载荣州、荣德县有来苏、赖远、公井、水栅四镇,没有资国镇;而资官县有石梯(一作石佛)、赖牟、永吉三镇。略考诸镇位置为:来苏,今乐德镇;赖远,今五宝镇;公井,今贡井;水栅,今龙潭镇;石梯,今长山桥,如作石佛,就可能是大佛沱(今为合江镇);赖牟,即来牟铺;永吉,为今镇子场,也就是南宋的资国镇。以下,单就镇子场是北宋的永吉镇和南宋的资国镇这一推断作出说明。

由《荣县志》这三条资料看,资国寺附近的新桥(今为新场)一带,过去曾经成为很大邑聚,"两岸庙址甚多"。所以近世重建的资国寺"环境伏瓦砾,时出铁钱、异物"。铁钱是宋代四川行使的钱。可以肯定这里是宋代很繁盛的邑聚。判为资国镇,应是正确的。其繁盛的原因,当然由于它是拥思茫水的水运起点,加上铁山西部地区的盐、铁、竹木、石灰、陶器都需要由此运出长江。缺点是水患威胁严重,山洪暴涨时往往弄得"街衢行舟"。只有从事工商业的人需要聚居于此,行政官吏和地主绅士们是不愿居住在这里的。资国寺北十多里的镇子场(距荣县四十里),是拥思茫水西曲东回的曲线内一个农产品市场和道路四通的中心地点，是工矿人民和农民交换日用品的市场，没有水害，资国镇曾迁徙到此处，是可以设想的。镇子场的称呼，证明它原是古代的镇所。依荣县人传说，资国寺旧镇"一焚荡尽"的时间，是宋末蒙古人侵扰蜀地造成的。更可设想明代的人再从镇子场地方建立起资国镇，所以《荣县旧志》载有"资国镇（在荣县）西南四十里，废"几字（荣县西南四十里，正是说的镇子场）。《荣县旧志》，指的是乾隆年间的《荣县志》。那时镇已废为场了，可是这个镇子场是明代的资国镇。

宋代的永吉镇又在哪里呢？就地理形势说，应当在资国寺附近，即新硚这一水运终航点的地方。还有个理由是：几千年来的航运人民，照例把完成安全运输任务，省称为"吉"，依靠水上运输的商人把货品安全运到目的地是吉利，也省称运到为"吉"。船筏主人和水手们把表示船行到达的意思称为"吉"。拥思茫水是凶滩恶水的小河，舟行困难，多失事，是必然的。"永吉"二字显然具有为行舟祝愿的意思。果如此说，那就可以肯定北宋年代，这里已经是资官县的永吉镇了。明代的资国镇，只是永吉镇的改名。

为什么永吉镇会改名资国镇呢？可以设想：这里原是唐末及宋初的资官县治。理由有：（1）唐宋废县遗址多改为镇。（2）水运枢纽，邑聚繁盛，县治必然徙就前来。（3）封建社会发展到官权神圣化的年代，废县遗址往往建立一庙奉祀官吏之"有功德于民者"。这类庙宇，宋代建造得特别多，如像香城寺、永归寺、其章寺、始宁寺、老官庙、官儿寺之类，例不胜举。"资国"二字不像一般的寺名，疑是资官寺的讹称。也可设想唐末徙县时原就是改"咨官"为"资国"二字。因为："咨官"不成文义，那时县里文人已多，必然要求改名；那时县官也不是单管铁冶的冶官，而是以抽取盐、铁、竹木、陶器、石灰和农产品等商品税"以资国用"为主要任务的衙门了。若还曾经改名资国县，那只能是唐代末年和五代时的事，所以《元和志》和《九域志》都不使用它。元明人或者发现残碑、故档，知道它曾叫资国县，但这没有文籍依据，只好暂不肯定。

依《荣县志》所载烽燧碑的文字看来，南宋初年的资国寺和新硚、李坝一带，不但不是县治，而且已经不是镇了，只有一个市场，叫作小市。县尉驻在镇上（今镇子场）。主簿和县令都驻在荣德县城（今荣县）。资官县在小市之西，以一条小溪与荣德县为界。《荣县志》把资官县体会成在此地的南方去了，也是错误的。碑里说"溪水"，应该是南北流向的小溪。金鱼坝是自西向东流的小溪。故指金鱼坝的董家沟为资官界水是不合的。

南宋的资官县治在哪里呢？《犍为县志》定为金石井，是正确的。不过《犍为县志》与《荣县志》一样地把冶官、咨官、资官几个县治说成是一个定了根的县城。因而各执一地，不能会通。《犍为县志》说："冶官县，今金石井场地。"未说什么理由。《荣县志》说："资官县治，今来牟铺。……至新桥南近资国寺，宋有资国镇，今金石井有资官庙，皆与古县治无涉。"亦未提出反对金石井为资官县治的理由。我们的见解：金石井不但是南宋，而是北宋时的资官县治。它是由资国寺迁来的。大约是北宋太宗的淳化末年（993—994）四川爆发了广泛的农民革命战争时才迁徙的。其理由为：(1) 金石井有资官庙，显然曾经是资官县治。(2) 金石井是竹筒小井发明以后的食盐旺盛产地，兼有铁矿。自唐以来，就是一个盐矿旺盛之地。它与来牟镇、资国镇两地相去各七十里，作正三角形。《新唐志》资官县云："有盐、有铁。"即包括三地言之。不过拥思茫水沿岸的盐、铁取运较便，矿源虽不很厚，矿工们总是先集中在沿岸采冶。迨沿岸矿产渐空，才会转入金石井这样的山区。所以金石井的繁荣要较后一步，唐代还不可能成为县治。到淳化年间，农民革命战争激烈时候，资官县这一盐铁产地，必然会成为官府与起义农民剧烈对抗地方。官府最初敌不过农民军，迁徙到山区去，保持金石井这一据点。迨镇压农民革命已成功后，旧治已经残破，遂把新治固定下来。若非经过一度设县，像这样一个山区，要能成为与自流、贡井和五通桥、牛华溪比肩颉颃的著名盐场是不可能的。然而，直到清初，金石井都是著名的盐场之一。它是光绪年间才附属于犍为盐场的。(3)《元和志》说：咨官县"东南至州（荣州）九十里"。这明明指的是来牟铺。《寰宇记》资官县注文说在荣州"西北九十里"。与《元和志》方位道里皆同。但《寰宇记》道里大都是照抄《元和志》，这不能成为宋初资官县仍在来牟铺的证据。它说："铁山，在州（按：当作县。如果说的是州，那便该叙在旭川县下，不该列在资官县下了）西北一百里。""拥思水在县西二十里。"都反映的太平兴国时资官县治在今荣县镇子场的位置。(这铁山，指今来牟铺北的铁山坳，或金石井西南的铁山砦。拥思水，《九域志》作瀼斯水，即《荣县志》的拥斯茫水，恰在镇子场西二十里。)《九域志》载资官县在荣州西南七十五里，这便与金石井的方位、道里相合。即是说元丰年间的资官县治，已经由镇子场搬到金石井来了。(4) 荣县李坝出土的南宋碑，正好说明资官县治在金石井的位置。那时资官县境已很狭小，不是北宋元丰时的包有四乡三镇；起码永吉镇（资国镇）已经划归荣德县了。(5) 金石井向来是一个独立的盐场，它代表拥思茫水流域的盐井（即故资官县区的盐井），其盐皆由新硚上舟运出。清光绪中乃并入犍为场，改由陆路运出。这亦足见其曾为拥思茫水地区的政治中心。(6)《九域志》资官县三镇,没有金石井,正好说明它那时已是县治,而且县治的资国寺反降为永吉镇属地了。

上文把冶官、咨官、资官一系相承九百三十余年的沿革流变和县治部位初步考订出一个轮廓。兹将要点归纳如下:

(1) 荣、威、资、仁、井、犍六县之间由侏罗系地层构成的山区(铁山地区)富于铁矿,汉末年代已有矿工在广都县南界的铁山冶炼精铁,供应川西平原地区。这个矿区,历受益州政府保证,设有冶官。

(2) 晋平谯纵后,把这矿区及附近的农业区划为一县,叫冶官县。县治在今仁寿县的汪家场。时间在义熙十年(414)。刘宋时,江左人讹写成为治官县,载入《宋书》。

(3) 齐、梁间,铁山地区的僚人强盛起来,经常侵扰这一矿区,官吏不能保护,迫得矿工们向西迁徙,另开新矿,铁业市场和县治也即随之移徙。他们向西迁徙的目的,是为了接近岷江水运线,比较容易取得政府军事和政治力量的保护。

(4) 历魏、周到隋初,这一冶官新县位置皆在今井研县与荣县界间的拥思茫水以西的地面。它屡经迁徙,今天还无法逐一指出它迁徙的时间和地点。那时的益州政府,在岷江东岸新建嘉州来保护这一矿区。又在冶官旧县的北面新建陵州来保护陵井,并设立始建县于冶官故境。冶官新县别划有新的县境,即今井研县和荣县西北角地。周代又从资州向铁山东南面推进军事,曾经大破铁山僚和他的附属部落(562),乘时在铁山南面的产盐地区招抚僚人,建立了公井镇(570前后)和威远(591)、大牢(593)等县。

(5) 隋仁寿元年(601),铁山僚大举反攻,政府军失败,嘉州退守到岷江东岸,大牢县西徙到四望溪岸。新建不久的冶官县也荒废了,到大业七年(611)以后,才在今来牟铺重建新县,把县名讹成咨官。

(6) 隋大业中建立的咨官县,历七八两世纪到九世纪初的元和年间,县治没有变动。因为这时铁山僚已渐衰弱,荣州已建立起来,并且产业发达,人口日增,政权巩固。咨官县由嘉州划属荣州,县境也随着所属盐、铁两业工人的扩展而展拓到了拥斯茫水中游的全部地面,一跃而成为压倒威远、大牢两个旧县的大县了。

(7) 唐末到宋初,即整个第十世纪的年代里,拥思茫水的舟运,随着咨官县境产业发展的要求而得到了开发,咨官县治也随着形势的发展迁徙到这条河的舟运枢纽上来。同时似曾改名为资国县,但其后仍改名为资官县,咨官旧称遂废。这次迁徙,县境未变,只县治和县名改变了;县治原在今荣县西南六十里的新硚(新场),

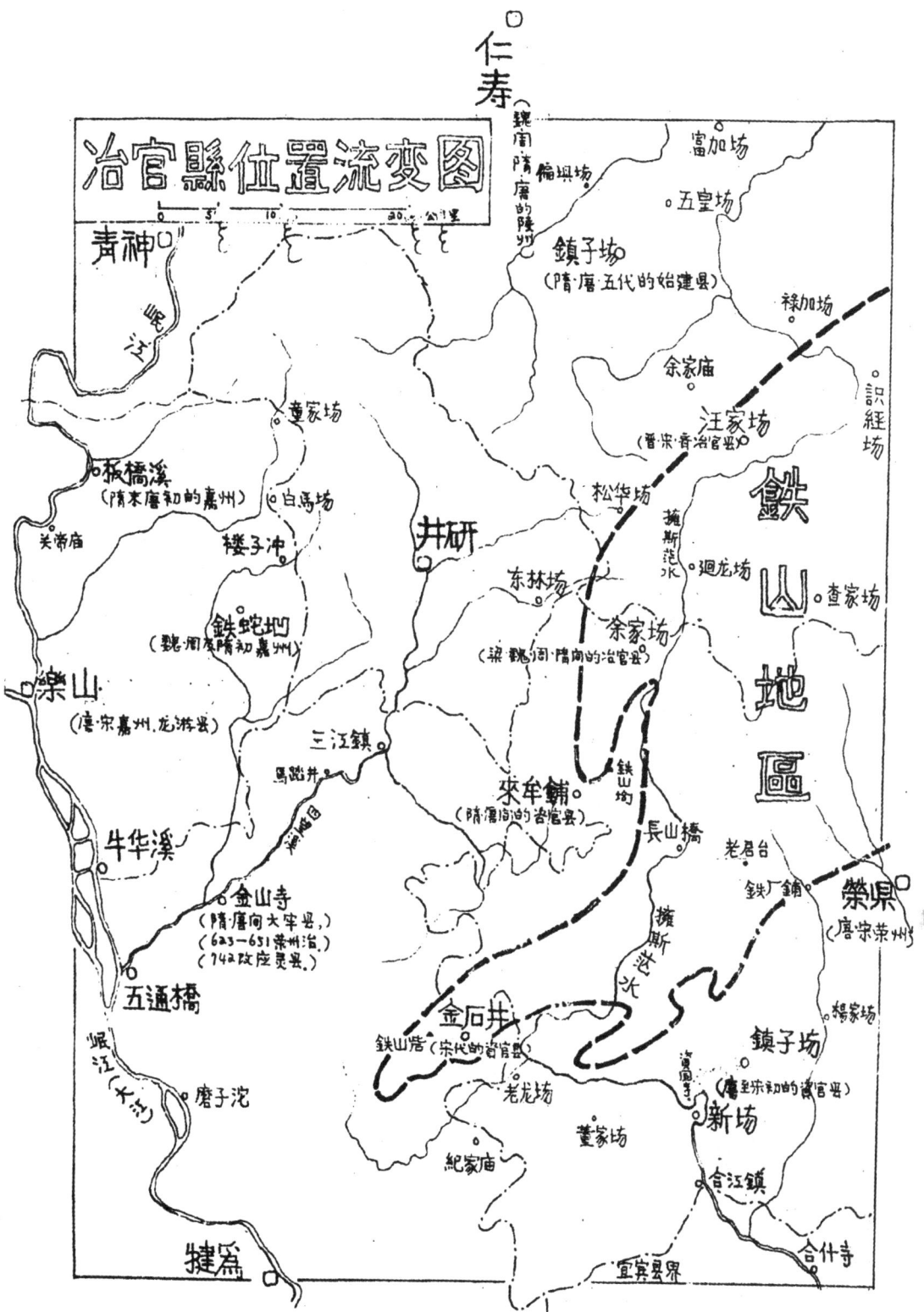

后因常遭水患，迁徙到北面十多里的农产中心，即今荣县镇子场地。

（8）大约在北宋淳化末，农民革命战争的年代里（993—994），资官县治迁徙到铁山极西部的金石井，县境未变。旧治为永吉镇（其后改名资国镇）。

（9）宋末，荣州遭受蒙古军的蹂躏，资官县境化为一片荒凉，元代省资官入应灵县（大牢县742年改名）。并废荣州。

（10）明代省应灵县入犍为，并划来牟镇以北复置井研县，拥思茫水全部地面划归荣县（原荣州）。

四、大竹、潾山两县的建置沿革和今地考订

这是旧籍沿革资料完备，但无今地可指，而县志又曲解妄指，与客观条件不合，必须重新探索，就县志资料纠正县志，从地图上的空白处另自找出正确位置来的例子。

早在第七世纪末，就已设置过大竹县，县治和县境有在今天的大竹县地界以外的，这一秘密，过去的地理书从未曾揭露过。各书所谈大竹、潾山等县的置、废、移、并的沿革，大都说得正确，而且可以相互补充，没有牴牾，但皆未能指出县治的位置。清代大竹县修志两次，由于编纂人不明白先后两大竹县境土的不同，又没有全面踏查的正确访稿，凭自己一知半解去体会古地书里的文句，来判定古县遗址，完全不合实际。这次我们推翻了《大竹县志》的谬说，重新找出古大竹、潾山两县的位置来。为了说明这一考订工作，先把古地书里关于大竹和潾山两县沿革的资料撮要列举如下：

梁置县，并置邻州。后魏改邻山郡。开皇初郡废。（《隋书·地理志》卷二十九《宕渠郡邻水县》）

梁置。潾山，在县西四十里，重叠潾北（比）为名。隋末县废。武德元年分置潾水（山）县，又置潾州。八年，州废，县隶渠州。（《旧唐书·地理志》卷三十九《山南西道渠州潾山县》）

梁置。义宁元年属潾州。武德三年属渠州。（同前书《潾水县》）

大竹，久视元年，分宕渠县置。至德二年，割属潾水郡。（同前书《蓬州大竹县》）

（渠州）东南一百里。二乡，今五乡，亦汉宕渠县地。自晋至齐，地并为夷獠所

据。梁大同三年，于此置隣州及隣山县。后魏废帝改为隣山郡，以山名之。至隋初，郡废，并县入隣水。唐武德元年，分置隣山县，属隣州。八年，废州，县属渠州。县城南西北三面有池围绕，东阻湟水，甚险固，俗号为金城。隣山，在县西四十里，此山重叠，隣比相次为名。南尽县界。东入隣山县界。北入达州三冈县界。北山（当作此山）出铁。湟水，在县东二十步，自忠州清水县界入，当县。（《寰宇记》卷一三八《渠州隣山县》）

（隣水县）亦汉宕渠县地。梁武大同三年置隣水县，属隣山郡，因彼州水以名之，寄理州城。开皇元年，自州城移于岳池溪。今县北九里故城是也。……

隣山，在县北八十里。

隣水，源出于县东北隣山，南流，经（县）东，去县二十六里。又南流，中有大碛，悬流十丈，奔急若惊湍电泻。（按：此指的今幺滩场的大瀑流）（同前书《隣水县》）

北六十里。旧六乡，今五乡，亦汉宕渠县地，后为流江县地。唐久视元年，分今宕渠县东界置，属蓬州。以邑界多产大竹为名。至德三年，割属渠州。宝历中与隣水县同废。其后又置。按《通典》，此邑旧隶蓬州，今属渠州。（同前书《大竹县》）

嘉祐（浙本作景祐）二年，省大竹县为镇，入流江。（《九域志》卷七《渠州》）

武德元年析潾水置。以县置潾州。并置盐泉县，及渠州之潾水、垫江以隶之。三年，以潾水来属。八年，州废，以垫江隶忠州，潾山来属。久视元年，分蓬州之宕渠置大竹县，隶蓬州；至德二年来属。宝历元年，省潾水、大竹入潾山。有铁。（《新唐书·地理志》卷四《山南道渠州潾山县》）

邻山县，下，在州东南二百里。《元和郡县志》云："本汉宕渠县地，自晋至齐并为夷獠所据。梁大同三年于此置潾山县。"（今按：《元和志》渠州文今佚，赖此转载，知：《寰宇记》据之。）《旧唐志》云"梁置邻山县，隋末县废"，不言其置州郡于此邑也。《寰宇记》云："梁大同三年于此置邻州及邻山县，后魏废帝改为邻山郡"，与《旧唐志》不同。象之谨按：《隋志》有邻水而无邻山县……（原有夹注误入正文，兹删。）于邻山郡之废置尽系之于邻水一邑，于邻山初无干预，则邻山乃邻州之别邑明甚。特西魏改邻州为邻山郡，郡治虽在邻水，而郡名则系于邻山，名实虽（今按：当作非，缘上虽字讹。）相乱矣。而（当作"盖"）魏之邻山县实理于邻水县耳，非理邻山也。以至范子长《皇朝郡县志》于邻山下注云："梁大同三年，于县治置邻州。"而于（邻山）县下亦注云："梁大同三年，于此置邻州。"同在梁大同之三年，同置邻州于两邑，不应以一州而分置于两邑也。新、旧《唐志》邻山下并云："隋末县废。唐武德元年析邻水县置。又置邻州。八年，州废，隶渠州。"与《舆地广记》所载一同。则梁之邻州治邻水，唐之邻州治邻山，不可以不辨。《元和郡县志》云："县城南北三面有池围绕，东阻湟水，甚险。俗号金城。"《图经》云："本朝乾德三年，移县于故潾州城内，即今治所"是也。(《舆地纪胜》卷一六二《潼川府路渠州》、《县沿革》——据粤雅堂本)

大竹县，在州西北五十里。《续通典》云："亦汉宕渠县地。"《皇朝郡县志》云："唐久视元年，分宕渠县东界置，属蓬州。以邑界多产大竹为名。"至德二年割属渠州。宝历中与邻水县同废入邻山。其后又置。皇朝皇祐二年并入流江。故《舆地广记》无(大竹县)。绍兴二年复置，从州守何令修之请也。(与《宋史》校，皇祐、景祐，二年、三年不同。)(同前书《大竹县》)

渳水，《寰宇记》云，在邻山县东二十步，自忠州清水县界流入，当县。《元和志》作湟水。(今按：湟水，渳水，涅水，本书互异。)(同前书《景物上》)

邻山，《元和郡县志》："在(邻山)县(?)一百三十九里，其山谷西入邻水县界。"又云："在(邻山)县西四十里。此山重叠，邻比相次，迤逦南尽县界。此山出铁。"(同前书《景物上》)

县三，流江、潾水、潾山。南渡后增一县，大竹。(《宋史·地理志》卷四十二《渠州》)

西魏县。景祐三年，废大竹县入焉。绍兴三年复分置。(《宋史·地理志》卷四十二《流江县》)

唐县。乾德四年移治崑楼镇。(同前书《潾水县》)

梁县。乾德三年，移治故潾州城。(同前书《邻山县》)

至元二十年，并邻山、邻水入焉。(《元史·地理志》卷六十《顺庆路渠州大竹县》)

在州北一百六十里。本汉宕渠县地。晋属巴西郡。隋属宕渠郡。唐分宕渠县东界置大竹县，属蓬州。省入潾山县。宋复置，属渠州。元并潾山、潾水二县入焉。本朝改今属。编户三十三里。(《大明一统志》卷六十八《顺庆府广安州大竹县》)

元属渠州。洪武九年来属。西有九盘山，东有流溪，下流合于渠江。(《明史·地理志》卷四十三《顺庆府广安州大竹县》)

本宕渠县地。梁置县，并置邻州治焉。后魏改置邻山郡。隋开皇初郡废，县属渠州。义宁元年改属潾州。唐武德三年，还属渠州。宝历初，省入邻山县。后复置。

宋因之。元至元二十年，省入大竹县。咸化二年复置。……潾山城，县东南五十里，梁邻水县地。唐武德初，分置邻水县，并置潾州治焉。八年州废，县属渠州。五代初，王建复置潾州于此。宋初州废，仍属渠州。元至元二十年，并入大竹县。今为邻山镇。……邻山，县东四十里。《志》云，此山出铁。邻次相比，故名。《华阳国志》："宕渠县有铁官"，以此。(《读史方舆纪要》卷六十九《广安州邻水县》)

汉宕渠县地。唐久视元年，析宕渠之东界置大竹县，以地产大竹而名，属蓬州。至德二载改属潾山郡。宝历元年，省入潾山县。五代时复置。景祐三年，省入流江县。绍兴三年，复置大竹县。元仍属渠州。明初改今属。(同前书《大竹县》)

汉宕渠县地。梁置邻山县，兼置邻州。后魏废帝改曰邻山郡。隋开皇初郡废，并县入邻水。唐武德元年复置潾山县，又置潾州。八年州废，县属渠州。宋因之。元至元二十年省入大竹。仍移大竹县来治。明洪武初，改属广安州。本朝属顺庆府。(《大清一统志》卷二百九十九《顺庆府大竹县》)

邻山故城，在大竹县东南。《寰宇记》：县在渠州东南一百里。……按：《隋志》、《寰宇记》、《九域志》皆作邻山。新、旧《唐志》皆作潾山。(同前书《古迹》)

大竹故城，在渠县北。《寰宇记》：县在渠州北六十里……《旧志》：元至元中并邻山入大竹县。仍移大竹县治于邻山县界，即今县也。故县城自此遂废。(同前书《古迹》)

以上这些资料，对于大竹、邻山两县置、废、并、改属的沿革，陈陈相因，互相补充、印证，没有分歧。中有几种，记入山水、形势和对属州的方位道里，可资以考订县治位置。但是由于这些修撰全国性地理统志的学者们，对全国各地地理实际的了解不够，不可能把故县遗址都考订出来，这是不足怪的。《明一统志》开始普遍考订各县的位置，清人继之；由于全国地面太宽，他们不可能全面考订正确，也是不足怪的。清道光二年修的《大竹县志》(简称《旧志》和民国十七年修的《大竹新志》(简称《新志》)，都是数十卷的巨帙，列了不少的古迹，却未把大竹故城考出个轮廓来，所考的潾山故城又显然是错误的。对我们这一工作说来，毫无帮助。相反地，我们不能不帮助《大竹县志》纠正错误，重新考订出这两座县城遗址。

大竹故县遗址在哪里？

《大竹旧志》说："唐宋大竹县，在今县北凤来乡，接渠县界。元至元二十年，省潾山县入之，因移治木门镇。"又说："凤来乡在县北一百里，接渠县界。相传旧治在此。"(《新志》同)但是，翻遍了新、旧两《志》，却找不出更有任何文字说到凤来乡。试按"县北一百里"这句话去推查，结果更使人惶惑失望。因为，今大竹县城北或西北的渠县界一般在五十里左右，其中有犬牙错出之部，最近处只三十里，最远处亦不过七十里，说"百里"地，便已是渠县心腹之地渠河沿岸了。

今天的大竹县境找不到凤来乡，是不是它在渠县境内呢？再查《渠县志》，明代渠县四里，中有一个叫凤来里，其地为今渠县东北渠江两岸一带。看来，《大竹旧志》说的凤来乡，实在渠县境内。可能在道光年间修志时，有父老传说大竹故城在那里，修志人不考凤来乡究在何处，马马虎虎说"县北一百里"，等于混列在大竹县内了。但是，《渠县志》只曾说明代有凤来里，未说有凤来乡，也未说到大竹故城。是否大竹故城不在渠县境内呢？细查上举资料，既然唐、宋人都说大竹县初属蓬州，足见它的县境必然在渠县东北，即明代的凤来里内，决不会超越渠县，飞辖到华蓥山脉以南的今大竹县界来。可以肯定：大竹故老传说的凤来乡，就是《渠县志》说的凤来里。

再查，《寰宇记》说的"北六十里"，当然说的是唐、宋大竹县治在渠州北六十里。渠州今为渠县。但我们细查渠县图籍，县北六十里左右的地面，找不出可当大竹县治的地位来。而且那是紫土丘陵地区，不产大竹。大竹（南竹）只可能生产在渠河与华蓥山脉间的山地内。况且即使旧大竹县与新大竹县是不同的两个地方，它们的县境也必然会是交叉的，或衔接的，断不能一个在渠县的北面，一个在渠县的南面。若旧大竹县在渠县北，就不可能"并县入邻水"，更不可能"并邻山、邻水入焉"，也不可能"省潾水、大竹入潾山"。可以肯定，《寰宇记》这句话是错了的，《大清一统志》也沿误了。大竹故城，只能在今渠县东北"凤来里"内。再详检渠县东北的实测地图，在临巴溪（县城东北三十多里渠河岸的一个市镇）东北十余里，找得一个名叫"知县坝"的地名，跟大竹县城恰是百里左右。距渠县城为五十里，但须渡水两道，耽延时间颇多，故亦有算作六十里的。若把《寰宇记》的"百六十里"改为"东北六十里"，则道里、方位正合得来。从知县坝上行约十里为三角砦，即是宋末徙渠州城于此的礼义山。《渠县志》载徙城事甚详，却未说到"知县坝"设置过大竹县治。因此有人怀疑知县坝是宋末徙渠州治上礼义山时，把流江县治也徙在此处。这种猜测是不合实际的。宋末徙城，照例只徙府城和州城，不徙县。平时，县官在原治管理民刑钱谷等事，战时就搬到新徙府州的山城去避难。敌退后，县官们又各回本治去办钱粮，理民事。因为山城虽然坚固，但是如果没有钱粮支持，是不可能长期抵抗蒙古军的。以此可以判断，知县坝不是因驻过流江知县得的名，而是因为曾经长时间作为大竹县治得名——自久视元年置县至至元二十年徙时，历史五百八十四年。

《明史·地理志》所说大竹县的流溪，今为大竹河（又名竹溪，又叫东流河），从县城北流，经人和、杨家、清河、柏林口等场至达县水石头入渠河。在人和、杨家、清河三场镇间，大竹与渠县境界是犬牙交错的。这说明旧大竹县境包有此河。元代徙治时，把华蓥山脉以北的旧县治和大部地方划归渠州的流江县，仅把流溪上游人和场以上的地面与邻山县合并为新的大竹县。由于流溪沿岸人民愿归新县和愿留属旧县的互有分歧，所以构成了这带县境的犬牙交错。新县本以邻山故境为主，而仍称大竹，正是由于县治设在大竹旧境的原因。

这个新县治，旧名楠木坪，又叫木门镇，可以想见，旧时它原是民户稀少的一块森林台地。由于它当夔、万与顺庆、成都陆路交通的冲要，宋末蒙古侵蜀时屡遭兵燹，所以荒凉。入元以后，军事宁息，又复繁荣起来，成为一镇。元代设治以后，一直繁荣到现代。于是清代的人只知道这里叫大竹县，没有人知道"知县坝"的旧大竹县了。

邻山县故城在哪里，是不是今天的四合镇？

《大竹旧志》没有提到邻山故城在哪里。《大竹新志》首创四合镇为邻山故治之说。它的"《古迹》"门引《旧志》的记载说：

邻山故城，在县东南。《寰宇记》：在渠州东南一百里。本汉宕渠县地。自晋至齐，并为夷獠所据。梁大同三年，于此置邻州及邻山县。后魏废帝改为邻山郡，以山为名。隋初郡废，并县入邻水。唐复置县。城西南北三面有池围绕，东阻涅水，甚险，俗号金城。

《新志》增加了一段它自己的见解：

按：今东山由垫江界流入四合镇之水即涅水。《邻水志》："邻山在水西二十步。"邻山故城应在今四合镇，无疑。

这是旧籍里唯一的能把邻山故城指定出今地名的一条。但这个指定是错误的，不是"无疑"，而是可疑之点甚多。因其是唯一的首创，故有必要进行审慎的研讨，以判断它是否正确：

首先要指出，这部《大竹新志》，不但采访工作很差，有许多重要地点皆未入志，而且未翻检旧籍，只依《旧志》引用古地理书，而未去核对原文。《旧志》所引《寰宇记》的一段文字，是从《一统志》转引的，因此把涅水写作涅水，其他文字也多与《寰宇记》的原文不同。《新志》只是照抄《旧志》，甚至连《一统志》都未查对，故其文字与《旧志》一样，只删了《一统志》几句，改为"唐复置县"一句。《寰宇记》明明载有："涅水在县东二十步"，由于修志的人未曾看见，及另引《邻水县志》来作证。可见作者除了参考《旧志》和《邻水县志》而外，并未参考其他书籍。照这样的方法去进行考订，是决不可能正确断案的。

其次，根据自然条件和历史发展条件，梁代的郡县，还不可能发展到四合镇这个地方来。试从实测地图审量：由达县流到合川的这条渠河，是川北紫土方山区的边界，自涪陵到万县这一段长江，是川东平行皱褶区的中心线。达县、合川、涪陵、万县这四点恰好构成一个菱形地区；渠河与长江成为它最长而相等的两条平行的边线。这段长江河谷，是巴南山区最先建立郡县之地（参看秦、汉和蜀汉的四幅图）。惟这菱形地区内是开发得很迟的。而菱形中心地带开发得更迟。这一菱形地区内，有五个平行并列的背斜褶皱，构成五条绵亘不断妨碍交通的山脉；有四条骈列的向斜层带（合长江、渠江两河谷是六条），构成相互隔阂的四个狭长槽地，为农业人口聚居之处。自渠河向长江依次举来，便是：

第一条山脉，一般叫作华蓥山脉，主峰雪宝顶在广安、邻水界上，海拔1500公尺。北支在大竹、渠县之间为云雾山、九盘山、万里坪诸山，穿三汇峡出渠河之北，矿产丰富，即《旧唐书》和《寰宇记》所说的潾山（邻山）。

第一条槽地之水，分汇入邻水河（入江）与大竹河（入渠）。今为邻水、大竹、达县的主要城邑皆在这槽地内。它们都是梁代才开始设立县治的。

第二条山脉，以玉顶山为最高（1123公尺，在大竹与四合镇之间），姑称为玉顶山脉。它中分大竹、邻水两县为南北两部。

第二条槽地之水，分汇于高滩河（下游与邻水河合）与东流溪（古名三冈河，入渠水），分属邻水、大竹两县，至今还未建立过县治。四合镇便在这槽地内。

第三条山脉，在邻水、垫江界上。风门垭是邻垫通道所经，海拔1150公尺，姑称为风门山脉（垫江、梁平人称为西山，大竹、邻水人称为东山）。东北入开江县境为联珠峡（开江河穿过处），西南入江北县境，抵长江为明月峡。自此以东，地势渐低，斜达长江河谷。

第三条槽地之水，分汇为龙溪河（自长寿入江），与开江河（穿联珠峡至达县入渠江）和开县河（经开县折入长江）的上游。这条槽地，距长江、渠北两河谷皆较远，齐、梁时尚无郡县，久为川东少数民族所占有。西魏时始由长江方面进行招抚，开辟出垫江、梁山两县来。垫江本自为郡，隋时改隶渠州；但是由于形势隔阂，不到四十年，又改属潾州。隶潾州仅八年，又改属忠州。直到清末皆属忠州，未再改。这说明了它的自然条件和社会条件，都是应该属于长江体系的。

第四条山脉，梁平、垫江人称为东山，以梁平东二十里的蟠龙山著名最早，姑称为蟠龙山脉。是梁平、垫江与忠县、丰都的界山。

第四条槽地之水，皆流入长江。

第五条背斜层地势原低，又由于逼近长江，江谷深陷，支流袭夺了它南北两面各水道，划割山脉为若干段，一般人因为它不是连岭，不把它看成一条山脉，也就无须给它取个山脉的名称。由于这条背斜层不能遏住第四槽地的水径入长江，故第四槽地实际上成了长江向斜谷的一个附属地带，在政治上历来就是沿江各县的辖地（只唐代曾在第四槽地设立过一个清水县，后改桂溪县，入宋便又废并了）。

以上这些山脉和槽地，在早全是賨民或板楯夷的部落居住。晋世僚人入蜀，排逐賨人，占据这带的山寨。直到宋、齐，皆未能建立郡县。梁武陵王萧纪经营巴南，才开始招抚夷僚，建立邻山、邻水两县。但仍是不稳定的，屡次省并，又屡次复置。这反映的是，一部分夷酋叛了，又有一部分夷酋受抚。历唐及宋，州县才渐次稳定下来。至于政府由长江向斜谷推进所开辟的郡县，还会更晚一些。像这样的地理形势和社会发展情形，如何可以设想梁代便能深入到第二条槽地的四合镇来建立起邻州和邻山县呢？不但梁代没有这一可能，便是周、隋、唐、宋代，亦不可能把邻山县治迁徙到这里来。因为四合镇距大竹百余里，距垫江只四十多里。若周、隋、唐、宋把邻山县设在四合镇，它就必然与接近长江水运的忠州和垫江县发生分合关系或隶属关系，而不至于长久与邻水、大竹发生分合关系和与渠州发生隶属关系了。

再次，按旧籍关于邻山的资料来说，也都可以肯定它的治所不在四合镇。例如《寰宇记》说：邻山县在渠州"东南一百里"。这明明说的是华蓥山脉中的某一座出铁的山。又说："邻山在（邻水）县北八十里"，"邻水源出县东北隣山"。可见这座最早著名的铁山在今大竹县西南邻水河发源之处。它距邻水县八十里，应该是在今大竹庙坝场西边的华蓥山脉部分。今从庙坝场西翻欢喜坪大山，下望溪场（属渠县）约六十里。又六十里至渠县（即古渠州）。欢喜坪即旧时著名的矿山，其附近地名"灯盏窝"，即从前的矿穴（矿穴出入者皆系灯，故从前的人常把矿穴叫作"灯盏窝"）。山的南麓有地名"半边街"，当是昔时矿区的市易场所，其地距渠县恰一百里。疑梁邻山县城，原设此处。四合镇距欢喜坪约一百里，不在邻水河流域以内，与《寰宇记》所说不合。

《寰宇记》是以芜杂著名，它的资料来源很复杂。其中有些是具备地理实践的真实记载，例如上引的邻山、邻水的脉络原委，与今日的地理踏查记载完全符合。也有些是前代人凿空附会之词，例如上引涅水这条河的原委。《寰宇记》说涅水"自忠州清水县界入"，流经邻山县下便不可靠。查清水县，唐武德二年置，天宝元年改名桂溪，可见这条引文，是引自从贞观到开元年间写成的地理书，如《括地志》之类。但是清水县境处于上述第四个槽地，与第三个槽地内的垫江县境，其间隔有一条高大的背斜山脉。而垫江又与四合镇所在的第二条槽地隔有一条高大的山脉。四合镇海拔比垫江高五十多公尺，比清水县故址的双桂场高一百多公尺。无论说涅水是今天哪一条河，也断不可能从清水县境横穿两座大山，从长江谷的斜面向北倒流到海拔较高一百多公尺的四合镇来。《寰宇记》的涅水，《水域志》作湿水，《舆地纪胜》作湟水、溟水、涅水，《一统志》作涅水，自宋迄清的人把它的名字都还未弄清楚，怎么说得上弄清它的源流，确指为今天的哪条河呢？《邻水县志》依据《寰宇记》"涅水在县东二十步"之说，拟兴仁场（在邻水县城东南九十里，北去四合场二十余里）为古邻山城，拟高滩河为涅水（原志也作涅水），还有几分似处。而四合镇在高滩河支流一小溪的东岸，东南距高滩河还有数里，不是二十步，便毫无似处了。

《大竹旧志》有这样一条："四合镇，县东南一百四十里，旧名伯王镇。"《九域志》邻山县十镇中有"巴王"一镇。伯、霸二字古通，巴、霸、伯字音近。可见四合镇就是宋代的巴王镇，它是邻山县的属镇而不是邻山县治。

《大竹新志》为什么会把四合镇说成古邻山城呢？我们猜测唯一的原因是：清代曾在那里建立过衙门，设有官员（乾隆四十七年，移顺庆府同知驻四合镇，并驻外委一员），准备置县这一事实。在《新志》中，把《邻水县志》的现成考订，轻松地北移二十多里，结合到这一现成具有衙门遗址的地方来。却全不想到：《旧志》明明说到这是乾隆时因为"地方不靖"而采取的暂时措施。到嘉庆五年，镇压白莲教军事结束时，便裁撤了。这与古邻山城有甚相干呢。以上说明，古邻山城绝对不在四合镇。

古邻山城究竟在哪里呢？

当根据邻山在邻水县西四十里和在邻山县北八十里这一线索，在今大竹县西南六十里的庙坝场附近去寻找。我们认为，在庙坝场北十二里牌坊巷附近的大城砦，是最适合的。理由是：

（1）《旧唐志》和《寰宇记》说的"邻山在县西四十里"，与欢喜坪在大城砦西四十里形势适合。

（2）邻水河到牌坊坝附近，恰好绕流大城砦山麓的北、西、南三面，削山成悬崖绝壁，成为天然险固的城寨，与《寰宇记》"号为金城"一条形势符合。这里必须注明，《寰宇记》"三面有池围绕"的"池"字，乃是沿用的賨语。賨语把河叫作"池"，与滇语把湖叫作河一样，是少数民族初学汉语时分辨不清字义而习惯使用的字。《寰宇记》里賨民旧区如此使用的"池"字颇多。例如邻水县"丝经池在县南八十里"，实际说的是高滩河。又"自州城移于岳池溪"，实际指的从华岳水洞流出来的运斗河。賨语高山为"岳"，故自华岳流出的水叫岳池，汉人沿用旧名，再加上溪字。岳池故县河叫思岳池，亦是此义。又蓬州蓬池县，本大寅县，"广德元年改曰蓬池，取蓬水以命名"（见《寰宇记》卷一百三十九）。又朗池县（今营山县），"以临古朗池为名"。所说的"池"，都是河水，并非是池。

（3）《寰宇记》说的涅水，是邻水河东源的盐井河，"县东二十步"应是"县东二十里"。这条资料来源，本是有问题的（已具上文）。但涅水这条河，是实有的，而且是宋代此间人民很重视的一条河，所以宋人的地书皆收列了它的名字；同时它又不是什么举世瞩目的大河，所以元代以后直至现代，没有人能确切地指出它是哪条河来。《九域志》：邻水县有四乡，十镇和"卧牛一盐井。有邻山、湿水"。湿水即涅水，即盐井河。这是古代这一广大山区中唯一出产食盐的地方，在今大竹县川主庙（场名）之南，只是一条小沟。沟里有个市集，叫盐井河。沟水下流为邻水河的东源（板桥河），经高穴场、妈妈场至高家坝与西源（即牌坊坝那条河）汇合入邻水县界。妈妈场这一带农产丰盛，也可能是这条小河能够著名的原因。盐井河、高穴场、妈妈场与大城砦距离都是三十里，古今道里尺度不同，宋人记为二十里，又误为二十步，是可以理解的。

（4）《新唐书》说武德元年至八年设立的潾州，所领为潾山、盐泉、潾水、垫江四县。其盐泉县，未说何时省并。《方舆纪要·邻水县》说："盐泉废县在（潾山）县南，本邻水县地。唐武德初析置盐泉县，属潾州。八年州废，县省入潾山县。"《一统志》略同，改首句云："在大竹县南。"并增《旧志》，"盖因盐井为名"一句。据此，可知盐泉县是与潾山县同时分潾水县地设置的。潾山县为潾州州治，盐泉县仅设县八年，即与潾州同废。其他并入潾山县，也是必然之理。盐泉县又必然在盐井河。那么，潾山县的位置在潾水的西源河谷内，盐井县在潾水东源河谷内，也是必然之理了。从而宋人记邻山县的，都要联系到涅水（湿水）这条河的缘由，亦可理解了。

(5) 牌坊坝得名的原因，据《大竹新志》说是"以距场里许有明部郎徐旻牌坊得名"。这虽然与梁置州县无关，却可说明宋代的邻山县治在大城砦。因为，至元二十年并邻山县入大竹后，故城一定是为镇为乡的邑聚，仍有望族大姓人户居住于此，所以明代能在此处产生徐旻这些人物，有牌坊来炫耀他的居里。

(6)《九域志》䜞山县十镇中，首先一个是邻山镇。这可说明潾山故城并非长久固定在一处，而是屡有迁徙的。邻山镇是一处，邻山城又是一处（例三曾说到小县不会有县治与镇同在一城的理由）。《方舆纪要》说潾山城"今为邻山镇"，那不是说的设在大城砦的兵乱年代的潾山城，而是说的设在山下平坝的承平年代的潾山县城。依此，我估定承平年代的邻山县治，即邻山镇的位置在今大域山寨下的老庙坝或新庙场等处。它与邻州和潾山县城是互相依倚联系一体的两个地点。老庙坝，可能就是一个代表故县遗址的"老官庙"位置。新庙场，可能是由于老镇毁坏后，又重新建立起来的骤邑。即是说邻山故镇在老庙坝。又等于说，有一大段承平年代的邻山县治在老庙坝，也有一大段兵乱年代的邻山县治在大城砦山上。而且，除这两处之外，还可能迁徙过另外的地方，但总不超出这纵横三四十里的地面，断不可能迁徙到四合镇那样远的地方去。

以上这些理由，都只是搜集故籍文字，结合地理实际的一些体会。更主要的理由，还在于这一地区社会发展情况的依据。以下，略述这一地区的历史发展情况，借以作为本文的总结：

自涪陵、万县、达县、合川四点联缀成的一大菱形地域内面的五条山岳和四条槽地，晋以前是賨民族聚居的地方。当賨民族正向封建社会过渡的时候，僚民族迁来占领了此地。他们原是与驻在长江与渠水两河谷与汉族官府相对抗的。经过一段经济交流的时间，接近长江和渠水的山地和槽地的僚人，亦渐有倾慕封建文化的。他们大都是大奴隶主，各自占据有一个以上的山砦，拥有一定的部曲和资源，乐于与汉族交易，并在交易中充实自己的力量与发展自己的地盘。他们贪爱汉官的赏赐和汉地的货物，所以逐渐愿意接受汉官的招抚和朝廷颁给的官衔，并逐渐容许汉官入境征取他们一定的赋税。最先开置的州、郡、县，实际情形便是如此。汉文书里，常把这些奴隶主称为"巴南豪杰"。依傍这些"豪杰"所建立起来的州和县，是极不稳定的。受抚的"豪杰"与汉官常有矛盾，易生叛变。"豪杰"之间也常有矛盾，受抚的和未受抚的，以及受抚的和受抚的之间常有战争，忽兴忽灭。汉官从中操纵投机，把所设州、县官名义转移运用，或是舍此就彼，或是被迫逃走，当时的官方文书把这些变化叫作州县的徙、并、废、置。初开州郡年代的沿革记录，实际情况便是如此。

渠州，即汉代的宕渠郡，《续汉书·地理志》已经有"出铁"的记载。自后一直是供应蓬、阆、果、遂诸州铁器资源的一个州。渠州产铁的地方，只在华蓥山脉侏罗系地层露出部分，其中潾山一处是周、隋、唐、宋朝代最负盛名的铁矿。矿穴在今欢喜坪附近，原只在山脉北面采冶，那是汉民居住地区。后渐发展到山脉南侧，与僚民住区接触，并需要僚民供应矿区的粮食。大约在齐、梁之间，南麓的半边街已经成为僚汉人民进行农矿产品交易的市场。为了保护这一市场的安全，就必要进行招抚僚民"豪杰"，给以赏赐、假以名义的措施。这是梁代开始建立邻州和邻山县的原因。

最先一个受抚的土豪，授邻山知县；其次一个，授邻水知县。只有邻州州官是由代表朝廷的益州政府派来的流官，带有军队，钤摄这两个土官。土豪原住的山寨，此时权作县治。潾山土寨，当在半边街附近。潾水土寨，当即是今的大城砦。大城砦不但最坚固，而且面临潾水河这一广阔的农产地，占据这一山寨的"豪杰"，势必成为这一地区最富强的一家，所以州治不设在先置的潾山县而要设在后置的潾水县了。乐史撰《寰宇记》不理解这道理，说成是潾水县"寄理州域"去了。由这"理"字，可知他是转引唐人之说而发生的误解。

由于梁代有这一措施，使矿区得到巩固和发展，矿民增多，商民、垦民、工匠都源源而来，流官势力渐固，土官势力渐衰，可能在原任"豪杰"死后，子孙孱弱，县官也就一同改设流官了。这时汉地垦民也会沿着潾水这条河谷向南北发展，侵夺僚民土地，建成汉族农村。到了隋初，遂合两县为一，而在潾水中下游另建潾水县。废去郡官（魏改州为郡）。这是这条河谷里政权已经趋于巩固了的反映。

在如此简化地方政权以后，四山夷豪又可能乘机抬头，地方仍复多事。所以唐初（618）又复加重地方政权，重置潾州（州治大城砦），并新增了盐泉县，而且把较远的垫江县都划入州境。这是唐初招抚夷豪很广泛、深入，和这一菱形地区的僚人亦已更多地乐于受抚的反映。但实际支持州政府，仍是邻山、邻水两个汉民最多的县，故仅仅经过七年，又把垫江划属忠州，废了盐泉和潾州（625）。到了九世纪的宝历元年（825），汉僚人民殆已全部融洽，地方行政更可简化，又把潾水和大竹县都并入潾山县。这时的潾山县治，可能徙到河谷平原的老庙坝来了。

入宋的乾德三、四年间（965—966），即孟蜀亡国的时候，由于蜀人还多不服宋朝的统治，故再把潾山县治徙上大城砦。同时把邻水县治地徙上昆楼山，显然这是一种应变的措施。大约在至道（995—997）以后，即镇压蜀中农民革命军以后，复

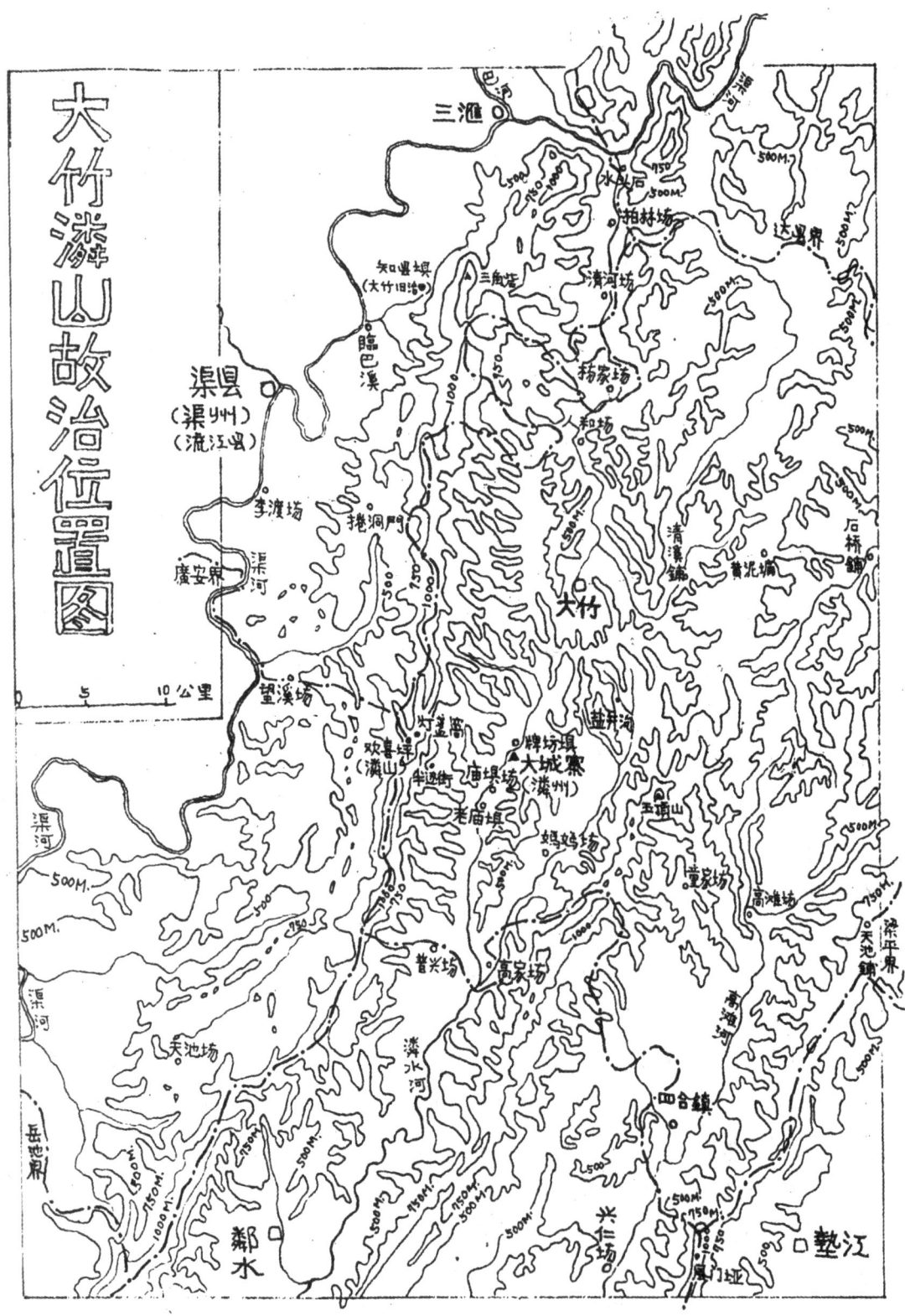

把县治徙到平地来。故址可能不是老庙坝而是相去八里的新庙坝（庙坝场）了。这时县境已无僚汉民族的差别，徙治只是为了防备汉民的叛乱。

南宋复置的大竹县，县治虽然在知县坝，县境则跨有大竹河流域。到元至元二十年（1283），把大竹县治徙到䧢山县境的木门镇来，废䧢山县为邻山镇，隶属新的大竹县。因为这时欢喜坪的铁矿已衰，而渠、万陆路大通，木门镇地位的重要远远超过䧢山县治了。

这样的结论虽然只是我们的假说，但用这样的假说去核对各种古籍里关于䧢山县的资料，核对有关这一地区的历史记载和关于这一地区的地理调查，却甚吻合。

以上四例，大体上已把我们编制本沿革图表时，如何处理旧资料，和如何开辟新途径，去找寻故县位置的主要方法表达出来了。使用这种方法，必须注意下列三点：（1）掌握充分的旧籍资料，认真细致地分析这些资料，把可靠的资料连贯起来。（2）掌握相应地区的历史发展过程，用它与可靠的资料相结合起来。（3）掌握相应地区的地理真实情况，用来与历史发展过程和旧籍资料相结合起来，最后得出结论。

这种方法我们叫作"历史地理学"的方法，为使读者便于了解这种方法于本书的运用，在以下三个探寻故县遗址的例子中，说明在文献资料缺乏情况下我们是如何运用历史地理学方法进行考订的。

五、考订三冈县故治的经过

与邻山、大竹紧邻的三冈县，梁大同二年置，北宋熙宁六年省，具有五百多年的历史（536—1073）。旧籍说到它位置时，只《寰宇记》卷一百三十七有（达州）"西南四十里"一句。《一统志》沿用。从而《绥定府志》、《达县志》和杨守敬《历代疆域沿革图》、龚煦春《四川郡县志》都把故县城定在达县河市场。本图初稿也是这样定的。经过编表时细核资料，发现它断不可能是河市场。因为，三冈县的沿革关系与新宁县（今开江县）甚为密切，与达县只有隶属关系，没有境域纠纷。（参看《旧唐志》和《寰宇记》，不更引文。）因此，推测三冈故治应在今达县南境与新宁连界的部分较为恰当。第一次修改旧稿时，定在达县西南七十里的百级滩附近。又曾改拟为达县南百三十里的万家坝附近。但都因其与《寰宇记》的道里悬殊，定不下来。

经过用地图与《寰宇记》三冈县文结合细校，开始注意到"东关水经县南一百步，又西流合北水"一语。"东关水"三字，《寰宇记》里屡见，都是指的经过宣汉

任乃强全集 [第十卷] 四川州县建置沿革图说·西康地图谱·四川军阀战争图说

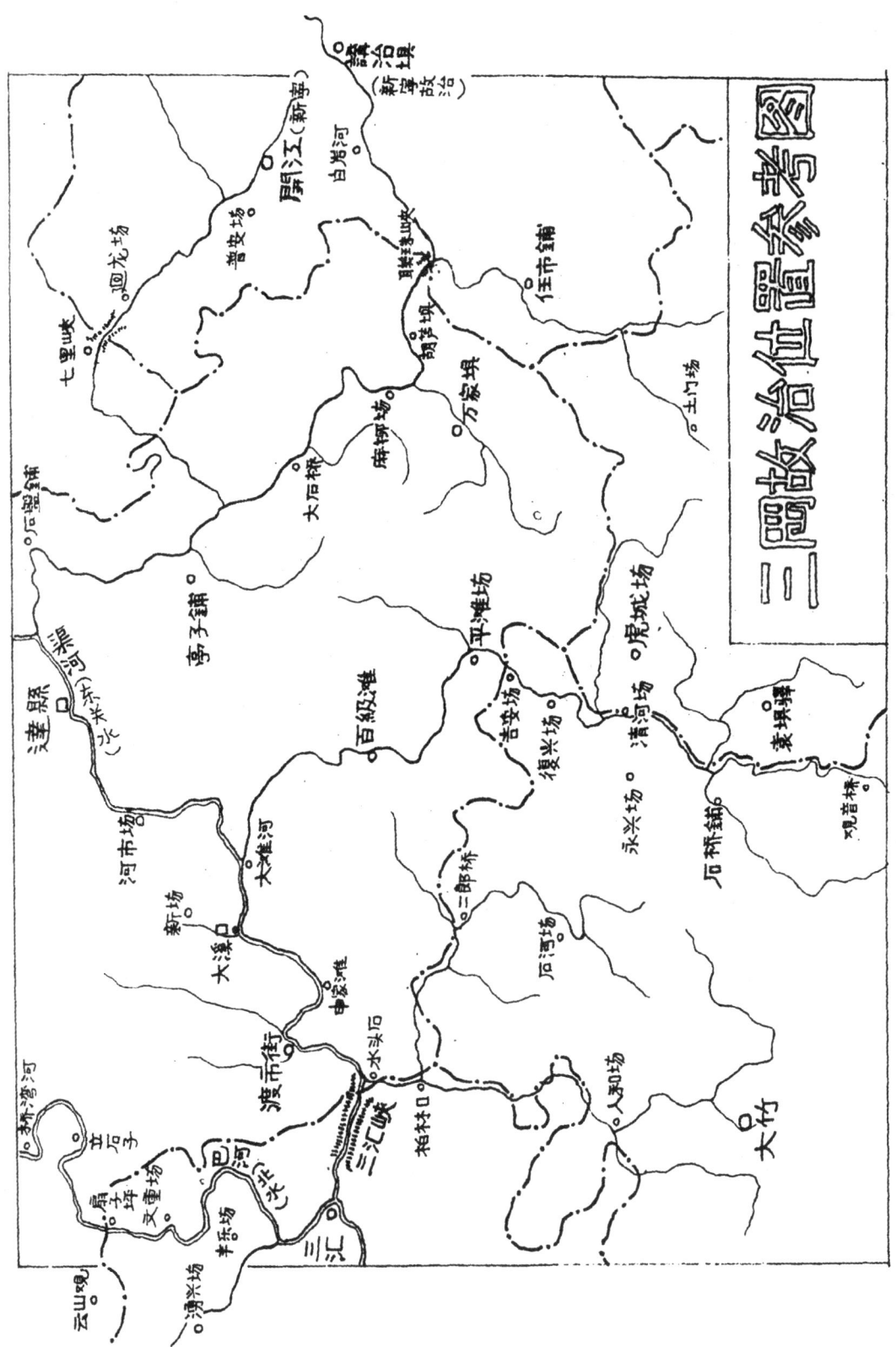

与达县的渠河。"北水"二字亦屡见，指的从巴中流到三汇镇入渠河的巴河。这说明：宋代的三冈县治，仍在渠河北岸一百步，它的县境西跨到永穆县南界的巴河下游。（《永穆县》云："北水，自巴州归仁县界流入，经县南一百步，流入三冈县界。）这样看来，似乎旧定在河市场仍是合理的了。

再分析《寰宇记》三冈县所记的三座山："龙壁山在县东三十里"；"玉楼山在县东三十三里"；"龙盘山在县北二十里"。查河市场在达县西，名为四十里，实际只有三十里。其间有座石城山，旧说距达州三十里，乃是达州旧治，"石城县"因此得名。三冈县城若是河市镇，那么，《寰宇记》所记这些山，无论是今天哪一座山，按方位道里说，都越过石城山，抵于达县县治的经度了。这是断不可能的事。因此，又决定抛弃河市场之说，另定三冈故治于渡市街。那里东距达县百余里，西距巴、渠二水会合处五十里，管理巴水下游地区甚便；也正是东关水北岸，与《寰宇记》全文无甚牴牾。但是，后来在考订三冈水是今哪条河时，又发生了新的问题。

《寰宇记》说："三冈水，自南流江县来，北流，经（三冈）县东十里合东关水。"流江县今为渠县，旧时辖境原包有今大竹县东部的大竹河流域。若定大竹河为三冈水，嫌距新宁县太远，沿革关系联结不上。并且入渠水（东关水）处在渡市西南二十里，不合。唯有经过百级滩的大滩河（《一统志》叫通巴河），与新宁接近，上游在大竹县东南，也是古流江县境。《一统志》说："通巴河，自大竹县东月山口发源，东北流二百余里至（达）州，西南四十里许入通川江（即渠水），即三冈水也。"这是合乎实际的。新问题就在这条河的汇口大滩河场，在渡市场东五十里，在河市场西二十里，与"县东十里"一语不合。可见宋代的三冈县治既不在河市场，也不在渡市场，而是在大滩河场西面十里的渠河北岸一个地方。依照这一新线索查考，在大滩河口西十里的渠河北岸，找出大溪口这个地名来。大溪口不是乡镇，地归新场管辖，但形势相当开阔，渡口也相当重要，南岸是陈家坝，有路通大滩河，较北岸为捷，新场则在其东北十里的山垭上。疑大溪口即三冈县故址，县废后为场。归场因水灾或其他人为灾祸徙场到山垭上，故称新场。大溪口东山有座龙王庙，规模颇大，可以想见此地曾经是船户聚集过的地方，旧为一个繁荣市场，三冈县从而治理于此。大溪口在达州西四十多里，定此地为三冈县治，便与《寰宇记》各条都吻合了。

但这还只能说是宋代的三冈县治。最早的三冈县，必须是在三冈河的中上游，才与各种旧资料说得通。因此，我们把宋以前三冈县的旧治，估定在百级滩上游三十五里的平滩场附近。因为，平滩场与新宁比较接近，附近河原也很腴沃、富庶，三十里内就有四个市集（平滩、吉安、复兴和清河场）。遗址或者不恰在平滩场的位置，要不出于这四个场地之间，故说是"平滩场附近"。

三冈县是何时从旧治徙到渠河北岸的，旧籍全未提到。我们推测当在唐宝历至大中的一废一置之间（825—851）。废县复置，往往要迁徙地址，在大地主土豪们操纵地方政权的年代，尤其如此。

六、考订始宁县故治的经过

巴州的始宁县，也有四百多年（524—966）的历史。《寰宇记》上有过记载：

废始宁县，在县东南十五里。本汉宕渠县地。普通六年于此置遂宁郡。又于郡理置始宁县，因山为名。隋开皇三年罢郡，以县属巴州。唐贞观八年移于郡理。皇朝乾德四年并入其章县。（《寰宇记》卷一百三十九《其章县》）

始宁山，在县东北七里。

始宁废县，在其章县东南十五里……今《始宁寺》是其故址。（民国《巴中县志·地释·沿革门》）

始宁山，旧《志》稿云在今州东九十里。

始宁古刹，距清江渡十五里，因始宁废县得名。寺后石龛雕镌诸佛，精妙绝伦。（民国《巴中县志·古迹篇》）

其章县遗址，今名其章坝，在巴中县东北五十余里，东南沿其章水至清江渡（市镇）十五里。清江渡为巴中与通江大道上一个最大场镇。依照《寰宇记》和《巴中县志》的说法，始宁故县原就该在清江渡，贞观八年（634）及徙治始宁山下的始宁寺。因此，我们第一稿把梁、魏、周、隋的始宁县定在清江渡，唐、五代的始宁县定在始宁寺。

但是，值得怀疑的是：梁代招怀夷僚豪杰建置的郡县，纵使很密，何至于在同一河谷的十五里内，就建立起两个郡治和两个县治（其章县置哀戎郡，始宁县置遂宁郡），而在历时百一十年之后，才稍为远迁十五里的始宁寺？而且这个始宁县，后魏分置诺水县和白石县，后周分置符阳县，唐代又分置广纳县。看来今天整个通江县和巴中、平昌两县的东境，都是当时的始宁县地，而县治却始终都在如此辽阔县境的西北边界上，是何等的不相称？况且始宁山究竟是今天的哪一座山，也从来没有一部书曾把它确指出来。《巴中县志》，从道光癸巳至民国十四年（1833—1925）经过四次采访补修，是一部较好的方志。然而对于这座始宁山，它也是含糊其说。始宁山尚且未能确定，因山为名的始宁县城如何就可以肯定是在清江渡呢？

是不是《寰宇记》所载的道里有错误呢？

我们检查《读史方舆纪要》卷六十八：巴州有"始宁城，州东百三十里"一语未知所据何书，查它下述沿革，有"《志》云"二字，当是引用明代的《巴州志》。《通典》卷一百七十五有，清化郡"东至始宁郡一百五十里"。唐清化郡即巴州，始宁郡即壁州（今通江），把这两条资料并起来看，可见废始宁县治应在巴州之东百三十里，壁州之西二十里，地位恰在今方山寨附近。方山寨是一座四围险绝中间平阔的大山城，清代玉三槐等农民革命军曾据为大本营。它出名得很早，宋人王象之《舆地纪胜》卷一百八十七说："方山，在通江县（西）十五里，突出众山之上，其状类斗，俗以方山名之。"《大明一统志》卷六十八说："方山，在苍溪县东八十五里，远望如几案之状，古方州城也。"方州，未见别书记载过，大约是唐以前暂置复废的一个夷州。就地理形势说，此山也必然是古代夷豪占据的一座山寨。可以这样设想：梁代招抚此山夷豪，设立一郡一县，把这座山叫作始宁山，县叫始宁县，别在山下七里筑城为始宁城，作为遂宁郡治。这样，对于古今形势，方位道里，全是说得通的。故在第二次修订稿，把始宁故治定在通江县鸣盛场的红花溪。

但是，新的疑问又产生了。方山距诺水县（今通江县）只有二十里，既然梁代不会在十五里内建立两县和两郡，那么唐代又为什么能在二十里内建立始宁和诺水两县呢？这一疑问，迫得我们再向巴州东南百三十里左右的地带，找寻更为适合的地方。结果找得通江河岸的小宁城。小宁城在今平昌县东北四十里通江河右岸，江水环绕三面，形势险绝。宋余玠遣张实到此筑城，徙巴州治。《巴中县志》载其摩崖文云："淳祐乙巳，制置使余侍郎，遣都统张实总师城巴……"（以下漫灭）可见它具有建立郡县的条件。小宁、始宁、遂宁，名字含义一致。它距巴州东南百五十里，与"州东百三十里"出入不大。山下有"下老官庙"，与上游百多里的"上老官庙"地名相应。上老官庙，肯定是故广纳县治，这里也必然是个古县遗址。因此拟为始宁县治是很适当的。还有一个理由，这里绾着通江河全部的水运，从始宁县次第分置的诺水、符阳、白石、广纳等县都在它的上游，就通江河流域社会发展的次序说，先设始宁县治在此处是很合理的。所以第三次修订稿，把始宁故治定在小宁城。

但是，在考订广纳县沿革时，又发生了问题。广纳县，武德二年（619）分始宁、归仁二县置。宝历元年（825）废，大中初（847）复置；乾德四年（966）并入通江，县治在壁州南五十里。（均见《寰宇记》卷一百四十）今为通江县的广纳乡，即上老官庙，在小宁城的东北方。归仁故城，今为平昌县治，在小宁城的西南方。如果小宁城是始宁县治，县境必然是跨有通江河两岸地面，它可以从东面分出广纳县来，而归仁县境隔在其西，就不可能划一部分进广纳县去。必须广纳在始宁和归宁之间，或广纳在始宁和归仁共同的一侧，才有可能割两县地置一新县。始宁县是乾德四年并入其章县的，广纳县也是同年并入通江县的。如果广纳在始宁与归仁之间，就会被合并于其章县的始宁旧境隔断，不可能合并到通江去。只有广纳在小宁城与通江之间，才可能合并到通江去。小宁城距其章县（其章坝）百余里，隔有重山；距归仁县四十余里，距通江也只百余里，皆一水相通。如果始宁县在小宁城，亦不会合并到其章县去。因此，看来始宁县治断不能在通江河岸的小宁城，只是它的旧境曾达到通江河岸，619年已把通江河两岸的上、下老官庙的地面，都规划广纳县了。下老官庙是宝历以前的广纳县治，上老官庙是大中以后的广纳县治。因为，当宝历废广纳县时，必然是以归仁故地还给归仁；大中复置广纳县时，是割始宁旧境和通江东南部地方成县，故县治另立在上老官庙。这样才把广纳县的沿革说得通。

如此反复修改，对始宁县的故治，仍然未能定得下来。于是重新从全面核对巴、壁两州山、水、城、邑的古今地名着手，别寻蹊径。这才又注意到《寰宇记》里浕溪这条资料。《寰宇记》说：

浕溪，源出县东北三十五里平地。东南流与思泉水合。又东南入始宁县。

浕溪水，西北自其章县界来，南流经故县东南。又东南流，经县北三里。又东南经始宁山东南，与思赖水合。

前条说的是其章县境的浕溪。后条系在"废始宁县"和"始宁山"两条后，说的是始宁县境的浕溪。《寰宇记》应是依唐末这两县方志钞录，有一定的价值。

按今地图，浕溪即清江渡这条河，上游今名石桥河，又名分水溪。思泉河即流经其章坝的其章河。二水合流后，约五里至清江渡。再经三星坝约二十里与官渡河（即思赖水）合。汇口之北有始宁寺，即《巴中县志》说的"始宁古刹"，应即古始宁县遗存的古寺。寺后之山为龙吼山南峰，应即是古时的始宁山。由此，清江渡恰好是"故县"的遗址，也即是贞观徙治前的始宁县治。始宁寺对岸为新庙场，其下为双河桥。顾名思义：新庙是乾德废县后就遗址所建的新官庙。另还有个老官庙在浕溪南三里的三星坝，是贞观徙治时的旧城遗址。后因某种原因（如火灾、水灾、

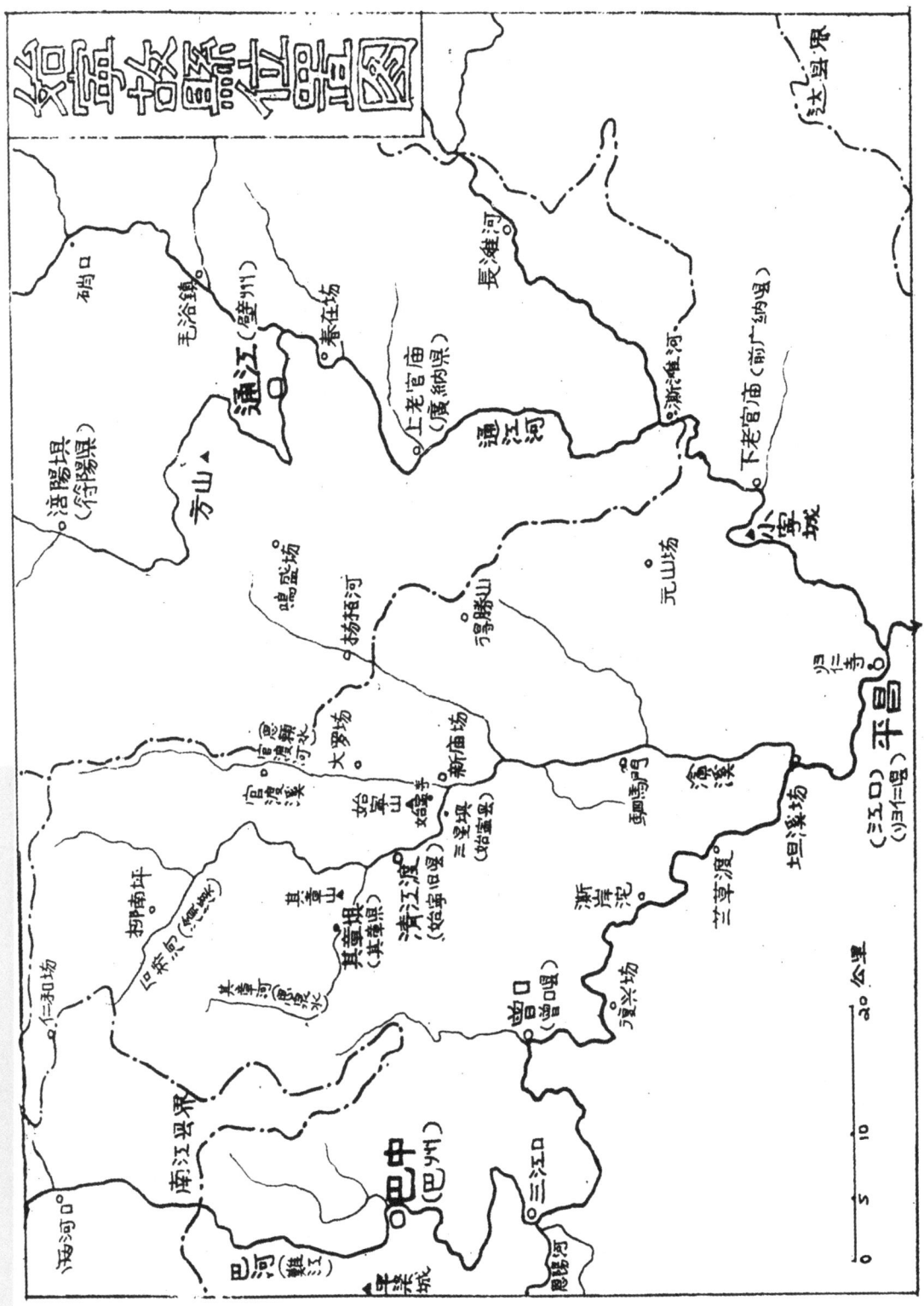

兵燹……）曾再迁徙，故有新旧二庙。双河桥今已无桥，古代应是有桥的，跨潆溪和思赖水会口，通联新旧二县治，古代当是交通要道。这三条河汇流的潆溪水，南流四十里穿过驷马门峡口，又四十里至坦溪场入巴河。坦溪场，应即因潆溪为名。后世地方文土恶潆溪这个名称，改名清江，并改场名坦溪。相传宋明帝问范伯年，"卿州有贪水，信乎"。对曰，"臣州惟有文川、武乡、廉泉、让水"。（见《南史》卷四十七）可见贪水出名很早。蜀中文士亦深以水名为讳。而此水在汉魏南北朝时，乃夷汉分住之界水，水以西为汉代的汉昌县，魏、周、隋以来为巴州汉民住区；水以东为夷民住区，梁始开置郡县。清江渡、新庙场等处皆昔日夷、汉交易的市场，初置州县皆依随市场建立。官吏、商贾出入夷界者，每欺夷民愚弱，肆其贪暴，莫能廉洁自好，故俗谓人过此水性皆变贪，斥为贪水，流传远近。唐宋人遂直名之为潆溪。其章坝在贪水以西，梁时是汉民住区，清江渡是夷汉市易场，故虽在十五里内也建立两县。始宁县的任务专在管理市场和招抚夷民，故用"遂宁"、"始宁"等祝愿名字。通江河上游一带夷民都是要到始宁市场贸易的，从而逐渐与郡守、县令发生关系，逐渐受其招抚，次第发展建成诺水、符阳、白石、东巴、广纳和壁州等州县。到贞观时，大概是因壁州和所属诸县都各自有它自己的新市场了，清江渡市场失去了旧时的地位，才把始宁县治迁徙到当时县境（已分置诺水、广纳后的县境）比较适中的三星坝来。又后更徙到新庙场，也都不出"始宁古刹"附近三五里内外之地。到了宋初，民族已全融合为一，既无夷汉市易，也无夷夏之防，遂把始宁县并入其章县了。这样再来回顾相关资料，并以地理实际检验，无不适合，于是作品出最后定稿。其实所定的仍是初稿时拟定的位置。看来粗心武断，率尔否定旧资料，亦正是我们使用这种方法最易犯的错误。

经过一番周折，回到原地，总算还是初步把故治地点落实下来。但也有经过峰回路转，重回原处仍还不能解决问题，待到再深入搜索到极微细处，才获得正确结论。这里再举一个例子。

七、考订和义县治的经过

荣州和义县，隋末置，宋初废，具有三百五十二年历史（616—967）。两《唐书·地理志》记载较为简略，《旧唐志》说："汉安县地，隋置和义县。"《新唐志》说："中下。本隶泸州，贞观八年来属。"《元和郡县志》和《太平寰宇记》记得多一些：

和义县：中下，西南至州一百七十里。本汉资中县地。是泸资二州界。隋大业十二年，分置和义县，以招和夷獠，故以和义为名。

内江水在县西一百七十里。

县有盐井五所。（《元和志》卷三十三《荣州》）

废和义县，在州东北一百七十里。本汉资中县地，后汉汉安县地。隋大业三年置和义县。唐元和十三年移于旧县安置，以便水陆贸迁之宜；从东川节度使李逢吉之请（也）。皇朝乾德五年废入威远县。（《寰宇记》卷八十五《荣州威远县》）

这两部书也都说威远在荣州东七十里，与今日道里方位全合。荣州东北百七十里，便该在威远东北一百里，算来已是资州城的位置了。本图初次定和义在今威远县北一百里的连界场。因为荣州到连界场要先经过威远，与"东北百七十里"这句合得。在隋唐时，那里又可能是资、泸、陵州交界之处，与"资泸二州界"这句合得。那里又是铁山中心的盐铁产区，与"以招和夷獠"一句合得。但后来在编制《沿革表》时，《寰宇记》的"水陆贸迁之宜"这话，引起我们猛然警觉。这句话，乃是档案中语，它是考订和义县治的铁钉，而道里乃是次要的依据。这便彻底推翻了连界场这一估定。

因为和义是废并入威远的，所以在第二次修订图稿时，试图在威远境内找得一通船之地。于是选定自流井附近的高洞为和义故治。因为威远河在高洞以下就可行船，高洞距威远九十里，曲折算到荣州也接近于"百七十里"。但这一拟订，不久又自行推翻了。因为自流井这条河的通船，乃是近代自流井贡井地区盐产鼎盛后，盐商们为了运输需要而集资疏导开通的，隋唐间并不通船，从来沱江水运，只能通至此河下游的邓井关。

第三次修改，定和义县旧治在邓井关。因为：（1）它是隋唐年间威远河唯一可以通船之处。（2）距荣州亦约有百七十里，只方位在东南不合，但古籍刻错一个方位字也是常有的，而且《方舆纪要》恰有"和义在威远东南百里"一句可作依据。（3）威远原是荣州最大的一县，可能隋唐时南境达于此处，这便又与"资泸二州界"一句更为适合了。虽然有此三点，但在考订宋代县界时，自己又把邓井关之说推翻了。《九域志》卷七，富顺监"西至本监界七十里，自界首至戎州一百八十里"，"北至本监界九十里，自界首至荣州一百一十里"，"西北至本监界七十里，自界首至荣州三十里"（《浙》本作五十里）。又富顺监十三镇中，"邓井，监西五十里（当作十五里）；鼓井，监西八十里；茆头，监西九十里；赖易，监西一百里"。这些，都说明宋代的富顺监辖境突出西北方很远,几于到达荣州的公井县治(贡井)附近了。邓井镇当然是邓井关,鼓井是今井河镇,赖井是今黄镇铺,茆头是今毛头镇,赖易可能就是自流井,迄至近世,这些地方皆属富顺。虽唐与宋县境可能不同,和义存废之间,县境又必不同,也不至于在监西十五里地建立起和义县来。

第三次修改发生问题后,我们抓住《元和志》"内江水"一条,认为《元和志》既然在和义县提到了内江(即沱江,又叫中水,古代亦常称它为绵水、雒水或牛鞞水),必然是唐代的和义县境包有这样大河一段,"水陆贸迁之宜"的县治,应从这条大河沿岸去找。但迷人之处,首先是威远东方之内江水沿岸,唐时已经有了内江、牛鞞两县和富顺监。富顺监境既不容许有和义旧县存在。牛鞞县故治为今牛佛渡,去内江百里之间,如河可以再插入一个和义县呢?还有《元和志》这条资料本身就有问题:第一,和义既然合并到威远县,则内江水只能在它的东界,不可能"在县西";第二,纵使和义县治在沱江东岸,亦只能说"内江水在县西",不可说"在县西一百七十里"。沱江西一百七十里已经是荣州附近了,东一百七十里已经是隆昌、荣昌两县的东界了,皆不可能设和义县,更不可能合并于威远县。看来这条资料是不足依据的。

至此,已感到山穷水尽,再深入不下去了,只好再检相关各书。在《威远县志·古迹门》里,找得了"邑北境即隋和义县地"一句。威远北境即铁山地区,连界场是这地区的中心地点,《威远县志》固然不算好作,但到底是一地方人士之说,可能有先民传说的依据,于是仍回旧路,把连界场定为和义故治。那里是威远河的上源,有个放木筏的水道。

但是,当我们最后全面审核《寰宇记》所载荣、资两州的山水形势,勘合古今地名时,突然又找到了柳暗花明的蹊径。它是这样说的:

十江水,从资州内江县南流,入县界五十步,又东流,入泸州富义县界,通舟船。(《寰宇记·威远县》)

不叫富顺而叫富义,显然是依据唐人著述(本叫富世盐井,唐人讳世字改名富义;宋人讳义字改为富顺)。由内江入富顺的河,通舟船的只有沱江。"十江水"的"十"字,显然是"中"字之误。改此一字,证明宋代的威远县界内的确包有一段沱江河谷。还证明了《元和志》和义县的"内江水"正是这段河谷。由于和义县这时已并入威远,故《寰宇记》把这段水道列入威远县下了。按《寰宇记》编次的体例,废县系在所并县下叙述，废县境的山水古迹则又叙列在废县条后，废县境以外的旧县山水则系在废县条前。这条"十（中）江水"，本该叙列"废和义县"条下的，可能由于他的资料来源，是从宋人撰的方志收入，故尔列在废和义县之前去了。这是令人迷惑不解的一个原因。再加上讹"中"为"十"字，也容易使人疏忽过去。至于《元和志》"在县西一百七十里"一句，可能有脱误。原文或者只有"在县东"三字，后人误因"西南至州百七十里"句妄改成县西百七十里。

沱江自资州经内江南流，几度曲折，西至白马庙场的合江坝，又突剧折而东，三十余里至龙门镇，入富顺县界，又三十里为牛佛渡，即隋牛鞞县，唐改清溪县的治所。又八十里至富顺。龙门镇以上的一段沱江及其以西地面，原属资州内江县境。隋分资州置威远县，即是分内江西境置。从《寰宇记·中江水》条文看，唐时的内江和威远，正是从白马庙场的江合坝分界的（入县界五十步又东流断句）。今龙门镇，正是"资泸二州界"，即是《元和志》所指隋大业中建立和义县治的地方。后来大约因为县治的位置太偏于县境的东界上了，又嫌隔清水县太近，这才把它迁徙到县境适中的地方去。到元和年间，李逢吉请仍迁回沱江岸上来。故曰"旧县"。宋初废和义县入威远，故威远县占有这段的"中江水"。这样一来，便与地理形势和旧籍资料全都符合了。因此最后定稿，把和义县治定在今内江县的龙门镇。

隋初设立的和义"旧县"，与元和以后徙还的县治是在龙门镇，还有一个问题，就是元和十三年以前，从"旧县"徙出来不通水运的新县治，又在哪里呢？这是没有旧籍文字可考的。但是作为我们研究沿革变迁者来说，是不能不把它考订出一个大体部位来。处理这一问题，需要先从估定和义县的境域入手。

唐代和义县境在威远东南，包有龙门镇以上至白马庙的一段沱江，是可以肯定的。今威远龙会镇以东李家坪、华家场和内江县的龙门镇、万家场、林家场、张家场，都是和义县境，应无问题。南界到哪呢？按《九域志》所载宋代富顺监的境域，南北最狭。十三镇中，东面五镇，西南七镇。南面没有一镇，大约只管到四十里的青山岭山脉下面的临江溪。北面只有个"高市镇"，去监七十里，可能就是今天的何家场。邓井关以上沿运盐河的王家井、詹家井、沿滩、仙滩、大山铺、木瓜场一带地面，没有隶属富顺监的证据，可疑这段地方原是和义县境。便如高市镇这一部分地方，也可能是和义县与清溪县废后才划归富顺监的。因为富顺监的责任主要是监理盐井、盐运，只附带管理地方民事。何家场一带不是当时的监井区，而又去牛佛渡只三十里，唐时必然隶属清溪县。王、詹二井与沿滩、仙滩虽也是盐井区，但《元和志》说和义县"有盐井五所"，足见这带盐井不全归富顺监管辖，和义县正可能管到这里来。这样，便可以定出唐代和义县南界是包有运盐河一段，直到王家井附近的。

如此画出和义县轮廓后，来推求元和以前的新县治，只有两个地点可拟：一处是今属威远县管的龙会镇；另一处是今属富顺的仙滩或沿滩。拟为龙会镇的理由是：《寰宇记》说和义"废入威远县"这句话，只能体会为和义县的主要部分包括新旧两县治隶属威远，至于县境，则明明有一部分划属内江，一部分划属富顺，不全是并入威远的。按废县治往往为镇的规律，去查《九域志》威远六镇中，首列为婆日、龙台二镇，婆日镇是废婆日县治无疑。龙台镇疑即龙会镇，是由两简化字形似讹乱了的，它可能也是故县遗址所在。这种推测的理据显得太薄弱，而且龙会镇距威远只三十里，太近了，未可肯定。

另一推断在仙滩或沿滩的理由是：（1）它们距威远约近百里，与荣州相距约百七十里，合于《寰宇记》所记的道里（但方位是东南，不是在东北）。（2）地在产盐区内，且接近全县的中心。（3）就《元和志》"招和夷獠"一语推断：隋唐间沱江沿岸已无所谓"夷獠"了。铁山獠亦已渐次就抚，有威远与大牢、公井等县负招抚之责，不必更在威远附近增设和义县来招和他们。那时从自流井到叙州，纵横二百里地方内都是獠民，在此地增设和义县来绥抚运盐河西南如黄镇、茆头、双石、万安这带的獠户乃是必要的。这些地方，宋代虽归富顺监管辖，隋唐可能是归和义或公井县管辖的獠民住区，大约是和义废县后才划归富顺的。若此说属实，那么，和义县治更有设立在仙滩、沿滩之间的必要了。仙滩尤为适中，故初步暂定它为唐代的和义新县治。

还有个须当考订的，是从龙门"旧县"迁徙到仙滩新县的年代。这虽各书都未著录，却有线索可寻。《元和志》卷三十一《资州清溪县》说："隋大业十二年于此置牛鞞县……天宝元年改为清溪县。"又卷三十三《和义县》也说是"大业十二年分置"。《寰宇记》卷七十六《资州内江县》说："废清溪县……皇朝乾德五年并入内江县。"于和义县则说是大业三年置，乾德五年废。龙门至牛佛渡三十里间，何至于在大业十二年同时设立两系。疑是先于大业三年置和义县，至十二年设立牛鞞县时，才移和义到仙滩，所以有此歧义。这种推断，由于没有旧籍明文作证，尚有待于采访和发掘的证实。

以上三个找寻故县遗址的举例，说明在资料缺乏和讹乱的情况下，运用历史地理综合分析的方法来纠正和弥补资料方面的缺陷，找出故县遗址的正确部位，是可能的。但必须掌握历史和地理的真实情况，细致、周慎地阅读和分析故籍资料，并

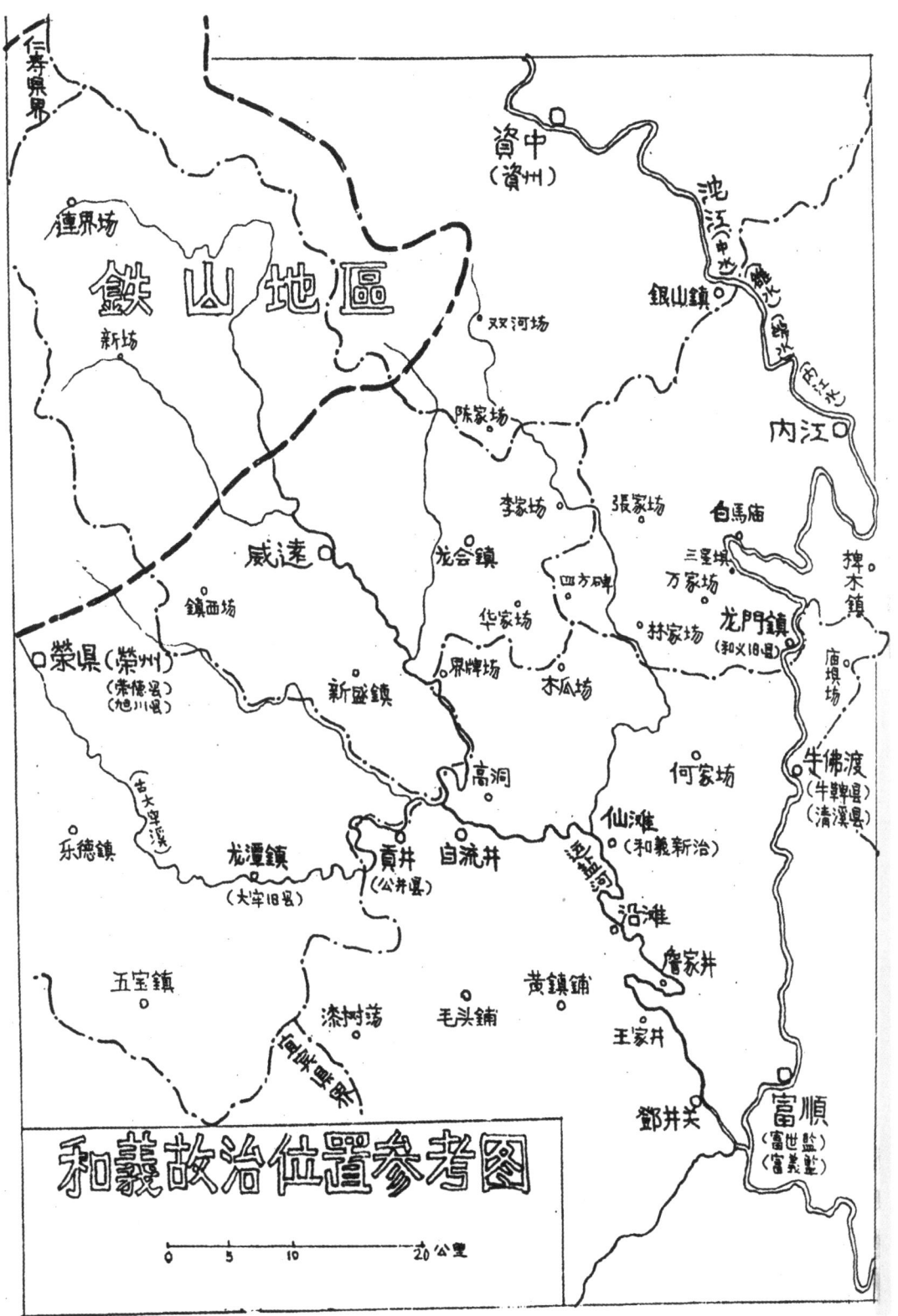

把它们的相互关系联结起来经过深思熟虑之后，才作判断，务须做到上、下、左、右、前、后各方面都能说得通，才可以创立前所未有合乎科学的新的说法来。断不容抓住片面理据便主观肯定，武断自封，要敢于提出看法，也要敢于否定自己的看法，如此反复循环，使之更接近事实。

我们举出以上的七个例子，可说明以下几点：

其一，说明名著的资料，不一定是绝对可靠的。

其二，说明旧籍虽只单词独句，如果善于联系思索，亦可解决问题。

其三，说明只要把历史和地理两条线联结得紧密，资料虽然残缺讹乱，也可理出条贯，摧破蔽惑而得出正确的结论来。

其四，说明某些地方志书撰述人未掌握科学方法的判断，不可轻采。

其五，说明新立案的建立，往往曲折迂回，屡定屡改，才能作出。

其六，说明如若分析资料不够全面细致，甚至会扬弃真实，经过峰回路转，仍然回到最初所定的地点。

其七，说明只有广泛地掌握有关资料，不放弃枝微末节，全部细致而详尽地进行分析，追根到底，最终能获得较为圆满的结果。

我们编制这部图表，所有新定的故县遗址，绝大部分都是使用这个方法估定的。中间考订、搜订、对证、分析的工作，有精、粗详略的不同，加上我们的知识和能力水平的有限，其遗存的问题尚多，盼望阅者多加批评，指出谬误，俾能作进一步的修订，以期成为全面正确的四川州县古今地各对照的图表。

八、郪为秦县说

秦、汉时，巴、蜀的县治都设在冲积平原和水陆商运的枢纽地，只有郪县设在一个偏僻的紫土丘陵地区。有许多资料说明这一特点。《常志》："郪县，有山原田，富国盐井；濮出好枣；宜君山出鏖，尾特好，入贡。……又有高、马家世常部曲。"这说明古郪县城位置在接近犍为郡界的山区里。高、马两豪族曾经叛扰资中，为犍为太守李严所平（见《三国志》）。《后汉书·王涣传》注："郪县故城在今梓州郪县西南。"《元和志》：飞乌、铜山两县"本郪县地"，有郪江。《寰宇记·梓州郪县》："旧县在今县南九十里，临江，郪王城基址见存。"（旧刻误作九里，据《续通典》校正）《舆地纪胜》："汉郪县城在今飞乌县北三十里。"这些资料，说明现今三台与中江县南境郪江流域的紫土丘陵地区有一个古代称为郪王的都邑，在距今三台县城南九十里和中江县胖子店三十里的郪江岸上，约当菊河场附近。它在古时是个农矿兼营，出产丰富的部落。它在紫土丘陵区内发明盐井甚早，古代涪江流域人民的食盐都仰于它，是一个被人称道的古国。但在汉、魏、南北朝的史籍里找不出郪王的史料来。这又说明它灭亡在汉以前。征服它的，可能是巴国，也可能是蜀国，更可能是秦灭巴、蜀时一并征服了而置为一县的。（那时，秦所灭巴、蜀以外的部落置县颇多，如苴国为葭萌县，丹犁为南安县，僰侯之国为僰道县，鱼国为鱼复县。）《汉志》把郪县序在葭萌之后，新都之前，足见其建置与秦灭苴国同时。则郪为秦县无疑了。

秦郪县是何时由郪王城徙到三台来的？传说是梁代。但依《三国志·姜维传》推断，应是后汉末年迁徙的。

秦郪县属巴郡，抑属蜀郡呢？依"分巴割蜀以成犍、广"这句风谣推断，当属巴郡。再按蜀国主要是平原地区，巴国主要是紫土丘陵地区说，也当属巴郡。

附　湔氐道、严道、蒲阳非秦县说

杨守敬《嬴秦郡县图》：（简称《杨图》）蜀郡有湔氐道、严道、蒲阳三县，这是可以否定的。其理由如下：

湔氐道——杨氏所据为《水经注》。原文云："江水自天彭阙东经汶关而历氐道县北（原脱湔字）。汉武帝元鼎六年，分蜀郡北部置汶山郡以统之。县本秦始皇置，后为升迁县也。"郦氏何所依据，已无可考。其不可靠处在于：（1）汉开冉駹置汶山郡，才把岷江上游地区收入版图。秦不可能在这以前就已经在岷江上游部分建立县治。（2）《汉志》，陇西郡有氐道县，"《禹贡》养水所出"；蜀郡有湔氐道，"《禹贡》岷山，在西徼外，江水所出"。《水经》："漾水，出陇西氐道县嶓冢山。"又"岷山在蜀郡氐道县，大江所出"。是江源在湔氐道，《水经》误脱为氐道县。《郦注》沿误云氐道。遂并以秦置陇西郡之氐道县，误缀于《水经》脱文之氐道县了。（3）《汉志》湔氐道，在今灌县，《郦注》作都安县。谓"李冰作大堰于此，壅江作堋，谓之湔堋"。又云：湔水"出绵虒道亦绵虒县之玉垒山"入江。则郦氏固以湔水为江水之支流，其源皆在今茂汶县内，江水纳之而有湔之别称。湔氐道、湔堋、湔县，皆缘以为名。蜀汉湔县，晋曰都安县，即汉之湔氐道。《郦注》言"都安县"，则其上文缘《水经》所有言之氐道县非《汉志》蜀郡之湔氐道，亦甚明。其曰氐道县"本秦始皇置，后为升迁县"者，盖揉杂《汉志》、《水经》与晋人之某种记载而成牛头马嘴，强为缀合之说，固与汉代所置之湔氐道无涉。（4）《郦注》明言江水先经过天彭阙、汶关，才过氐道县。其汶关，指娘子岭。天彭阙，有指为灌县龙溪的，有指为叠溪蚕厓的，有指为彭县关口的。无论所指何处，总之是一段峡江道路，两岸对立如门，断不能说成是松潘草原上的地名。草原无此类地形。《郦注》所用的原资料，明明指的灌口之湔氐道，而郦氏误缘《水经》脱文，牵入陇西氐道耳。杨氏未加审别，径以氐道为湔氐道，所以致误。(5)《汉志》言"岷山在西徼外，江水所出"。既曰徼外，就不是郡、县辖地。但言岷山在湔氐道的边徼之外，为江源所在。汉时松潘（岷山江源所在）尚在徼外。则秦时不会已置为县可知。以此判断，杨氏为误。

严道——秦代初置临邛县，原以县境直抵邛崃山（今大相岭）为名。如此，则县治与邛崃山之间就不可能更有一个严道县。《元和志》与《杨图》均指严道为秦县，当是缘《刘悛传》（《南齐书》卷三十七，《南史》卷三十九）而起的误解。原《传》文为"今蒙山近青衣水南，青衣在侧（《南史》作左侧），并是故秦之严道地。青衣县又改名汉嘉"云云。它称青衣为县，并未称秦之严道为县，可能仅属乡、亭、关、邮一类县级以下的地区名称。《寰宇记·严道县》："秦始皇二十五年灭楚，徙严王之族以实于此地，故曰严道。汉为县，属蜀郡。"《方舆纪要》与《一统志》并引《常志》文略同。足见《寰宇记》此文亦出《常志》，为秦无严道县之铁证。试想：讳庄为严，乃是后汉开始的。班固《汉书》改庄为严，改楚庄王为严王，庄道为严道，是必然的，在秦代就不会改庄为严了。故说严道是秦县，就字面讲也说不通。

蒲阳——《杨图》在今邛崃县位置标绘临邛县，又在邛崃东南五十里故依镇的位置标绘蒲阳县，再东南不过百里的彭山江口又是武阳县。就秦代蜀地置县的密度来说，是断不至于五十里有两县的。再则蒲阳县名，不见于两汉、晋、宋、南齐诸志。惟《旧唐书》卷四十一，邛州依政县："秦蒲阳县。汉临邛县（当有地字）。梁置邛州于蒲州领（当作蒲口顿），后魏改为蒲阳郡，置依政县……"云云。《旧唐志》芜乱难遵，已成定论。《元和志·依政县》："本秦临邛县地。后魏于此置依政县，属蒲阳郡。"不云秦县。刘昫不知别据何书，揣原书所云之"秦"，盖指苻秦，非嬴秦，昫乃妄叙于汉代之前耳。苻秦占有蜀地十三年（373—385），于时蜀地郡县已密，苻姓本为蒲姓，故立蒲阳县，后魏因之为蒲阳郡，理有可通。误为嬴秦，便绝对不通了。秦县汉代无不保存，何独蒲阳不见《汉志》呢？

附　秦黔中郡考

《常志》：巴国，"其地东至鱼复"，"其先王陵墓多在枳"。《史记》："苏代约燕王曰：楚得枳而国亡。"苏代时楚尚未亡，徐广解释说："燕昭王三十三年，秦拔楚鄢。"意指周赧王三十六年即公元前279年秦国攻占了楚国都鄢城。足见楚在公元前

279以前，曾经从巫郡攻占了巴国的鱼复、朐䏰、临江、平都，直到枳城。大约就是公元前316年秦灭巴蜀的时间，所以巴国无力拒楚。《常志》：周赧王七年（公元前308）"司马错率巴蜀众十万，大舶船万艘，米六百万斛，浮江伐楚，取商于之地为黔中郡"。楚国在汉中和巴郡边界都有"商于之地"，系指楚商人贸易活动的边界地区。这个"商于之地"，指的枳县以南的延水（即乌江，一曰黔江）流域。那是巴东盐商与土人市易土产的地区。即是说：秦初建黔中郡时，只有延江流域地方。枳城以东，仍是楚国巫郡管地。

这时黔中郡辖县有哪些，无书可考。可以肯定的，只的鳖、充和涪陵三县。鳖县，今遵义。据《遵义府志》考证，原有楚邑。替蜀王治水的鳖令，就是此邑长官投附于蜀的。汉犍为郡"初治鳖县"，可能黔中郡治最早也就在鳖。充县见《汉志·武陵郡》，注云"酉原山，酉水所出，南至沅陵入沅。……历山，沣水所出，东至下隽入沅"。足见充县跨有酉水流域，东至沣水上源之地，相当今秀山、黔江、咸丰、来凤、龙山五县地。县治当在今秀山。因为在川、湘、黔、鄂四省间这一辽阔的石灰岩山区里，只有这里是个宽坦的冲积平原。它并且也可能是一个时期的郡治，因为秦国要这样才便于招抚五溪蛮夷，进而经营沅水流域，从楚国的后方去攻楚。从史料看，这计划是实施了的，虽然未达到从后方攻楚的目的，却开发了迁陵、酉阳、无阳等县，为汉初开置武陵郡奠定了基础。《汉志》里把充县叙在武陵郡最后，应是由于黔中郡废后才被划入武陵郡的原因。涪陵县故治，原在今彭水郁山镇。那是一个著名的盐泉。全郡人的食盐都要仰给于它。蜀汉时为涪陵郡治，周隋时为黔州治，都是取重于此盐泉。秦楚相攻时的黔中郡治可能移到此处。

《史记·秦本纪》，昭王二十七年（前280），"以陇西（兵），因蜀，攻楚黔中，拔之。二十九年，白起击楚，拔郢，更东至竟陵，以为南郡。……三十年，蜀守若伐（楚）取巫郡及江南，为黔中郡。……三十一年，楚人反我江南"。《楚世家》，顷襄王十九年（前280），"秦伐楚。楚败，割上庸汉北地予秦。二十年，秦将白起拔我西陵（《六国表》作秦拔鄢、西陵）。二十一年，秦白起遂拔我郢，烧先王墓夷陵。楚襄王兵散，遂不复战，东北保于陈城。二十二年，秦复拔我巫黔中郡。二十三年襄王乃收东地兵，得十余万，复西，取秦所拔我江旁十五邑以为郡，拒秦"。这说明：在公元前280至前276的五年间，秦楚争夺巴东这一盐泉地区的战斗激烈情况。最先是秦发陇西军协同蜀军分由汉中和巴郡进攻巫郡和上庸。楚国兵败，只许割上庸的汉水以北之地与秦和，却保守着巫郡和江南的夷水流域不放（枳到朐䏰一带已被秦攻占了）。因为，巴东各盐泉最旺的巫溪宝源山盐泉，是楚国的生命线，它必须全力保护。但是，秦人也并不放松，更由上庸向西陵攻入，截断郢和巫郡的联系，于是楚人受盐荒威胁，兵溃散了，襄王奔陈（今河南淮阳）。蜀守张若乘势攻下巫郡和江南地，拨为黔中郡属县。楚人为了盐利，也不肯放手，凑集东方十多万民兵反攻转来，招抚沿江十五邑人民，反秦归楚。这十五邑，必然包括有枳、平都、临江、朐䏰、鱼复、巫、秭归、西陵、夷陵、佷山、宜都、松滋和郢在内。重建巫郡，亦改称黔中郡，以拒秦。并且支持有一定长的时间。楚襄王说他和巫山神女幽会，正是他寓意于恢复了这一盐泉地区的欢慰。《史记·西南夷列传》"将军庄蹻兵循江上略巴、蜀、黔中以西"，亦就在于此时。不然，他就不可能循江而上。（《史记》误作威王时，《后汉书》改作顷襄王。莫与俦《庄蹻考》甚精，亦力辨是顷襄王时。）

此后，《史记》的《秦本纪》、《楚世家》和《六国表》皆无关于黔中的记载。秦国是否曾经反攻，再度取回黔中与南郡呢？虽史无明文，亦可以情理判断是必然取回的。《史记》载：庄蹻定滇后，"欲归报，会秦击夺楚巴黔中郡，道塞不通"，正应是秦始皇十二年"发四郡兵助魏击楚"（《六国表》）的时候，故又说：庄蹻王滇后"十余岁秦灭"。

看来，秦置黔中郡约有一百年的历史。郡境由延水流域发展到长江流域。此郡特点在于拥有巴东各盐泉。其盐供应巴、蜀、南郡、黔中和牂柯等少数民族地区。这是它能够成为三十六郡之一的主要原因。郡治，在秦再度夺回由枳到巫的沿江各县时，应已移到枳县。因为它居全郡之中。但仅十多年，秦亡，郡便废了。汉以其地分别划属巴郡、武陵郡和南郡。中间又复屡有移度，可由《汉志》这三郡的县序看得出来。

由于楚国也置黔中郡于巫县，故《史记》把它叫作"巫黔中"，而把秦郡叫作"巴黔中"，因为秦黔中郡治虽屡徙，总是仍在巴国故地内。

《元和志·辰州》："秦为黔中郡了。汉为武陵郡。"又《沅陵县》云："秦黔中故郡城在县西二十里。"宋以来地理各书遂皆谓黔中郡治在沅陵。这是大谬不然的。秦自巴蜀水道取黔中，则郡治不能去川江太远。时秦军尚未得巫、郢，安能逾川湘间数十重石灰岩山岳至沅水沿岸建郡？杨守敬的《嬴秦郡县图》，此部应特加修正。

九、羊渠故治考

《一统志·万县》："三国吴置羊渠县。蜀汉建兴八年置南浦县，属巴东郡。"清乾嘉以来地理沿革诸书皆从其说，殊误。查《常志·巴东郡》云："建安二十一年

(216)以朐䏰、鱼复、羊渠及宜都之巫、北井六县为固陵郡。"（原脱一县）是蜀本有羊渠，非吴置。又云："吴平巴东后，省羊渠，置南浦。"此"巴东"二字为衍文，盖谓晋太康元年平吴后始省羊渠县。方刘备征吴败还，固守白帝城时，吴人已占巴东郡之巫、北井二县，又屡从夷水侵扰巴东郡大江以南各地。刘备以羊渠县治在大江南，易受侵害，乃别立南浦县于大江北岸，羊渠犹未废。但分其地为南浦耳。沈约《宋书·州郡志》记巴东公相领县七，其《南浦县》云："刘禅建兴八年十月，益州牧阎宇表改羊渠立。羊渠不详，《何志》：吴立。"（此《何志》，指何承天所撰《国书·州郡志》。）似由他误解《常志》"吴平巴东"句，以为吴置。沈约知其不然，故不取之，但云"未详"，仅照例附著何氏异说而已。后人遂据为吴立羊渠之证，是读书的疏忽。

巴语，河谷叫渠。羊渠故城当在今万县东南六十里的长滩井。其地位于大江与七曜山脉之间，距武宁镇约百五十里。距云阳不到二百里。距奉节约三百里。有盐泉，自古煮盐，迄今未竭。有阳溪，《水经注》称"南集渠"。入江处叫"阳口"，即羊渠水之别写。其上游亦称龙渠，有较开阔处叫龙渠坝（今俗称龙驹坝），南宋曾置龙渠县。北距长滩井六十里，道通万县；南通湖北利川县，为古今川、鄂间商旅往来要道之一。相传昔有神龙化为羊，至长滩井，舐土不行。土人异之，掘地遂得盐泉，故谓其水叫羊渠，一叫龙渠。荆楚去淮海远，其人食盐素仰给于川东盐泉，故吴得荆州，必争巫与北井。羊渠虽弯在朐䏰西南山谷中，以在江外，兼产盐故，吴人屡侵陷之。故刘备别置县于南浦。

羊渠故县虽因盐泉为治所，辖地则包有今万县全境。蜀在吴人侵扰县治时，曾分立南浦县以固江内，故治在今万县武宁镇。为时当在章武二年（222）至建兴八年（230）。蜀吴和好后羊渠复安，阎宇乃表请仍合为一县，县治遂设南浦。《常志》："省羊渠，置南浦"，盖合前后九年事说的。不应说"建兴八年改置南浦县"。又南浦县晋初仍治武宁，平吴后乃徙治今万县市。清代诸方志谓万县"本羊渠县治，建兴八年改南浦名"，亦非。若羊渠本在万县市，则是夔渝间水运要地，蜀人方重戍白帝以拒吴，岂容其大后方有吴人侵据么！

任乃强全集·第十卷

西康地图谱

西康地图谱*

（1943—1944 年）

余自民国十七年起，搜集康藏与其相邻地方之地图、地志。二十五年八月，曾将地图之部，略事整理，共97种，170余幅。其后，入康陆续征购，至三十二年一月清理，已有280余种。近又续有增益，截至九月三十日止，共凡380余种，920余幅，唯亦间有搬运散失，及借人未还者。余既据以编撰康藏标准地图，惜其采录不尽，惧复散失，乃分四种编号造册，分别贮藏之。并撮记其内容，为此谱录，盖亦书录解题之意也。

造谱之先，拟有略例如次：

1. 谱中图目，以笔者私人收藏之本为限。已得复失，与借人未还者，亦俱著录。曾经见及，拟购未得者，亦偶录之，别加星号其上。

2. 分下列四类编号。

   A. 总图。图幅包括康省全部及康区或宁区、雅区之全部者属之。

   B. 部分图。图幅包括二县以上之局部地方，或路线图属之。

   C. 县区图。内容限于一县区及更小于一县区之局部地图属之。

   D. 邻境图。内容不属于康或不全属于康而与康省有密切关系之地图，如西藏、青海、川滇边等类属之。

3. 依原图装置，分为下列各种册幅。用二字注入谱内：

   A. 巨幅。长120厘米，阔80厘米以上之单幅。

   B. 中幅。长60至120厘米，阔40至80厘米以上之单幅。

   C. 小幅。长60厘米以下，阔40厘米以下之单幅。

   D. 割幅。巨幅图之划分为若干同面积之小幅绘制者。

   E. 插幅。插附他书，幅面未能超过书面4倍以上者。

---

* 原连载于《康导月刊》1943—1944年5卷9—12期，6卷1—8期。

F. 巨册。装册长 40 厘米，阔 35 厘米以上者。

G. 中册。装册长 25 至 40 厘米，阔 20 至 35 厘米者。

H. 小册。装册长 25 厘米，阔 20 厘米以下者。

I. 附图。图幅之附绘于它幅内者，择其有价值者录之。

4. 图名悉依原字。其属西文标题者，译录音义。仍附原文。

5. 原图缩尺、经纬、投影法、套色次数、绘制与审订者、印刷者、售者，凡可考见、皆录入谱。

6. 分类编号次序，依制作或出版时间先后。其编号已定，始征得者，分于各类之末，编为补一号至若干号。

7. 依各图取用资料与精审程度分为 4 级 12 品，各用一字注录于图目下：

甲级，实测图——实施导线测量与经纬测量所制之图。

上品，三角定点或经纬定点，精测精绘，忠实可靠之图。

中品，用单一导线略测，依法绘制，大体可靠之图。

下品，简单仪器粗测制成之图。

乙级，路线图——未施水准测量，但依目力观察制成之图。

上品，具高度与经纬度，标绘精确，足与实测图同功者。

中品，观察未尽周密，而标绘忠实，图法不谬者。

下品，观察疏，图法谬，但曾亲历考察依记录以制图者。

丙级，意匠图——仅凭记忆、见闻与想象制成之图。

上品，追忆旧游，审慎绘制，合图法不欺妄者。

中品，用慎访，或参考可靠游记，依图法制成者。

下品，不明地文，妄依坊肆图，添饰改绘，苟以欺人者。

别级，纂绘图——纂绘或翻印他人图本之图。

上品，本身明晓幅内情形，更能精选慎择，汇聚众长，无有欺饰，译名审慎不讹者。

中品，不明幅内情形，但能忠实汇纂他图，阙所未知，注明来历，于译名未得确解处，附注原文者。

下品，妄采道听途说，改造原图，或剽袭他人图本，妄为增饰，而以实测欺人者。

8. 笔者贫乏僻处，集图有限，又未得名家指示图法，谱中所录，挂漏固多，乖讹亦所难免。甚盼博雅君子，有以教正衷益之。

第一类　总图之部

康藏荒僻险远，向为探险考察者所不曾至，近世虽渐有之，亦各仅知其一部，难语全局，科学测量，更从未大规模举行。故今之西康，仅有可靠之路线图与部分图若干种，虽有总图，率多不精。其导源，以康熙内府舆图为祖，其图系延天主教士分区测制。康藏之部，仅驿道一线，经其实测，余皆访问补缀，不尽可靠。图成之后，藏之内府，国人莫能见之。教士则别绘副本，寄回法国发行。各国翻印，流行甚远。十九世纪以前，世界共知之中国轮廓，恃此图也。我国人自制康藏地图者，始于松筠，曾刊《西招图略》，未为国人所注意。咸同时，胡林翼、严树森等，据内府图制《中外一统图》。光绪时，邹代钧又以内府图参译西图，为《中外舆地全图》。民国十二年，丁文江、翁文灏、曾世英三氏，以西图为蓝本，参补国内外诸家调查路线图，为《中华民国新地图》。如此四图，为中国图学四大进阶之代表物。自松图外，皆为全国总图，康藏之部，著录甚少。西康专图，始于傅华封之《西康全省舆图》，其人未曾参考先出各图谱，但凭所经历与档卷中图稿，审慎汇绘之，精当之处，后莫能逾。松图以后，此为最佳也。此外国人作品，荒唐居多。陆地测量局，曾经粗测路线图数条，后人依之而制总图者颇多。添补之部，殆无不谬。西人于二十世纪初期，入康藏探险者极众，路线图多至百余种，中如斯文赫定之于西藏西北部，印度测量局之于康藏南部，法教士之余西康，英俄间谍之于康藏之间，皆调查精绝，得图甚多。其各国制图机关，又善于汇绘各路线图为总图，故西人对于康藏，恒较我国人更为明了。我国人之考察西康，创制正确图稿者，始于谭锡畴、李春昱二氏，然所制非全图。余自民国十七年入康，开始自制地图，旋复收集中西图本，审订其精度，采用其优点，陆续制有小图发表，最近始撰巨幅之康藏总图。窃谓傅华封后，此图为进步矣。内府舆图，余未能得，兹以所藏松筠以来，康藏或西康总图，编为总字若干号，汇为一部。宁雅划入康省较后，其总图例得附入。余自制图之已发表与待发表者，并列入焉。

1. 西招图略（乙下）

清驻藏大臣松筠制。筠字湘圃，蒙旗人，通汉、满、蒙、藏、回语，好佛，嗜文艺，以译业起家，官至大学士。乾隆五十九年任驻藏大臣，至嘉庆四年，曾出巡全藏，周知其地理、民俗，著《西招图略》与《西藏图说》，嘉庆三年合刊。又有《西藏巡边记》与《西招纪行诗》，记叙皆实。有清一代，驻藏大臣之最贤者。其图凡16幅，总图外，15幅东西蝉联，作长卷状。西起济陇，东止打箭炉，南至聂拉木，北至哈拉乌苏。有相衔接者，相错叠者，以南为上，北为下，山水城镇，皆绘立体，无缩尺，方位准望道路纡斜，俱非正确。然依履勘所及，审慎描绘，无所欺饰，收录地名，亦皆得当。在胡惟德译图未印行前，一百年中，此为藏图之最佳者也。其时西藏名称，尚未确定，曰图伯特，曰唐古忒，曰乌斯藏，曰卫藏，曰炉藏，曰西域，曰西竺不一。筠奉佛，重寺庙，故曰西招。招，蒙语寺庙也。

此图原刻未见。余所得为道光二十七年成绵道王勉斋师道重镌本，图说即附各图页后，光绪二十三年，黄沛翘纂《西藏图考》，又曾翻刻原图，去其图说暨巴塘、理塘、打箭炉三幅，余亦收录之。

兹摹原图前后藏间一幅（原为第八幅），并说明其价值。图无拉萨与日喀则字，但曰布达拉与札什伦布，曲水在雅鲁藏布江（图未标名）汇口之上方，渡河为巴则、巴孜，逾上当羊卓雍错（图曰洋卓云错海）之侧为白地，朗噶孜（浪噶子）越山为春堆，坦途直达江孜汛，沿年渚（图未注名）河经白郎（巴浪），又进度桥为札什伦布，绘三寺并列，以象班禅之宫；一碉，以象堡聚。别道，经僧多寺，然巴，仁本（仁蚌宗）逾山至白地，又自仁本逾山达江孜，路线皆合，险夷不谬。又自布达拉南逾藏江（图未标名）为得庆，得庆逾山为萨木耶寺，即桑鸢寺也。萨木耶三字，译音较桑鸢为佳。自桑鸢渡藏江（雅鲁藏布合流以后之藏江）为乃东（乃冬城），道通布鲁巴克（布丹），别道经琼结通哲孟雄（原未注入）。布达拉北经郎孜（浪子）、德庆（另一德庆），至阳巴井（羊八景）、巴布赖，亦通札什伦布，与今地图形势全合。唯羊八景河，系自业党附近入藏江，此则示其流至拉萨之东，为不合。盖当时藏中调查未周，山谷盘错，非经循溯之水道，则易因揣测误绘也。

2. 英文鞑靼西藏与中华图（乙上）

西人霍克与噶伯特（Huc and Gabet），于道光二十四至二十六年，自北平、张家口，经内蒙、青海入藏，出康循长江转赣入广，折赣浙，循运河返于北平。有游记刊行，插图曰 Map of Tartary, Tibet and China，依经纬度绘，缩尺甚小，附游记中。其川藏界线为雅龙江，以巴塘、德格、霍尔等部划在藏境，盖雍正以前川藏旧界，自雍正四年竖宁静山界碑至是已110年，不应仍如此标界，然亦可见其人系以内府舆图为蓝本。内府舆图者，康熙晚年，延法国天主教士，往各地测量经纬，制绘地图，康熙末年与雍正初年曾两度镌刻之，法教士亦曾以此图稿，用法文在欧洲发表，各国转相袭制，流行甚广。当时西炉隶属四川，炉边如霍尔、德格、巴塘、理塘等部，尚为藏境，此图犹援据之，是以误耳。图中又误标大雪山脉为云岭山脉（You Ling Mts），又以巴塘作 Bathan，江达作 Djomda，河作 Tchou，皆与今世英文图异。

3. 皇朝中外一统舆图（别中）

同治二年镌，湖北巡抚署景桓楼藏版，有湖广总管官文，巡抚严树森叙。又有严树森后跋，记胡文忠以来，编制原委。计坤舆图 2 幅，亚洲总图 1 幅，中国全图分割为中卷，南 1 至 10 卷，北 1 至 20 卷，共 31 列，延续相衔，线装为 22 巨册。康藏之部，自南四延至南六卷。有经纬度，河流概作双线，山脉作人字纹，城市用圈，道路用横点，界用实线，盖以内府舆图为蓝本，而参用当时本国制图之成法，一改绘间，差误滋多。其康藏之部，仅驿道一线，相当正确，此外皆凭访问补绘。山河村镇，与今地图较，出入甚大，然大体方位不谬，由蓝本正确故也。有清一代，坊间地图，康藏之部，莫不依照此图绘制。虽在今日，亦尚有当保存者三点。一，查对新旧译名。二，查考清代土司辖地之方位。三，查考清代图法演进之情形。二十一年，余游成都羊市街旧书肆，得全部，完整无缺，以银一番易得之，肆主云：如货废纸耳。

4. 中外舆地全图（别中）

新化邹代钧，光绪二十九年制。凡 68 幅，为一厚册。本国之部，曾参内府舆图，但仍以中外一统舆图为底本。外国之部，概为译品。绘图全遵西法，铜版绝精，盖民国二十年以前最佳之图本也。单色，宣纸印，青海、西藏共一幅，五百万分之一，大部仍依前图改绘，仅驿道一线可靠，唯桑昂、察隅之部，著字颇多，以竹瓦寺为多瓦噶穆巴，鸡贡为直空，札瑜为札隆（察哇龙），桑昂曲宗为桑加楚城，大浦兴（八宿地）为塔普辛，皆显然可见其曾译西图增补。以瑜曲为子楚，则于楚之镌误也。又以瑜曲与怒江间之山脉为他念他翁山脉，为国籍创名，当亦系译自西图耳，有图无说，未克注明来源，为可惜也。民初，余购自北平玻璃厂旧书肆。

附记：商务印书馆，曾于光绪末年，印行《二十世纪中外舆图》一巨册。完全翻绘邹图，康藏之部，只有沿伪，无所增补。余未藏。

民国初年，商务印书馆印《中华民国新区域图》，一中册，已有川边特别区域，仍系以中外舆图为蓝本，增绘界线，别无新义。余未藏。

此外民国以来风起云涌之小册地图，如《中华形势一览图》、《中国分省新图》、《中国标准地图》、《中国地图集》、《袖珍中国分省新图》。单幅挂图，如中华分类地图，各省明细全图，各省分县图等，皆于康藏极略，亦皆互相抄袭，以盲导盲。至于中外一统图，中外舆图等较佳之旧本，亦未暇参考。余收得甚多，审查无一有价值者，概不著录。

5. ★新译西藏全图（别中）

清光绪末年，出洋大臣胡惟德，就英法文地图译成。译名多沿一统舆图及松筠图，缩尺似为百五十万分一，一时流行共广，旋即绝版，余未得见原图。但见其翻印本于边疆研究委员会及刘燮丞家，未曾收藏。此时英法人探险未盛，所知康藏内部地方殊有限。故此图除驿道一线，及西南沿边地外，亦无甚新资料。唯系依经纬定点，翻译审慎，在当时，实为最佳之康藏全图也。

6. 最新西藏明细全图（别中）附川边山川道里图（别中）

图三百万分一，中幅，红、蓝、黑、棕四色石印，附详密路程表及二百二十五万分一川边山川道里图，未著编撰人与出版时间地点，余自成都旧书肆购得之，查系依据胡惟德、陶师曾等译图缩绘，并曾参考小方壶斋各种行记，颇用考订工夫，出版时间，当在宣统之世。

7. 西康全省舆图（别上）

清末代理川滇边务大臣傅嵩炑制。傅字华封，四川古蔺县拔贡。以办团受知于永宁道赵尔丰，赵任川滇边务大臣，傅为总文案，从赵征讨，足迹遍全康。赵升川督，奏请以傅代任，傅因奏请划折多山与丹达山间之地建西康省。赵为同志军所困，调川边军入援，傅自率军赴之，苦战达雅州，清已逊位，赵被杀，傅缴械。民元九月，著《西康建省记》一书，插附此图。自序云："康境四至八到，已为汉人遍历，惜皆不谙测绘，于道途之曲直，江河之大小，能口言其势，不能笔绘其形，边务星使赵公，先后委员测绘，或因历险而坠死，或以阻雪而裹脚，几及三年，卒未成功。唯张君绍荃，张君穆轩，李君怀仁，居康数年，留心地理，各具舆图半幅，兹取而合为一。"其图中幅，单色印，每百华里开方，无县部界，著程站地名颇详。余购建省记得之，旋复失去。后抄得锌版缩印本，张季诸人原图，竟未获见。

8. 川边新图（别上）

小幅，单色石印，无缩尺，有经纬度，精度以北平为中线，自西13°至20°，北纬自27°至34°，省界东包泸定、丹巴、九龙，西无界，绘达瓦合山而止，无撰绘人姓名及出版年月地点。标有边军驻防地与陆军驻防地，已有九龙县，无安良县，而尚称瞻化为怀柔，德格为德化，当系民国二三年时所编，民国四五年所印，故地名之时间性，未能划一。然所收地名皆与川边档卷记载吻合，不似他图之沿用古称，盖亦熟悉边情者精心之作。似亦曾参考胡惟德图与傅嵩炑图，但非完全抄袭，惜其名不传，民十九年，余购得于旧书肆。

9. 英文西藏与其邻部图（别上）

巨幅，原名 Tibet and Adjacent Countries，印度测量局据陆军大佐博拉德（S. G. Burrard）图稿制，1917 年出版，缩尺二百五十万分之一，单圆锥投影法，自东经 78°至 102°，北纬 36°至 38°。包括前后藏、西康、青海、尼泊尔、哲孟雄、布丹、珞瑜之全部与印缅滇新之一小部，有等高线，加山脉瀹晕，用红、蓝、棕、灰、黑五色印，相当精致，取材着墨，亦俱审慎忠实。西康之部，仅达打箭炉，未及泸定以东之地。康南康北，空虚未当之部尚多，珞瑜及西藏西南地方，则甚详慎。在民国初岁，当以此为康藏最佳图本。

10. 英文赵尔丰经营川边改流地图（丙中）

11. 英文川边土司地图（丙中）

二幅。英领事台克满（Eric Teichman）附所著《土伯特东部游记》发表。并小幅，略示轮廓，其人另有大幅路线图详第二类。

12. 川边各县舆地图说（丙下）

新繁蔡廉洲制，中册。自康定至恩达，每县一幅。民国十年川边财政分厅厅长陈东府，携至北京，由京华印书局石印。蔡君系电务人员，略谙图法，亦颇留心川边地理，唯学识未副，谬陋甚多。据其图例，有边地图说与县地图说两种，康定至恩达 17 县，为县地图说，三十九族、桑昂、杂瑜、波密、察隅、俄洛等处为边地图说。又有川边总图与总路程图，兹仅印其县地图说一部，说又别汇为表。另印成册也。其各县境界，不能相嵌合。有经纬度，系依川边新图为之。各幅详略不一，无缩尺。康定、石渠、昌都等幅最荒谬，亦仍称瞻化为怀柔，德格为德化，而与邓柯、贡觉、察雅、恩达诸县，皆就川边新图，圈示县界，无所增益，余图出于访问，率意标绘，多有谬乱。唯得荣、稻城等数县，似为其身经地，微有可取。其叙文中有："大抵沿大江之滨，大山之麓，各地多暖。……道孚、甘孜，滨雅龙、金沙两江，义敦、理化，处于巴大朔两山间，炉霍、德格，为雀儿矮达诸岭环其外，故皆和暖"云云，则其强不知以为知，悍然妄言以欺世人之处甚多，无庸更论其图也。

13. 法文川边图（乙上）

原名 Marches Tibetaines Du Sseu-Tchouan，法教士古纯仁（F. Gore）制，缩

尺百五十万分之一，有经纬度，单色石印，附所著《川边与滇边》一书，民国十二年，在康定出版。古君曾受法国中等教育，光绪三十四年，入康传教，研究康藏文语，亦识英文华文书籍，虽足迹未广，然在康法教士之旅行报告，均入其目。故于西康史地，甚为谙熟，积年从事著述，出品甚多。此图绘技虽拙，内容皆甚精当，康图之标绘土司部落界线者，此为首屈，尤为其特点云。

14. 川边地图（别中）

民国十三年九月，四川督理署参谋处，嘱陆军测量局制，巨幅，缩尺以 4.8 厘米表 100 里，似曾参考傅图与蔡图，唯大体皆依川边新图绘制，只西延至雅鲁藏布江，包有波密与江达，与川边新图不同。单色石印，加套民二失地与民七失地二色，有督理杨森题词。

15. 西康特区全图（别中）

民国十五年，西康屯殖使署参谋处制，百万分之一，巨幅，单色石印。注云："依据中外新旧各种边藏略图编纂而成。"查其内容，仍以督理署制之川边地图为蓝本，唯增入地名颇多，道路、河流并较详细，无县界，有道界而无道名，以康、泸、丹、九、雅、道、炉、甘为一道，德、邓、白、石以西为一道，巴、理、乡、稻、瞻、得为一道。盖屯使刘成勋拟置而未实行者。德、邓、白、石，时已陷在藏方，刘氏徒有收复之意而已。此图未合图法，与乖误之处颇多，然自傅嵩炑以来之国人图本，多曾收备参考，可谓集华人川边地图之大成。惜未参考西图，果其参考西图，则轮廓部位，可较正确，便成有价值图本也。

16. 英文中国分幅图（别上）

英参谋部，用多圆锥投影法编印，四百万分之一，1926 年出版，七色套印，精绝。原题仅 CHINA 一字，似为世界地图之一部。内容包括腹地诸省及其附近地方。阙拉萨以西，及外蒙古与新疆（或另有图幅为余所未见），缩尺虽小，包罗甚丰，它种百五十万分一以上之巨幅图，精详未逮此也。据其自注，所引用图籍，凡专集 23 种，路线图及略图 19 种，皆属名贵巨著，多为余所未得，兹译录如下：

伦敦公司出版之中国分省图（1905—1923 年。百万分之一及二十六万二千二百分之一）。

海军部航海地图 3350 号与 3274 号。

印度与其邻部（百万分之一，印度测量局 1907—1923 年出版）

中国西部地图集（德文，百万分之一。1902—1912）

中国土伯特路线图（二十万分之一。Tafei 1905—1908）

中国北部与土伯特西部图 （三百万分之一。Tafei 1914）

中国地图集（七十五万分之一。李希霍芬 1885—1912）

亚洲地图 （法文，百万分之一，巴黎陆军地理研究会。1900）

贵州省图 （五十万分之一，印度支那地学研究会）

印度支那图 （二十万分之一与十万分之一，印度支那地学研究会。1904—1911 与 1923）

沙俄西北 （二十五万分之一，印度支那地学研究会。1919）

从后藏至云南府与丽江 （1910）

中国探险图 （二十万五千分之一，美国 Balley Willis 等。1904）

大地磁性之观察 （二万五千分之一。1915）

……以下专集八种，略。

台维斯（Davies）路线图。（1908）

柯克罗夫（Koxiof）路线图。（1910）

柯尔斯（Coales）路线图。（1916，第二类详）

台克满（Teichman）路线图。（1916—1919，第二类详）

……此外路线图 15 种，略。

余于沪市觅得此图，因价昂，无力购买。后自友人李君处借得，用透光版在暗室中影绘，将西康与其邻部，分地文、人文两幅描绘。

17. 土伯特图（别上）

英人贝尔（Charles Bell）制。附所著《西藏今昔》（*Tibet Pastand Present*），1927 年出版，小幅，有缩尺，及粗陋不注字之经纬线，照相锌版单色印，英文，以厚线勾绘土伯特界，包西藏、西康、青海，用心实存不良，然贝尔于康青境所知甚少，图亦甚略，仅具各部落之大体部位，固无足取也。另有西藏部位图小幅，尤无足记。

商务书馆译印此书，并译此图，译名多谬，至以章谷为邓柯，其他西藏书，亦有译用此图者。

18. 川边各县舆地图（丙下）

民国十七年，川康边政人员训练所就蔡图（总十二号）翻印，增列下 3 幅，合 30 图为 1 册，石印模糊，多有错字。西康各县路线图，为长 58 厘米，宽 35 厘米之小幅，每 40 里开方，并于大路线上注记里数，有省界，不精，西界为二线，内线在瓦合山，南包科麦、察隅、门空，北包类乌齐至衮萨寺。外线在丹达山，北包三十九族，南包波密之一部，颇嫌浑沌不清。又自阿萨密有铁路达鸡贡附近，尤非。

西康各县总图，幅面同前，有粗率之经纬度，省界西线亦二重，唯此外线，又移在雅鲁藏布江及江达城外，总之无一是处。两图夫著绘制者，察其作风，应亦出蔡廉洲手，盖蔡君原有此二总图，见其序例，前在北平未印，此补绘耳。

宁属及雷、马、峨、屏之大略图，一百二十万分之一，有县界及山脉，轮廓不甚差谬，作风亦似前图。疑是边训所请蔡氏用《宁远府志》、《四川通志》等图，及陆军测量局图本凑绘之。

19. 西康教区图（别上）

康定天主教堂制，民国十八年余借摹，中幅，有经纬度，未注缩尺，其教区包括川边全境与云南之中、维、德、贡四县，注教堂与教会学校分布地颇详，法文，时余初入康，一切不明，特请主教华朗廷译解，即注其旁。

附记：中国教区图

中国天主教总会编印，三百万分之一，四色精印，标绘全国天主教区界线，与教堂分布，并分别各耶教教派着色，为研究耶教在中国详情之绝好材料，西康与宁远，为其两大教区。

20. 康藏图稿（别中）

道孚法教士窦布来（A. Doublet），民国十八年赠。窦系欧战退伍军人，来康不久，此稿有经纬度，缩尺为二百五十万分之一，蓝、黄、绿、红、铅五色描绘。除取材古图（十三号）及普通西图外，尚乏新材，然其轮廓颇佳。

21. 西康西藏详图（别下）

蒙藏委员会民国十八年制印，五百万分之一，单色印，着字甚少，谬误层出，余曾收得，旋复遗去。

22. 巨幅川边图（丙下）

民国十九年，广州中山大学资派魏大鹏、古振今等同瑞士人哈姆（第三类详）入康调查木雅贡噶，西康政务委员会，请魏、古两君代绘西康详图，两君绘术甚佳，而不明西康情形，政会供给图稿，似只蔡图（十二号与十七号）一种。两君遂向壁虚构为等高线，造成五十万分之一之全康详图，作长240厘米，阔140厘米之巨幅，并署名其上。二十年由政委会呈送川康边防总指挥部用蓝红黑色精摹石印，余曾得其一份，盖一荒谬绝伦之巨图也。其绝伦处有如下者：

（1）魏、古两君，为探测木雅贡噶而来，然图中并无此山，即康定、泸定境界间，亦且无可代表此山之等高线。

（2）两君足未出关，不知关外作何状，亦未曾得有任何记载海拔之材料，乃敢用等高线，描绘全康地形。

（3）所有等高线，皆沿河流起绘，相结成圈，第二线三线，又沿之而起，约略作等距之不定型层圈，正如旧地图描绘湖海水纹之状，竟无一线横越河流，仿佛全康河身，皆略与海面同高，山皆由软岩侵蚀而成，无一奇峰绝壁者。

（4）其他地名、部位荒谬之处，多不可记。兹摹其康定附近一角，以见一般：（盖康定为绘图者曾住数月之地。此幅即木雅贡噶所在，为两君此行考察之目的地，此尚荒谬，则其余地方可知矣。）

①查此图缩尺为五十万分之一，则等高线为每500公尺。据是查核：折多山高于康定不过1000公尺，（实超过2000公尺）。瓦斯沟与康定同高，（实差1000公尺）。其山形之谬，率如此类。②磨西面水，自得妥入大渡河，此则自冷碛上方之甘露寺对岸入河。田湾水，自得妥南百里入河，此则自得妥之北入河，各错移百余里。水道之谬，率如此类。③鱼龙石河，南经梭波折西，入自营官寨南流之累曲河，会雅砻江。全流域皆在康定境内。此则与累曲各为一河，而称为九江，自宜顶以下，皆划入九龙。④一木居城子在鱼龙石一支流上，距九龙两站，距鱼龙石亦两站。此图则在此河正流上，距鱼龙石2厘米，距九龙20余厘米。且须经过迷巫绒、宜代、菩萨绒等地方。（此诸地为康定西南境，在累曲与雅龙江岸，此图概移列于所谓"九江"之西岸。）准望之谬，率如此类。⑤湾坝、洪坝，为松林河上游两河谷。其水自越嶲安顺场入大渡河。距安顺场各3日程。此则即在得妥附近。而其南10厘米外，又复有湾坝、洪坝重见。⑥万年为九龙县极西南之一村，此则绘在其极东北之湾坝、洪坝附近。⑦冷竹关至瓦斯沟十里，岩道盘旋，实仅隔一山嘴，此乃相距3厘米，如40里。缩尺之谬，率如此类。⑧田湾属越嶲，此划归泸定县。桂花桥属康定，此划归雅江县。迷窝绒等处属康定，此翻归九龙县。若及属康定鱼通，此划归泸定县。县界之谬，率如此类。⑨五色海子分布柳杨南北诸雪峰间，相距绝远。此则会于一处。其望文生义之谬，率如此类。

23. 藏人所分之西康部分图

24. 清末川边部分图

25. 西康县分图

26. 西炉与西康

27. 康境之变迁

28. 西康疆域与省会

上图五种,皆民国十九年余手绘,缩尺四百万分之一,单色,小幅,插附《西康图经·境域篇》,民国二十一年新亚细亚学会印行。对于西康之部分区划,考订甚备。经纬部分,一以英参谋部之中国分幅图为据,故轮廓亦甚正确。康藏地图之著县部区界者,自此诸图始,省界之正确,亦自此诸图始。

29. 森姆拉会议①中英人提出之内外藏地界

30. 森姆拉会议中我国提出之华藏地界

31. 袁政府主张之内外藏

32. 战败后之划界交涉

上图四种,亦民国十九年余手制,插附《西康图经·境域篇》发表。原缩尺五百万分之一,红黑二色绘。缩制成单色锌版,小幅。于时余未曾得见森姆拉会议中,英人提出之草图,但依双方交涉条文,参对康藏部分绘制。后得见原图印证,竟完全吻合,而部分界线,则较原图正确。

33. 森姆拉会议草案原图

民国二十八年,余于刘燮丞(赞廷)处见之。小幅,单色石印,勾绘红蓝二线,无标题及缩尺,有经纬度,约为二百五十万分之一,著字甚少,英文为主,间附汉字。余一见,判其为森姆拉会议中据以讨论之草图。刘云然,道所自得。二十九年,曾付西康文物展览会展览。此图内容甚陋,无康青藏界线与西康各部区界线,其内藏南界,仅包括巴、理塘、打箭炉三城,未曾包括康南乡、稻、得、盐等地方,足见当时,英人实不知巴塘、理塘之辖境。德格部分,亦惝恍不能确指。是故森姆拉会议中,不仅我之笑话百出,英人实亦未有真知灼见也。是图余拟摹绘,未果。

34. 西康人口分布图

35. 西康种族分布图

上二幅,余民国二十一年手绘,四百万分之一,单色锌版印,插《西康图经·民俗篇》。民国二十二年新亚细亚学会出版,为西康人文总图之创作。

36. 中国分省新图(别上)

民国二十二年八月初版,丁文江、翁文灏、曾世英三先生为申报馆六十周年纪念制,中华书局印刷,申报馆发行,小册,凡总图10幅,分省图24幅,附图48小幅,分绘50页,西康、西藏共一幅,缩尺七百五十万分之一。内地各省皆三百万分之一,蒙古、青海五百万分之一,其后修正版亦以康藏作五百万分之一。其图系以

---

① 即"西姆拉会议"。英国代表麦克马洪所提议案,中国政府代表陈贻范奉命拒绝签字。——编者注

英参谋部之中国分幅图（十六号）为蓝本，参以北平地质调查所历收采探察之新材料，合地文图、政治图为一，精绘五色精印，一扫过去我国图籍粗制滥造之弊。

37. 中华民国新地图（别上）

丁、翁、曾三先生与前图同时制，民国二十三年四月印，申报馆发行，中型厚册。凡图 106 页，总图 4 大幅，2 中幅，21 小幅，亚尔勃斯投影法。分图用多圆锥投影法，分割为 22 幅，人文图、地文图分制，共四十四幅，重要城市图 61 幅，一律十万分之一。西康划割在第二十六、三十二（二百万分之一）、五十（五百万分之一）三幅中。其材料来源，与精致程度，皆与前册同，唯较详密。翁氏有序，详论图法及制作此图经过，极名贵。曾氏有例言，详述绘制法，谓所据地图有 7730 幅之多。细审其西康部分内容，除谭、李两氏调查图外，（另详第二类）仍只以中国分幅地图（第十六号为据，增订之部甚少，省、县界与译名，有待于修正者甚多。盖其图详于内地，对边地尚未能精细考订也。总之，此二图为我国图学革命之最先成功品。一切可以空前，而非可以绝后。国人若能续起修订，则可由此改进成为精当之本国地图，若认有此为足，徒事剽制而不图匡正之，则负此图矣。

此二图出后，各书局争起仿制小册地图颇多，无一更出新意者，应悉摒弃不论。兹编所收新出地图，以能不全抄袭此二图者为限。

38. 西康地文图

39. 西康山脉图

民国二十二年余手制，插附《西康图经·地文篇》，二十三年新亚细亚学会出版。四百万分之一，单色，地文图系以中国分幅图为据，微有增订。山脉图为余所创作，石印颇失真。

40. 川黔滇康甘边区略图（别中）

巨幅，三色石印，内容仅包多数地名与路线，精度极小。川康之部除陆地测量局图材外，无他资料。缩尺八十万分之一，无制印者姓名及绘印年月。疑是行营入川剿匪时或边政研究委员会成立时，嘱四川陆地测量局制。西康之部，至甘孜而断，非全域也。

41. 四川陆地测量局十万分之一地图（甲上，甲中，甲下错）

清末四川开办陆军测绘学堂，开始实施四川内地之三角测量，制有二万五千分之一之军用地图。民初成立四川陆军测量局，陆续补测四川盆地之部，完成十万分之一军用图 200 余幅。民国十八、十九年，补测宁远各县，二十三年，补测康区及松、茂、理、懋。至二十四年，制成川康十万分之一全图，较前又增加 200 余幅。

二十七年，补测俄洛野番地方，又增60余幅。现已制成者148幅。三色石印，非卖品，军用，当秘。其四川盆地之部与俄洛之部，测量工作颇精，殆全可靠。川边部分（包括今西康全省及四川之松、茂、理、懋、峨、马、雷、屏地方），则仅为草率之路线测量，并未施行三角定点，故其部位方向，不尽与实际吻合，且有数线仅属目测，又有多数地方，出于访问补缀，铸成错误颇多。因此图关系巨大，兹故分别指出其可靠不可靠诸点，俾使用者知所采择焉。

雅区——康定以东，雅安、芦山、天全、宝兴、金汤、荥经、汉源、泸定等县以及大小金川地方，测勘路线较密，故可靠成分较多。唯路线以外之山岳地形，概只目测估绘，虽具等高线，概不可靠，仅大体部位不差，可供参考而已。

宁区——大渡河以南，宁远及峨、马、雷各县，可靠者：

（1）自大树堡沿旧官道经越嶲、泸沽、西昌、德昌至会理县治一线。

（2）自富林沿大渡河至田湾河身两岸一线。

（3）自纳尔坝、安顺场经拖乌、冕宁至泸沽一线。

（4）自西康经盐中打冲河至盐源白盐井一线。

此外如盐边、会理、宁南、昭觉诸县境内重要地方，似曾为测量人员足迹所曾到，但并未施行测量，似仅凭记忆制成图稿，除路线上村镇地名次序未乱外，部位与地形，什九不合，其完全谬误合当铲去图版者，有如下举：

（1）富林、大树堡、越嶲以东，峨边金口河以西，洪雅炳灵祠以南地方，全部谬误。例如呷撒即桂贤村，在大树堡东15里，与富林东南之万工堰隔岸相对。此图于万工堰对岸作临河堡，去大树堡约20里，又东10余里为水打坝，又东数里为呷撒，又东约10里乃为桂贤村，皆沿大渡河南岸。沿河要地尚且如此，其山地更属荒谬不堪。又万工堰以下，皆石灰岩绝峡，而图描山形悉甚圆融，可知访问时，未曾询及地形。

（2）大小凉山地方，即峨边、马边、雷波、西昌、越嶲五县县治间地带，除昭觉一线为访问图尚有似处外，余全谬误。

（3）盐源白洁河，窪里以西之木里地方，全部谬误。即大形势亦皆不合。幅面亦相差至2/3。

（4）会理东北境迤及宁南西境，即岔河、老碾、黄柏箐、新场北抵西昌缸窑等处，全部谬误。

（5）大小旄牛山脉地方。南自太平渡循打折冲河北山，直抵康定附近，什九谬误。无木雅贡噶山，湾坝、洪坝、三垭与九龙南境地位皆不合。

其他小区域谬误者尚多，本属夷巢，为测量人员所不能至，其未精确，原不足怪。可怪在于测量未到之处，悉用每距 20 公尺之等高线描绘为地形图也。

康区——康定以西测队所曾至者，为以下各线：

（1）自康定经折多山、泰宁、道孚、炉霍、甘孜、竹庆至邓柯县城一线。

（2）自康定经雅江、理化至巴安竹巴龙一线（通过塔子坝与毛丫坝）。

（3）自巴安经白玉折过瞻化，由甲司空至道孚一线。

（4）自甘孜至瞻化一线。

（5）自玉隆逾雀儿山经德格至冈拖河岸一线。

（6）自德格柯鹿洞至邓柯之朗吉岭一线。

（7）自康定经玉龙石、木居城子、九龙至八阿龙一线。

（8）在木居城子经绿林、桂花桥、甲梗坝至折多塘一线。

（9）自康定北逾大炮山入丹巴一线。（丹巴已详金川之部）。

以上各线，皆可靠。路线以外，悉留空地。此其胜于宁区之点。

42. 四十万分一川康分幅图（丙中）

民国二十年时，二十一军嘱四川陆地测量局驻渝办事处就十万分之一图缩制四川之部，凡 16 幅，宁雅在内，有县界，无等高线。二十四年，成都陆地测量局增绘川边九幅，颇于十万分之一原图外多有增补。唯所增补之材料甚少，反贬固有价值。有褐色套印之等高线山脉。由此山脉绘法，知其曾取材于魏、古两氏之谬图也。（二十二号）

43. 川陕甘青康滇黔湘鄂边区简明图（别中）

民国二十四年七月军事委员长行营参谋团第一处调制，二百四十万分之一，赭蓝黑三色精印，甚鲜明，惜所征图稿未善，错误颇多，如明正土司，绘在盐边附近。无量河入金沙江之类是也。唯系依西图经纬度绘，故大体部位不差。

44. 西康省明细全图（别上）

湖北亚新地学社民国二十四年九月出版，中幅，百五十万分之一，有县界，四色套印，甚清晰。其县界，取材于余之《西康图经》。所装地名，有尚沿用中外一统舆图者。唯搜讨尚属审慎，不失其为佳本。该社尚有本国分省精图小册，民国二十七年出版。其西康幅四百万分之一，内容较其他各书坊所出小册分省图为精详。

45. 西康各县交通道里图（别中）

民国二十五年六月，十六军五十三师参谋处，就陆地测量局十万分之一地图增补改绘，二十万分之一，割幅 41 张，图占 32 割幅，余载各县调查表，无等高线，于重要山口处偶绘等高线等之山纹。盖当时草率制成之军用图也，单色石印，未收藏。

46. 二百万分之一西康精图（稿本）

民国二十五年，余手稿。根据当时所得之调查材料与西康图经纬定点精绘。虽小幅，精度绝大，线条细密，无法注字，如暗射图，图中地名，独余自知。原拟分制地文、人文二幅，寄赠申报馆或翁、曾两先生备修订中华民国新地图用者。嗣因抗战军兴，印刷困难，缓之。其后陆续收入新调查材料甚多，随时修订，迄今已成破纸。故复换纸新制，作为绘制一切西康地图之稿本。

47. 西康讲授地图（布绘）

民国二十六年，余担任西康县政人员训练所康藏史地教师时制。就布幅引经纬线描绘，无缩尺，大约为百万分之一。著字不多，有县界，又以彩色标染旧各土司辖境，为西康境域地图之较精确者，今作窗帘用矣。

48. 全宁属地势区域略图

49. 宁属各地地质分布略图

50. 宁属夏季作物分布略图

51. 宁属冬季作物分布略图

52. 宁属林产分布图

53. 宁属畜产分布略图

54. 宁属荒地分布略图

上略图七幅，附见李明良《宁属农牧调查报告》。李君于民国二十六年春，与边政设计委员会边区调查团赴宁属分组调查，亲历地方甚多，所谓地势区域图，实即其经历路线图也。二百五十万分之一，单色石印小幅，有经纬度与县界、县治及宿所。余只大河数道，甚略。此次各组中，有地质矿产一组，当曾测制地图，惜未发表。李君盖即以此为蓝本而缩绘之耶。除木里一部分外，轮廓颇佳，错误甚少。想见原图较陆地测量局图为进步。地质以下各图，皆就前图轮廓填绘。地质有图无文，当系转摹地质组图稿耳。

55. 西康分县图（别上）

民国二十七年，西康县政人员训练所毕业学员宋济元喜图，就余上项布幔讲授缩图，绘于纸，为一中幅，加藏文字于各地名旁，由建省委员会出资，用红蓝黑三色石印，颁发各县，各县府多有依此轮廓填绘为分县详图者。

56. 西康西藏详图（别中）

民国二十七年，商务印书馆依蒙藏委员会之西康西藏图改绘，二百四十万分之一，中幅，有等高线，四色套印，附拉萨市与亚东附近图，康定市区图。制图者于康藏地形无所知解，徒采他人成本编制，固不能成佳本也（其等高线，与拉萨市，大体依中华民国新地图。康定市，照绘余《西康图经》插图）。

57. 西康省详图（别中）

中华书局印行，未注年月，余二十八年始见之于康定，当系二十六年制印。二百五十万分之一，中幅，三色印，有等高线。查其内容，盖全自西藏与邻部图（第九号）割截西康之部，放大译绘者耳，未曾参考其他任何图也。所有译名，除县名及康南驿道沿线地外，概与习惯用汉字不合，亦与藏文本音相去太远，唯能尊重原图，未尝有妄为增饰，率情窜改，强不知以为知之处，为胜于一般坊肆售图矣。注"单准标纬圆锥法"，而未注明原图，此为美中不足。

58. 四川省第十八区全图（别中）

民国二十七年六月四川省第十八区行政督察专员公署制。缩尺六十万分之一，中幅，四色石印，除木里一部分，大体轮廓不差，小处尚有多误。未注材料来源与所依蓝本。以与李明良氏略图（第四十八至五十四号）较，形势部位多相同处。疑皆取材于边疆调查团地质组之图稿。

图中标有指导区所在，颇多与今之政治指导区分布不同，故又兼有历史价值。唯无县界。又"土司署"标出寥寥，河流小误颇多，皆其缺点。

59. 西康省宁雅两属明细详图（别中）

民国二十七年九月西康保安处制，巨幅，五十万分之一，四色套印。省界依当时新划定者，包有理化以东之地，实为西康新省全图，因纸幅不足而割弃一部者。唯雅、宁两属有等高线，康区无之。其雅、宁两部图材，完全以陆地测量局十万分之一图为据，沿伪之处甚多。绘制者不谙图法，新增错谬亦不少。其康区之部，曾对陆地测量局图本有所增订，唯无甚有价值者。石印模糊，尤为此图之累。

60. 西康省宁属全图（别中）

委员长西昌行辕政治部制，李万里绘，青年书店发行，单蓝色石印，无缩尺与绘制年月。查与专员公署所制图（第五十八号）全同。当是转翻原图耳。唯有县界。其县界与李明良略图皆同，又似翻印时，曾得边疆调查团原图资以增订也。

61. 西康省宁属政治指导区图（别中）

宁属屯垦委员会制，依前图轮廓标绘各政治指导区署所在及区界，标为五十万分之一，此足证前图原有五十万分之一缩尺，此图民国二十八年作，余二十九年自民政厅借钞。

62. 西南各省公路路线图（别上）

民国二十八年七月交通部公路管理处制，三百万分之一，两中幅，三色印，颇精。友人赠余，非卖品，当秘。附西北公路路线略图，六百万分之一，皆足供制康图者参考。

63. 康青两省公路图（别中）

修筑川康公路时公路局制，设计图也，三百万分之一，粗制，民国二十九年余自交通局借摹。

64. 西康省地图（丙下）

西陲文化学院民国二十八年十月制，八十四幅，依经纬线割绘，缩尺二十万分之一与四十万分之一两种，有等高线，单色精印，装册高42厘米，宽37厘米，布面金字，为抗战期中国产地图之最美者。查其内容，荒谬亦为近年产品第一，无绘制人及审订人姓名，有不署名之例言八条，首条云："本院成立即从事于边疆地图之整理，其整理程序，先就从来搜集之中外图籍，编成比较正确之新图，以树基础；次则组队前往边疆各地，实地勘测，所制新图，业已完成一部，兹将西康省地图八十四幅姑先付印。……"第二条云："本图编制，以经纬度为准。凡重要地点之位置，悉就中外图籍所志该地经纬度数，加以考订，举纲例目，庶几疆域地位，山川形势，不至失真。"似此条文，至低可保证其为审慎不欺之合理图本，乃其谬妄，更甚于一般市售地图，除钞录陆地测量局十万分之一图本外，殆无尽不谬，无字不妄，而饰为精当以欺世人，其情形正与第二十二号图相同，是皆足为我国学术界叹息者也。

此图为二十万分之一缩尺，亦属军用地图之类，关系颇大，兹故指出其谬妄之点：

（1）无总图。每幅背面有索引一幅，代表总图。具圆锥投影法之经纬线，未注缩尺。查系依中国分省新图（第三十六号）修订本西康幅绘，盖五百万分之一缩尺也。原图经纬线与要地部位，原无大谬。唯康藏、康青界线不合。此于康藏康青之界线，则沿之，要地部位，则变革或抹去之。例如昌都与同普、德格，原图殆成一直线，同在北纬31°至32°之间。此则德格、同普并肩，在32°之位置，昌都远在31°附近。有未标武成、贡县、察雅、察隅、得荣诸县治，而盐井在澜沧江西，硕督在怒江岸上，石渠在雅龙江北，所谓总图，即已荒唐至此。

（2）即云"以经纬度为准"，则应曾经参考测定经纬度者所发表之数字，再不然，亦当依据较有价值之经纬定点地图。乃此图并未曾参考罗克西尔、柯克罗夫、柯尔斯及谭锡畴、李庚扬等测定之数值，仅用申报馆五百万分之一图之大概轮廓，任情标绘。例如康定，谭、李测为东经102°2′（秒数略，下同），此为102°13′，差11′。丹巴，谭、李测为东经101°52′，此为102°26′，差半度有余。瞻化，谭、李测为100°16′，此为100°25′，差9′。邓柯，柯克罗夫测为北纬32°29′，此为32°37′，差8′。石渠今县治在菊母寺，台克满图，在北纬30°，此多14′。其他县治，除理化略与谭、李合外，更无一与任何人及任何图全合之经纬。而乃云："加以考订"，其自欺欺人，大率类此。

（3）凡经纬线图，例于四边线上每2度间作6或12或60等分，以示未经标线之分数，各以黑白线相见填之。俾便左右上下引线，推量图中分秒，是为定法。此项二十万分之一图幅，乃于每30分间截12段，每段所表，为2′5″，已属奇制，而上下左右，黑白线段相错，尤为图法所无。

（4）此图唯一蓝本，为陆地测量局十万分之一地图，其他较有价值之中西图，实未见其采用一种，则其作图时，未曾收集有西康之西文地图可知。即使曾得数种，当亦无力搬运入图。乃其例言，一再夸称"中外图籍"，已蹈妄矣。夫西文康藏图，缩尺未有大于百万分之一者。兹图于陆地测量局图所未具备之地方，皆有二十万至四十万分之一具有等高线之地形图，来源如何，绝不言及，乃于例言中以迷离扑朔之语，曰"中外图籍"，曰"实施测勘"，仿佛皆有依据，误人唯恐不澈，非妄之又妄者耶？

（5）西陲文化院诸人，本不明晓西康地理，憾在陆地测量局图本有所缺漏，思欲征采地图，以补足之，无论其所搜采图，有无价值，均应将所取材料，注于图册或彰示图尾，俾阅览者克资为审量，应用者获知所取舍，则本身虽不能成可靠地图，亦可有功无过，其搜求未得之部，应留空白，以明未知，此图德所必当有，亦即制图之常识。今乃于测量局未曾标绘之西康地面，妄乃幻想，填绘为每差250公尺之等高线。虬曲精致，使不曾至其地者，认为实然，以为军用地图，则其罪殆有浮于汉奸者。

（6）图中谬妄之处，历历难记，姑就县治所在言之，除陆地测量局测队曾到之20余县治外，全属向壁虚构，且其假想之程度，去实际情形甚远，知作者不唯未见各该县治之地图，抑且并关于县治粗浅调查记录，亦未获见也。例如昭觉县城，现只衙门1座，住民10余家，此图有大街7条，辉线宽1厘米，若与雅安同样繁荣。稻城，本在稻坝平原正中，一衙署外，更无居民，本图位于无名大河之北岸，有表示十字街之方点4枚。定乡县治，在桑披林寺外，此图无桑披寺，而有路径通得荣。得荣县治索美，在定曲河西岸，此图移于东岸18里处之山间。石渠旧治在色许寺，近移于其东南40里之菊母寺侧，有7方黑点表其为狭长之市街，若较邓柯为更繁荣。武城县原就雄松寺为官署，在金沙江西岸山腹之上部。此图绘于金沙江与一无名大河之汇口下，亦有市街。义敦复治未久，就大朔塘支幕为治，尚无房屋，此亦有表示长街之方黑点6枚。他如盐边、宁南，无不谬误。又如以永仁兴左却为二地，相距100余里。雷波、马边、峨边、宁浪、华坪、永仁诸县名皆为分幅标题。皆其谬误之小者耳。

（7）所有省县界，错谬者十之六七，山水村落地名，无根妄造者，亦十之六七，部位形势谬乱者则十之八九，即川康、乐西两公路，亦系凭依想象标绘。例如二郎山顶距冷碛北山约12余公里，距两路口约20余公里，公路蟠曲甚大，此图公路为直线，通过冷碛市，自山口至冷碛约45里，自山口至两路口仅约16里，尤可骇者，沿金沙江有已成之川滇铁路，沙马土司属雷波境（其东又别有安土司，亦属雷波境），贡噶山（所指为木雅贡噶），高5500公尺，打冲河在左所境内，凡此皆略具西康地理常识者所不当有之错误。而此军用地图竟有之者也。

兹附样本一角，借以说明其谬妄之程度。图为原图第七十二幅，示得荣县治附近地形。关于此带地图，有傅华封图（第七号）、蔡廉洲图（第十二号）、申报馆图（第三十七号），皆可采用，黄懋材游记，亦可参订，西图著此地者尤多。凡关于康滇藏之英法文地图，殆未有不绘入得荣县境者。任何学术机关，于乡稻可以不知，于此带不当有误。此图所依，大约为一极其简略之西图，曾经载入金沙江与得荣河之形势，与 Louxon M. Y 及 Choume，Katchoun 等三四地名。制图者无法译，遂妄译而妄绘之以成此图。Louxon M. Y，建省记与旧档作浪藏寺，新档作龙绒寺，此译为鲁顿寺。Katchoun。新旧档俱作喀工，曾作县治。Choume，新旧档俱作索美，即今县治所在。此译为卡充与超美，皆非县治，别绘县治于其东岸10余里之山间。不但古今无是记载，即任何人物亦不至有如此传说。此外所有地名，则概无依据，全出臆造，而复确确然以等高线描绘地形，示其真实如此，此其所以为谬妄也。得荣河自大朔定波白松流来。藏名西名，皆曰定曲。依黄懋材日记，可称为巴隆达河。此图标为大朔河，虽无依据，尚非荒谬。乃其南另有"隆近河"，实为剽窃川边图（第二十二号），巴隆达河四字之误刊，则真荒谬矣。"硕渠"，即硕曲，旧译蜀溪河，为定乡县主流，自定乡经东阿绒，至耿中桥入金沙江，黄懋材日记曰交界河。此图乃自定乡西引入得荣河、巴隆达河。又于其下游更名"婼渠"，一小角中，谬误如此之多。此外 84 幅中，更荒谬于此幅极多，兹分别提示如下：

全面错误，无一是处者，计凡 28 幅——原番号 7，13，14，15，16，17，28，35，36，38，39，40，41，46，47，48，49，50，51，52，57，58，59，60，61，66，72，73。

幅面有百分之一至百分之十可靠者 36 幅——原番号 4，5，6，11，12，22，23，27，30，31，32，33，34，37，42，44，45，53，54，55，56，62，63，64，65，67，68，69，70，71，74，75，76，77，78。

幅面有百分之十一至百分之四十可靠者 9 幅——原番号 1，18，19，20，21，24，25，26，29。

幅面有百分之四十以上可靠者 5 幅——原番号 2，3，8，9，10。

全部图中沿用陆地测量局十万分之一图（第四十一号）之错误处亦多。如越嶲桂贤村（已详前），康定长海子等。但有所依，皆不足议。兹仅略论其向壁虚构之点。

65. 西南各省明细图（别下）

国立编译馆民国二十九年制印，青年书店发行。缩尺二百万分之一，有经纬线及简单之层高线，四色精印。川黔滇桂之部，大体皆合，唯西康之部，差误甚大。关外各县县治部位，殆全盘错误，地名亦悉与通用名字不合，不知所据何本。大抵制图时未曾注意康地，信手为之，全未参考他图故也。

66. 西康省宁属全图

西康省宁属屯垦委员会制，民国三十七年七月出版，无缩尺，查系就十八区专署六十万分之一图照原样大改绘者，红黑色石印，对专署图（第五十八号）暨行辕图（第六十号）皆有所修正。有县界及政治指导区界，界划相当正确，为此图特色。又已有公路线，其余小路附记里数，亦颇正确，河道亦略有修正，如夷门河，北经老碾出锦川桥，将毕篆河缩短，皆其是处。唯沿误与改绘可疑之处亦颇多，如大树堡至桂贤村一路，田坝附近，木里地方，皆与实际不合。沙马土司与安土司属雷波等，其沿误处也。会川河直流向南、安宁河与雅砻江合流处与金沙江密近，至倮果与太平地隔岸相对等，皆与其他实地考察图不合，可疑处也。

67. 康青藏全图（暗射图）

民国三十年余制，五百万分之一，单圆锥投影法，依中华民国新地图缩制。康青藏外，包括甘肃与新疆、宁夏、陕西、四川、云南暨印缅之一部。备作康藏建置沿革图底本用也。西康之部修正中华民国新地图处颇多。

68. 宁区与康南合图（稿本）

民国三十年余制，百万分之一，绘北纬30°以南之西康省境，系以英文云南图为蓝本，参洛克贡噶岭探险图，古纯仁等滇边地图及庄学本游记制。其后新得康南各县图材陆续增订，屡改，竟成破纸。

69. ★新绘西康地图

民国三十一年，川康边防总指挥部筹对藏用兵，闻康定刘燮丞家有秘藏军用图稿，派刘开晴赴康钞绘，阅时半年而讫。殊其所得大都为魏古两氏之川边图（第三十二号）及《大清一统舆图》之类。唯经各方凑集，亦得有比较正确之略图数种，乃依中华民国新地图轮廓绘为西康全省地图，缩尺似为百万分之一，有等高线，甚精致，唯材料不足，伪饰之处颇多，沿用魏古两氏与西陲文化院（第六五号）之讹误亦不少，余曾见之，尚未标名。

70. 西康标准地图

民国三十一年，余亦因备对藏用兵，就所收康藏地图用单圆锥投影法依经纬定点精绘，百万分之一，东至成都，西至后藏拉孜，包有西康全省，及西藏之重要部分。不用等高线，而以农牧雪山分布情形设色，力求精当，请何季赓绘，迄今已阅一年，易稿三次，大体已告完成，待价出沽。

此图取材极宏，凡本谱所录四类地图300余种，皆曾供参考采择。地图以外，复详参本人及其他先后服务康省与入康考察人员之日记报告书，与地理专著甚多。或已刊，或未刊，为数亦约300余种，未能悉举，拟另撰私藏西康书录解题记次之。

第二类　部分图之部

西康总图虽无佳者，部分图则佳品甚多。所有实测地图，科学考察，名人路线图，均当属于此类。前编陆地测量局之十西分一图，虽云总图，其实亦路线图耳。先于陆地测量局者，有黄德润之巴塘至江孜路线图，成于光绪末年，为国人最早在康藏实施测勘之地图。其次有民国十六年之雅炉马路路线图，为康省实测地图之最精者。其后陆地测量局者，有川康、乐西、雅富、汉泸、康青各路线测勘图，皆可补订陆地测量局图本所未备。学人考察路线图，以谭寿田、李庚扬之地质图为首屈。面幅既广，调查细密，绘制尤精。此外当推西人罗克西尔路线图，成于光绪十七八年时，为康境精图之最早出者。韩劳策图，余未见。勒德尔柯克罗夫与柯尔斯图，仅见其蓝晒本与转写本，虽不必皆如谭、李图之精当，然所考察地域，恰为谭、李所未至，足相补缀，为可珍也。台克满虽非专门学者，游记较柯尔斯广，考察记载尤详。洛克考察，多属西康边界部分，图亦颇略。然如贡噶岭、阿美马卿、墨地龙、木里诸地，尚无第二幅地图可资引用，亦其可珍处。高尔贝特等之西康西部探险图，对怒江流域，考察特详，尤可补上列诸人之阙。凡此诸图，虽或未具等高线描绘之地形，其价值实远在陆地测量局图之上。至于木雅贡噶，为我国内域第一高峰，经国人熟视数千年，曾无见者，亦赖西人三次探险，制得精确地图，供我转用。此外价值较小之区域图与路线图尚多，仍依制出先后，汇举于次：

1. 雅州府属图（丙上）

乾隆四年，曹抡彬修《雅州府志》时制，绘图者朱其森。插嵌高19厘米、宽12厘米之雕版书页，凡2面。略而颇精，应为200年前最佳之图本。其河道，与今地图殆全吻合，方向部位一无差谬。只城池造形过巨，又大渡河上游未合耳（亦有雕版错误之处）。

此图有大雪山（误镌大雷山），其位置恰与今日木雅贡噶地位相合。查木雅贡噶山脉，包绕打箭炉盆地四周，分为东中西三列。雪峰30余座，南以木雅贡噶为最高，北以甲热神山为最高。柳杨为东列山脉之裂峡，折多山为西列山脉之缺口，国人取道于此，知此而已，不曾知有贡噶峰也。康熙时，法教士入藏测图经此，识诸雪峰，称为大雪山脉。当曾标其主峰所在。一统舆图"大雪山"三字，在打箭炉北，所指为甲热，非木雅贡噶。此外坊肆间图，并甲热亦莫能指，漫云大雪山脉而已。唯此图以木雅贡噶为大雪山脉主峰，位置最为正确。其附近地形、水道，亦无一不与今之实在地形符合。足见当时确曾有有心人穷履其地，著为图谱。朱其森特转绘之耳。惜其人名与原图，皆失传也。

此图称榆林宫河为泸河，知其上源有三海子。盖即今白海子、黑海子、吊海子（在雅加梗上）是也。称折多水为木雅河（误雕为大雅河），折多原是木雅乡之一村故也。称打颇拉流出之雅拉沟为东坡河，即打颇之异译。打颇，藏语"下马"之意，今云大炮山是也。柳杨附近，绘有南北二小水，皆实有。北小水，即自红色海子流出者也。有柳杨而无瓦斯沟者，瓦斯沟为嘉庆以后新兴之地，乾隆初时，尚无人户故也。泸定桥（雕作泸定碥），标圈在西岸者，将军庙及御书碑皆在西岸故也。自此经飞越岭、泥头驿、清溪县、大相岭、荥经县至雅安府，皆无误。称始阳为碥所司（或是碥门司误镌），足见古碥门原是始阳。同书各县分图，则远不敌此幅之正确，甚可异。

此图称玉龙石河为什月河，今只称玉龙石，"石"即沟也。其下游，合营官寨河，今云累曲，此作灞泹河，可叶累音。一统舆图作霸拉河，实属误刊。亦此图足以校正一统舆图之处。唯制此图者，足迹似未逾折多山与玉龙石而西，故幅中西南角，遂无可取，北界亦甚不合。以雅砻江为鸭绿江，虽译无定字，实嫌与东北之鸭绿江混淆。又喇衮安抚司，他图皆列于瞻对与中渡之间，相当今瞻化县东南境之曲羽。此乃书于霸泹河以南，相当今九龙县境，似亦非是。界外所注道里皆不清楚。其时，打箭炉同知辖地，西南抵雅砻江，包有瞻对，西北抵今之道孚、丹巴，包有泰宁。此则绘至东坡河源而止。仍注云交甘孜宜隆（当指蒲玉隆）界80里，皆其缺点。

2. 打箭炉舆图（丙中）

此亦乾隆《雅州府志》插图，同出朱其森手，而部位、形势、地名，均与前图不合。自泸定桥至西炉（即打箭炉），道路委曲，地名甚备。日地柳杨间，渡桥三次，大胡梯、小胡梯、组元、马池等地名，今皆已消灭。取道大冈，不经瓦斯沟，并足为考订故事之资。不云东坡河而云雅喇沟，不标木雅河、泸河，但书折多、鱼陵宫（榆林宫）等字。又绘甲热山特高大，标云："雪山"。其下绘三海子，其外绘泰宁与惠远寺，皆足证其为亲出此途者所供图稿。唯自此以外，若鲁密，若上中下渡。俄洛、木雅，则全录传闻，无一是处矣。

3. 理塘舆图（丙下）

4. 巴塘舆图（丙下）

俱乾隆《雅州府志》插图。虽亦朱其森所绘，内容全无是处。盖供给绘稿之人，曾无国学常识故也。其理塘幅，以右为北，下方为东。东自打箭炉，西至金沙江，南包塔城关与永宁左所，北至叠尔格（德格）界，中间空无标字者甚广。山水皆不合。巴塘幅，以下方为南，而所谓南方，实西方也。包有金沙江上游之德格、邓柯（春科、高日、林葱、蒙葛，皆今邓柯县地）、石渠等处。交歇武界（图作召乌隆）。东北包甘孜、瞻对、毛丫，而东南无得荣、盐井等区，皆与当时土司及军粮府辖境不合，无用图也。

5. 雅州府图（丙下）

6. 宁远府图（丙下）

7. 西藏图（丙下）

上三种，附镌于《一统志》。各合上下二页为一幅。河，双沟。山，人字形。府治，方形。县，圆形。州，菱形。厅，双圆。界，点线。窃谓《一统志》，必以内府舆图为据，乃查其内容，全与实际不合，则固未曾参考内府舆图也。书成于乾隆二十九年，其记川藏界，尚仍康熙之旧。绘图示界，尤不分明。当时士大夫之不留心图学，如此。

此书在嘉庆、道光两朝，均经修改。曾取道光志阅之，所用仍是乾隆朝原图。即嘉庆《四川通志》之图，亦未采用。当时文人守旧泥古，宜其不能成一佳著也。

其雅州府图，实包今雅康两区之全部。宁远府图，包宁区全部。西藏图，包康藏全部。然边陬阙绘之地极多，故不列于总图之部。

8. 雅州府图（别中）

嘉庆二十四年《四川通志》插图之一，谭光祐绘。此志所附各府厅州地图，并佳。当时似多曾实施踏访，惜其工作情形，未有著录；又似曾先经绘制全省舆图，标列府州厅界，再行分绘，故其各界，略可嵌合。120年前有此，亦难能可贵矣。无缩尺与经纬度，但与百万分之一缩尺图，无甚出入。故又疑其曾得内府图为蓝本，并曾参考《雅州府志》总图。要其考订精审，为清代各图经所不及。

此图用截割法，分绘于高21厘、宽14厘之雕版面。凡8页，镶接即成整幅，亦雕版图之善法也。图例依《一统志》，标绘法已甚进步，而地名、位置，每多偏误。例如松坪土署，在富林东北之木畜，此则标绘于清溪县治之东；大田土署，在汉源街之西，此则标于清溪之东南；富林，在大树堡对岸阑家营北近，此则在其东甚远。此可证绘图时，一面曾得精良底本，一面复以采访报告，增补底图所未备。增补之部，仅凭所记方向、道里为之，故未能与实在地位吻合耳。

此图第二优点，在标绘各大小土司部位，甚为详尽。虽准望、迂邪，颇有误差，大体方位，则能契合，贻后人以考订线索，为功不小。例如木辘土百户，余初以为是道孚县之木茹，其后自折多塘小道出甲桑卡，道经一农村名木洛，又疑是此地，内不能决。此图标木辘在打箭炉西南不远，余始信其为木洛村也。惟折多山误标于打箭炉南，足知其采访，未至此山。又自打箭炉经河口、理塘至巴塘路线，原系依北纬30°左右通行，此图绕出南北，成多数折曲，盖由采用松筠图致误。松图系平远式之图画法，此系符号法之平面图，固不能袭其回环之致也。

9. 宁远府图（别中）

亦嘉庆《四川通志》插图之一，凡4页，两页合为宁远府北图，两页合为南图，可嵌合。与今地图较，差误甚少。以窊乌以南金沙江内之地全属会理，且江外普渡河口之法戛等地，亦属会理，颇与今界不同，他地名可供今日参对考订之处颇多，并不因其制于120年前，遂失应用价值。此二图原可列入总图之部，因全缺清末以来所置诸县，仅可作历史地图观，故移列于部分图类。

嘉庆《宁远府志》亦有府境总图，余未征得，度其图不能逾此图也。

10. 西藏图（别下）

亦嘉庆《四川通志》雕插本。凡分西藏东图、中图、西图3幅，共6页。系以松筠图为蓝本，仅著驿道附近地名，依松图盘迂路线布绘。东起巴塘，西至宗喀。河流多误。仅有参订译名之价值。

11. 四川水道全图（别中）

12. 江源图（别中）

二种并前书第二十二卷雕插。前种2页1幅，即缩绘各府州厅图之河道为之，颇精致。雅宁两区及康区东南部在焉，大体与今河道合。后种自岷江源（嘉陵江亦绘入一部）至雅砻、金沙、澜沧与黄河源。比例与前种同，约为三百万分之一。此凡6页，3幅。曰岷江源图，曰雅砻、金沙、澜沧江源北图，南图。地名皆夹蒙语，与今藏语不合。大体形势，则不甚谬。盖依康熙时探江河源之图本缩绘。余故疑《四川通志》，曾得内府舆图为蓝本也。中如无量河入金沙江，谢楚（鲜曲）为雅砻江小支流，及查坝河为雅砻正流，而以瞻对境之雅砻江为支流，曰敖宜楚尔古河之类，皆缘法教士未至其境，臆测拟绘之稿而误。就时代评之，尚未足为大病。

13. ★罗克西尔路线图（乙上）

罗克西尔（W. Woodville Rockhill）于光绪十七年，自北平西出，考察内蒙古与土伯特地方，经绥远、宁夏、兰州、西宁、贵德、柴达木，深入羌塘内部，至东经 90°、北纬 32°附近之爱得龚（Edjong），折东入三十九族（Jya-de）、类乌齐，绕昌都南出乍丫，经江卡（Markams Gartok）、巴塘、打箭炉至重庆，浮船出上海，阅时两年（图幅绘至巴塘为止），于 1894 年发表其《蒙古与土伯特》(*Mongolia and Tibet*)一书，附著此图。原题为 Route Map of Explorations in Mongolia and Tibet，巨幅，四色精印。西宁以东，蒙古之部为一图；西宁以西以南，土伯特之部为一图，合绘于一纸上。缩尺俱为二百零二万七千五百二十分之一。外附小幅路线总图，有经纬度与等高线。唯罗氏仅曾测量少数地方之纬，故其全幅之经纬度不能十分精当。又其棕色等高线，仅能代表沿路线之地形大概，等于晕滃，实未足以等高线名之。然在 50 年前，西藏尚为封锁状态，测量工作，倍感困难。罗氏此图，在当时固为绝精，即至今日学人探险之路线图，亦尚莫能逾此范畴也。图中未注各地高度，但其书末附有行程及注所测各地之高度与纬度甚详。

14. 勒得尔路线图（甲中）

勒得尔（Capt. C. H. D. Ryder），于光绪二十四、五、六年间，入川考察，至巴塘止。所制五十万分之一路线图，收入地名甚少。然定点准确，足与罗克西尔路线图相续，增补其川康之部。且其自川入康，系取道嘉定、富林，沿大渡河一线。盖最先以大渡河两岸地形昭示世人者也。余于谭寿田、李春煜两氏处，见其蓝晒本。

15. 台维斯云南图（甲，别上）

英陆军少佐台维斯（H. R. Davies），于光绪中，屡入云南探测，后复参考他人实测地图 30 余种，编绘为云南全图，包有北纬 30°以南之西康地图。原题为 Map of Yun-nan，1906 年（光绪三十二年）初版。余购得其 1908 年第 10 次修订版，巨幅，一百二十六万七千二百分之一，红蓝黑绿棕五色精印。以晕滃表山脉，路线分大小三级，标注民族分布情形，及城市等第、电局、教堂、寺院等，极其细密。未经探测之地，即留空白。其于西康地图之帮助，有下列数点：

（1）收入勒得尔路线图，转绘忠实，无所移改。

（2）自雅安南经荥经、汉源、越嶲、西昌、会理入滇路线，较其他本国地图精当适用，可补陆地测量局图定点差误之失。

（3）会理境内，至今尚无定点准确之轮廓图，此图此部，有可靠之路线图五道，组织成为比较合理之地图，遗漏地方甚少。

（4）盐源县境，现亦缺乏准确地图，此图亦有五条路线通连西昌瓜别、梅雨堡、黑盐塘、左所、永宁、盐边、木里等处，构成相当准确之轮廓，为各重要地方定点。

（5）木里经李郎、隆达至中甸，与永宁至中甸二路线，现已不通，赖此图传之。

（6）巴安、得荣、盐井与中甸、阿敦子、丽江等地间之交通线，此图搜罗颇备，足补国籍所缺。

（7）康南地方，为西人所不能至，国人更无定点准确之可靠地图，此图收入一西人路线图，系自康定经雅江之夺牙宗、茨巴绒、马岩入理化之拉波，由稻城、定乡、义敦至巴安，此路线历世无人勘测，从无可靠图本。兹著此线，极为可珍。所惜记载沿途情形甚略，且不精，似记忆图。亦未注制此路线图者何人。曾以之询古纯仁君，据推为首创巴安福音堂之史教士云。今日理化东南境所可参考之西人地图，仍唯此一路线图而已。

（8）金沙江沿岸情形，中西图籍均略，惟此图表示最详。

（9）此图附有藏缅语译名解释表，甚便于翻译。

（10）注民族分布情形入图，此为创制，足供给研究康滇民族问题者初步应用。

查台维斯于1895年与1898至1900年，皆在云南从事探测工作。于全滇情形，极其明了。又搜罗关于滇省及其邻部考察者之路线图甚备，悉取入图，故其精确程度，高于其他一切云南地图。印度测量局之百万分之一《印度与其邻部图》，康滇之部，实即取材于此。

16. 巴塘至江孜路线测量图（甲中）

十万分之一，长卷，四巨幅，光绪三十四年，川滇边务大臣赵尔丰派测绘员黄德润率队测量绘制。系为筹备自巴塘至后藏安设电线用，故于沿途程站距离，地势夷险，森林分布情形，记载最详。有等高线表示地形，唯无高标数字。棕蓝黑三色绘。每两宿站间，皆将旧里数、实测公尺数，及实合里数记出。另用文字注明沿途情形。分自巴台至察木多，察木多至拉里，拉里至前藏（拉萨），前藏至江孜四段具报，并附有表，载入川边档卷中。民国十八年，经西康政务委员会，用单色摹绘，寄成都翻印，载于《边政》月刊。摹绘人未明等高线之意义，信手乱抹，又每每将未曾注字之村舍寺院等符号遗漏。一经上石，复有删改省并之处，比之原图，相差万里矣。余得边政本，镶凑恒不可合。后至康定，查原档，全图均已被人窃去，不复可校。其后偶于某处，见原图一幅，绘制绝精，完全合于图法。于路线曲屈当逸出幅外之部，辄以直线截断之，另画直线，与前成V字形，缘之续绘。依V线折叠，即成为完整正确之平面图。纸与色料绘技并佳。虽未注高标数字，实以相差50

公尺高度勾绘。山顶与山麓之高距，皆可按验。应推为康藏最早最精之实测地图。惜今不可得再见矣。

拟傅华封文：赵尔丰先后派人员测量之地区，似颇广阔，即于黄德润此图，亦可窥见当时测绘工作，已有坚强之组织，乃此图外，更无图本在档。傅氏所云："或以历险而坠死，或以阻雪而裹足，几及三年，卒未成功"者，必非测量队员畏难不行，盖赵傅于地图事，皆无近代知识，一切责在苟简速成，而测绘人员则非实施测量，不能成图，双方意见不合，掣肘多端，三年无成，甚可慨也。

傅华封之东行，携有张绍荃、张穆轩、李怀仁等地图，而未言及黄德润图，张李诸人，皆不习测绘，其图不能准确，傅反重之。此足为傅氏要求水准甚低之证。测量人员之三年不能成图，弊在此也。

张绍荃、张穆轩、李怀仁之图今不可得，余未获见为憾。然余识张穆轩（慕轩）非能制图者也。

17. 穆坪与雅州考察路线图（甲中）

法人禄方济，光绪三十四年至宣统二年，考察四川西北边地，制成之简明路线图，四十万分之一缩尺。属今康境者唯此幅。标题为 *Region de Mou Pin et Ia Tcheou*。幅内包括雅、芦、天、宝四县与大邑邛名，仅有河流市镇与路线，但甚精。且注各地海拔。由其路线与河道之配合，可以推见沿途地形。民国十九年，余自友人处借得，摹绘此幅。其时穆坪新改流，地理情形不明，屯殖司令青飞如，拟筑公路。其秘书吴毓江称道于余。余谓："依禄方济图揣之，穆坪不能建筑公路。"迨测勘后，果然。青吴二君均服余善推。可知地图之价值，不在详度，而在精度，陆地测量局十万分之一地图，宝兴、芦山诸幅，貌似精详，顾其内容，未逮此寥寥数十字未具山脉与等高线之地图也。

18. 修建河口至三坝桥梁道路图册（乙下）

宣统元年，理塘粮务张秉钧，奉川滇边务大臣赵尔丰檄，修建道路桥梁，因舞弊被革。此其报销工费所附图也。在雅江至三坝厅之二郎湾大桥，标绘桥梁甚备。有双线表示之河流，及道路与岸山符号，作长卷，绘法甚拙。原载川边档卷中，张植初采入其《赵尔丰如何解决西康交通》一文中，已见第二卷《康导》（文中尚有三坝厅邓梁材修路图，应列县区图类）。

19. 荥经县至皂角顶合打箭炉大路图（丙中）

赵尔丰经营川边，拟建成都至康定间通行骡车之道路，对于绕避大相、飞越二岭之新道，甚为留意。有荥经某绅，谓自小河逾香炉山，出皂角顶至泸定，路最平捷。赵即委其前往踏勘，该绅具呈此图入档。民国十九年，余闻其事，函请政务委员会检档抄赠。原幅颇大，计宽85厘，高45厘，无缩尺，亦未开方，然部位准望甚佳。与今世十万分之一图较，出入甚小。其路线，自飞水场之茶盒冈与小河相离，由此上大岩，经大包、二包、三包、中冈，至香炉山，循山脊至光头山，向皂角顶斜下，与泸定大路合。有图说百余字。据云："由茶盒上香炉山五十里，下山至皂角顶七十里……皆荒僻少人烟，故着人采访，经三次往返，数月乃采通。"大抵此路线实有采用价值，近世拟筑之汉泸公路，即沿此旧迹选线也。该绅有名载档，抄者未及，仓卒未及查补。

20. 门空全境舆图（乙中）

宣统元年，赵尔丰至昌都，闻英人曾派队至桑昂、杂瑜地方测量地图，竖立国旗，胁迫土民支差，因命管带程凤翔，率军赴此一带震慑，稽查外人，以固边圉。此带地方，自雍正四年划归西藏管辖，历以窎远，且河谷郁热多疠，为藏人所不喜，故仅设一营官驻桑昂寺理之，称为桑昂曲宗。共辖四墨色，曰冷卡，曰察龙，曰门空，曰杂瑜。各有地数万方里，相当内地四府之面积。门空又辖春迁，与缅甸接壤，地尤广大。辖地既广，政力遂薄。其南与珞瑜野番联接，界线不明。珞瑜之南，为印度阿萨密部，界亦不明。故英之探险家，与印度测量队，常购一人为导，越境测量。藏官蕃民，皆甚恶之，而无力拒阻。程军既至，藏官逃逸。头人百姓，纷纷投诚，请援巴塘、德格例，改流设官。程查杂河谷炎热非常，盛产热带植物，种稻可收三季。蕃人畏热，悉荒弃之。最宜安插垦民。请先设桑昂、杂瑜委员办事。赵虑程武人轻率，观察未周，复于宣统三年，委候补州判段鹏瑞赴其地，调查地理，绘图报核。段于地学图法，皆非素习，然办事尚属认真。先赴杂瑜，遍踏其境，具报地图。复赴桑昂，踏勘冷卡全境，报桑昂曲宗大江西面图。嗣赴门空，踏勘全境后，具报闷空全境舆图，实际门空、冷卡、杂瑜总图也（于理应更有察龙图，但档中无之）。赵尔丰由是设桑昂、杂瑜两委员。尚拟设门空、察龙两委员。因调任川督，匆匆遂去。随有波密之役，与征边军入川之事，竟未增设。民国二年，国府改两委员地为科麦、察隅二县。实则其地及门空、察龙，已复为藏军占领，迄未恢复。界线并未划定。兹故以其图列第二类。

此图每100里开方，有比例尺，每分10里，墨绘，不合图法之处甚多。有说颇详，图说参校，约可得其地形概略。余曾反复校订数日，终未能罄悉其地形实况。然关于此带之国产地图，此为仅见，固可珍也。

附一　杂瑜全境舆图（乙中）

附二　桑昂曲宗大江西面舆图（乙中）

并段鹏瑞绘，实可谓前图之分图。系40里开方。唯与前图校，多不可合。亦各有说明。此二图虽先出，精审逊于前图，故附著焉。

21. 柯尔斯打箭炉至昌都类乌齐间路线图（乙上）

英人柯尔斯（Oliver Coales）于民国五、六两年自康定经道孚、甘孜、德格至昌都，深入类乌齐，复由昌都经察雅、贡觉至巴安，转德格、甘孜，返打箭炉。此行目的，在考察西康西藏间兵要地理，且为森姆拉会议之内外藏划界悬案作进一步之研究，以利解决。曾经测定各地纬度与高度，对沿途地质地文概况，农牧森林分布详情，记录甚详。西康中部之有精确地图，此为始也。原图在英国皇家地学杂志发表。中幅，百万分之一缩尺，经纬定点，精绘。以晕渝表沿途地形，注有九个地点纬度，及各要地高度。附五万分之一昌都平面图。余所得为北平地质调查所摄影蓝晒本，凡二幅。曾再用镜放大另绘之，故全部清晰，唯失原色。原是用棕红蓝黑四色印也。原题名为 Eastern Tibet，一般译为东部西藏，殊恶目，兹用其下注文 Ronte Froni Tachienlu to Chamado and Riwoche 为题也。

22. 台克满西康地图（乙上）

英人台克满（Eric Teichman）于民国六年三月以副领事名义入康，从事探险工作。其路线务为屈曲环绕，尽其足迹所能至。初由康定经泰宁、道孚、炉霍、甘孜，入杂科，出竹靖，绕由邓柯、石渠入青海，经玉树、囊谦，五月至昌都。时边军统领彭日升新败降藏，藏军陷昌都，正东侵康地。边军分统刘赞廷在巴安，与镇守使陈遐龄不协。台氏为藏军谋，虑其合力抵御，乃乘驿传苤巴，说刘分统与藏单独媾和。七月，偕刘氏同返昌都。所取得为喜松工、贡觉、乍丫一线（与柯尔斯东归路线同）。既已订立刘与藏军媾和之条约，又自昌都取道同普、德格，转甑科小道至绒坝岔，促成陈遐龄代表与藏军订立媾和条约。盖英人一贯之主张，为德格、昌都都划为内藏，未拟将甘孜、巴安等地划入。此时藏军占领地域，已与英人要求目的，全部符合。藏军尚欲乘势东侵，与康军相持于绒坝岔，互不相下。台氏唯恐汉军增援，藏军挫败，致将已陷地域丧失，故疾驰至此，调停和议。此时康藏两方势不相下，皆盼媾和罢兵。而又皆矫为倔强，声言苦战。尤以西藏军官为甚。台氏乃劝立休兵一月之约。谓亲持此约返昌都，驿请达赖批准。其实台氏此来，原受昌都噶伦降巴登达重托，办理和议。且台氏此时已成藏军言听计从之白衣军师，固无庸有此一场奔波请示也。故其行程，极度迂回舒缓，以达广泛考察之目的。自绒坝岔经甑科、河坡、噶拖、白玉，渡金沙江，由贡觉、乍丫别绕烟袋塘转昌都，阅时一月，绒坝岔条约，由是完成。民国二年以来，英国与西藏地方政府争持之内藏界线，阅时数年未克达其目的者，今乃于不分内外藏畛域之意外收获下，美满完成之。于藏人为有厚惠，于英国为有大功，于川边将领陈遐龄、刘赞廷等亦有涸辙沃水之德。踌躇满志，乃南出云南桥，经八宿边界，穿察哇龙至盐井，绕达巴安度岁。翌年一月下旬，复自巴塘北上，经白玉噶拖，仍从甄科出甘孜，至康定，旋返北平，促英大使朱尔典向中国政府催促承认此项条约。综其在康行程 2677 英里。自甄科至绒坝岔，甘孜至康定等少数线段外，略无重复。所至考察地形、民俗、宗教、物产、政军情形，至为详尽。此"光荣"之游记（Travels in Eastern Tibet）实著作之权威。尚无第二种关于西康之作品，可与较长短。其篇幅甚巨，国人屡有译之者，然迄今日，尚无译本刊行，兹故传其大略如此。

其图为中幅，百万分之一，红蓝黑三色套印，折附前书，不单行。有经纬度与海拔数字（英尺），精度不逮柯图。然游记二倍于柯，且对宗教调查独详，为其特点。绘技虽拙，记载忠实。亦系经纬定点。采载有罗克西尔，柯克罗夫之路线图与经纬记录。其采载他人路线，既已用黑色为区别，乃不存其委曲，概以直线表之，殊足为憾。然西康西北数十万方公里之地，藉是图而始明。台氏盖不仅为西藏之挚友，英国之功臣，陈遐龄之上客，谓为助我国人了悉康情之导师，亦无不可也。原图题 Part of Kam 小字。更标大字云 or Eastern Tibet，盖英人呼西康东为土伯特，已经滑口。台氏固知其名未当，故先标康字，而后以彼通俗之名标图也。

23. 雅康路线图（甲上）

民国十六年，二十四军司令部参谋处制。自雅安，经荥经，循小河，逾蒲麦地山口，下龙巴铺，由泸定至康定。缩尺万分之一，割为 39 幅，单色绘印，甚精。查其内容，全部正确。盖曾经水准测量之巨幅地图也。相传刘禹九为屯垦使时，有志建筑避开大相、飞越二岭之川康马路，曾延土木工程人员精测此线，绘成工程设计图。是年测量完成，刘氏下野，防地为二十四军接收，其图亦归二十四军，故由二十四军参谋部付印。查二十四军于民国十六年始接收雅康防地，此图于十六年出版，则为二十三军驻防时所测，固可信也。应尚有断面图与图说，皆未见。其后二十四军建修荥经新路，即系依照此图。惟因化林坪绅民请求改道，故未经过蒲麦地，另沿戴黄沟出化林坪合龙巴铺云。

24. 探险贡噶岭路线图（乙上）

澳洲人骆克（Joseph F. Roeka），受美国国民地学杂志、哈佛大学等机关补助，专在西康高原四周，从事探险雪山，采集标本，研究民族社会语文等工作。于 1928

年（民国十七）3月，由丽江至木里。6月，得木里土司派人护送，前往稻城县南境之贡噶岭（KonKaling）雪峰探险。自木里经稻城南界之噶鲁村，赴贡噶山西北之崇谷寺。绕行却拉夺吉、安姆白扬、沈累日克三峰一周。（各高约6100公尺）是年8月，复往探险一次，并绕游蒙自区及木里北境，有文记、照片、地图，在国民地学杂志（The National Geographic Magazine）发表。其图五十万分之一缩尺，占书2页。单色。包括稻城县南境与木里中部。具经纬度。

据骆克记，1909年，贝考德（Jacpnes Bacot），曾至稻城中部之贡噶岭寺（距此山三四站）望见此山。台维斯，则曾至云南境望见此山，著于游记，皆未克达山下。西人游此山者，迄今实骆克一人。若我国人，则曾过崇谷寺者不少（寺为稻城东义间往来必经之地），竟无知此有山者。康藏蕃族，则认此山为著名神山。往时每岁来朝者甚众。自清末乡稻不靖，香客绝迹者30余年。骆克独能南游之，制为此图，介绍此间地理情形，诚足以愧我人之管理其地而足迹不至者。

25. 探险木雅贡噶路线图（乙中）

民国十七年春，骆克复自丽江经木里、九龙，探察木雅贡噶。至打箭炉，获取生物标本。复由贡噶、木里返丽江，将木雅贡噶与其附近诸峰位置略测，逐一命名，摄取影片，撰有游记，在1920年10月份国民地学杂志发表。其图以1英分表5英里，略而颇精，有经纬线，单色。九龙以南，往来异道，故所探地域颇阔，与前图合并，即成木里与九龙、稻城、永宁间之可靠轮廓。更与台维斯云南图参绘，可构成完全正确之木里地图。凡骆克所游，皆国人与一般探险者未能构图之地。故其图虽略，价值不小。又其首先介绍木雅贡噶于世界，功绩尤为卓异。（骆克尚有喀哇革波探险记舆图，阿美马顷探险记，并附地图，另详第四类。）

26. 考察泸康丹道炉甘瞻理雅九县路线图（乙中）

民国十八年，余任川康边防总指挥部康区视察员，阅时年余，经历9县。所有各县城乡要地，莫不履勘，测制地图。（另有分县图，见第三类）用古纯仁川边图经纬线定点，分县具报。其后返川，制路线总图一幅，附继报告书内。幅面小，无缩尺。三色绘。

27. 瞻化至理化地图（乙中）

民国十九年一月，余自瞻化赴理化，以测制沿途地图事，嘱同行董委员兆孚。董君素不习图，沿途见余所为，亦能为之。在甘孜日，派赴札科考察，作札科图，尚不佳。在瞻化日，派赴河西区考察，所作图已有进境。此行所绘尤佳。至理化后，合瞻化河西区，绘为一幅缴余。无缩尺，故部位距离，不免小错。有线条表示山谷地形。边地无图纸,即用一外国画报纸背面为之。今存。

28. 康定经鱼通至懋功路线图(乙中)

民国十八年,法人万司铎,自康定,经鱼通,逾山至懋功,制有路线略图并说明,呈缴华朗廷主教。余于十九年访华主教见之,立即摹绘一纸。其图无缩尺,然各地距离,标绘颇审慎。据云:"新房子(金汤辖地)至懋功 300 里。第 1 日行 105 里,宿岩洞。第 2 日宿药棚。第 3 日逾加当梁子至懋。此山口海拔 4500 米。"足见此路荒凉,往来之人绝少。万司铎此行实具探险性质。大抵天主堂教士,皆喜探险,探险所至,亦例有路线图缴呈主教。此其精神,甚可畏也。

29. 川南教区图

法文原题为 Carte Su Su-Tchuen M'eridional,宜宾天主堂教士沃舍提(R. P. Rochett)1929 年(民国十八)编制。内容包括川南教区及宁远教区之一部。三色石印,巨幅,四十万分一,有经纬度、县界与倮夷分布界线。载各地教堂甚备。绘法虽粗陋,内容颇佳。

此图虽以川南教区标名,但包有越嶲、西昌、昭觉三县。中有 1907 年 Gue Zriant 教士与 SOlane 将军自西昌入昭觉,出金沙江河口(Hokeou)路线,与 1927 年 R. P. Biron 自峨边深入凉山,抵牛牛坝路线。并可珍。缘此带实地调查之路线图,甚少见也。

30. 东部西康地质图(乙上)

民国十八年,北平地质调查所,派谭锡畴、李春昱两氏赴川,考察地质。两氏此行,考察地域,极其广泛。东至重庆,合川;南至泸县,宜宾;北至松潘,平武;西至理化,甘孜;西南至西昌;西北至懋功,宝兴诸县。属今西康省境者,占大半部分。其时泸定以东,俱属四川。所谓西康,仅包泸定以西 15 县。谭、李两氏,于民国十九年春至康定,受西康政务委员会请托,顺道考察关外各县矿产。自康定南入九龙,远达雅龙江岸之八阿龙。转雅江、理化、瞻化、甘孜、炉霍、道孚、泰宁、丹巴,由大炮山路返康定。所经达 11 县区。西康地质考察之广泛,地质判断之正确,要地经纬之正规测量,皆由两君创始。返川后,先撰成《西康东部矿产志略》一文,专论康定以西地面,在川康边防总指挥部主编之《边政》月刊发表,插附此图。五十万分之一缩尺,中幅,三色石印。盖最先出版之西康经纬定点图也。

31. 川康地质图(乙上)

谭、李两氏所历,除关外 11 县外,其余雅宁两区地面,则为雅安、天全、芦山、宝兴、荥经、汉源、越嶲、冕宁、西昌 9 县,旁达雅龙江之麻哈,与越嶲西境之安顺场、竹马坝等地方。此外则今四川省境之松、理、茂、汶、灌、彭、眉、夹、峨、乐、犍、宜、荣、威至合川、江巴等地，共凡川康50余县。合撰为《川康地质调查记》，中西文两种合订。北平地质调查所民国二十三年发行。附此图册，二十万分之一。割幅37。加二十二年李春昱与巴勒加调查之涪陵至彭水一带地质图，与总图图例，订为活页专册。盖川康间最有价值之地图，亦川康地质之权威作品也。图依地质时代分层设色，与调查记合售，余未能购，自友人处钞绘其总图与康境各分幅图，图色俱依原制。

32. 西康东部森林水平分布图（乙中）

民国十九年，中央研究院派郑万钧赴西康考察森林。郑氏经泸定磨西、九龙、康定、丹巴、道孚等县，有《西康东部森林考察记》在《边政》发表，附五十万分之一地图一幅，系嘱余代缩，大都依谭、李两氏五十万分之一图本，增加磨西等部分而已。其森林分布部位，则郑氏手填也。

33. 道炉甘三县河流图（乙下）

民国十九年余考察西康报告书内，言及经行东谷、朱倭、炉霍、道孚之鲜曲水，与甘孜境内之雅龙江，皆可试办航运。川康边防总指挥部令西康政务委员会派员踏查。政会派蒋显光查勘呈复之报告书，附此略图一幅。仅地名15个，绘法颇劣。盖此时康境尚无明晓图法之人，蒋君虽勤，无以补此短也。

34. 天泸路线图（甲下）

民国十九年，川康边区屯殖司令部参谋处制。十万分之一缩尺，中幅，三色石印。有等高线，无高标数字。内容包自天全逾马鞍山至泸定路线，足补陆地测量局十万分之一图所未及。先是屯殖司令青飞如，拟自天全筑路径通泸定，闻马鞍山路最捷，故派员前往测量，制有割幅图十四页。原图似为万分之一，或二万五千分之一，余未得见。此图盖其缩绘本也。仍分14段为文，注明沿途险夷各情形。惟无高标，方位亦不甚合。似原测人员，非习谙图法者。

35. 川康交通图（乙中）

民国二十年屯殖司令青飞如，知马鞍山路不可通，闻有二郎山一路，为前第三军蓝旅长进攻康定时所开，较马鞍山尤捷，惟已废坏，青将自往探之，函请余同行，时余供职川康边防总指挥部兼办夹江棉场。乃自夹江、洪雅、雅安赴天全，与青氏步行逾二郎山，三宿乃达泸定。青由马鞍山返防，余则自泸定赴康定，取道雅加埂雪山，经磨西面、得妥、田湾、海尔淈、安顺场、农场、八排、美罗、富林、马烈、黄木厂、瓦山、金口、龙池，出峨眉，返夹江。所至皆绘地图。后归成都，撰《川康交通考》。历叙自汉以来，成都康定间路线变迁沿革，与其得失，附此图幅，分寄《屯殖》月刊与《新亚细亚》月刊发表。

原图缩尺五十万分之一，红蓝黑三色绘，凡标古今路线13条，多已为余所经历，且俱有高度表记录，故相当精确。《屯殖》系依原色上石，《新亚细亚》系锌版缩印。其二郎山一线，即英顾问开恩浩选定川康公路线之所依据也。

36. 河道图说（甲中）

大渡河中游两岸地方，土人习称之为"河道"。余既通过此带，所至绘图。返成都后，制成五十万分之一总图一幅。起康定，迄峨眉，并分划为十万分之一图7幅。用高度表记录，作粗制之等高线，表示沿途地形。其中可以修正及补缀陆地测量局地图之处颇多。唯分图仅曾绘成3幅，即因事冗而罢。今其图稿颇散失，幸乐西公路即循此线，今已由测勘修筑，底于完成，有公路图可用，亦已无完成前业之必要矣。

此割幅图第2、3幅所绘，为泸定磨西面至越嶲安顺场一带。其所以能提前完成者，由余抵书劝泸定县长吴筱波罢磨西开渠工作，移其经费，开凿自安顺场经田湾、磨西，逾雅加梗，径通康定之米运道路，为制此图，借以说明磨西水利之不足恃，及开凿此路之必要。此议经吴氏呈请政务委员会施行，并以此函及图，付《边政》月刊发表。

37. 康区米运比较图（乙中）

亦余致吴筱波书所附图。五十万分之一，三色绘。东至雅安，南至冕宁，西北至康定。用两种线表雅安米与冕宁米分由新旧两路运达康定之距离，与前三图俱付《边政》摹印。唯比例尺摹误。

38. 西康略图（丙上）

民国二十八年八月，西康三十九族民众代表彭楚等刊发之《三十九族人民的痛苦》一书，插附此图。无缩尺，中幅，红、蓝、黄、黑四色印，甚粗略。河道仅三线。地名于昌都、前藏、噶如、戒古、康定、出脚用大圈，称察雅为札雅县，宁静为麻康县，科麦境为察木城县（当系察绒误书），武成为察合县，波密为不母，鹿马岭为工八拉，石渠为色虚，可知为彭楚口授其音，指说形势，请汉人绘之者。大体方位俱合，亦难能也。其所详，单在三十九族之部。余曾持此亲访彭楚，逐一询问，为之批注，中间亦颇有可贵材料。关于三十九族之地图，国产者仅此一幅，余甚珍之。

39. 鲁共拉与丹达山（别中）

小幅，四十万分之一，民国二十年余依黄德润图所制。插《西康图经》，被制锌版缩小。

40. 喀木地形与雍正四年界标（别上）

三百万分之一小幅。对金沙江与鲁共拉间各部界线及 4000 公尺同高线之勾绘，颇审慎。

41. 汉藏警戒线之移徙（别中）

绘示民国元至二十一年康藏两军占地消长情形。原五百万分之一。制锌版时缩甚小。

42. 桑昂、杂瑜、波密与珞瑜（别中）

二百五十万分之一，中幅，单色锌版缩印。系余以土伯特与其邻部图（见第一类）为蓝本，参酌多数地图记绘制。有标英尺之同高线示产业分布情形。部分界线中，杂瑜北境之八宿属地，曾缘段鹏瑞图致误。近经考订此部，实在波瑜、冷卡之间，非在波瑜、杂瑜、珞瑜三部分之间也。附此更正。

43. 滇边图（别中）

一百二十六万七千二百分之一，中幅。系余以台维斯云南图为蓝本，参古纯仁滇边图及黄懋材日记编绘者。

44. 建南民族分布图与政治区划图（别中）

二图合为一幅，原三百万分之一，被锌版缩小。

45. 川康天然界线（别中）

原一百五十万分之一。所示邛崃山脉，特绘。不属此山脉者不录。虽木雅贡噶，亦仅标数点。

46. 卡拉县分（别中）

原一百五十万分之一，与前图可以叠合。此系专示明正土司故地各县界与其形势，包有康、泸、丹、九、雅、道六县地。绘山脉多所缺略，缘当时意有所偏重故也。原系黑黄二色，照相制版失其黄色。

47. 霍尔县分（别中）

缩尺同前图，可以相衔。包括道、炉、甘三县。甘孜、道孚两县界，今昔已有异矣。

48. 巴塘疆域图说（别中）

缩尺同前，包括巴安、盐井、得荣、义敦四县，其说不载图内。

自 1950 至 1959 年各图，皆余民国二十年手制，插附《西康图经·境域篇》。当时参考图籍颇多，绘制审慎，绝少沿伪之处。然自今日视之，当改正者仍有多处。

若以与一般市售图论，则又不失其为精绝矣。

49. 西康明确详图（别中）

民国二十一年，李策勋绘。李为瞻化佐治员，藏军陷瞻化，与县长张楷同被押至昌都。唐柯三赴康，与藏军交涉，张李等获释。是年二月，行抵炉霍，镇西康驻防旅长马骕为乱兵所害，余如海旅填防来康，意在用兵。李解康语，在昌都时，行动每得自由，因随时刺探藏军分布情形。及是，条陈余旅，陈说藏军虚实。附此图，说明藏军分布情形。其图系以民初之川边新图（已详第一类）为蓝本，无缩尺，无巴理以南部分。可贵在藏军分布情形也。

50. 木雅贡噶之冰河（甲上）

民国二十一年，广东中山大学，资派其瑞士籍教授哈姆（Professor Arnold Heim），率华籍职教员，组队来康定，探测木雅贡噶。抵康定后，因经费问题，意见不合，内部溃裂，华员多怠工。唯哈姆自山之四周，上探冰河，测制地图，勤研阅半年之久。其后返粤，竟未以其考察所得，报告学校，径行辞职返国。著有专书发表。又有文在英国皇家地学杂志（The Geographical Journal）1936年5月份发表，插附此图。小幅，无标题，有缩尺，已因照相制版缩小。原似为2英分表1英里，即约二十五万三千四百分之一。有经纬度。幅面自东经101°44′至102°13′。北纬29°27′，至29°44′。包括磨西与贡噶喇嘛寺中间诸地。绘自木雅贡噶四方流出之冰河原委至详，实为此山四周地形图之最有价值者。前骆克遥测木雅贡噶之高度，谓在25600英尺以上，即约合8700余公尺。哈姆此图，标为7600公尺，为近实也。其《木雅贡噶》专书，当有更精密之插图，惜余未见。

51. 木雅贡噶地带图（甲上）

52. 打箭炉雅州间图（甲上）

53. 木雅贡噶附近立体地图（甲上）

上三幅，均载1935年出版之 Men Against the Clouds 一书中。此书又名《木雅贡噶之征服》（The Conquest of MinyaKonka），最近世之探险巨著也。先是，民国二十年，美国探险家布尔莎（Richard L. Burdsall），艾猛斯三世（Arthr. B. Emmons 3rd），与其助手猛季（Terris Moore），及华侨杨帝泽（Tack Ther dore Yamg）四人来川，探测木雅贡噶大雪山。溯航江水至嘉定，游成都灌县等处，至雅州度岁。明年（1923）7月，赴打箭炉。由榆林宫折西拉至玉龙石。8月着手探测此山西南两部地形。选玉龙石东侧长岭上相距纬度1′48″同经度之两点为基点实施三角测量。10月，自山麓之贡噶寺（海拔12588英尺，即合3837公尺）开始登山，预于雪线（17700尺）下扎基本营幕（14415华尺，即4394公尺）一座。雪线上扎营幕三座，节节移进。10月16日，升至海拔23400英尺处，因设备不足折回，增设第四营幕于22000英尺处。20日，再自基营上升，卒于28日由艾猛斯、猛李二人升达山顶，树立各国国旗。艾猛斯脚被冻毁，急返雅州锯去。此次彼辈测探工作，极其精细。故此三图，皆极有价值。

第一幅，原题 Minya Konka Region。三十万分之一缩尺。经照相制版缩小。有每距五百英尺之等高线。幅面自东经101°38′至55′，北纬29°25′至52′，观察未及之部，悉留空白，绘制绝精。附有断面图及说明。比较骆克图，多艾迭格尔峰（Mt. Edgar）、桑雅尊峰（Mt. Sunyat）、曲峰（Mt. Chu）、泰峰（Mt. Tai），皆海拔20000英尺以上之雪峰也。又有罗奇马（Nochma）及其他未定专名高近20000英尺之山峰3座（Peak 46, Peak 53, Peak 57），皆绘具地形。（曲峰，泰峰，桑雅峰，罗奇马并已见哈姆氏图）此外尚有南方近处5雪峰（Peak 185, 187, 148, 153, 158）及北方较远之甲热（Jara），与打箭炉峰（即五色海子山），皆引线表明其方向距离，盖于木雅贡噶大雪山脉之地图，此为绝品矣。

第二幅，原题 Tatsenlu-Yachow Region。百万分之一。有经纬度分。幅面包括东经101°10′至103°5′，北纬29°15′至30°32′。绘笔颇粗，然依经纬定点。各要点部位极准确。有表自雅州周公山与大相岭上，测木雅贡噶方向、距离之直线。甲热与打箭炉3峰，雅加梗2峰，及前图所未收入之南方5峰，皆于此图标列位置。雅安、康定与木雅贡噶间之地形轮廓，皆推此为标准也。

第三幅作地面模型状，原题为 Block diagram of the Minya Konka and Vichinity in Chinese Tibet，艾氏制。包括木雅高原至四川盆地间诸山谷，即前图所示之面积以内地。用实体镜观之，有如鸟瞰。唯东南角所示颇误，由其脚迹未至，想象出之，遂与实际地形不合也。

查木雅贡噶，早见于乾隆《雅州府志》，称大雪山，盖康熙时法教士入藏测图时所定名也。乾隆以后，竟为国人所忘，世人所称之大雪山脉，皆认甲热为主峰。直至清末，英人拍里拉探险川边，始再发现之，当时认为其高度与额非尔士相当。骆克因拍里拉之介绍，入康探测，哈姆因骆克介绍，续起详测，布艾二氏，又因骆克、哈姆之介绍，始来完成全山之精确测量。而我国人之近此山居，毕生易世者，尚莫或知焉。兹故因论此图，志其事之大概如此。

54. 西康东部地质图（别中）

民国二十三年，余就谭、李两氏五十万分之一地质图缩绘，为二百五十万分一图,插附《西康图经·地文篇》。单色,以条线代色别。

55. 瓦合山断面及平面图(别中)

余就黄德润十万分之一路线图改绘,缩尺以 6 厘米表 100 里,东起恩达,西迄嘉峪桥,具等高线。其断面图,系依黄氏所记沿途地势与植物分布情形拟制,只标海拔 4000 公尺一横线,约示大概,非精图也。

56. 雅龙江流域图(别中)

57. 金沙江流域图(别中)

58. 澜沧江与怒江流域(别中)

上三图,皆余民国二十三年为《西康图经·地文篇》制。缩尺同为每 3 厘米表 200 里,所绘地域,限于在康境之部。其时宁远区尚未划隶康省,故其金沙江绘至丽江境而止,无宁远部也。

59. 川康甘青边区各县详图(别下)

军事委员会川康甘青边政研究委员会印行,民国二十四年十月刘开晴绘。巨幅,四色石印,缩尺四十万分之一。西康之部收入道、炉、丹、甘四县,有等高线,内容大抵依邮政图及孙伟松、魏大鹏、古振今等图本,参以访问,其所示高度界线,与方位准望,殆无不谬,毫无价值之图本也。其后似因议者甚多,又补标为"松理茂懋汶五县抚绥崇三屯之图",实则即此五县三屯之部,仍多不合,仅可以意匠图目之耳。

60. 泸定至金汤沿途地形要图(甲下)

民国二十四年十月,十六军参谋处派人测制之兵要地图也。中幅,无缩尺,有每差 500 米之等高线。附说明 8 条,附记 3 条。蓝色褐写纸印。南起泸定,北至门子沟。于大渡河东岸之部,标绘颇详。其附记谓假定泸定海拔 15000 米,盖 1500 米之谬也。

61. 康定雅江九龙各县路线图(并中)

民国二十五年五月,十六军参谋处制。单色石印。无比例尺与经纬线。幅面包康定、雅江以南,东至洗马姑,南至冕宁,西南至稻城,约为二十五万分之一,人地名颇多,驻有各地相距里程。惜余出于访问,概不精确,绘制亦甚粗陋。

62. 勘测天泸旧道路线图(乙上)

民国二十六年春,张涤生制。张奉命同赵技正,于二十五年冬赴泸定之岩州,考察明代自岩州卫径通天全故道,能否复开。携有高度表、步度表与指南针。至岩州大山,阻雪,折由泸定返康定,绘制此图呈余。小幅,红蓝铅三色绘,甚佳。附所经各地高度及距离表。无缩尺，而所表地形部位皆合。张素不习图事，然使老于此道者为之，亦不能过。足见制路线图甚易，但患记录不实，观察不周耳。

63. 德邓白石四县合图（别中）

民国二十六年，余托县训学员出关工作者，调查地理，绘制地图。虑其未有蓝本，无法定点，乃取所藏西图，依经纬度绘制百万分之一略图分赠之，嘱其放大填绘，皆红蓝黑三色绘。此其一幅。此外多分县图，又曾拟绘康南各县合图，当时因资料缺乏，未竟而罢。不录。

64. 康定泰宁间地形图（乙中）

民国二十六年夏，余同沈明伦技正，自康定北经中谷，溯龙步沟，逾色拉梁子至踏公寺，踏勘飞机场址，及其与省会间之公路线。遂自踏公寺穿木雅草原，至八美、泰宁。由泰宁热水塘，逾海子山口，返康定。绕行甲热雪山一周，所至测勘地形与高度，绘为此图。二十万分之一，中幅，单色，有高度，无等高线。未刊。甲热雪山四周地形，至是始明，康道间牧运路线，由此行选定。

65. 康北暨瞻化雅江交通图（乙中）

民国二十六年夏，西康建省委员会科长刘衡如、李章甫、杨子和同驻军营长向传桐等，赴康北各县步行考察。自康定经泰宁、道孚、炉霍、甘孜、德格、白玉，转瞻化、雅江返康定。有报告书在建委会公报发表，附有此图。中幅。著其路线、道里与各地高度，无缩尺与经纬，绘制甚粗略，盖记忆图也。就幅面估计，大约为百万分之一，刘君旧习制图，此当是其手稿。

66. 藏布之东喜马拉耶（甲上）

名植物采集家华金栋（F. Kingdon Ward）于1932年深入察隅、桑昂与波密东南部探险采集。其明年，于皇家地理杂志发表其采集经过，插附此图。1937年发表其《土伯特植物采集者》（A plant Hunter in Tibet）一书，亦附此图。原题为 The Himalaya East of The Tsangp)。小幅，五十万分之一，两色精印。其幅面包东经95°20′至97°20′，北纬27°至30°，以波曲上游之歇敦寺为中心。对波曲源头之阿达康拉（Ata Kang La）山口附近探测颇详。南及察隅，东北至怒江岸，所至测量纬度与高度，注入图中，多有可以增补土伯特与其邻部及印度与其邻部诸图之处（二图已详第一类）。余本年初见于华大图书馆，特抄录一幅，以补订前撰之《西康标准地图》。

华氏专作滇康印藏峡谷地带之植物采集与探险工作，前后发表之文篇与书册颇多，并详陈宗祥氏康藏西文书录。其他种插图，则详本文第四类。

67. 高贝克路线第一图（甲上）

68. 高贝克路线第二图（甲上）

此为华金栋助手高贝克（Kaulback R.）1932年与华金栋分道探测察隅县境之图。原二图。题 Map I 者，注云 Showing Mr Kaulback's outward route as far as Rima, and route of his return Journey to Fort Hertz, 所云 Rima, 译绒密，即察隅县治也。又题 Map II 者，注云 Showing the More northery Past of Mr. Kaulback's route。为自察隅循龙多曲（Rong to chu）至阿达康拉之路线，二图并其行记俱于1934年5月份皇家地理杂志发表。亦萨地亚、察隅、科麦、波密间之重要参考图也。

69. 探测怒江流域略图（甲上）

高贝克与其助手汉贝札塞（My. N. J. F. Hancury-Tracy）于1935年自缅甸密支那入察隅经波密春多寺，逾山至硕般多，深入三十九族西北境探测萨尔温（怒江）源，行至勒学毕鲁（Naksho Biru），被藏军阻留，至翌年春释放，迫令折回，二人因循怒江干流至八宿，转回萨地亚。在1938年2月份《皇家杂志》发表其探险经过，附著此图。原题 Sketch-map of the Suiween and Tsangpo basins to Show the Routes lollowed bu Kaulback and Hanbury-Tracy。小幅，单色，有经纬线与缩尺及测勘路线。未知之地，皆以虚线表之。包括东经93.5°至98°，北纬27°至32°地面，即察隅、科麦、硕督、恩达等县与波密、八宿、三十九族之地。此两年中实测面积有2万余方英里。西康西部之实测地图，当以此为首屈，闻其详图已附专书出版，尚未获见为憾。

70. 康定至甘孜牧站分布图（别上）

民国二十七年，余为西康牧运公司制。十万分之一缩尺，分绘二中幅，三色，有等高线。系用陆地测量局十万分之一地图为蓝本，参合余民国十八年制分县地图，依经纬度定点绘制。泰宁至中谷一段，则余筹办牧运时所测稿也。

71. 康印康缅国际路线图（别中）

72. 由康定至察隅路线图（别中）

民国二十七年西康交通局为筹建康缅公路设计制。甚略，无比例尺，附有里程表。

73. 康滇公路路线图（别中）

民国二十七年建省委员会技正沈明伦踏勘康定、昆明间各路线后所制选线图也。五十万分之一蓝晒本，有等高线。系沈君依陆地测量局十万分之一图改绘。

74. 川康公路雅安康定段平面略图（甲中）

川康公路工程处民国二十七年测制。缩尺五万分之一，巨幅，附断面图。余得其划分三幅之蓝晒本，有粗略之等高线，绘工甚佳，细按之，则多有疏谬抵牾之处。似原测有万分之一精图，此仅其粗率之缩本耳。高标以雅安为750，二郎山口为2900，康定为2421，均与普通地图不合。

75. 川康公路康雅段平面略图（别下）

西康交通局就前图所绘为二十五万分之一图。蓝晒本，小幅，较前图尤为粗疏。

76. 康定至湾坝沿线地质界图（乙中）

民国二十七年十一月建委会科长张伯颜，技正汪国栋，赴九龙县之湾坝调查地质制。附其报告书在康导发表，小幅略图，无缩尺，原只水成岩、火成岩二色。另附湾坝区矿区略图，较详，仍无缩尺。湾坝之图，此为仅也。

77. 俄洛分幅图（甲上）

四川陆地测量局，于民国二十七年，派队深入俄洛野番地方测量。二十八年以后次第出图，余所见者31幅，一切依前十万分之一图制，而此诸幅则较其他川边图幅为精确周详。盖民国以来该局实施测量之图版也。

78. 乐西公路工段分配图（别中）

民国二十八年十一月西康交通局制，附《乐西公路选定甲线理由节略》一文在康导二卷六期发表。所谓甲线，即今乐西公路路线。其乙线，为自乐山龙门场沿沙坪金口一带大渡河岸，自盐井溪渡河，经田坝、海棠、竹马，出洗马姑，折向冕宁、西昌一线。其丙线为自海棠经越嶲、小相岭、泸沽、西昌一线。图中记甲线较详。

图中乙线海棠以东之部，从来尚无实测与比较正确之路线图。据云曾经交通部公路管理处，令派督察工程司赵福基前往勘查，则至少当为曾经履勘之路线图，足补一般地图所阙，惜其收入此图者甚少，且无缩尺，亦未著路线以外之山河形势，故所能增补者亦有限。安从得见赵氏原稿，斯为快耳。

79. 雅富公路工段分配图（别中）

80. 汉泸公路工段分配图（别中）

两种皆民国二十九年西康交通局雅富汉泸公路工程处制。二十万分之一，小幅，蓝晒本。雅富路自雅安、荥经、泗坪、汉源达富林，共长149.5公里。汉泸路自泗坪分出，达泸定，长76公里。比系施工设计图，应尚有选线测量图，未见。

81. 乐西公路路线图（别上）

民国二十九年十二月，交通部乐西公路工程处制。六十万分之一。蓝晒长卷。附里程表（公里），原历有详图，未得见。唯此虽缩制，颇精。

82. 雅富公路路线图（别上）

民国三十年八月，西康交通局雅富汉泸公路工程处制。十万分之一，长幅。划三段绘，分附比照断面图。横1：100000，纵1：10000，甚精。蓝晒本。

83. 雅芦名邛四县地形图（别上）

民国二十一年冬，余为《芦山新出汉石图考》一文制，载《康导》第四卷六七期。四十万分之一。修改陆地测量局四十万分之一图为蓝本。不用等高线，而分上田、中田、山地、山林四层设色，藉以说明古代川边汉族发展地带之可能程度。在边区，此种产业分布图，较之等高线图，更有价值。余自试作此图成功后，续出地图，如康藏产业分布图，康藏标准地图等，莫不尽量用此种方法。

84. 陈渠珍通过酱通沙漠路线图

85. 文成公主入蕃路线图

皆余民国三十一年发表考订旧籍之略图，略依土伯特与其邻部图绘制。无缩尺，插附《康导月刊》。所包地域，为青海省与西康旧境之西北部。

86. 康巴公路路线图（甲中）

西康地质调查所技正兰仲明民国三十一年制。附其《兴筑康巴公路刍议》一文，在《康导》第四卷四五期合刊发表。比例百万分之一，小幅，单色石印。据其文"三十年六月奉派同崔克信等，调查南路各县地质矿产，由仲明负测绘责任，历时六月，……"云云，可知其尚有未经发表之地质图，应甚详明，此特其抽绘之缩本耳。绘笔甚佳，虽节略，表示极清楚。图中有自毛垭坝子逾女帕拉，循冷卡石河下游入七村沟一路，即兰氏所拟之康巴路线。又康定折多塘经阿家哈、甲根桥、宜马宗、脚尔马达山至理化两路线，为旧日地图所未及。此外如西俄洛至理化两旧路，理化至巴安两旧路线，皆有参订西图修正旧图之价值。

87. 川滇西路路线图（别上）

民国三十二年，川滇西路管理局所出《川滇西路》杂志创刊号插图。一百五十万分之一，小幅。东起内江，西南至祥云，包有内乐、乐西、西祥三段，余觅西祥公路图未得，恃此图补之。

88. 康青路工段分配图（别上）

民国三十二年，川康公路管理局制。十万分之一，蓝晒，巨幅。起康定，迄甘孜。用红色厚线标绘公路线，甚精。

上部分图之类88种，207幅。余所得藏者200幅，征购未得者数种，征得后再续谱之。

第三类　县区图之部

雅宁两区各县县图，旧见于府州厅县志者，悉无佳构。民间制作，及县府搪塞功令之图，无论详实程度如何，要可以不合图法贼之。民国二十八年，西康开办土地陈报、实施丈量，自雅宁始。分县制成坵图，段图，保图，乡图，县图。今已办竣者十余县，其图最详，然未施水准精测，不能表示地貌，独详农田分布情形而已。康区山多田少，地旷人稀，目前尚未办理清丈。其县图旧无可靠者。余入康时，曾经分县略测，制成图本。足迹未至之地，则以他人游历考察图补缀之。尝欲编为西康分县图说，总嫌搜讨未备，未敢着手。二十七年，县政人员训练班毕业，余曾将足迹未至，图本缺乏诸县区，先就西图，依经纬定点，绘成具有县界之简略图，分托各学员，各就所悉，随缘增补。此后三数年中，康定、巴安、定乡、白玉诸幅，均臻上乘，去实测图不远。县图成绩，竟可超越雅宁两区，甚可喜也。

凡余所集西康各县分县图，除蔡廉洲图集外，共有242种，300余幅，合县境内之小区域图及市街图等，统为一类，分县汇列于次。

1. 雅定县舆图（乙下）

乾隆四年，《雅州府志》插图之一。朱其森绘，雕版印，合两页为幅，以上为南，下为北，无比例尺。县城附近所占面积最大，较远之地，具名而已。此为旧时制图人，不解准望法之通病，未足为怪。所可注意者，在今昔地名之不同。今人呼青衣桥下水为青衣江，此图作陇西河。今周公河，此图称沫水。今孔坪、沙坪，此图曰罗村、景村。今东门石桥，此图作铁索桥。凡此皆足考订乾隆时地名与今相异之处。又以蔡山与周公山为二，当时似以顶峰为周公山，龙洞巷所在为蔡山也。

2. 雅安县境图（乙中）

民国十七年修《雅安县志》附图。余彦良绘，中幅，每10里开方，四色套印。形势部位皆不谬，似曾经测量者，标注有经纬度，唯悉与近测数不符。所分区保，与今区划异，足供考订沿革用。

3. 青衣渠工程图（甲上）

民国二十八年青衣渠工程处制。渠自青衣江分水灌包城坝，为近年西康水利巨工之一。二十九年工程完竣。三十年春，放水。因屡圮，其水迄未入田，今尚在修复中。

4. 雅安县统计汇编（甲中）

民国二十七年秋，雅属划隶西康，开始设立土地陈报处。自雅安县起，实施清丈。先用三角定点，测量各联保轮廓，由保分段，测制坵图，以坵图，段图，充实联保图，由联保图制为县图。以县图，联保图，合丈量统计，制为统计汇编，二十九年完成。计包总图1幅，十万分之一，城厢镇图1幅，万分之一。联保图19幅均五万分之一。无等高线，及经纬度。单色绘，制作颇佳。

5. 西康省雅安县全图

6. 雅安县城乡镇图

7. 雅安县孝廉凤鸣乡合图

8. 雅安县草坝水口乡合图

9. 雅安县合江乡图

10. 雅安县大兴乡图

11. 雅安县蔡龙、孔坪乡合图

12. 雅安县严桥乡图

13. 雅安县晏场乡图

14. 雅安县大河乡图

15. 雅安县沙坪乡图

16. 雅安县观化乡图

17. 雅安县紫石乡图

18. 雅安县多营乡图

19. 雅安县太平乡图

20. 雅安县下里乡图

21. 雅安县中里乡图

22. 雅安县上里乡图

上图十八幅，民国三十年雅安县政府翻印统计汇编原图插附《雅安史地》一书中。内容具详第四号说明。

23. 高颐墓地图（甲上）

民国三十年，余嘱刘开晴测绘。千分之一，小幅，包高颐墓，阙至姚桥景贤堂，单色绘。

24. 周公渠工程图（甲上）

西康水利局周公渠工程处民国三十一年制，五万分之一，蓝晒，中幅。此渠自周公河开闸，循周公山麓，灌大兴场农田，并拟引倒虹管渡江灌草坝等地。现大兴场以上已修成。尚难通水。

25. 雅安县河北乡地图（乙上）

民国三十一年，雅安县分多营乡置河北乡。第一任乡长王定金手绘缩，中幅，无缩尺，但所表示部位地形并佳。

26. 雅安附近地形图（甲上）

民国三十一年，雅安军官训练团地形学教官率学员实习制。建康日报社三色石印。中幅，万分之一缩尺，原制绝精。石印本颇嫌粗率，有等高线。地形部位，皆较土地陈报处图精确。幅面东尽水中坝，南至平石坝，西抵龙观山，北抵塔子山。

27. 雅安城郊图（甲上）

民国三十二年何季赝绘。何君前任土地陈报处测绘事，有万分之一城厢图稿。余属其补绘近郊地形图，收入红崖、黑水、青衣、周公四堰道。并参五万分之一雅康公路图，与军训团万分之一图制。

28. 雅安县综合地图（别上）

余近设计，属何季赝制。十万分之一，有经纬度分及乡界。不用等高线，依土地陈报处之垆，缩分为田、地、山地、茶山、林山、荒山六级，以代等高线。仍分注海拔高度于各要地下。公路，大小道，桥梁，津渡，场镇，公所，学校，寺观，教堂，古迹，并注入图，用特号、大、中、小及斜体、长方六种字精绘。其参考资料，以土地陈报处图，陆地测量局图，雅康公路，川康公路，雅富公路图，雅安附近地图为主。此外则台维斯，禄方济，沃舍提，布尔莎，艾猛斯之图，（并已详前两章）皆有所采撷。现尚未完成。

29. 芦山县舆图（丙中）

乾隆四年《雅州府志》雕插，两页合幅。作风与雅安县舆图同，唯系以上为北，下为南。所示地形，较雅安幅为佳。

30. 芦山县统计汇编（甲中）

土地陈报处民国二十九年开始清丈，三十年完成。计总图一幅，十万分之一，城厢图一幅，万分之一。联保图九幅，五万分之一。（以下各县统计汇编，所有总分图缩尺并同）现派人钞绘中。

31. 樊敏墓地图（甲下）

民国三十年余赴芦山考察樊敏墓时目测手制，甚粗，无缩尺。略示古墓、碑、阙、羊、虎之位置而已，小幅，单色。插附《天芦宝札记》。（民国三十三年春，余三赴芦，借土地陈报处所制二千分之一坵图为蓝本，改制为具有比例尺之樊敏墓地图，未发表。）

32. 芦山县全图（乙上）

民国三十一年何季赜绘，十万分之一。小幅，《芦山县志》采用之。县政府石印。

33. 芦山县综合地图

现甫起稿中。一切如雅安县综合图规制。余拟以此法绘成西康三十三县，四设治局之综合地图，现甫发端。其尚未着手者不更著录。

34. 天全州舆图（丙中）

乾隆四年《雅州府志》雕插，两页合幅，朱其森绘。法与芦山幅同，可作古地名考订资料。

35. 州地舆图（丙中）

咸丰八年《天全州志》雕插。两页合幅之旧式图也。

36. 州城图（甲下）

咸丰八年《天全州志》雕插平面图，其略。此外尚有始阳镇图、八景图、试院图等，皆画片，凡画片图，本谱不收。

37. 由天全到牛顶木厂图（乙上）

原题由天全到牛顶木厂沿河棚站位置及交通路线情形要图。民国十九年，川康屯殖司令部派余叔平氏采办牛顶山木材时所制。小长幅，三色绘。采伐码头在半顶山下之岩烟沟，距沙坪175里。凡十一棚站至沙坪，为扎筏码头，中间道路村落，皆备于此图。此带僻远，为一般测量人员所不至，故此图亦足珍也。天全县长吴毓江赠。

38. 天全县图（别上）

民国二十六年十月，天全县政府，就陆地测量局十万分之一图缩制为二十万分之一。三色石印，中幅，有等高线。末列川康公路，附有各场镇距城里数及赶集日期表。为过去天全县全图之最佳者。

39. 天全县统计汇编（甲中）

土地陈报处制总分图共21幅，余托人钞绘，尚未寄到。

40. 天全城郊图（甲中）

即就土地陈报处之城厕联保图添补而成。万分之一，县田赋管理处民国三十年绘赠。

41. 天全水利设计图（甲上）

42. 始阳水利设计图（甲上）

图皆扬子江水利工程处派队来康所测制。民国三十一年完成测量工作。余曾见其图极精，缩尺似为五千分之一，征蓝晒本未得。

43. 木坪土司图（丙下）

乾隆《雅州府志·图考门》，有图三幅，未标题。据目录，当是口内土司图。此幅合二页成。查系木坪土司地图也。绘法与县图异致，全幅皆满，略无隙地。自小关子，经兵难攻，至木坪，沿途情势，皆与今合。其所表路线：用两种符号。点线表示平土路，小长方接成之锁线，表山岩石路。另有图画状之符号，表示民房、桅杆、关塞、碉房、桥梁、兵营、山崖森林等，为一具有历史价值，极可玩味之古代地图。兹说明于次。

（1）此图非乾隆四年原刻，由其作风与朱其森各图不同，已可判断。又其图带有金川用兵时兵要地图之浓厚色彩。乾隆四年金川尚未用兵，故知此图系乾隆十二年以后所绘。此志虽成于乾隆四年，今所流行为嘉庆四年赵金笏补镌本。赵有小序，谓旧版残缺颇多。"爰觅士林素藏旧本，共得20余篇。——摹付划刻，弥纵其阙。"注此20余篇者，有图考47页在内，即此幅也。可知当金川用兵时，曾有往来木坪学人嫌旧图未当，改绘雕易。赵氏据新图补镌耳。

（2）图中小关子至木坪一段地形皆实。木坪碉房即今喇嘛寺侧山尾上之故土署。泉水庙，即今城隍庙，其南之城塞，即今建定西将军阿桂纪念碑处，城垣已撤。绘图时有城无碑，可知其时金川军事尚未完结。约当是乾隆三十年前后也。

（3）屋上标旗处，为当时之军营。金川之役，五路进军，木坪一路，最当冲要。驻有重兵供前方应援，后方转运之役。已详《天芦宝札记》。

（4）制此图者，似为驻防木坪之军佐人物。足迹所到，木坪为止。故于木坪西南地理情形不悉。颇以金川、鱼通等地方之地名，窜乱入图，形势部位，则皆不合。如大马村，是金川地名；昂州是泸定地名；大冈、鱼通是康定地名；汉牛是懋功县地名；札谷关是理番地名。皆当时团剿金川时驻兵之地。兹乃悉收入木坪地界，漫列于图之西南隅，与尧碛、赶羊等地名相乱。至以汉牛河下游流入木坪河（木坪河为青衣江上源）皆其证也。

44. 宝兴县图（丙中）

余民国三十年过宝兴县，县射检赠。小幅，铅绘甚粗，无缩尺。河皆双线，形势部位并与陆地测量局图及禄方济、谭寿田等图（并已详前编）不合。盖民国十七年改流时所制旧图也，未知出于何手。余于真可疑处，皆征询土人，批注入图，以供补缀修正。

45. 探访穆坪祖墓路线图（乙中）

余游宝兴时，曾往木坪土司祖墓碓窝山、大石板、凤窝山等处，探检碑志铭诔，即游羊村。探访沿途石刻。制有路线图，小幅，无缩尺，未刊行。

46. 荥经县图（丙中）

乾隆四年《雅州府志》雕插，两页合幅。朱其森绘，以上为南，作风同雅安幅，在全书各县图中部位形势最谬。标入天全界之水曰邛水，傍城之水曰荥水。邛水之名，甚合古义。唯此段系全县水道之总出口，图乃绘极细狭若干小支流。又无青龙关大道，仅有大庙、双溪、新添站、石家桥，至高桥路线。又大庙河与太湖寺河同源异流。又紫眼河极小，自花滩以西概未收绘，皆其未合处。

47. 荥经县五区图（阙）

民国五年荥经县曾载此目。余所得本阙此图。征补尚未得。

48. 荥经县城街道图（甲中）

《荥经县志》载平面图，木雕版。小幅，无比尺。西门外有大道缘城墙达南门，标云"军道"。志中复记有"军路"一条。谓自南门逾鹿子冈，接雅安观音堡军路，自南门西行经小河场，新庙场，九把锁，若断若续为至打箭炉之军路。盖即清末民初创建之川康马路也。使其五区图在，必将绘入此军路分布情形。

此县城街道图前，又有"县城图"一幅，为鸟瞰式之图画，可与街道图参考。

49. 荥经县统计汇编

荥经县统计汇编，早于民国二十八年制成，有十三联保图及总图。现托钞未竟。

50. 荥经全县各县联保，各坝水陆详图（别上）

民国二十八年六月二十日，荥经县政府制。十万分之一缩尺。小幅，三色石印。有联保界，驻各坝名称。标煤厂，铁厂，铜厂分布地，皆可贵。雅富马路线经黄泥堡，且云已成，则非实也。大抵此图系以土地陈报处地图为根据，而以县政府所知材料参入，故轮廓与内容皆有可取。荥经县图，此为佳也。

51. 西康省荥经县全图（别中）

缩尺十五万分之一，小幅，蓝印，填黑字。民国三十二年萧县长竹船赠查，亦系自土地陈报处图本缩绘者。唯已改称联保曰乡。此两图对于新庙场西至泸定界之距离，均嫌太促。足证土地陈报处对于此区之工作未尽精到。是则宜以雅泸公路图厘正修改者也。

52. 清溪县舆图（乙中）

乾隆四年《雅州府志》雕插，二页合幅，自黄泥堡界碑至县城，舆出西门，经富庄、泥头，至飞越岭一线，录地名甚多。出东门，经汉源街，至富林，亦大致合。大渡河未画去路。其上游，则有海流，西底，中池，八迫（八排）等地名，牵贯于一路线，径通大田土司，皆访问之失也。松坪，大田两土司地，皆别自为图。

53. 大田土司地图

《雅州府志》雕插图，作风与木坪土司图全同，当是一手所绘。图之四方各有界至，注文云"东至富林营，150 里山路，与河南大田土司界"。此所谓东实即南方。河南大田土司，谓大渡河南田坝之岭土司也。于大渡河外，绘有大树堡，沙落乌河，鬼皮落，望乡台，沙嘴，黑麻溪，曲曲乌等地名，足资今日参订越嶲、峨边间地图之用。又云："南自紫打起，共 120 里，与沈边土司地界。"此所谓南，实西方也。此紫打，是富林西南之紫打营，非指安颐场。所谓沈边地界，指海流北之雨洒坪（误雕作雨坡坪），自海流沿大渡河至紫打营，旧云 120 也。图中紫打，与富林及清溪皆有城。紫打城，在富林与哇喔营之间。足供考订乾隆时西南营戍之用。又云："西自羊老起，虾麻溪，野狗山，羊庄坪，黑岩关止，清溪县界。"此所谓西，实西北也。羊老谓羊老山，在富林流沙河之西。虾麻溪，野狗山皆在流沙河西南，今后域乡境。羊庄坪，黑岩关，皆在流沙河之北，富庄左右。此条实指土境中间包括之地名，非谓界至。又云："北自清溪县起，共 80 里山路，与松坪地界。"此所谓北，实指东方。谓自县城径东至马料坡，为松坪地界也。图东北角兼绘松坪土司地一部。而未明将界限绘出，大抵当时大田土司所辖，自汉源街至富林一线以西之地，南止大渡河，西迄雨洒坪，北至黑岩关皆是。此带原属黎州土司辖地，大田乃黎州分封。今无黎州土司而大田石其故地。可知自雍正六年改土归流后，黎州土司消灭。而大田土司反兴盛一时。此其情形，正如清末民初之理塘改流，理塘土司虽已消灭，而其小土司崇喜、毛丫等反突增兴盛。今大田土司，已完全消灭矣。于此亦可知改土归流之实际效力，当视同化夷民程度之深浅而定。同化浅，则废一土司，仍复有土司代兴。同化深，则土司不废自废耳。此等土势力演变痕迹，为新旧方志野史所未载，赖此图以传之。世辄旧雕板图为无用者，不得其用也。大田土司署，在汉源街西，今为小学校，此图所绘，远较同书之清溪县图为详。

54. 松坪土司地图

亦雕插《雅州府志》中，作风与前图同，当出一手。其四界至注云："东自松坪起，至围杆回止，接峨边界，二百四十里。""南自松坪起，过马料坡，遂马营，（三字不明）一百四十里。""西自松坪起，至刚寨，直抵大渡泸河界，一百三十里。""北自松坪起，至木薯山，至清溪县一百五十里。"所谓松坪，分为三堡。一为土司住所，一为中堡子，一为下堡子。地位，在木薯之东，马料坡之北，马当之西北，马当之南为坝堰溪，赵侯庙，与大渡河南岸之黑麻溪遥对。赵侯庙之西为岩门，与东皮落相对，又西为水尾松坪，近万上堰，此带地势崎岖险狭，国内外考察探险者，足迹不至。虽乐西公路经此，路线以外地理，仍无知者，此图颇传其梗概，亦足贵也。

围杆坪，在蓑衣岭东。此图绘在大小天池之间，然则松坪东界，已逾蓑衣岭，即汉源与峨边县界，应在瓦山也。

又此图东南角，即金口河西南，绘有归化汛城，标"归化千总"字。其南大渡河上有"官渡"。官渡南又复有一城，形式一如归化城，作凹字形相对，下刻"半漩堡"三字（其地当是今之罗回镇）。有路自此经牛漩堡，大漩，盐井溪，大板房黑麻溪，达大渡河岸至鬼皮落。今此带完全为生猓所据，汉人不能通行。归化南城，亦化乌有，至足应叹，此图与剿办曲曲乌夷之军情公文及善后公文对看，足相互发明，以补汉源、越巂、峨边三县间测勘未及之地图空白。纠正陆地测量局图之误访部分。

55. 汉源县境略图（别中）

民国二十九年，汉源县政府印行《汉源县故概况》一书，插附此图，无缩尺，有等高线，未注高标。当系以陆地测量局十万分之一图缩绘者。

56. 汉源县统计汇编

总分图凡16幅，尚未钞得。

57. 汉源县全境略图（别上）

民国二十九年，汉源县政府印行《二十九年度之县政与路政》一书，插附。小幅，缩尺四万分之一，蓝黑二色印。系依统计汇编绘制。较汉源县境略图为精确，无等高线，有山脉纹。修正前图，河流颇多。复有乡镇界与乐西公路及孟获一片地。为汉源地图之最佳者。

58. 汉源县孟获城略图

附载民国二十九年度之《县政与路政》一书，中幅，十万分之一。单色石印，题有"二十九年十一月二十六日测。萧杰三绘"等字样。无等高线与高标，有山脉纹。土地陈报处之作风也。有竹林、针叶林、阔叶林等符号及路线一条，当系略测之路线图耳。

此区与黄泥堡，俱在大相岭山脉以北，属于荥经河流域。据此书所载，"面积约500方公里，无人居住，异常荒芜，富有森林。气温最高华氏65℃，最低在零下10℃左右。旧有人集资前往开垦，试种玉蜀黍与洋芋，均能收获。因资本缺乏兼有匪害，前后三次均归失败。现经废弃已30年左右，有民房遗址及土人入山采寻所搭之棚厂"。以此估计此区高度，山地在3000公尺左右，河谷在2000公尺以上。位于阴山，阳光不足，且多匪害，此其所以荒废也。

59. 汉源县主要贸易市场及工业区域分布图。

60. 汉源矿产分布图。

61. 汉源县合作社分布图。

上三图均插附汉源县民国二十九年度《县政与路政》一书。单色石印，缩尺大小不通皆未注比例尺。其图轮廓，与汉源县全境图不同。乃系以第五十五号为蓝本缩绘者。未识同一书中之插图，何以互异如此。

62. 汉源县全境略图。

63. 汉源县疆域图。

64. 汉源县山脉图。

65. 汉源县河流图。

66. 汉源县旧乡区图。

上五幅均插附民国三十年初版之《汉源县志》。其全境略图，与第五十七号图为一版，只河流用绿色印不同。此下四图，复与第五十九、六十两图为一版。轮廓与内容，俱与总图异。亦无缩尺，约仅为总图四分之一。此外插附同轮廓之小幅图尚不尽录。

以上雅区凡六县，一设治局，除金汤无图外，其六县共图66种，凡140余幅，余已收藏者56幅，中有2幅尚未绘成。征购中者80余幅，皆各县土地陈报地图与水利工程图也。

金汤虽无专图，然如第二类图中，陆地测量局十万分之一图，法教士鱼通至懋功路线图等，殆已绘入其全部，无有专图固无疑耳。

67. 泰宁协舆图（丙上）

乾隆《雅州府志》插图之一，两页合幅，以上为北，下为南。然虽谓南，实西方也。图幅包括今泸定县大渡河东岸加郡（图作贾郡）以北之地。以化林坪为中心，所注道路形势，皆与今合。题云泰宁协者，雍正时，迎达赖喇嘛坐床泰宁，置泰宁协，辖五营，分驻西炉各地以卫护之。其后送达赖喇嘛返藏，泰宁协不废。唯以泰宁高寒，道远，转饷不易，移协署于化林坪。仍辖五营兵马，兼管口外各土司。乾隆中，复改泰宁协为阜和协，移协署打箭炉。化林坪驻军一营称泰宁营，此系乾隆四年制图，尚未改阜和协也。

其时，飞越岭以外为口外。大渡河东，为沈边、冷边两长官司地，河西为咱里、明正等土司地，直达金沙江以西，大小土司一百余，皆所谓口外土司也。此图题泰宁协舆图，只绘大渡河东之地者，似当未改阜和协前，打箭炉厅系与泰宁协分地而治。即以大渡河为界水之故也。此种史程演变，未经方志记载，专赖此图传之。

此图于上举之历史价值外，尚有足资考订沿革变迁者数点。一、飞越岭有城垣弩楼。二、化林坪有城，只二门，题云："化林坪即泰宁协"。三、瓦窑坪作云窑坪。龙巴铺只作龙坝。四、冷碛橙子坡，此云子牛冈。借对岸子牛村为名也，甘露寺，此云干日寺。可知其原是喇嘛寺，乾隆后始改为汉寺，易名甘露也。五、泸定桥头有都司署，与巡检署。又有碉门街，足见泸定市之原始街，借天全之碉门为名。亦可见此市之发展，与天全关系最密。大抵自安乐坝以北之地，康熙以后，割划天全土司管辖，名义上应为天全州辖地，事实上则为马鞍山以外汉夷皆受泰宁协钤束，故此图北包岚州也。六、明岩州卫，今云昂州，一般书作岚州，岚州二字，始见其图。但木坪土司地图，又作昂州。可知岚州是雍乾时字。昂州是金川之役以后所用字。（参看第四十三号）

68. 泸定县全图（乙上）

民国十七年，泸定县佐治员张哲绘。张自边政人员训练班毕业，分发泸定，曾经踏查全境，创绘此图。小幅，无缩尺。分全县为四区，大体部位距离皆合。远较蔡廉洲图为佳。

69. 泸定县地图（别中）

民国十八年，余视察康区，就张哲泸定县图，加绘农地、林地、雪山三道界限，分别着色。为西康有产业分布图之始。原随《泸定视察报告书》登载《边政》。梅心如所著《西康》，曾转录此图，改以条线代色别。康、丹、道、泸、甘、瞻、理、雅各县图并同。

70. 磨喇水堰略图（甲中）

民国二十年泸定知事吴筱波钞赠。原题五十万分之一，铅钞小幅。先是磨西面至喇嘛寺小堡子间15里皆平原，有水可以引灌。清末，打箭炉同知刘廷恕，创修水堰未成。及是，吴知事拟修复之。此其派人测勘后设计图也。颇粗陋，当非习测量者所为。又其比例尺应是五万分之一，非五十万分之一。题磨喇水堰，撷磨西喇嘛寺首字为名寺。此喇嘛寺一场镇，旧曾有寺，久已颓灭，仅除一却登遗迹耳。

71. 泸定县境图（乙中）

民国二十六年泸定县府制，无缩尺，精度与幅面，均不逮张哲原图。盖亦无所因袭之创制图也。图分全县为三区，亦与张哲时异。

72. 泸定县市图（甲上）

民国二十七年，县长李林，请川康公路测量队测制。缩尺二万五千分之一。中幅，甚精，余借摹。

73. 岩州地图（甲中）

民国二十七年冬，余游泸定，住岩州一日，目测地形，绘为此图。小幅，缩尺约为二万分之一。以等高线描绘地形，其等高线依气压表记录定之。余有《泸定导游》，考订岩州古今沿革甚详。插附此图，载入《康导月刊》第二卷。但被编印者将图遗失。今存其初稿。

74. 化林坪图（甲中）

民国二十八年，余第四五两次过化林坪，目测此市故城遗址，古今市坊，制为此图。无缩尺，约为五千分之一。附《泸定导游》刊在康导第二卷，有详文考订此城兴废过程。

75. 自飞越岭西望（甲中）

民国二十八年夏，余过飞越岭作。作画面图条线，实一立体图也。图示五色海子南北诸山峭拔之势，与高入雪线之程度。东侧诸河谷与村镇所在，皆用天线指出之。近达化林坪，至瓦窑坡，与前图同载《康导》二卷某期。

76. 五千分之一泸定市图（别中）

民国二十八年，西康交通局就二万五千分一泸定市图缩绘，蓝晒本。

77. 二十万分之一泸定县图（别上）

民国二十九年，余制二十万分之一西康分县图，始于泸定。凡此一县，所参考之地图43种，加以余游泸定全境之记载，与手制之路线图，颇为精详。共经纬度，参依谭、李地质图与布尔莎哈姆等之木雅贡噶位置图（并已详第二类）高度，参用余所自测及陆地测量局图，与雅康、川康等公路图也。

78. 康定府城厢道图

此康定市最早之实测图也。四千分之一缩尺。有"康定府知事颜谭跋，天彭吕维泽。测绘"等字样，知其是民国元年，尹督西征时测制，绘笔甚佳，内容亦甚美备。民国三十二年，王铭琛得于成都旧书肆，转赠。

79. 康定县全图（乙下）

余于民国十七年视察西康时制。其时所知地面有限，又乏参考图本。须予修正之出尚多（县境西南角为尤甚），以五六米毛表十里。分农地、草原、雪山着色。有区分，梅心如之《西康》所载康定县图，即全翻绘此图也。

80. 康定城区街道图（甲中）

民国十八年西康政务委员会派员测制。二千五百分之一，中幅。记全市机关、学校、公所、锅庄与寺庙等部位颇详，无等高线。

81. 打箭炉市（别上）

民国十九年，余以雅康公路图为蓝本，增补附郭地方，绘插《西康图经·境域篇》，万分之一缩尺。小幅。有每高50公尺之等高线。

82. 康定至长海子（乙上）

长海子在康定北60余里丛山中。海拔4000公尺，长5里，阔1里。四周皆森林，距农村甚远。余旧见陆地测量局十万分之一图，绘其附近地形，有广阔平原。疑可开飞机场，或可垦牧。民国二十五年冬，同技正张志远往探。自三道桥进沟，备险阻始达。支幕住一日，探测海周地形，实无平原，只海尾有小草地，余皆森林与绝壁也。归途循山道径达康定后山，制有五万分之一路线图。用等高线表示地形。

83. 探险五色海子山路线图（乙中）

余素闻康定南山有五色海子，人迹可到。民国二十六年秋，同建委会职员多人往探。自榆林宫上山，二日始达白海子。一小形方湖耳，位雪峰直下，近雪线处。水乳白色，掬之无色，盖由岩质为长石，映水作色耳。海水溢出，为牛窝沟，入打曲。自此逾平岭北下，为蛇海子。长渠蜿蜒数里，如长蛇。深不可测，阔不足七尺，甚奇。自此循冰堆石之长岭，直下驷马桥。始知所谓五色海子者，非一海。绿色海在雅加埂，即吊海子也，余旧曾游之。白色海子即此，黑色海子在蛇海西北，其水流出跑马山测之小沟。余拟一探，未果。红色海子在柳杨正北，附近有大森林，采木者往往游之，其水溢出至柳杨入打箭炉河。无黄色海子，大抵此带雪山四周，海子极多。此诸湖外，头道水与冷竹关后山皆有海子，水色互异，土人漫呼为五色海子山耳。余有地图，志此行路线、高度与水道山形，有等高线，不精，小幅，缩尺五万分之一。

84. 孔玉详图（乙上）

民国二十七年余侄汉光，往孔玉查灾放粮。自余处借钞陆地测量局之十万分之一地图以行。逼历孔玉各村后，撰有《孔玉考察记》，附绘此图。缩尺三十万分之一。修订前图之处甚多。其考察记在康导创刊号发表，图以赠余。未付印。

85. 鱼通略图（乙中）

民国二十七年蒋五骥赴鱼通放赈之路线图也。附所撰《鱼通缩影》一文，在《康导》一卷二期发表。无缩尺。

86. 吉曾义待路线图（乙中）

民国二十七年康定县府科长宋济元，赴吉曾义待区放赈时所绘。此区偏在康定县境西南角。雅龙江外，素为考察探险者不至。宋君在县训学员中，最嗜地图，练习目测尤勤。所制图皆能如法。惜早卒。此图自康定经下木雅之明巫绒、菩萨绒等处至义待。无缩尺。有产竹地界限。又于菩萨绒全村之地形，绘写特详。余索钞一幅，并面询沿途情形，为注补之。得此图，而后康定境内无遗地也。

87. 康定市区详图（甲上）

民国十七年，西康地质调查所测量组精测，绘制。缩尺千分之一。巨幅。余得交通局蓝晒本。测量队初至康定，于市内地之性质与名称不悉，未注入图。于地形委曲高地，则测量绝精。

88. 康定市街图（别上）

西康交通局，就前图缩绘为二千五百分之一。民国二十八年蓝晒本。

89. 康定县图（别上）

民国二十八年宋济元君绘，三色石印，中幅，无缩尺，有经纬线。过去康定县图，此为最佳也。

90. 康定县境详图（别上）

民国二十八年，余用谭、李地图作蓝本，用布尔莎等测量图修订经纬度，用陆地测量局十万分之一图，及余本人历次考察所得，绘等高线。用骆克、哈姆、任汉光、蒋五骥、宋济元等路线图，补缀上列各图未及之地区。共凡二中幅，缩尺二十万分之一。三色绘。尚未完成，因事暂辍。今其稿存。

91. 康青公路康营段缩制平面图（甲上）

民国三十年，西康交通局，就实测康定至营官寨公路路线图稿，缩绘为二万分之一图。巨长幅，余借钞。

92. 康定最新街市详图（甲上）

民国三十年九月，西康通志馆测绘员刘开晴用前康定市街图作蓝本补测缩绘，为五千分之一，小幅。颇多增修之处。又曾与郭和卿合作增入藏文地名。就康定用色相套石印出书。

93. 章谷舆图（丙中）

同治元年，吴德煦撰《章谷屯志》雕插此图。章谷屯，今丹巴县也。图二页合幅。无缩尺，亦未开方。绘法仿《西招图略》，亦以南方为上。足可考订今古地名之用。

94. 实测丹巴县图（甲上）

民国十八年夏，余观察西康至丹巴县，阅临二旬，足迹遍五大河谷，所至用指南与步度表、气压表等简单仪器测绘地图，分日绘于日记中。返康定后，撰具观察报告，绘成此图。有缩尺，每厘米表一华里，有县界、区界与土司地界，分别汉村、夷村、土署、喇嘛寺、学校、教堂，精细注入。复分农地，森林及草原，雪山三种分布情形设色。梅心如之《西康》，翻绘此图为单色。

95. 实测丹巴县东部图（甲上）

余视察西康，所制各图，俱用长28厘米，宽21厘米之布纹西式信笺北面而绘。限于幅面，各县缩尺不一，既绘前图，嫌其缩尺过小，不能传河谷地形之实况，乃更增绘革什咱以东之部为一幅，以2.4厘米表1华里，用褐色晕瀹线表河谷地形，紫色木轮线表山岳地形，黑点表汉户住宅，赤点表夷户住宅，道路、桥梁并极详确。其后见测量局十万分之一巨幅图，觉其精度，犹未能逮余也。此两图，并随报告转载于《边政》第二卷，四色精印，余收回其底本。

96. 丹巴五谷会流图（甲上）

余为《西康图经·地文篇》作，民国二十四年出版，插幅无缩尺，约为十万分之一，单色，锌版，用晕瀹法示丹巴县治附近地形。

97. 丹巴县语言分布图（别上）

上图，与丹巴土司辖境图，丹巴县境图，共三幅，皆民国二十七年庄学本视察丹巴后制，附《丹巴调查报告》，在《康导》一卷七期发表，曾声明系仿余丹巴图制，就中语言分布图一幅，最可贵。图示巴底及阿娘沟以东为西戎语，巴旺与丹东、革什咱、东谷、牦牛为道坞语，余部为西康语。庄君此行最大收获，在分析甲绒区域之民族与语言，具报告书与此图，并有学术价值。

98. 九龙县略图

民国二十七年九龙县科长邱述钤，因查放赈款，周历全境，所至绘图。附所著《西康三大民族缩影》一文，在《康导》一卷三期发表。小幅，缩尺四十万分之一，单色石印。有十四村界线，道路村落之分布，并颇精确。各区皆汇列汉、藏、倮一二族户数,又有矢线示汉倮两族发展路线。文质两佳之作也。

99. 九龙县图

民国二十七年十一月,邱述钤、宋济元合制。三色石印,中幅,二十万分之一,系宋君就邱君前图放绘者。废十四村界,存四区区界。内容部位,微与前图出入。精确之度,似反逊于前图。

关于九龙县之地图,前有蔡廉洲县图(已见第一类),测量局实测图,谭、李地质图,十六军调查图,张伯颜湾坝图,以及骆克路线图等(并已详第二类),邱君皆未参考。然而邱君之图,实胜于诸人之处。故知地图之价值,固当视测之精度而定。而足迹之广狭与观察之精细,亦大有关系。

100. 西康九龙洪坝森林基本图(甲上)

101. 西康九龙洪坝森林林相图(甲上)

上二中幅,及西康洪坝森林位置略图与洪坝松林两河流域图,二小幅,并插附民国二十九年金陵大学林学系出版《西康洪坝之森林》一书中。教授朱惠方氏所编也。朱氏于前岁率金大学员自越嶲安顺场入九龙县之洪坝,实施测量,工作甚久。制成五万分之一地形图与林相图,为九龙县境实测地图之最精者。即就全康言之,除少数城市及公路线尚有精测地图外,所有乡村山野之实测地图,亦当以此为首屈。其书,亦为研究康区森林者最精之巨著,插附图表甚多,其所插二小幅图,则略示洪坝之位置,无甚可取,且幅面跨越两县,故不入于此类。

102. 九龙县全图(乙中)

民国三十一年,九龙县长段崇实测,中幅,内容微与邱图不同,大约是就邱宋合绘图加以修订者。

103. 泰宁实验区图(乙中)

泰宁原隶道孚县,民国二十六年,成立垦殖实验区。二十七年,区署绘制此图,中幅,无缩尺,有等高线,未施测量之意匠图也。然所包地域褊狭,大部为区署人员足迹所曾至,故仍有参考价值,该区绘呈省府一幅,余已有目测精图(在康定二十万分之一图幅内),未更抄绘此幅。

104. 泰宁设治局地图(图稿)

民国二十八年改泰宁实验区为设治局,划入康定之上牛厂(第四区)道孚之查坝与竹窝、汤龙等区,勘定界址后,曾有地图,余未得见。但得李鉴铭绘草图一小幅,无缩尺与经纬,而以藏文注字,为其特色,余又曾自制一泰宁草图,二十万分之一。因查坝之部尚待补缀,故未发表。

105. 道孚县境图（乙中）

道孚县于宣统三年成立设治局，民国二年改流，应有地图在档。余民国十八年视察至此，搜求无所得，于时所传，唯蔡廉洲图本，谬不可用，乃自随足迹所至，目测所及，创制为此图。自泰宁横出炉霍一线，全部可靠，斜出支路，仅龙步沟温泉以南，铜佛山以北之地，经略测，其余则以古纯仁川边图为蓝本，参以访问，补缀而成，故有经纬度，无缩尺，亦分农地、森林及草原，雪山三道设色。有区界，及今视之当修正者甚多，此图随道孚视察报告，在《边政》第三期登载，四色石印，梅心如之《西康》又采录之，单色印。

106. 道孚县略图（乙中）

民国二十四年一月出版之《川边季刊》第四期，载有羊磊《道孚小志》，插附此图。小幅，三色石印，无缩尺与经纬度，有区界，其图颇与余图异致，显然未见余与古教士之图，似曾参考蔡廉洲本，但详确精当，并远过之，幅中，亦唯泰宁横出炉霍一线可靠，自县城入鱼科一路，似亦受其履迹，无竹窝、汤龙与康定第四区，为其疏处，此图与余图异者，多布朵（余图作不朵）附近之"平西桥"与将军桥金矿区，又曾示森林分布地，未将农牧地界画出，要可互供参订，羊君《道孚小志》甚佳，其人似曾供职此县府，近世之有心人也。

107. 瓦日木茹查坝略图（乙上）

民国二十七年，县府科长赵留芳，赴查坝查灾放赈时，沿途绘制地图，回县后，纂为此幅寄余，小幅，无缩尺，三色绘，有等高线表示地形。赵君初未习制图，复未携有仪器，但凭回想审察，制为此图，颇能传此带真实地形，甚难得也。先是木茹一区，素称匪窟，自改流以来，迄未有汉人入境，地图更无从得，旧见古纯仁图，有某教士自道孚纵穿木茹、查坝出雅江路线，曾以此勉县训学员，赵君血性人，似有所激，遂深入而图之也，赵又有《查坝调查记》，载康导一期，亦附此图，三色石印。

108. 道孚县分区详图（乙上）

民国二十七年七月，赵留芳赠，小幅，黑、绿、朱、紫、蓝六色绘，无缩尺，然调查详确，为道孚图佳本。

109. 道孚县草图（别中）

民国三十年李鉴铭绘寄，甚草率，然要地悉附藏文，足供校正各地译名意义之用，凡李君所寄之图，悉以此点足重。

110. 炉霍屯图

同治中，废霍尔章谷土司，创设炉霍屯，当时印有《炉霍屯志》，冠以此图，三色石印，小幅。

111. 炉霍县地图（乙中）

民国十八年，余视察西康过炉霍县后制，除将军梁子至罗锅梁子一线外，曾循泥曲至四季，全县农地十分之八以上地面，均经目测，牧地概未涉足，轮廓则依古纯仁图，仍分农地、森林及草原、雪山三级设色，迄今炉霍县图，尚未有能逾此者，图同炉霍视察报告，载入《边政》第三册，梅心如《西康》曾用单色翻绘。

112. 炉霍县草图（别中）

民国三十年李鉴铭绘寄之藏文图也。

113. 绒坝岔战争形势图（丙上）

台克满制，插幅，双色印附其游记中。志民七川、藏军相持于绒坝岔之形势。

114. 甘孜县地图（乙上）

民国十八年余视察甘孜，阅时月余，周历甘孜平原全部，及东谷区。又派董兆孚雇勘杂科。所至绘图甚备。视察结束时，绘制此图。依古纯仁图定经纬点，无缩尺。分农田、草原、森林、雪山四种设色。考订乡区界划，俱颇精到。除大塘坝与泥马沟二部外，迄今尚完全适用（其时甘孜辖地尚未包有热锅牛厂）。其时余尚未见台克满与柯尔斯图。陆地测量局十万分之一图，亦尚未测及此部。其后取以互校，悉无荒谬。盖视察途中，练习目测已久，皆能校正视差故也。此图经《边政》用五色翻印。亦被梅心如用单色翻印于其《西康》一书中。

115. 绒坝岔战迹图（丙上）

民国十七年余据县人传说，叙述民七川藏两军在绒坝岔作战情形，于视察报告中，插附此图。以前图为蓝本，放大一倍。自甘孜县治至其西界之约白拿则卡，七种色绘，有等高线表示地势夷险。分驻两军攻守变化情形于图中。上幅余地，绘附德格甘孜形势略图。

此虽历史图，描绘甘孜绒坝岔间形势甚备，足备施政行军参考。时余尚未知台克满亦有如此性质之图。其后取以参考，台氏图殊粗陋。《边政》月刊，曾将此图用四色翻绘。

116. 札科图

民国十七年董兆孚绘，与前二图同幅面，无缩尺。有铅色、等高线。及农地与森林别色。时董初习绘画，准望不精。然观察颇周密。

117. 甘孜市（丙上）

民国二十年，余依旧游日记所留图稿创制。插附《西康图经·境域篇》。与甘孜市照片共为一幅。有等高线。系假定县府海拔 3350 公尺，以每 50 公尺计数。

118. 甘孜平原民国十七年之雹灾

民国二十二年，余为《西康图经·地文篇》制。以甘孜县地图为蓝本，单色绘。示雪山、森林、草原与雹灾之关系。锌版缩印，具存原笔。

119. 甘孜市街图

民国二十六年，甘孜驻军章团部测量绘制。用复写本呈报建省委员会，余得见之。小幅，记街道颇尽，未注缩尺。向章团征取未得。

120. 甘孜县草图（别中）

李鉴铭绘寄之藏文图也。甘孜县除上列各图外，复有谭、李地质图，柯尔斯、台克满路线图，四川陆地测量局前后所测十万分之一地图。（前测西康之部，仅得大道一线，近测俄洛之部，已将大塘坝、东谷一带补足。）康青公路测勘图，综绘为二十万分之一综合图已可无复缺憾。惜余无暇竟此功也。

121. 瞻化县（乙中）

民国十八年余视察西康，驻瞻化长久。瞻化改流以来，向无地图。余循雅龙江自甘孜测绘入理化。又嘱董兆孚、万腾蛟分道测绘河西、河东两区，依古纯仁图定经纬，制为此图。用三色线图示冬季积雪界，九月积雪界，与盛夏积雪界。及今视之，大体尚无荒谬。此图与该县视察报告载入《边政》第四期。

122. 瞻化县治图

方三英寸，小幅。缩尺约为五万分之一。余民国十八年在瞻化时手制。有等高线表示地形。记市街、碉房、桥梁、道路，颇精致。插绘于《西康札记》瞻化县治条内，藉以说明藏官驻瞻时一切部署。（凡大碉 1 座，小碉 12 座。）《边政》载其文，未刊此图。余曾抽制底稿，克以保存此图。虽小幅，可珍物也。

123. 瞻化县麦科金矿区域图（甲上）

谭寿田与李庚扬，民国十九年考察麦科金矿时制。小幅。五万分之一。余得其蓝晒本，《边政》第六期，复曾翻印原图。三色，图幅包括麦科河中上游。

附记：先于谭、李者，有万腾蛟《瞻化河东区地图》包有麦科金厂及上甲司空拉日麻等地。余已采入瞻化县图。原图遗失。万君尚绘有洞达金厂断面图及工具图，皆画片。余尚保存。后于谭、李者，有张伯颜、唐尚炯，于民国二十七年出关考察矿产，曾至麦科。其报告书刊载《康导》，附有麦科金矿图，即就谭、李两图标示当时采金之地区而已。

124. 西康瞻化县舆图（丙中）

墨绘，无缩尺，著字不多。方位略似。山水界划轮廓皆非。曾旅长言枢征得转赠。未知何时何人所作。

125. 瞻化县草图（别中）

李鉴铭民国三十一年绘寄之藏文草图也。

瞻化地图，自上列诸图外，有四川陆地测量局十万分之一图（有自瞻化县治至甘孜，至道孚，至白玉三线。）谭、李两氏地质图（有自理化穹坝至县治一线）刘衡儒路线图（有自县治经曲羽至雅江一线）及绒卜松氏路线图（有自曲登经县境西北角入甘孜一线。）相互联合，参订藏文即可成一完美图本。

126. 西康省白玉县简要图（丙下）

民国二十八年曾言枢赠，未著绘制者与其年月。小幅，铅绘。缩尺二十五万分之一。有等高线，无高标数字。似为驻防军欧閒方记里之想象图。

127. 白玉县图（乙中）

民国二十八年二月，傅贞元、魏玉书合制。蓝色石印，中幅，绘尺二十万分之一。有经纬线各仅一条。就余邓、德、白、石四县图轮廓放大，以所经历考察情形填补之者。其补益余图之处甚多：如金沙江西岸之白玉县辖地部位与村名。金沙江东侧沿岸之村落名称，甄科村之位置。及填充意都麻陇以南之空白，圈出昌泰河流域之甘孜属地等是。

甄科一地，余前依柯尔斯与台克满图，绘在甄科山南侧。此图绘在洪拉山与麦学之间。傅君曾言余，台图有误。然台克满曾三度过此，似不应误。窃疑两科头人有两官寨，台与傅所至各有不同耳。傅于民国二十七年因抽查户口，经历白玉地面颇宽。有《白玉概况》一文，甚佳。在《康导》发表。

128. 白玉县草图（别中）

李鉴铭民国三十一年寄藏文地图也。

白玉县图自上三种外，尚有科尔斯、台克满二人之路线图，陆地测量局十万分之一图（自县治东入瞻化，南至巴安一线）亦可参合为一蓝本。

129. 西康省德格县全图（乙上）

民国二十八年一月，德格县保安总队附余国权测绘。中幅，五十万分之一缩尺。无经纬，每10公里开方。三色精绘，县长范昌元寄赠。有铅绘每50公尺之等高线。余所得西康分县图，此为最佳。

先是建省委员会保安处，令饬各县呈报兵要地图。德格县报之图，似曾派人实地查勘，而不合于图法。余甚惜之，逐予指摘，饬其另绘具报。余君乃逼历县境，踏查地形，用余邓、德、白、石四县图轮廓放大，绘为此幅。其精细程度，有较陆地测量局图尤高者。盖余君曾习制图，足迹既广，观察周慎，既得正确轮廓，更能参考前此各图所标之海拔数字，以为配绘等高线之标准，故成就能如此也。

130. 德格县图（乙中）

民国三十一年，李鉴铭制德格图。系用余图轮廓，等高线，蓝红二色合印之德格图为底本，加注藏文，其印底似系德格县府所固有者。李君在德格考察甚久，此图所注藏文，皆从各所在地喇嘛咨询得来，其音义尤为正确。

131. 邓柯县图（乙上）

民国十八年，邓柯县秘书张捷学绘寄。中幅，四十万分之一。有经纬度线，绘画不甚精致，而其优点极多。一、各村地下附注所辖农牧户数，使阅者一望而知各该村辖产业分布情形。二、邓柯辖境，被德格、石渠两县截割中断，形成东西二部。其间地界形势，世莫能详，独此图详之。三、虽无等高线，但所用疏牛毛晕纹，足以表示地形梗概。与他图之不绘山纹，或仅绘山脊之部，或妄造等高线欺世者不同。四、附绘邓柯县治地图一幅，以每厘米表 200 公尺，又邓柯地势图一幅以每厘表 20 公里，谓其高标数字，曾参考英大佐 S. G. Burrod 之土伯特地图，皆足增益此图之价值。

大抵张君足迹所至殆达全境，又能随地留心，勤访博咨，且谙图法，故其所制，迥异常品。余于邓柯仅得此图，一夔已足，亦不待更求矣。

132. 邓柯县草图（别中）

李鉴铭绘寄之藏文图也。

以上邓柯二图，与德格二图，皆未绘入金沙江西岸县辖旧地，缘被藏军占据后无从探访踏勘故。

133. 玉树至竹靖路线图

民国二十六年庄学本绘赠。小幅，无缩尺。庄于民国二十五年随班禅行辕至青海玉树，已有青海至玉树程站图。二十六年自玉树来康定，余求其更作玉树至甘孜程站图。庄君检其日记，追忆旧游，绘此赠余。其时石渠县境，除台克满图外，别无可资考订之材料。庄君此图虽粗略，余恒珍之。

134. 石渠县地图（乙中）

民国二十九年，县府科长马栋材绘赠。先是，二十七年陆地测量局测绘俄洛地图，曾至石渠，测绘石渠县境西北部地方。留有部分图稿在县府，马君惜其非全图也。就平日足迹所至，耳目所及，补绘为县境全图。知余收集县图，即以寄赠，意至可感。其图无缩尺，亦未开方，无经纬线。又未得台克满图以资定点，其河川村落之分布，与相互间之部位距离，不能信为精确。每欲得测量局原图校正。数请县长张相戌检寄，皆未查得。后得陆地测量局十万分之一俄洛分幅图，石渠仅长洒贡马温波杂义等村，取以校核马图，知其精度未足。然今日之石渠县境全图，实只此幅而已。

余既得十万分之一俄洛分幅图，对石渠西北突出部分，及东北境外围形势，已获正确轮廓。拟以台克满图定经纬，参酌马君此图与康青公路路线图，订正其内容，为石渠综合地图。因康青公路路线图尚未征得，故未着手。康青公路路线测勘日记，余已见之。其测勘缘自德格之竹靖至石渠之觉阿寺。自觉阿寺至石渠县有两道，皆经测量。恰足补台图所未及。又自石渠县经色须寺（旧县治）至青海之歇武，则与台克满路线略同。其图比尺甚小，稿幅甚多。未可检钞。将来选线既定，必有缩绘本公布，届时当取用耳。台克满图，又曾采录柯克罗夫之路线图。恰为横过石渠县东北境之路线。以此取图参校，成一完全之石渠县图甚易。余近制之百万分之一西康标准地图，即系以此诸图为基础。

135. 石渠县草图（别中）

李鉴铭绘寄之藏文图也。

136. 色尔巴金矿区域一般图（甲上）

民国二十六年，普益公司开办色耳巴金矿之初，实测精绘。缩尺五万分之一，上自谷伦卡，下至泥蒙达，为一中形长幅。有等高线。余借绘一份，悉仍原式。色耳巴在炉霍县东北，属绰斯甲土司旧辖地。绰斯甲尚未改流设治，故以其图缀于康北各县之后。其地属色他河之下游，温暖宜农，兼擅森林、畜牧、矿产之地。他日正宜设置一县也。

137. 色尔巴矿区图（别上）

附张伯颜、唐尚炯《调查道炉甘瞻各县矿产报告》，在《康导》第一卷六期发表。其图十万分之一。上自忙达，下至中色尔巴之亚衣寺而止。比照前图多有增添。如前图无路线，此则有之。村落地名亦较多。盖公司实施采矿以后，修订前图，改制为此幅也。

以上康北各县区。

138. 雅江县图（乙中）

中幅，道林纸，毛笔绘。十二色铅笔分区着色。无缩尺，铅线开方。有图例，注"每方格30里"。有说明一则，云："查河口一隅，今改名雅江，踞雅龙江之上游，万山环抱，一水中流。东为川蜀之咽喉，西为藏卫之要道。康定、理化旧于河心分界焉。既改县设治，以形势论，则东西两俄洛，地丑民齐，实天然界限。即依勘划界址。用开平方法，计得每1方格约30里。分作东西南北中五区域。中区则分为前后左右四乡。东西南北四区，各以一、二、三、四、五等数目字别之。盖以区统乡，以乡统村，用便观览，而清眉目。中华民国二年四月十九望益子绘。"据此，则是民国二年初置雅江县时，首任县令所制划界分区图也。清末时，赵尔丰虽奏设河口县，似尚未与康定、理化划清界至。至民二改雅江时，始正式划界设县。其时雅江东界，逾高日寺山，包有今康定县之西部。如此图，以踏公寺、白桑、扒桑为北三区。高日寺、东俄洛、新都桥、居利苦为东四区。甲桑卡与阿泰所属塔那沟，为东三区。又以谷哇卡、木恩、陈子绒、薄乌绒、菩萨绒为南三区。皆今康定县地。未识是当时雅江所拟划入而竟未划入者耶？抑其后再经改划入康定耶？图中载列大小村落甚为详尽，部位亦合，盖曾经实际踏勘之作。后来雅江县图，未有能逾此者。唯诸水道，相互交错如运河，则由原稿尽同源之水，过于接近，转绘人不明地形，妄通之耳。据此，亦可知测勘者与绘图者为二人，所谓"望益子"当是县府职员，转绘此图者也。民国三十二年，王铭琛自成都旧书肆购得，赠余。

139. 雅江县地图（乙中）

民国十九年余视察西康时制，连同雅江县视察报告书具报。无缩尺，分农地、森林及草原、雪山三种设色。余过雅江，仅经过西俄洛，麻盖宗，八角楼，卧龙石一线。其余地方，余出访问。然时值年节，驻县城七八日久，逐日召询七人土兵之常往来各区收粮征差者，详询道路起伏，村落形势，及其与山河配布之情形，记录极详。返康定后，参酌古纯仁，台维斯二图轮廓定点，就访问记录，与蔡廉洲图，及川边各图反复推究，制为此图。故其部位形势，较望益子图为优。

余先绘康定县图，对下木雅乡一部，错辞甚大。（已见七十八号说明）此次返康定，更召土兵通事，详询记录，即附此图东南幅更正之。此项访问意匠图，有可证之奇迹三点：

（1）关于宜马宗至雅江之道路，后经余履勘，路线部位全合。仅距离伸缩之比尚修正耳。

（2）康定西南营官寨至木居城子路线，后得谭、李二氏图与陆地测量局十万分之一图，以与此校，大体可合。仅金冈以外，棱波地位荒谬。

（3）自甲梗桥经明巫绒、菩萨绒至吉曾卡路，后经宋济元履勘，与此图合，其色乌绒支路，亦合。

此外，知此图中下渡马岩等部不至十分乖讹。《边政》第五期，曾载此图，梅心如之《西康》亦转载之。

140. 雅江县图

西康保安处民国二十八年征得。小幅，无缩尺与经纬。绘法甚陋。然收入村落地名颇多，路线附记道里，有新划之区界，亦尚不无足资参考处。附有说明 8 条，注记牛麻，森林，矿产，耕地，人口分布，牲畜分布，粮食分布 8 项，未注作者及其年月。大抵民国二十七八年时雅江县府所制也。

141. 雅江县略图

曾旅长征得转赠。小幅，无缩尺。收入地名极少。山河皆率意为之。未知何时何人所作。

142. 雅江县草图

民国三十一年，李鉴铭寄之藏文图也。鉴铭自雅江返康定，邀往祝靖学法。未更赴康南巴、得、乡、稻等县。致此带地名无法用原文校正音义。惜哉。

143. 雅江至王屋沟路线图（乙上）

民国三十二年八月二十六日，雅江县府绘赠。小幅，无缩尺。五道色绘，注自雅江经谜水沟至王屋沟垦场，沿途路线迂曲，绘村落分布情形甚详。先是往来于康南者，率取道八角楼河谷，此河支流谜水沟，源流颇长，多有汉夷村落，以道险，鲜为外人所知。近年金业颇旺，出入者多，始有知其内容者，亦无地图。是年，有县民贺赓虞呈请于其上游之王屋沟垦。县府派人往勘，始知其有长 40 余里之广大平原，及旧碉遗址。绘制此图。西康近年发现广大之无主地域，可耕垦殖者颇多。汉源之孟获城，雅江之王屋沟，皆其一例。

144. 理化简明舆图（丙上）

宣统元年，理塘设厅，通判李克谦奉札划界时呈报之地图也。小幅，无缩尺，未开方。有疆界、道路、河流、民房四种符号。全无图法。唯所呈图说颇详。余采载《西康图经·境域篇》。该员又有理化县初定四至界址村落图。实系一表。余亦采载。

145. 理化县图（乙中）

民国十九年余视察西康，自瞻化入理化转雅江。沿途绘图，参以访问所得。制为此幅，连同理化县视察报告书具报。无缩尺。分农地、森林及草原、雪山三层设色。其东南西南部，全出访问。《边政》第五期原色翻印。梅著《西康》，单色转载。

146. 百万分之一理化县图（别中）

民国二十七年，余毁前制理化县图，参考谭、李地质图，测量局十万分之一图，古纯仁川边图，台维斯云南图，及蔡廉洲图，李克谦图，用经纬定点，制为百万分之一小幅图。计得可靠路线8条。其余空白地方，及怀疑虽定各点，共签10余条，函请理化县长张楠楷代为查填。图中未知之部，用虚线描写轮廓。村落部位未确定者用？号。虽非完图，较前已大进步。

此函去后，张县长，曾有复函，解答各条，据通事土兵之言，仍多惝恍。虽亦寄还有修正图，但因其未解图法，修订原图之处极少。

147. 修正理化县图

民国二十九年理化张县长卸任过炉，余持其前寄还之修正图稿，向其逐一询问。承张君将所经历各地，沿途情形，逐段详述，余即于图内外用符号与文字次第注入。张君所历，为木拉石与由穹坝入噶坝路线，皆能明确回忆，补益理化地图不小。然理化境域辽阔，此图虽已收入路线十条。亦尚存大部空白，无凭补缀。其后得张子惠濯桑垦区图，曾言枢《宣抚日记》，与骆克贡噶岭探险图（其东北幅抵理化界，足资定点运用）。始勉强构成理化轮廓，绘入百万分之一西康标准地图中。

148. 理化县图

曾旅长赠，盖理化县府就余前寄图绘呈旅部者。惜将农村完全标作？号。由转绘者未解原制本线所致也。

149. 濯桑垦区图（乙中）

张子惠，附所撰《理化莫拉、濯桑两区人民生活状况考察记》，在《康导》一卷二期发表，插幅，单色石印，无缩尺。

150. 理化县草图（别中）

李鉴铭民国三十一年所绘藏文图也。李自理化转雅江返康定。此图与雅江图皆返康定后制。所收地名，不逮前寄各图详备。

151. 稻县舆图（乙中）

道林纸，中幅，单色，毛笔绘。题"民国二年四月二十二号蒋士倬绘"。王铭琛购赠，无缩尺，铅线开方，每方格四十里。图例除寺庙外，一切与前一三八号之雅江县图同。书法亦似。窃前之望益子，即蒋士倬。或蒋君摹绘望益子图本也。

此图可惊异者数点：

(1) 题云"稻县舆图",不云稻成、稻城或稻坝,与《西康建省记》及今名不同。查今稻城县地,在藏语,为一字地名曰稻。其人曰稻巴。清末汉人遂呼其地为稻坝。改流时设稻县,后衍其义为稻成。民国四年以后,乱离失印。民国二十五年补颁铜印,遂误为稻城县也。然旧籍,依旧省记作稻成。稻县之名转没。余旧知其如此,而苦无文籍佐证。遂亦沿伪曰稻成。得此图,足证改流之初,固云稻县也。唯民国二年四月,中央已有明令改作稻成县(实系尹督拟上之名)而此犹称稻县者,可知蒋系摹绘清末原图,非创制。(蒋氏一月中绘成数县地图,其为摹绘他人之图无疑。)清末原图,当是改流时,初任县令踏勘界至时制。

(2) 其图著字虽不多,山川、道路、村落部位皆颇正确,近世稻城县图,皆不逮此。蔡廉洲稻成县图,亦与此异致。足见此图,系被某吏自稻县档卷中窃取携入成都。得以供蒋氏摹绘也。

(3) 此图称巨龙村为巨浪村,稻曲为巨浪河,而"浪村"二字,逸过雅江县界,在巨浪河东。又有"八丽村"三字,在巨浪村南,亦跨巨浪河,而"八"字逸入九龙界。此为改流初时,东界未曾划清之证。

(4) 此图已有贡噶分县。书日哇村为日娃,东义村为冻义,蒙自村为孟子。无赤土村大字,仅有"赤拖"小村。似旧时贡噶所辖,原止日哇村自东义三大村也。

152. 稻城县图(丙中)

曾旅长言枢赠。小幅,无缩尺。黑蓝铅三色绘。与蔡廉洲分县图本较,绝无因袭痕迹。盖一未得图法者之创绘图也。

153. 贡噶岭略图(乙下)

亦曾氏赠。为一甚简略之小幅图。用一蓝色纵线为河,红色圈十一为县治与贡岭十村。黑色直线三支示联络各村之道路,详注里程。又记森林一处,寺庙一所而已。当是贡噶事变发生后,进剿叛夷时急切调查地方情形时所制之参考图。

154. 征剿贡岭叛夷地图(乙上)

龚营自贡岭进剿蒙自叛夷。军事定后,绘呈进军路线与双方攻守情形之地图,附《征剿贡岭叛夷记》在《戍声周刊》发表(贡岭事变专号油印本)。小幅。稻城南境蒙自区之主要地方,备于此图。亦国人在稻境内唯一之实地粗测图也。

155. 西康稻城县详图(丙下)

民国二十八年一月十九日县政府制呈保安处者。为一荒谬绝伦且潦草不堪之地图。五色涂绘。毫无地图价值。

156. 西康稻城县全图

157. 西康稻城县略图

二图皆民国二十九年稻城县政府检得蔡廉洲分县图摹绘而成。蔡图中，此与得荣两幅，为最详尽。虽不合图法，尚较以上各图为佳。其"略图"一种标有五万分之一分数。蔡原图实无比例尺。此盖县府所自加也。

定乡县长伍进修，明晓稻城地理而不解制图，余曾邀其到寓，详询稻境情形，注入图中。其后张子惠、蓝希夷两君来炉，余复邀到寓详询，亦注入图。据此诸人所述经历情形则此图村落距离，山河大势，所当修正者甚多。要其大体部位，尚不甚误耳。余之百万分之一西康标准地图，系以台维斯云南图定稻城县治之经纬位置。骆克之路线图定贡噶雪山与崇谷寺及蒙自之位置。参照伍张蓝等口述之形势道里装绘之。今日之稻城地图当以此为较善。因尚未以此县单独成图，故附志于此。

158. 定乡县图（乙中）

王铭琛购赠。"民国二年四月十二日摹绘"有"士倬"图章。道林纸，小幅，毛笔绘，单色。每四十里开方。图例与稻县同。当亦蒋士倬摹绘改流初岁之定乡县府档中图也。

此图县界作方形。东云"稻成界"，不云稻县界，界亦与一五号之稻县舆图不能嵌合。足知两图虽固出蒋士倬手，康本则各不同，且亦悉依原图，未曾加以修订也。四界皆标有界山，东曰别底山，当斜贡马村入稻城之路。东南曰宝纳山，当认多村通贡噶岭之路。南曰坭色山，当鲁打村通中甸厅之路（时已废厅为县。图仍称厅）。西云"度乡恶太石"，不云山而作山纹，为得荣界。西北曰日打山为巴安界，实即通白松村之山口也。北云拏陇公格山为巴安界，实西北也。又必乌圭兹山为三坝界，即义敦县界也。中间郎绘三大河。称硕曲（蔡图作蜀溪河）曰无量河，实误。称东龚河曰马河。定曲（即大朔河）曰定江。注无量河与定河并云"发源于金沙江"。发源当系"流入"之误。全幅无一寺庙，无大村名。而标注小村甚详备。部位与道路分布亦佳。想见其为普遍踏勘后所绘制。

此图不标东阿龙与诺苴寺，而于西南界内容一大幅。盖当时踏勘未入东阿龙境，故阙之也。又清代图籍，皆言中甸厅以壅水关（或翁书关）与理塘之乡城为界。此图以坭色山为中甸界。疑其山即壅水关之北山。

159. 定乡全县地图（丙下）

民国二十七年定乡县府呈报保安处之地图。全幅之一横河，与联络各村间之直线道路。外唯同觉山脉巴蒙山脉八字，最粗陋。大抵前号地图，已随档卷遗失，此固无所依仿故也。

160. 定乡县略图（乙中）

民国二十七年县府科长蓝布夷查灾周历全县，创绘此图。定乡之有合理地图，比其滥觞也。小幅，无缩尺，有表地形之等高线。唯该县无可靠图本与实测记录，蓝君初习制图。一切无所依凭，故地形与方位，皆多不合。其后县长伍进修卸任还炉，余曾数至询问，随注入图。多有足资修订之处。

161. 定乡县地图（乙上）

蓝君就前图改绘寄赠者。幅面较大，标为五十万分之一。各区村之部位距离，已大厘正。绘笔亦甚明净。铅墨二色。有区界。较前图大有进步。为今日定乡县境最佳之地图。

162. 定乡县全图（乙上）

为蓝君第二次修正本。幅面与前图相同，比率改为一万六千分之一。疑皆百六十万分之一。然究不如五十万分之一为合。较上二图，无表地形之等高线。区界之外，更用红色标各大村名。（各大村又包有小村若干。前二图有小村名无大村名也）犹为醒目。民国二十九年蓝君来康定手赠。余即按图逐一询问，注其表示未到者于图中。

另有定乡县全图一幅，标为"约十六万分之一"，无红色标之大村名，而有里程注明于路线上。亦蓝君所绘。似绘以赠曾旅长，曾氏转赠余者。

163. 西康巴安县全图

民国二十四年十二月《川边季刊》，载羊磊《巴安小志》插图也。中幅，单色石印。缩尺五万分之一。有方格，未记每方里数。似县府旧有此图，羊君转绘也。五万分之一比例，显然不合。当是五十万分之一。其图法虽嫌腐旧，俱各村部位，相当准确。道路、河川，亦委曲详尽。非足迹遍全县者不能为。惜其名竟失传。金沙江西岸各村，全部绘入，且村落道路之配绘方法与准确程度，亦皆与东岸图幅一致，是可判其为民国二十一年以前所绘图（由蒋士倬绘雅、稻、乡、义四县图稿推测。巴安在改流初，当已制有曾经踏勘之详图在档）。羊君之文载至民国二十四年止，故知此图出于临摹也。然羊君《巴安小志》一文，极佳，非足迹广泛者不能为。至少亦当对原图有所修订。

164. 巴安城区略图（丙下）

《西行艳异记》载有此图。小插附。余旧未至巴安，曾持此图询巴安来客。据云大致不差。余疑该图系采西人图也，曾转载入《西康图经·境域篇》。近得巴安实测市区图相较，知此图亦不可用。

165. 西康省巴安县简要图（别中）

西康保安处征得。未著绘者与时间。二十五万分之一。略小于羊磊巴安全图，内容则殆相同。此有代表山地之等高线。道路不似前图之委曲。地名较多。黑蓝铅三色绘。

166. 巴安县属陆路交通略图（别中）

曾旅长赠。小幅，无缩尺。盖就前图作简略之缩本图也。三色绘。路线仅四条，注有里程。

167. 巴安县图（附义敦县）（别上）

民国二十六年十二月余为县训学员分发巴安者制。五十万分之一缩尺。三色绘，中幅。内容依据台维斯云南图，古纯仁川边图，柯尔斯与台克满路线图，黄德润与陆地测量局实测路线图（采用蔡廉洲图本）。有县界、经纬线与度数字。未明之部，概用虚线表之。译字极其审慎，旧无定译，均附原文。即嘱其特赴县境复验修订，并填补之。附有说明。

又其时义敦县已复治。县长实未到任，常寓巴安，县界亦未固定。余故以其右方空幅，镶绘义敦县境图。

168. 西康巴安县全图

民国二十七年县长赵玉龙就所履勘及派人考察所得，依余图轮廓放绘为二十五万分之一。中幅。增绘山脉，对河流与村落、道路之配布均颇详慎。附有说明六条并佳。

169. 巴安县全图

民国二十七年九月，巴安县府就前种图缩绘，无缩尺，应为十万分之一。增入道路里程数字。三色绘。二十九年三月，余借钞。

170. 修正巴安县全图

民国二十七年十二月，赵县长第二次修正图本，与前种幅面同大。无比例尺。有附记四条。谓"此图系照县长及各科长到各区工作所绘草图及记载编绘，并召集诸人，会同改正而成。欲方向部位及地名错误较少，但原有地图，均出采访，未经实地测量，故未用标尺。仅设方格为50华里以记其大概。又山地起伏太多，道里不能显示，只有因红色数字以表示之"。盖各县调制地图者之矜慎详审，忠实不欺者，赵君为首屈云。

赵君治巴三年，有出巡日记数册。甚翔实。民国二十九年卸任，赴鱼科督办金厂复有详细精确之记载，并未发表，皆特许余借钞。余甚敬其人。今已离康去矣。

171. 巴安县市区图（甲中）

民国二十八年，曾旅长征得，转赠。复写纸印，小幅，未著绘尺及测制者姓名与年月。唯确系实测图。疑是傅团所测绘者。

172. 巴安县全图（别中）

民国三十年，县长许文超，延请县长吴文渊，撰《巴安县志资料初集》，插附此图。黑红蓝三色绘。无缩尺。查核，盖百万分之一图也。内容全依赵图。

173. 巴安县市街全图

巴安县志资料插附。缩尺千分之一，未及域外。对街巷、宅圃、碉楼、机关、寺庙之标示极详尽。又附有巴安县全景之照片八寸，系自西门外康宁寺后山中拍摄，显示康宁寺巡抚署，巴安城，架炮顶，与大小巴河及热水塘河谷全景，与此图参看，如身践其地也。

174. 三坝县治舆图（乙中）

王铭琛赠地图之一，亦蒋士倬绘。纸与绘法并与稻县图同。题有"民国二年五月六号绘"九字，加"士倬"图章。幅面较稻县图大，每方格表20里。查三坝清末改流曰厅，民国二年改义敦县。此图题名作三坝县，疑蒋氏所用蓝本，原是三坝厅转绘时权书作县，未知并县名俱改也。治字当系原图衍文，蒋仍之耳。

此图亦系改流之初，踏勘界至时所绘，内容甚为精确。近世所出义敦县图，未逮此图远甚。余旧搜西康各县地图，各已美备，独义敦一县。其后多方征求，得民国二十九年义敦复治时县府呈报之疆界图，以为替本。而实陋略难为依凭。兹得此图而后义敦情形了然矣。其优点甚多：

（1）山河形势，皆与西图部位吻合。而道路村落则百分之九十五皆非西图所详。

（2）四至界线，委曲矜慎，与他县之直率惝恍者不同。

（3）此县所辖毛丫、曲登、冷卡石等部，多为牧场，游访者所难深入。此图标有其山河、村落、道路之分布，相当详细，足补他图所未及。毛丫土司地，分隶理化、义敦两县，县界从何剖析，唯此图能明之。

唯一缺点，如牧场村落与庄房村落，未经分别标明，一律记之以小图。兹则其逊于民国二十九年县府所制图之处也。

图称冷卡石为领冈速，定乡河为徙楚卡场河，即硕曲之异称也。东龚河为芒处卡场河，即莽曲之异称也。列东龙所辖十小村名，无东龚字样。称大朔河为登河，又曰定曲河，即定曲也。（由沿河有定波村得名）称毛丫河为毛丫洞，洞当是河字之误。标西北界云德格界，尚以白玉县为德格境也。标东北界为怀柔界，其时瞻化县尚曰怀柔县也。民国二年改怀柔为瞻化县。此之怀柔是为原图成于清末之证。此外地名之足供考订者甚多。

175. 三坝道路形势图（乙中）

宣统二年二月，三坝厅候补通判邓梁材，奉赵大臣饬，修厅所管地界道路桥梁，造报之工费估计数粘附此图。用立体式旧法绘，详于旧大路沿线山河村落之配置。亦重要参考图也。经张植初采之于《赵尔丰如何解决西康交通》一文，见《康导》二卷六期。

176. 义敦县分区图（丙上）

民国二年改三坝厅为义敦县。七年因夷乱荒废。二十五年，恢复县治，置复治委员，驻巴安。二十八年正式委放县长。徙治大朔塘，重新划定界至。此二十九年三月新县府所制县境图也。标四百万分之一，查覆非是。约只百万分之一耳。分区着色，绘法甚旧，亦未依余巴塘图所附义敦轮廓。即与蔡廉洲分县图亦不雷同。大抵新县府对其辖境曾经一度踏查。惜其人未解图法，又苦在无法定点，譬如剔骨之肉，粥然堆凑。然其内容尚不甚谬。若以两图经纬，将四亚界标定点，重新调绘，亦可成为佳图。

177. 西康省义敦县全图

曾旅长征得转赠。两色绘。即摹前图为之也。

178. 义敦县图

余甥蒋永和征得寄赠。内容与前二图同。余用台维斯云南图为骨架，以此图装配之，绘为百万分之一义敦县图稿，收入西康标准图内。今得蒋士倬三坝县图，拟更改绘之。

179. 西康省得荣县简要图（丙下）

中幅，二十五万分之一，三色绘。作风与西康省巴安县简要图全同。似出一手。唯此幅则荒谬绝伦，无毫厘似处。亦与魏古二氏及西陲文化院两种荒谬图不和剿袭，盖搪塞上峰征索之虚妄图也。

180. 得荣县略图（乙中）

民国二十七年三月县政府三色绘，中幅，无缩尺。收入地名颇多，部位大体皆合，虽不精，尚不失为县图之佳者。

181. 得荣县图（乙中）

无缩尺。幅面与前图同大。四色绘。颇粗率。所收地名颇不少，标字与部位，并与前图微异。又少金沙江沿岸地名,为其不逮前图之处。两图均失绘制者姓名,皆以东阿绒为滇境,当系民国二十七八年时,查灾放赈人员所制也。

182. 得荣县图（乙中）

县府科长朱刚夫绘赠。幅面较前二图小。无缩尺。朱君有《得荣鸟瞰》一文,在《戍声周刊》发表,附有此图。

183. 得荣图稿（别中）

得荣地图,除上诸图外,旧有蔡廉洲分县图,已详第一类。蔡制诸图中,此幅为最佳矣。刘赞廷之《筹边刍言》,曾附得荣县图一幅,即割此图为之,无所增损。此后如屯垦公署之西康图,魏古二氏川边图,西陲文化院之西康图（并已详第一类）皆曾直、间接依据之。毫厘千里,荒谬转甚。西人图本,收入得荣地界者颇多,而甚疏略,仅具轮廓。余于民国二十六年,曾用台维斯、古纯仁、华金栋及印度测量局出印之土伯特图,互参定点,用《西康建省记》插图、蔡图、屯署图及《黄懋材游记》等,装点内容,拟授县训学员持往得荣踏勘修订。稿成,未及绘正,而学员各已出关。其后征得上列各图,加以改绘。多数地方,尚只隔靴搔痒,未能确得其是。二十八年,更以高度表托庄学本君,前往踏查,逐日绘图于日记中。既归全以假余钞录。乃复另绘为五十万分之一图稿。虽仍有未凭志处,亦以尽此心力矣。

附：庄学本路线图,自康定经雅江、理化、毛丫,至巴安。又自巴安循金沙江至绿玉、中咱。自中咱经茨坞岩房至得荣。自得荣县治经龙绒寺（浪藏寺）至金沙江边。沿江卡下行,至峡口转奔郡回得荣。又自得荣绕白松,返中咱。自中咱经雅海贡,红日工,入义敦县境,由波密村至大朔塘义敦新治,逾大兴山转巴安。自巴安返康定。半年中逐日有图有记,有高度,合而参之,康南了然如亲曾游历。其图既按日分绘于日记册中,未成整幅,故未收列此谱。

以上康区现辖 19 县 1 设治局,共图 117 种。123 幅,未经绘入者 2 幅。各县最少者 2 图,多者至 10 余图。其属跨越 2 县以上者不与焉。凡此诸县区,西人游记较稀,西图较少。余故详为搜讨,以资参证也。

184. 姚莹乍了地图（乙下）

姚氏《康輶纪行》、松筠《西招图说》、黄沛翘《西藏图考》并曾镂录之。在清末世,为一名贵地图。内容非常粗陋。仅界线、大路与界碑三种符号,其余村落,寺庙程站,部落等,概用文字说明。无比例尺,亦未开方。然调查矜慎,记述翔实,虽在今日,亦尚有参考价值。姚氏以百年前一文人,深入边地,无所资藉,而能成该幅图,图亦可贵矣。

185. 杂瑜全境舆图（乙中）

宣统二年，边务大臣赵尔丰委派段鹏瑞测绘。小幅，每40里开方，标绘村落、寺庙、道路、桥梁、荒地、荒田颇详。附有图例、图说及户口，租续牲畜表。杂瑜设治初之实地踏勘图也。民国改察隅县时，地已沦于藏方，迄今未复。故国产之察隅县图，仅有此幅，亦可珍也。原载川边旧档。民国十九年，经《边政》季刊转载。

186. 上下杂瑜地面舆图（别中）

王铭琛，得于成都旧书肆，并赠，道林纸，毛笔墨绘。一切全依段图，无所增损。图说后有"民国元年五月三号蒋士倬摹绘"一行。查此图，今尚在西康档库中，民国元年时未曾流行入成都市。疑蒋氏各图，系在打箭炉绘成，携入成都者。

187. 考贝克察隅路线图（乙上）

原载英国皇家地学杂志1934年3月册。凡二小幅一题 Showing Mr. Kaulback's outward route as far as Rima，and route of his return journey to Fort Hertz 示印度萨地亚溯 Lohit R. 河谷至绒密。附有绒密至缅甸 Fort Hertz 路线，绒密，即故察隅县治英文作 Rima 也。一题 Showing the mare northerly Part of Mr. Koulbacks route，示其自绒密溯龙多曲（Rong to Chu 段图作罗楚河。）至阿踏冈（Aia Kang la）路线，并有经纬与缩尺与高度。足补段图之阙。以此图经纬定点参合段图即成完美之察隅县图矣。

考贝克氏为名探险家华金栋之副手，探险康藏滇印缅间各河谷殆遍。其图幅分详第二类舆图类。

188. 桑昂曲宗大江西面舆图（乙中）

宣统二年段鹏瑞绘。实即桑昂设治初之界至踏勘图也。小幅，40里开方，附有图例、图说。所谓大江，指怒江。怒江东岸为察哇龙区，旧为桑昂营官，而面积辽阔，当时原拟与门空协敖之地，各自成县。故此幅所包，仅为冷卡协敖之地，亦即桑昂设治委员固定辖地，民国改称科麦县者也。

其察哇龙与门空二区，尚未筹定设治，即于民国元年沦于藏方。民国拟划隶盐井县，未果。现西藏均分设营官管理。段氏另有门空全境舆图，已详第二类。

189. 类乌齐八宿合图（甲中）

民国三十二年王铭琛与蒋士倬绘各图同时赠，亦系得于成都旧书肆者。未著作图者姓名年月。余考：系清末赵尔丰时派员实地踏勘之图，图法颇精，判系黄德润辈所为。中幅。磅纸四色绘，每方20里。河流参用单双线，染蓝色。山脉作等高线式，赭色。类乌齐辖地与八宿辖地插花，分别用绿蓝二色标其界线。标绘寺院、村庄、牧场地名，并甚精妙。有省界，其西南两方界外，标云"藏属"。系以洛降宗以西之地属藏。而三十九族与波密列于省界内。又以察哇龙地属藏，而三岩曲中地（即桑昂曲宗）列入省界内。可知其图成于宣统元年。盖宣统元年，赵尔丰至察木多，三十九族，波密代表皆来纳款，而藏军尚据嘉峪桥以西之地。又其时赵派程凤翔率军经略桑昂、杂瑜，而察哇龙尚为藏军守，故其界线如此作也。

类乌齐、八宿两区，旧为两呼图克图辖地。民国之恩达县，即以此两区地方为之。故此图，恰为恩达县境全图。宣统元年时，尚未设县，亦未设委员与理事官，故题为类乌齐八宿合图（篆文），夫既以两区合并为图，则宣统元年时已经拟合二区为县可知矣。

此图所包地方，大都为中西探险者所未至。一点一画，莫不可珍。尤可贵者，在于部分界线之细密，如类乌齐辖地飞至昌都东北，八宿辖地，飞至类乌齐北，洛隆宗界与八宿犬牙相错之情形。八宿寺与拿拉寺海子之位置等，神余制图之处甚多。（旧闻刘鼎彝言，曾探拿拉寺海子，相传海中有岛，全由翠玉积成。）唯西南哇纳山以外之地，未经实测。恰有华金栋之探险地图，足以补之。余制西康标准地图，自昌都以西，多所阙漏，而以恩达县境为甚。造化盖颇矜悯，乃以此图假手王君相贻，俾臻美备者然。为之欢忭累月。

190. 东南部土伯特图（甲上）

华金栋1923年探险雅鲁藏布江下游及工曲河谷地方。于1926年2月份皇家地学杂志发表Explorations in South-Eastern Tibet。后附此图。中幅，五十万分之一。三色精印。有经纬度与缩尺。标绘山河形势、道路、村落、寺庙甚详。注有高度，附11地纬度表。图中大部分地方为西藏工布、江达两营官辖地，即民国拟设之太昭县境。故此图可视作太昭县境图也。原题Map Showing the Planc-table and Compass Traverse by F. Kingdong Ward and Eal Cawdor in SCH-EASTERN TIBET。华金栋并有专书记其探险经过，亦附此图。

上西康省属藏各县分县专图7种，共凡8幅。今日西康省境之在藏军辖地者，凡有盐井、宁静、贡、同普、察雅、昌都、恩达、科麦、察隅、硕督、嘉黎、太昭12县，三十九族、波密、察哇龙、门空4区，及巴安、武成、白玉、德格、邓柯5县，西岸之地。兹仅得此8种，实嫌太少。然自昌都以东与察哇龙以东北沿金沙江岸各县，已有柯尔斯、台克满路线图，纲严甚备，复有古纯仁、黄德润、傅华封、蔡廉洲诸图及英法文诸巨幅图助之，大体可以完备。三十九族、硕督、嘉黎、波密之部材料比较缺乏，亦有考贝克怒江流域图，华金栋喜马拉东部图，及彭错三十九族图，傅华封西康图，印度土伯特邻部图，勉强可以敷用。合此诸幅，而恩达、察隅、科麦、太昭亦略备焉。综而覆之，如此金沙江西岸诸图，为量虽小，精度则大，尤以具经纬，有高度之路线为多。以与东岸诸县图较，比康北诸县不足，比康南诸县为胜也。

（后宁区地图及第四类邻境图略）

任乃强全集·第十卷

四川军阀战争图说

前 言

辛亥革命后，中国出现了军阀割据、混战不休的局面。混战中，大军阀跨省连区，小军阀一省数县，在国内形成一个个大大小小的独立王国。四川便是全国形势的一个缩影。它没有形成实际统一全省的政权，而是军阀们划分防区统治，大者数十县，小者数县。对外，他们摇摆于南北两大军阀势力之间。时而依附或勾结北洋军阀和滇、黔军阀，以谋求外力支持，取得混战之优势，时而又与北洋军阀和滇、黔军阀发生争权夺利的矛盾，将驻川北洋军和滇、黔军驱逐出境。对内，他们纵横捭阖，时而联甲倒乙，时而又联乙倒甲，分合无常，频繁地进行争权夺利、抢占地盘的混战。有人统计，从1912年至1932年的20年间，四川境内发生的战争有478次之多，平均每月有战祸两次。四川军阀之多，割据时间之长，混战之频繁，压迫、剥削手段之残酷，为害之剧烈，可以说是集一切反动统治之大成，为古今中外所罕见。无怪人们称当时的四川为"人间魔窟"。

四川军阀战争极为复杂，有四川军阀各派系之间的混战，有川、滇、黔军阀之间的混战，有川军驱逐北洋军之战，有川军向外扩张之战，有四川军阀与西藏地方势力争夺川边地盘之战，有四川军阀与地主武装集团——"团阀"争权夺利之战，有四川军阀镇压革命力量之战，等等。这些战争，头绪纷繁，错综复杂。为了便于清晰地了解四川军阀战争之梗概，我们以四川军阀混战为主线，兼及其他，摘其要者，以"图说"形式——每次重要战争发展形势绘制示意图一幅，并辅以文字说明，编绘成册，供研究军阀史、了解四川军阀战争情况的参考。

《四川军阀战争图说》，使用材料繁多，一一注明出处，易使行文累赘，文注之间，喧宾夺主；不注又不利于了解此著之史实依据。为解决这个矛盾，附录编著此书依据的主要图书资料目录。四川军阀战争，既频繁又复杂。为了突出战争主要发展过程，使战争形势更加清楚明晰，与战争关系不大之山川、地名，均不绘入。川军各部防区变化很大,除了一些影响较大的防区变动,在说明中详介外,一般只在示意图上反映。如需了解更详细的情况,可与《解放初川康地图》对照使用。

任乃强

1985 年 5 月 19 日

一、四川军阀酝酿形成时期

（1911—1920年）

一至九图及其说明，描述四川军阀的酝酿和形成，也可称为四川军阀混战的前期。这个时期可分为两个发展阶段。第一个发展阶段为1912年至1918年，其主要矛盾为民主势力和北洋军阀反动势力的矛盾。民主势力为挽救革命，发动了"二次革命"、"护国战争"和"护法战争"。通过"护国战争"打倒了袁世凯，通过"护法战争"驱逐了北洋军吴光新和依附北洋军阀的刘存厚，这个矛盾在四川得到一定程度的解决。在这段时期中，川、滇、黔军各部在其占领区内自委官吏，征收捐税，划区而治的割据局面已经形成。四川督军熊克武在既成事实面前，于1918年7月，按各军实际占领情况划分防区，军阀割据的"防区制"在四川最后形成。第二个发展阶段为1918年至1920年，其主要矛盾为四川军阀与滇、黔军阀之间的矛盾，川、滇、黔军阀展开了争夺四川控制权的混战。川军各部或依南，或附北；时联"客军"，时逐"客军"。这个矛盾，到了1920年也得到一定程度的解决，滇、黔军全部被逐出四川，此后进入了四川军阀割据、混战、兼并时期。

1912年4月6日，英帝国主义嗾使藏军向拉萨新军十七镇钟颖部进攻。5月10日，乃派兵护送遁居印度的达赖十三世回拉萨。达赖十三世执政后，倡言西藏"自治"，煽动川边喇嘛寺和藏民叛乱。川边兵力单薄，只能保守昌都。川边叛乱发生后，藏军乘势东进。从桑昂分道，北攻乍丫、昌都；南向门空、盐井。1912年六七月间，进占巴安、理化、乡城等地。

1912年6月19日，四川都督尹昌衡派标长朱敦五率先锋支队出发。7月10日，尹昌衡率军二千五百人从成都出发西征平叛，号称兵力十万。边军旧部藉西征军的声威，振奋出击，击退进攻昌都的藏军。9月3日，西征军攻克理化。9月16日，北路到达昌都。1913年6月2日，攻克乡城。云南都督蔡锷亦出兵盐井，击退了侵扰察哇龙和门空的藏军。藏军被击退，叛乱平定了，川边得以稳定下来。但是，哈瓦山脉以西的桑昂（科麦）、察隅、硕督、嘉黎、太昭五县和三十九族与波密区却被藏军所占去。

1913年3月20日，国民党代理事长宋教仁在上海火车站遭到暗杀，伤重致死。很快就发现了确凿证据，其主使人正是袁世凯的亲信、内阁总理赵秉钧。6月，袁世凯又先后下令罢免国民党江西都督李烈钧、广东都督胡汉民和安徽都督柏文蔚，并且出动军队南下。国民党被迫应战，在上海的孙中山、黄兴，号召南方各省国民党的力量，起来反对袁世凯。7月12日，李烈钧据江西湖口炮台宣告独立。15日，黄兴在南京成立讨袁军。安徽、广东、福建、湖南于7月内宣布独立，表示响应。是谓"二次革命"。8月4日，川军第五师师长国民党人熊克武在重庆宣布独立。建立四川省讨袁军总司令部，熊克武被推举为四川讨袁军总司令。

战争之初，四川讨袁军取得一些胜利。处于主攻方向的讨袁中路，在永川至泸州道上立石碣击退川军第一师张鹏舞旅，进据特陵铺、寒坡场。随中路部队前进的水师余际唐部，迅速越过朱家沱进至王场、望龙场一带地区。中路分遣的吕超所率的右支队，8月11日至13日与周骏部战于隆昌土地坎，败退石燕桥。8月14日，周骏部第一团（附第二团一、三营）五个营在隆昌由营长梁度、吴行光、贺重熙率领起义，击毙团长吴成礼，举梁度为司令，参加讨袁中路军。吴行光率三营西上，占内江、取资州。梁渡率两营奔泸州。周骏派营长彭临普前来劝降。彭临普亦起义加入讨袁军，随梁渡部直抵泸州龙透关。吕超部直达泸州沱江北岸之小市。在泸州的川军第一师师长周骏，因小市失守，泸州难于守御，仓皇逃往纳溪。北路讨袁军，大败王陵基部于合州大石桥。讨袁军兴，四川汉州（今广汉）、打箭炉（今康定）、保宁（今阆中），以及荣县、自流井之间等地，民军乘时而起，壮大了四川讨袁军的声势。

熊克武部各路讨袁军已西达资州，北抵顺庆（今南充），南面泸州指日可下之际，受袁世凯调派入川的陕军张钫师9月17日到达夔州，进趋万县，下川东告紧，滇军叶荃部进至叙府（今宜宾），南面受到威胁；最紧急的是黔军黄毓成旅陷綦江，进至距重庆不远地形险要之三百梯。重庆守备兵力极为单薄，熊克武急调吕超率一支队回援重庆，但来不及了。熊克武、杨庶堪遂于9月11、12日离开重庆东下出川。黔军黄毓成旅、川军王陵基支队遂于12日、16日先后进入重庆。讨袁军土崩瓦解，响应讨袁各部民军亦被镇压，四川讨袁"二次革命"，以失败告终。

川军驻定乡的营长陈步三，原为衙役出身，虽屡立战功，但仍遭旅长嵇廉等轻视，迭被无理侮辱，不胜其忿。1914年6月13日，陈步三发动全营暴动，将嵇廉全

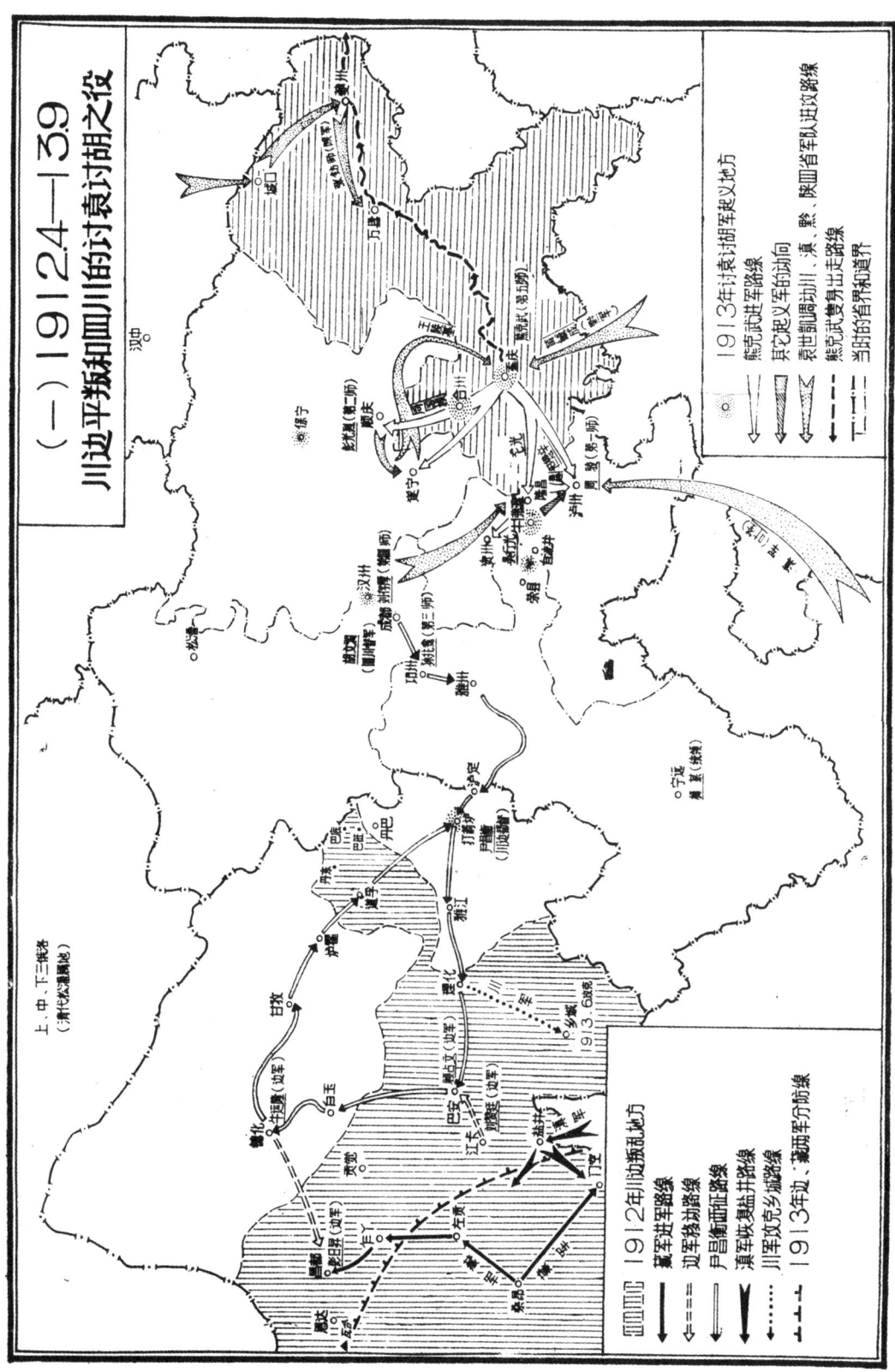

家及排挤讥辱他的参谋、副官一起杀掉。裹胁附近军队，收编土匪，占据了定乡，竖起反旗。

川边镇守使张毅任命刘成勋为讨逆军总司令，率领邱昂青、陈遐龄、赖心辉、张龙阁等支队前往剿办。后又由成都加派陈经一旅，由打箭炉西进。讨逆军连吃败仗，支队司令邱昂青，团长朱森、张煦（午岚）被俘。是年冬，陈步三率领部属和收编之土匪一千余人，由稻城突围至理化后方，毁清末建成的雅江钢桥，攻占炉城，逐走张毅，乱兵将官方库银二十万元抢劫一空。

1915年3月13日，刘成勋率部向炉城进攻，与陈步三部激战一昼夜。陈步三弃炉城奔回川西，由天全、芦山至蒲江、大邑、崇庆、什邡、汉州、金堂一带，流窜一个多月。部队在金堂被击溃，散回乡里。陈步三化装潜逃，后在嘉定被擒，就地斩决。

为了反对袁世凯复辟帝制，1915年12月25日云南独立。1916年1月27日贵州独立。1月1日云南成立都督府，举唐继尧为都督。同时成立护国军总司令部，蔡锷、李烈钧为第一、二军总司令，向四川、广西进军。唐继尧兼任第三军总司令，留驻云南。

袁世凯得到云南起义的警报，即于1916年1月5日派北洋军第三师师长曹锟为长江上游总司令，统率第三师及第七师张敬尧、第八师李长泰三个师，入据重庆抵抗护国军。10日，又任命伍祥祯为川南镇守使，以抵御云南护国军入川。

蔡锷入川的第一军有赵又新、顾品珍、刘云峰三个梯团，分率董鸿勋、何海清、禄国藩、朱德、邓泰中、杨蓁六个支队，共计三千余人。1916年1月16日，护国军刘云峰第一梯团先行出发，击溃伍祥祯旅和汉军朱登五部，21日占领叙府（今宜宾）。川南各地部分地方团队和熊克武原川军第五师旧部纷纷来归，加入反袁队伍。唐继尧遂委任熊克武为四川招讨军司令，在叙府成立招讨军司令部，以但懋辛为参谋长，周官和为第一支队长，吕超为第二支队长。

1月31日，川军第二师师长刘存厚响应护国，在纳溪宣布独立，称护国川军总司令。会同护国军进攻泸州。2月7日，攻占蓝田坝。8日占小市。北军张敬尧、吴佩孚等部反攻，护国军作战略转移，退守纳溪。3月1日，北军冯玉祥旅反攻叙府，护国军第一梯团退横江，熊克武退筠连、庆符。8日，纳溪失陷，护国军退大洲驿整顿，刘存厚部退古宋。17日，护国军大举反攻，先后恢复纳溪，与北军相持于叙泸一线。

1月27日，护国军右翼司令戴戡率黔军六团由綦江入川。2月15日与北军战于

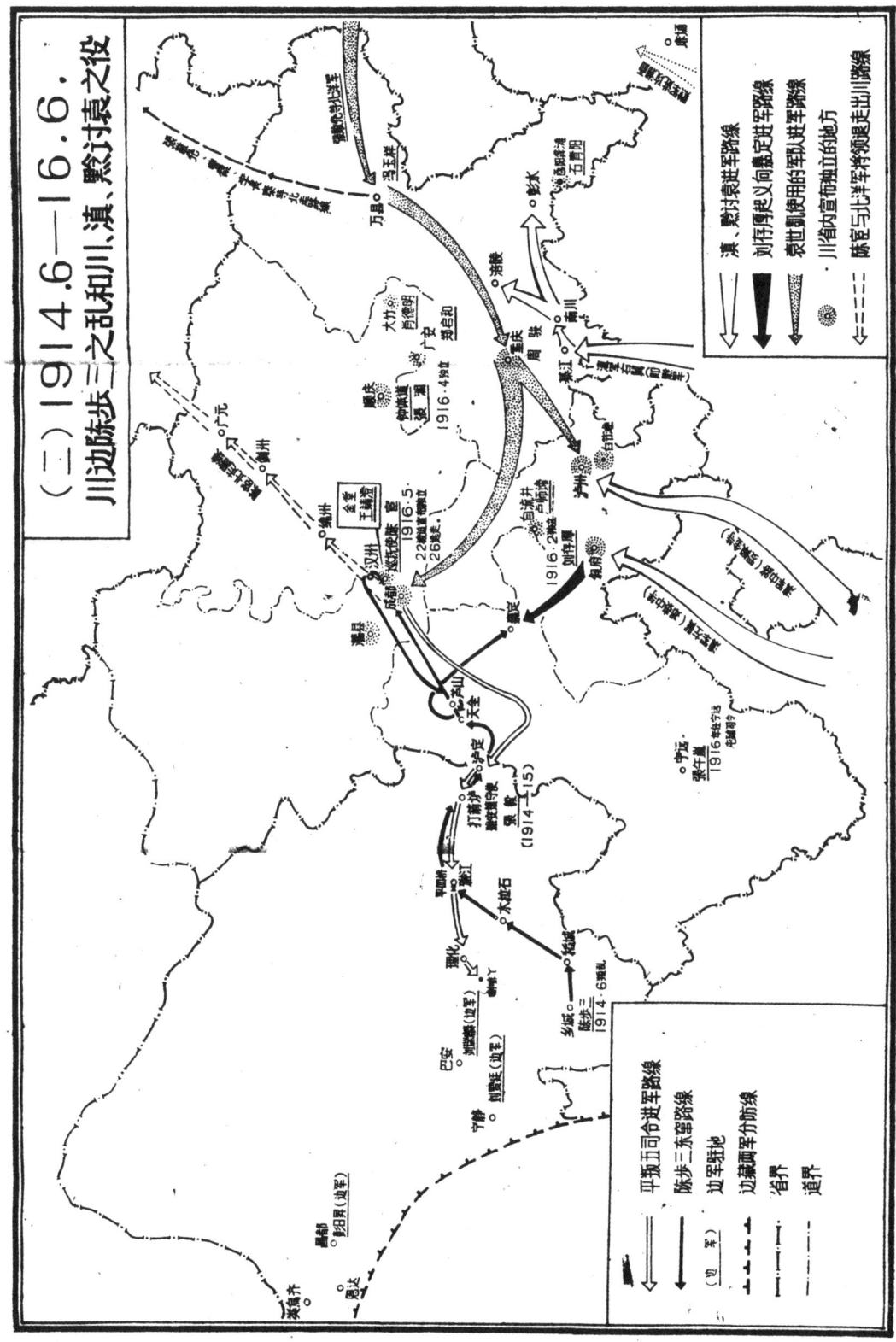

綦江割草坪，旋亦退却，与北军相持于綦江附近。

护国战争爆发后，大竹、广安、自流井、酉阳、龚滩、灌县、金堂等地民军纷起响应。在护国战争胜利发展和民军纷起的推动下，4月，川军第二混成旅旅长钟体道与张澜在顺庆（今南充）独立，钟称川北军总司令、张为政务处长，组织学生军。前川军第二师旅长刘成勋在雅州起义，称川南北伐军总司令。

继云南、贵州宣布独立讨袁之后，广西、广东、湖南、四川相继宣布独立。袁世凯反动集团在护国战争胜利发展的形势下已分崩离析。有的"辞职"，有的"退隐"，有的拥兵观望。冯国璋还和江西、浙江、山东、湖南等省将军共同压迫袁世凯取消帝制。5月23日，袁世凯申令撤销帝制案，废止洪宪年号。6月6日，袁世凯在众叛亲离和全国人民唾骂声中死亡，结束了他罪恶的一生。曹锟，张敬尧等皆从陕西逃回北京。

护国战争爆发以后，袁世凯为了加强对抗护国军的力量，改川军第一师为国军第十五师，并补充大量军实，师长由其爪牙川军第一师师长周骏充任。国军十五师编制如下：

师长　周骏

　第十九旅旅长　熊祥生

　第三十旅旅长　黄鹄举

　　第五十七团团长　刘　湘

　　　第一营营长　唐式遵

　　　第二营营长　胡浊汉

　　　第三营营长　王　植

　　第五十八团团长　陈洪范

　　　第一营营长　陈洪基

　　　第二营营长　陈能芳

　　　第三营营长　陈国栋

　　第五十九团团长　伍德明

　　　第一营营长　王秉璋

　　　第二营营长　龚　丛

　　　第三营营长　曾修华

　　第六十团团长　张鹏舞

　　　第一营营长　刘兴奎

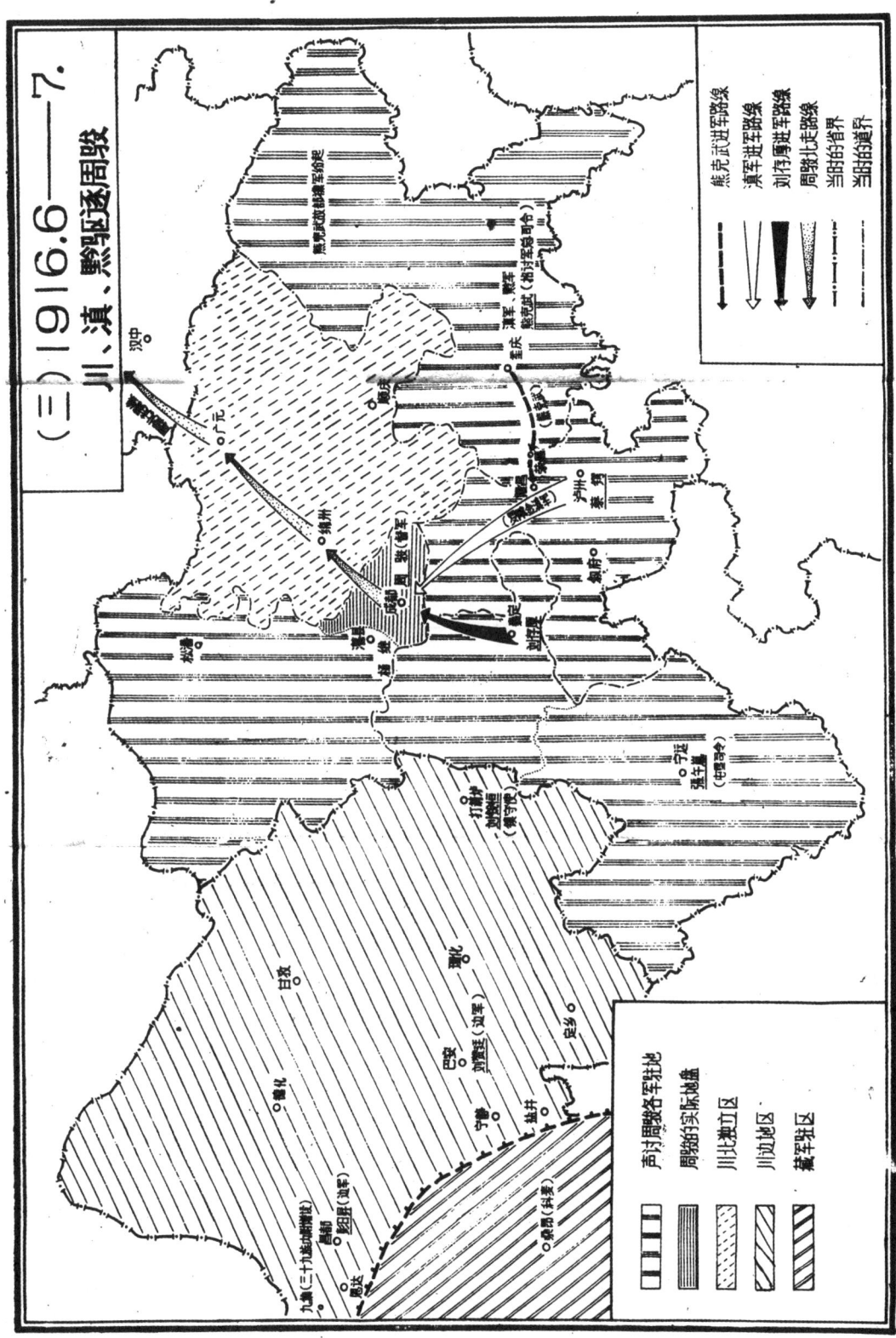

第二营营长　陈体光

第三营营长　倪正刚

炮兵团长　唐廷牧

骑兵团长　鄢孝鸿

工兵营长　周伯友

辎重营长　徐家麟

补充营长　赵成吉

1916年5月22日，陈宧宣布四川独立。24日，袁世凯改任陆军十五师（原川军第一师编成）师长周骏为崇武将军，督理四川军务，川东道尹刘体乾升任四川巡按使，王陵基为十五师师长兼重庆镇守使，均在重庆就职。6月3日，周骏、王陵基奉袁世凯令进攻成都，讨伐陈宧叛袁。

周骏、王陵基率兵西上据永川、隆昌、内江、资中，主力直取成都。这时成都尚有伍祥祯、冯玉祥两旅和孔繁锦所带的卫队一团。陈宧希望伍、冯两旅为他抵御周、王的进攻，但冯玉祥主张率兵回陕，不愿再在四川作战。伍旅官兵亦拥护冯玉祥。6月15日，王陵基率部入驻距省城五十里的龙泉驿，18日，进驻城郊大面铺，并电陈宧，限21日午前11时离省。陈宧手中无兵可用，只得将成都城防交川西民军司令（护国军招讨军司令兼省城兵工厂总办）杨维，6月25日退出成都，由北道出川。27日，周骏、王陵基入成都，周骏自任都督。杨维退驻外东兵工厂。周骏督兵进攻，杨维败退灌县。

6月13日，蔡锷率部进驻泸州。蔡锷命令各军分三路限期攻取隆昌、内江、资州。熊克武率部攻占隆昌、荣昌；雷飙从富顺攻取内江，击败张鹏舞团；顾品珍克资州、资阳，任青城（团长）举兵响应，将旅长黄鹄举打死于简州（今简阳）。护国军乘胜西上，进逼成都。此时，袁世凯已死，黎元洪就任总统，周骏失去靠山，如丧家之犬。7月20日，周骏只得率队出成都，经金堂、遂宁，退往顺庆，其部队大部由钟体道收编。周骏、王陵基带领一百余人，经巴州（今巴中）取道城口出川。

周骏撤出成都，刘存厚部即由新津驰入成都。7月29日，蔡锷入成都。

蔡锷到成都后，将在川各军重作调整。报请北京政府任命周道刚为川军第一师师长（驻合州），刘存厚为第二师师长（驻成都），钟体道为第三师师长（驻川西北），陈泽霈为第四师师长（驻川西），熊克武为重庆镇守使兼第五师师长（驻重庆）。其他川中起义各军，石青阳部驻川北顺庆一带，黄复生部驻荣昌、隆昌一带。驻川滇军赵又新、顾品珍两梯团，改编为滇军第一第二两师。驻上下川南及川东。

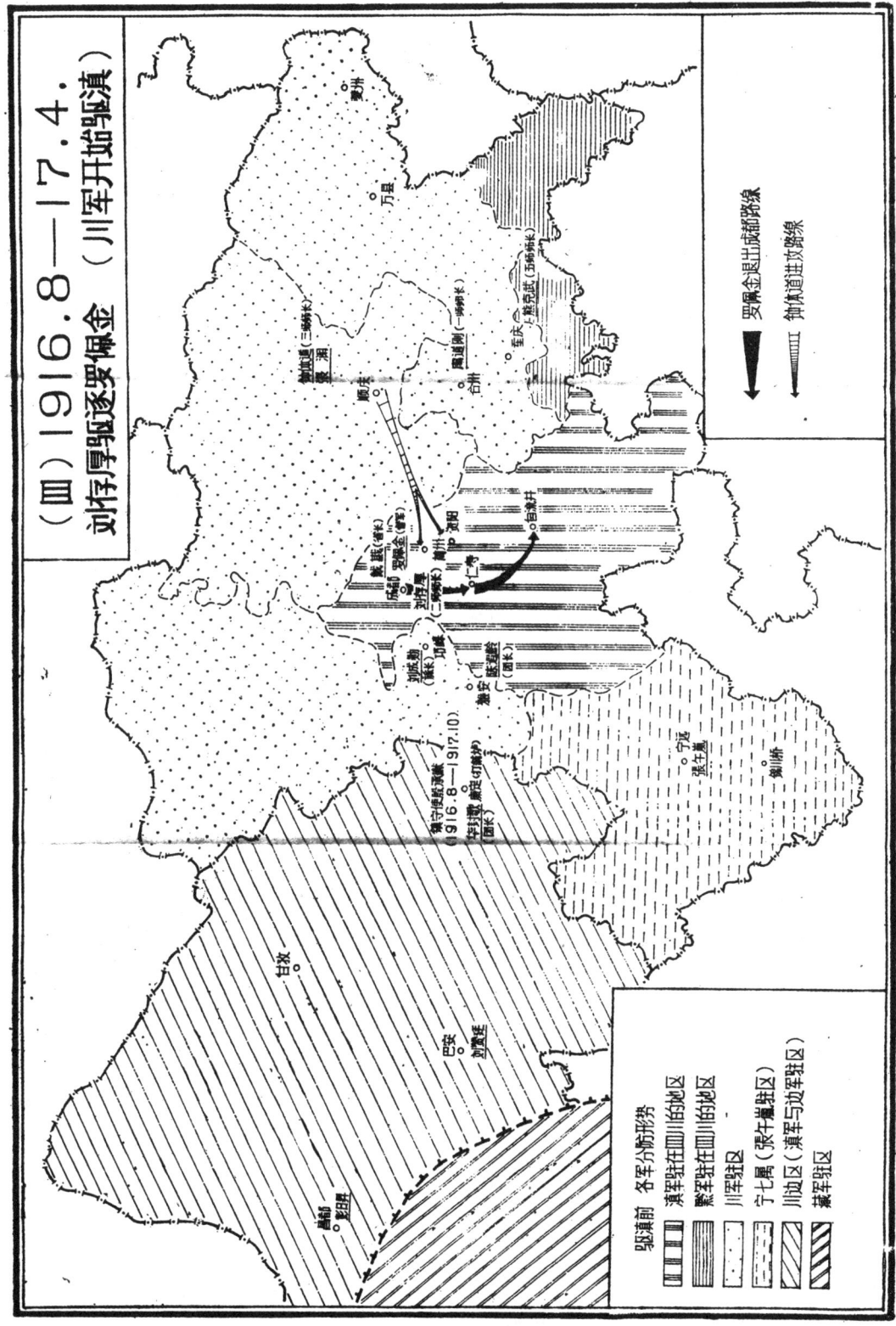

(Ⅲ) 1916.8—17.4. 刘存厚驱逐罗佩金（川军开始驱滇）

黔军则驻重庆、万县。

蔡锷病重卸职，罗佩金以代督军身份总揽四川军政大权。1916年9月13日，北京政府任命罗佩金暂署四川督军，戴戡暂署四川省长，兼军务会办。

唐继尧图谋四川已久，护国战争以后更把四川视为自己的领地。北京政府发表戴戡暂署省长兼军务会办，唐继尧和罗佩金均认为这是黔人分去权力，不愿让戴戡到成都接任省长；戴戡因而迟迟不敢来成都，只得于12月10日先在重庆就代省长职。后经多方疏通，并取得罗佩金同意，戴戡方在黔军一个混成旅又两个营护送下于1917年1月14日到达成都视事。戴戡到成都后，又以种种手段迫使罗佩金交出政权，实行军民分治，因而加深了罗佩金与戴戡的矛盾。

川军第二师师长刘存厚，自认为护国战争有功，理应出任省长，但督军、省长分别被滇军罗佩金、黔军戴戡夺走，心中极为不满。特别对罗佩金秘密向陆军部的建议——滇、黔军各编两师，川军编一师一旅，刘存厚第二师也在被裁之列——更为愤慨。刘存厚为了对付罗佩金，一方面纠合川军各师与罗对抗，一方面又扩充兵员、械弹，使第二师兵力达一万三千余人。戴戡与罗佩金本有很深矛盾，于是利用罗佩金大肆裁军损害川军利益之机，挑拨川、滇两军的关系，并和刘存厚一起酝酿倒罗计划。

罗佩金决定以武力胁迫川军接受改编，调集滇军于成都附近。4月11日，川军师长刘存厚、周道刚、钟体道、陈泽霈、熊克武联名通电反罗。指控罗佩金调集滇军，准备征战。4月14日，罗佩金下令撤去陈泽霈第四师师长职，编第四师驻成都部队为一旅，以旅长卢师谛接任。15日，以新任旅长卢师谛就职为名，令部队在东较场集合听罗佩金讲话。部队集中以后，早就埋伏好的滇军，出其不意将其包围缴械，师长陈泽霈、参谋长周绍芝被扣押，部队被缴械解散。分布绵阳、安县、灌县一带之滇军，亦于同时袭击当地川军第四师各旅团营，不到半日，即将第四师所属各部全部缴械解散。至此，罗佩金与刘存厚等川军将领的矛盾达到了不可调和的程度。

18日，滇军押送一批弹药由成都北门入城，被刘存厚部截走。同时，滇军押解收缴川军第四师步枪1500支，子弹10万发回成都，被川军刘部赖心辉团缴去。滇军为夺回枪、弹，与川军发生冲突，川、滇军成都巷战自此爆发。滇军分三路向刘存厚部进攻：第一路由东较场攻北较场刘军师部；第二路由皇城出击，进攻刘军将军署炮团团部；第三路由城外冲入新西门，进攻西较场刘部炮团。刘部拼死抵抗。双方部队以皇城为中心，巷战七昼夜。

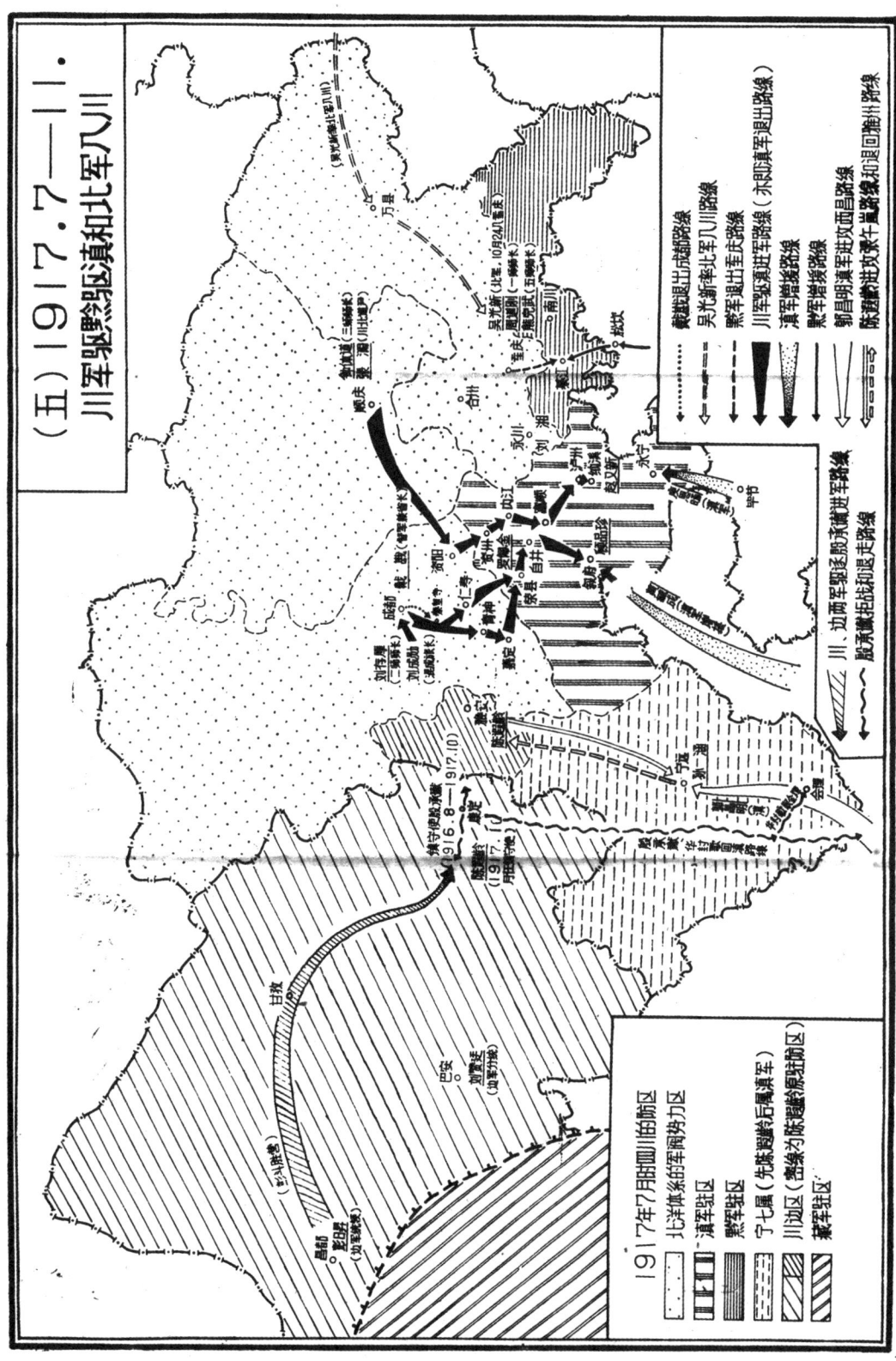

驻顺庆一带川军第三师钟体道部，为配合刘存厚驱逐滇军罗佩金的战争，4月中旬，率全师主力直插东大路之简州、资阳，与滇军增援成都顾品珍部激战数昼夜，攻占资阳。顾品珍败退资州，致罗佩金陷入孤立无援的境地。

川、滇军成都巷战数日，省参议会出面呼吁和解，日、英、法三国驻蓉领事亦参与调解。各军划分区域驻扎，于20日停火。晚12时，北京政府电令：免罗佩金、刘存厚职；改罗佩金为超威将军，刘存厚为崇威将军；戴戡暂代督军，刘云峰为四川陆军第二师师长（刘为滇军旅长，不敢前往接任）。刘、罗相争均被免职，戴戡从中渔利，攫取了督军职位，集全川军政大仅于一身。刘存厚、罗佩金都对戴戡异常痛恨。刘存厚遂不顾北京政府停止战斗之命令及20日停火协议，21日，令所部将皇城包围，继续猛攻以泄其忿。23日，经省参议会和驻成都各国领事再度调停，川、滇双方停战撤兵。罗佩金含泪将督军印信移交戴戡。

24日，戴戡以"刘存厚于中央停止战斗之令置若罔闻仍攻督署"电北京政府。当天，北京政府即下令：刘存厚"着免本职，听候查办"。28日，罗佩金率部经仁寿到自流井，刘存厚部退往成都外北凤凰山，仅留两营分驻西较场、北较场。

戴戡一人兼有督军、省长、会办三职，刘存厚反而落个听候查办的下场，心中非常不满。段祺瑞乘机拉拢挑拨，秘示刘存厚"川事未了，幸勿退缩，中央当作最后处理"。刘存厚有段祺瑞暗中撑腰，决心以武力驱逐黔军戴戡。

戴戡在成都的黔军只有熊其勋一个旅，加上临时从四川各县抽调川人组成的警备队两个团，总共不过七千人。刘存厚川军第二师有一万三千余人，大部驻在成都附近，在军事上有很大的优势，且得到川军各部明里暗里的支持。在这种情况下，戴戡感到刘存厚对自己的威胁很大，不消灭刘存厚就不能巩固自己的地位。于是戴戡与罗佩金密商，以滇、黔两军合力解决刘存厚部。

1917年7月5日，黔军从皇城向西门、北门及北较场进攻，夺取了川军控制之北门。川军增援部队迅速开到，6日晨开始反攻，黔军未得到滇军接应，被川军击败，8日，退入皇城等待滇军援兵。

罗佩金虽有联合黔军打垮刘存厚重返成都的打算，但对戴戡极力挑起刘、罗之战，坐收渔人之利，取其督军而代之，又恨之入骨。于是，有意迟迟其行，让刘、戴两败俱伤，也收渔人之利。12日始下令滇军分四路出发讨伐刘存厚。刘存厚则令陈洪范旅、刘成勋旅和邓锡侯团分路阻击，使滇军不能前进。

刘存厚围攻皇城多日不下，乃集中大炮四十门向皇城轰击，击中军械库，引起弹药爆炸达一昼夜，炮弹又击中粮仓，使军粮全部焚毁。戴戡弹尽粮绝，援军又无

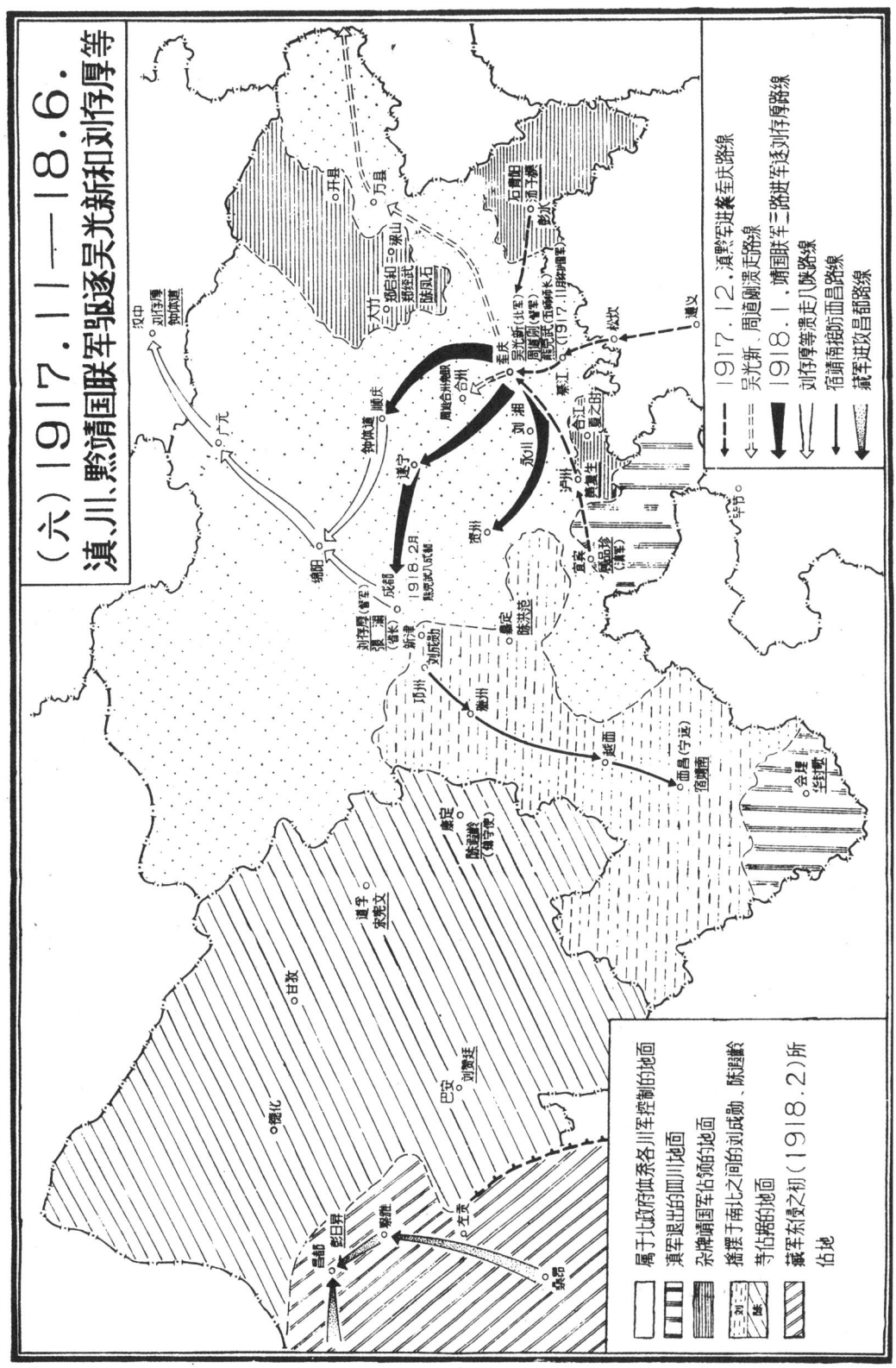

踪影，遂于 16 日要求参议会出面调停，答应交出督军、省长、会办三印，率黔军退出成都。

17 日，戴戡、熊其勋化装夹杂在黔军中随部撤出成都。戴戡暗自计划先退出成都，再联合滇军卷土重来；刘存厚也明知戴戡意图，暗在沿途预设伏兵。18 日，黔军被预伏川军吴庆熙部包围，黔军在突围时被击溃。戴戡等逃入仁寿秦皇寺，川军跟踪而至，戴自戕。熊其勋化装逃至简州被捕，刘存厚下令斩首。入川黔军至此彻底瓦解。

7 月 24 日，北京政府任命周道刚暂代四川督军。8 月 24 日，任命张澜暂行护理四川省长。8 月 6 日，任命吴光新为长江上游总司令兼四川查办使，名曰"查办"刘罗、刘戴之战，实际拟取周道刚之川督而代之。10 月 24 日，吴光新率北洋军五旅至重庆。

戴戡死后，战争并未停止。唐继尧派了大量滇军入川。邓泰中、李友勋两旅与赵又新部合驻自贡；黄毓成、叶荃两军与赵又新另一部共驻泸州；顾品珍军据守简州、资阳、资州、内江、隆昌一带。刘显世为戴戡报仇，也派黔军第一师师长王文华率部屯集川黔边境，后进入綦江、江津。滇、黔军兵力共约四万余人。

刘存厚在成都则打着"川人治川"的旗号依靠北洋军阀的声援，纠合川军一、二、三师，决心驱逐滇军出境。当时，川军屯驻情况是：第一师周道刚部驻永川、重庆、合州；第二师刘存厚部驻仁寿、犍为、乐山、新津、彭山、眉山、青神等县，沿岷江上游布防，第三师钟体道部驻金堂、乐至、潼南、遂宁一带，在沱江东岸至涪江下游布防。

8 月下旬，川军二师、三师进攻简州、资阳与滇军发生激战，滇军顾品珍部败退资州。9 月间，川军、滇军在资州、内江一带反复争夺，于 9 月 22 日，川军攻占内江。滇军向泸州、叙府撤退。11 月 22 日，川军克泸州。28 日，攻占叙府。

11 月 12 日，段祺瑞任命刘存厚会办四川军务。

1917 年，川边镇守使殷承瓛被边军彭日昇等攻击回滇。11 月，陈遐龄进军宁远，宁远屯殖司令张午岚兵败，12 月 22 日饮药死亡。1918 年 2 月 2 日，北京政府任命陈遐龄为川边镇守使。1918 年 2 月 19 日，滇军华封歌部袭占会理，据宁远七属。

四川境内刘存厚正纠合川军一、二、三师进行驱逐滇、黔军战争之际，川军第五师师长熊克武及驻川滇、黔军将领，响应孙中山的护法，称靖国军。当时四川境内，形成了以滇、川、黔靖国军为一方，以北洋军吴光新和川军一、二、三师为一

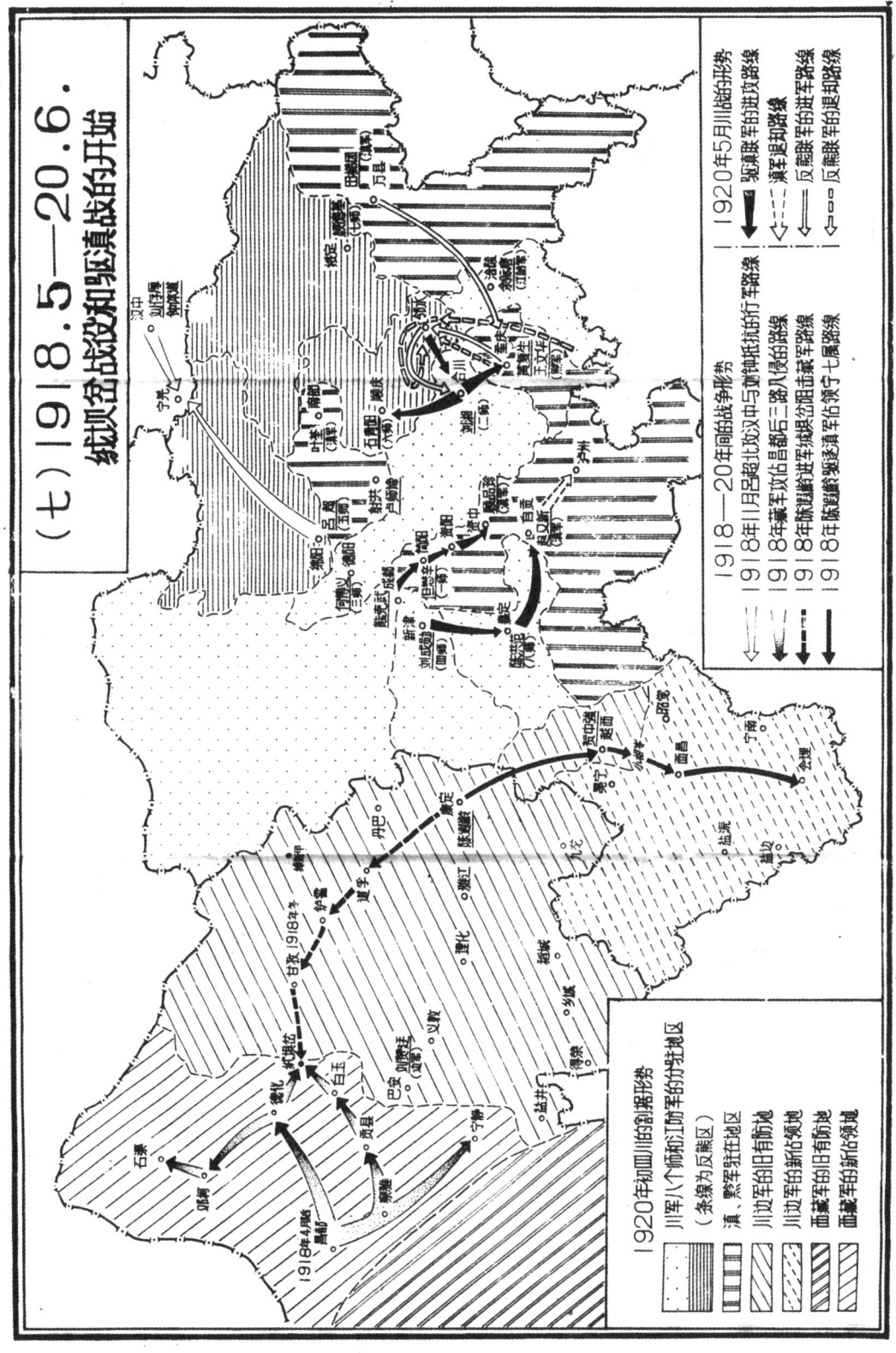

方的两个鲜明对立营垒。四川护法之役，就是这两方之间所展开的一场战争。

初期，滇、黔两军对刘存厚等旧川军各部取守势，集全力共趋重庆向吴光新进攻。12月1日，黔军进抵重庆南岸，滇军亦自江津渡江，进袭重庆浮图关，川军五师吕超部亦向重庆进攻。与此同时，川中国民党人颜德基（在夔绥间）、夏之时（在合江）、郑启和、郑经武、陈凤石（在梁大）、石青阳、汤子模（在彭涪）、黄复生、卢师谛（在泸纳）、陈泽霈、张尊（在川西）、杨宝民（在潼南）、郑英（在荣昌）、张煦（在宁远）等，纷起称护国军。吴光新困处危城，不敢拒守，乃于12月3日晚率北洋军离开重庆。四川督军周道刚，见吴军已去，无力拒守，仓皇率少数卫队，出城逃往合州。

北军溃退途中，被川军第五师十八、十九两团部队截击于木洞，夺获枪械军资甚多。由江北、邻水、垫江退走万县之北洋军，被颜德基、陈炳堃、王维舟等部，截击于云阳、夔州间，北洋军王占元部毛某团缴械投降。

12月15日，川、滇、黔三省各军将领会商于重庆，推举唐继尧为川、滇、黔靖国联军总司令，刘显世为副总司令，熊克武为四川靖国各军总司令。

18日，北京政府任命刘存厚为四川督军。刘存厚联合周道刚、钟体道各部，分三路抗拒靖国军。同一天，经合州之川军第一师第二旅旅长王埼昌响应护法，靖国军第一纵队司令吕超、团长王维刚兵入合州，周道刚自永川逃奔成都。

1918年1月，靖国军分三路进攻：滇军由川南进攻，1月14日与刘存厚部及第三师部队激战于内江、隆昌一带，击毙刘部第三师旅长李苡臣于隆昌。30日，滇军入宜宾。2月1日，入自流井。5日，占内江。即向资州方向挺进。熊克武的川军第五师与黔军袁祖铭部，1月28日，攻占遂宁。2月5日，入乐至。18日，攻入简阳。接着在简阳、金堂间与刘存厚部激战，夺取金堂县属淮州镇，兵锋直指成都。石青阳、颜德基等杂色靖国军部队则向顺庆（今南充）钟体道第三师之根据地一带进攻。

2月18日，川军第一师师长徐孝刚、旅长刘湘及刘存厚部旅长刘成勋、舒云衢、汪可权、陈洪范等一致通电护法。19日，刘存厚、张澜、钟体道率军由成都退往绵阳。川军靖国军纵队司令吕超、黔军袁祖铭及靖国军萧德明、颜德基、石青阳诸部先后进入成都。25日，熊克武通电，以四川靖国军总司令执行军民政务。

3月4日，刘存厚、张澜由绵阳北上，退往昭化、广元一带，经川军第五师部队继续进攻，6月9日，败退陕南。四川护法之役遂告胜利结束。此后，在北洋军阀卵翼下，刘存厚设四川督署于南郑，张澜设四川省长行署于北京，伺机卷土回川。

9月13日，杨庶堪就任孙中山任命之四川省长于重庆。1919年2月，熊克武就

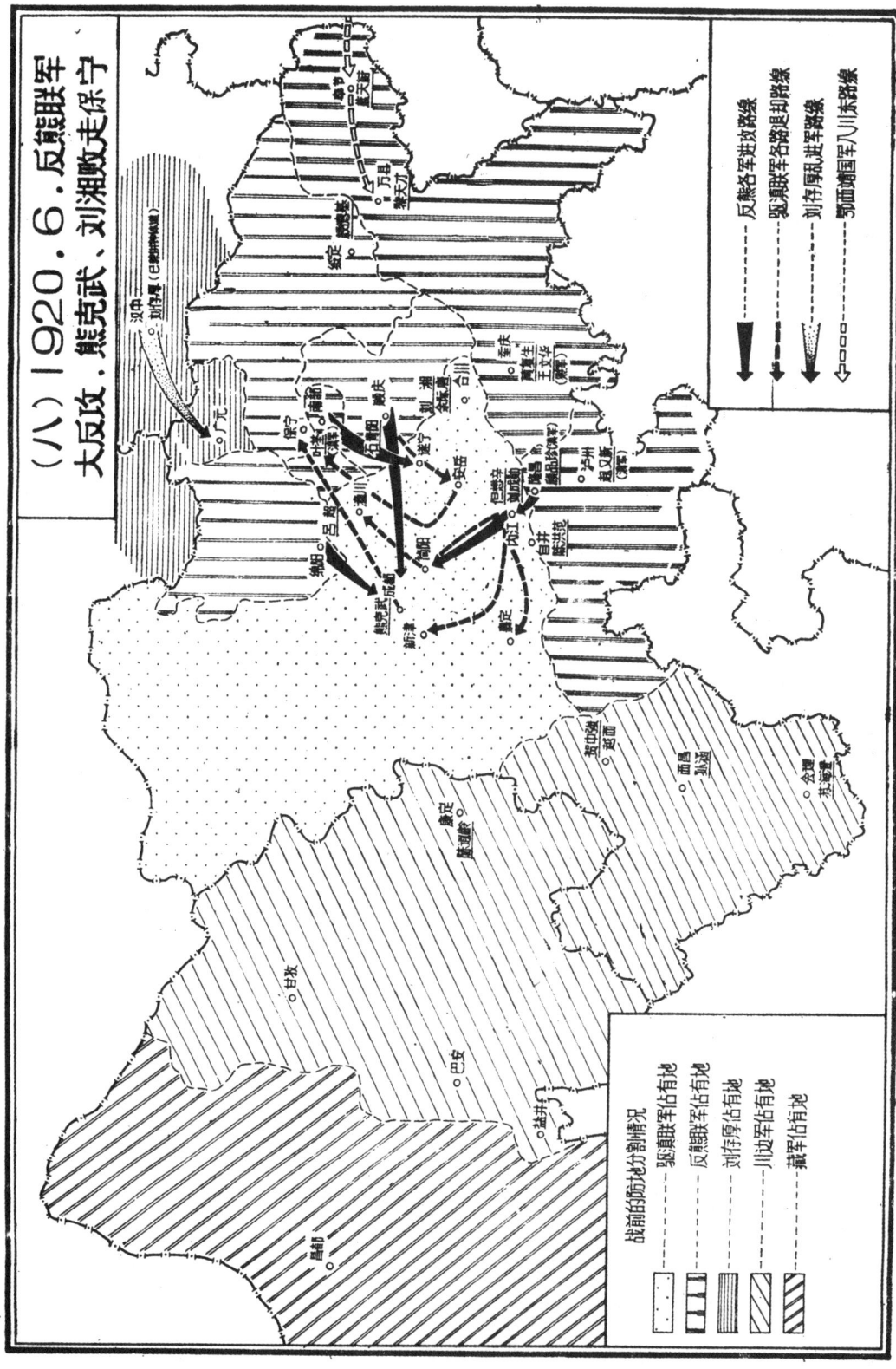

任孙中山任命之四川督军于成都。

靖国军虽然取得了反对北洋军和刘存厚的胜利，但四川境内出现了异常复杂的局面。既有入川的滇、黔各军，又有刘存厚下属各部倒戈参加护法的旧川军，还有国民党四川各系部队。他们之间矛盾重重，各据一方，自行其是。所谓"防区制"，即四川境内各派军阀划区割据，在这时进一步形成。四川靖国军总司令熊克武在既成事实面前，只得于1918年7月明令承认。

1917年9月藏军进攻边军。1918年2月彭日昇兵败向藏军缴械。西藏噶伦降巴登达入昌都，立即布置分南北两路向川边进犯。川边初未布置防军，一时同普、德化、邓柯、石渠、宁静、贡觉、武成、白玉诸县被占。川边镇守使陈遐龄集兵力抵御于甘孜西的绒坝岔。血战四十余日，仅得保全甘孜、瞻化以东之地。这次藏军东犯，又占去了川边十一县，边军统领彭日昇被消灭。分统刘赞廷亦被逐，从云南逃到北京。

唐继尧兼并四川以实现其"西南王"的野心由来已久，护国之役，滇军入川约三千余人，战争胜利后又大量派部队入川，增至三万人以上。贵州刘显世为分享部分利益，亦增兵入川，使黔军达一万二千余人。护法之役驱逐刘存厚后，唐继尧更视四川为其征服地，假北伐之名，企图将全川置于自己完全统治之下。这样，唐继尧就与熊克武为首的川军各派发生了尖锐的矛盾。

辛亥革命以后，四川国民党内形成了两大派别。即是：以熊克武、但懋辛为首的"九人团"和以谢持、杨庶堪为首的"实业团"。护法之役以后，熊克武掌握了四川军政大权，杨庶堪虽也被任命为四川省长，但受熊的扼制，没有多大实权。石青阳、卢师谛、颜德基、黄复生等"实业团"骨干，亦因权利地位关系而对熊克武不满。他们互相联络，酝酿依靠唐继尧以倒熊。唐继尧则乘机拉拢，委以各种名目的总司令、司令，以为自己控制四川、推倒熊克武之羽翼。1918年冬，杨庶堪秘密赴合川联络川军第二师师长刘湘，许以川军总司令。卢师谛往绵阳，联络熊克武部下第五师师长吕超，亦许以川军总司令。熊克武也积极活动，争取川军各部驱滇。10月16日，但懋辛去合川，与刘湘讨论了四川局势，力主川军各部必须保持团结，转达了熊克武对刘湘倚重之意。刘湘亦表示决心与熊衷诚合作，以安定川局。熊还与川军第四师师长刘成勋，独立二旅旅长陈洪范等建立了密切的关系。12月，熊克武与顾品珍密会于简阳龙泉山下石经寺，熊支持顾返滇倒唐，应允助以饷款械弹。

1920年4月，熊克武得知其部下吕超参加倒熊阵营。中旬，熊克武亲赴德阳向吕超表示，决心辞去督军职交吕超继任，要吕脱离倒熊阵营，吕表示同意。4月17日，熊克武遂宣布辞去督军职。5月1日，唐继尧宣布就任川、滇、黔三省靖国军

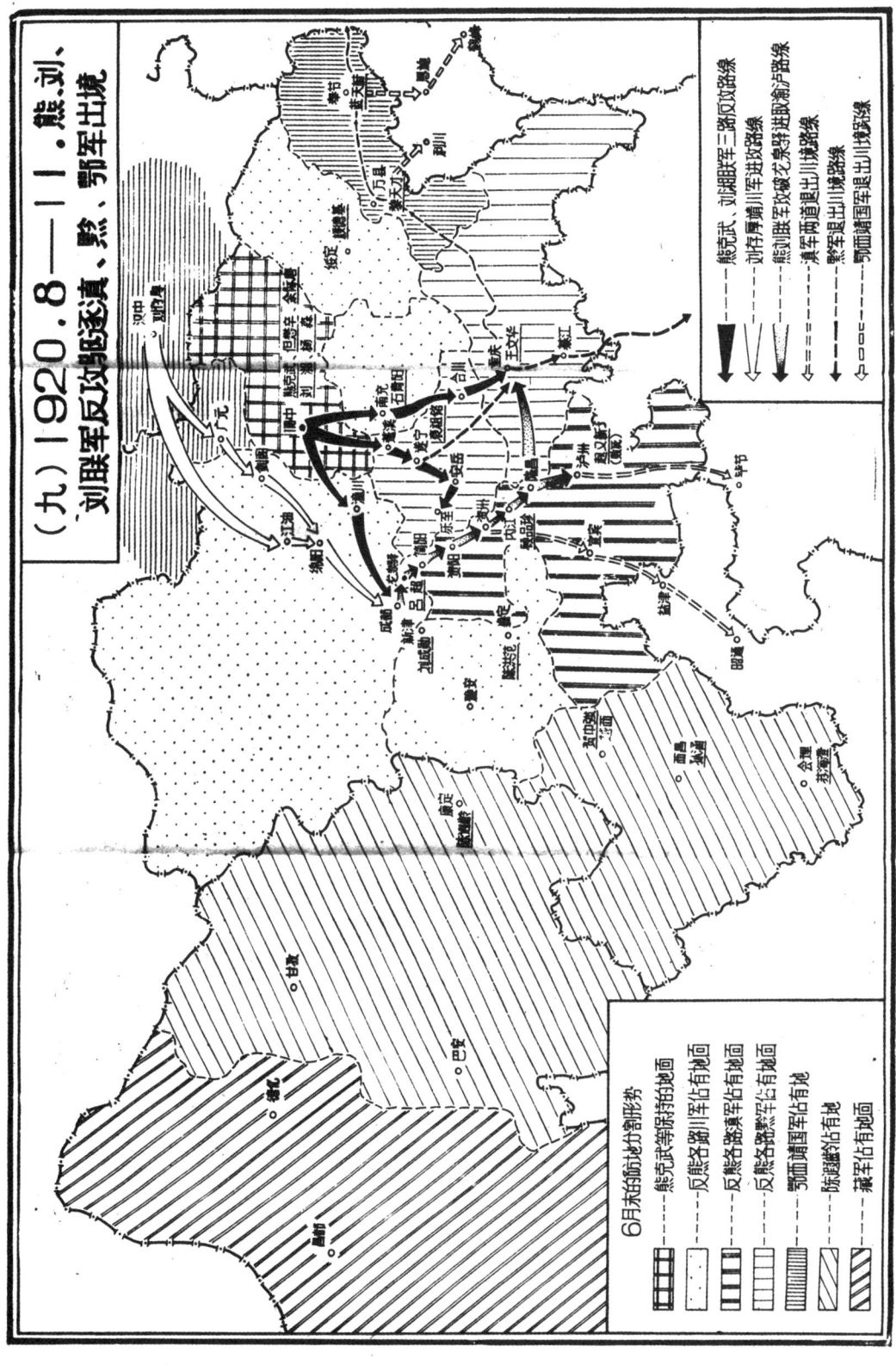

总司令。5月11日，发布任命吕超为川军总司令，刘湘为川军副总司令的命令（刘湘此时已实际参加驱逐滇、黔军阵营），决心武力倒熊。

5月4日，黔军即与刘湘部发生武装冲突。黔军出兵夺取合川、武胜等县，又向驻重庆江防军余际唐部挑衅。5月11日，余部被迫撤出重庆，即退邻水、广安与刘湘部会合。

5月4日，熊克武宣布复职。5月21日，通电讨伐唐继尧。熊军部署是：以但懋辛为中路司令，率第一师第一旅喻培棣部、第三师第五旅邓锡侯部，对简阳、资中的滇军第一军顾品珍部攻击。以刘成勋为南路司令，率第四师及第八师刘文辉支队，对自流井、富顺方面滇军第二军赵又新部攻击。以刘湘为北路司令，率第二师及江防军余际唐部，对重庆方面黔军攻击。

北路刘湘部会合余际唐部以后，击败黔军，夺回合川及铜梁、璧山、大足各县，乘胜进攻重庆，并派出部队围攻石青阳部于顺庆。

26日，滇军赵又新部参谋长兼独立团团长杨森，在安岳宣布拥熊讨唐，被熊克武任命为第一混成旅旅长。中路但懋辛率领所部于5月22日发动进攻。滇军顾品珍5月24日放弃简阳，28日，放弃资阳，31日，放弃资中，6月1日放弃内江而退守隆昌。南路滇军赵又新奉唐继尧之命，撤出自流井，先退回泸州，扼制顾品珍回滇。战争之初，熊、刘等取得一定胜利。

熊克武通电讨伐唐继尧，滇军不战自退。除川军第六师师长石青阳，第七师师长颜德基外，川军各部都表示响应，"保川讨唐"之声遍于蜀中。6月1日，唐继尧宣布"废督"，以川、滇、黔三省联军总司令名义"保卫地方"，藉以消除各将领的争夺目标——督军，缓和内部矛盾和冲突（当时顾品珍、王文华与吕超，皆希望得本省督军）。一面极力拉拢滇军第八军军长叶荃与川军第五师师长吕超，求其合力向成都进攻；又加强滇军第二军赵又新的力量，使之有能力控制滇军第一军顾品珍，迫其反攻。刘显世亦派其弟刘显潜率兵万人为王文华后援，实则防其倒戈回黔夺位。

刘湘进攻重庆，黔军增援部队骤至，刘湘败退川北。与刘湘会合的江防军余际唐部，亦随之败退。投向熊克武升任第一混成旅旅长的杨森，竭力奋战，互有胜负，终难挽回颓势。于是川东北地区全部陷落，顺庆石青阳之围遂解。黔军与石青阳部西上与吕超会合进攻成都。北面驻南部之滇军叶荃部也全部南下。中路退守隆昌之滇军顾品珍，在唐继尧严厉逼迫下与滇军赵又新部联合反攻。在荣昌李市镇、高峰寺与熊克武部第一师展开激战。熊部败退内江，再退资中，最后由甑子场向安岳方向撤走。南路刘成勋部，不按原计划进攻自流井、富顺，移师内江与中路会合，在双凤驿与滇军相遇，不战而溃，向南退走。

7月9日，熊克武由前线回成都，已是四面受敌，遂于10日离开成都，并令各部集结保宁（即阆中）。退守保宁部队计有四师之众，不下三万人。熊克武将集结保宁部队整顿，扩编为两个军。以但懋辛的第一师第一旅何畴拨归第二师，以喻培棣为第一混成旅旅长（后升第一师师长），张冲为第二混成旅旅长，再加上余际唐的江防军（余际唐后改任第六师师长），编为第一军。以但懋辛任军长。以杨森为第九师师长，拨李昌权宪兵团归之，以唐式遵为第三混成旅旅长，袁彬为第四混成旅旅长，编为第二军。以刘湘任军长。

唐继尧以顾品珍为追击军总司令，指挥滇军三个旅、黔军两个旅、川军一个师追击熊克武、刘湘部。时川北疫疾流行，兼值盛暑，追击部队远来疲惫，加上追击军主力顾部滇军在反攻的隆昌、富顺之役，阳安之役，伤亡五千余人，尚未得到补充，因而未敢深入。双方处于暂时休战的僵持状态。

7月18日，吕超入成都，通电就任川、滇、黔联军副总司令暨川军总司令。但是，滇、黔军乘战胜之威，以主子的姿态凌驾于上，胁迫吕履行川、滇、黔俱进会拟定的方案——建立三省联军总部，以唐继尧为统帅；川省军、民、财各政，统归联军总部管理；川省中央税收及地方税收，四川兵工厂、造币厂，全归联军总部支配。这是过去唐继尧强令熊克武接受而遭拒绝的旧案，又提了出来。吕超等均不同意。唐继尧与吕超因利益之争而发生严重的矛盾，为熊克武、刘湘等的反攻，造成了有利的条件。

熊克武与刘存厚本为势不两立的对头，可是随着时间的推移，当他们都遭受了失败和挫折，同处困境之时，便又联合起来。刘存厚蹙处陕南，有被陕西军阀驱逐而无立足之地的危险，熊克武败退保宁，有被滇、黔军吞灭的忧虑。于是，四川军阀那种有共同利害就互相勾结，有利害冲突就反脸为仇，"亦战亦友，随战随和"的特点，便在他们之间充分反映了出来。熊克武、刘存厚都想卷土重来，而共同大敌，就是滇、黔军。熊克武的代表李乐伦在汉中与刘存厚商定，共同对付滇、黔军。刘存厚部担任西路取成都，熊克武、刘湘部担任东路取重庆。在战事未决的时期，熊、刘两人均不用督军名义，推刘湘为前敌总司令。

8月6日，刘存厚在汉中组织靖川军，自兼总司令，委田颂尧为第一路司令，唐廷牧为第二路司令，张邦本为第三路司令，赖心辉为川北边防司令。10日，向四川进军。刘存厚部靖川军以田颂尧部为前锋，由宁羌（今宁强）、阳平关突入川境，击破大巴山七盘关、天雄关及葭萌关吕超部彭远耀旅防守阵线，占领广元、昭化，继占剑阁、梓潼，连续击败吕超部属卢占魁、彭远耀两部之联合防线，9月1日，占领绵阳。

8月，熊克武委任但懋辛为第一军军长、刘湘为第二军军长兼前敌总司令，刘成勋为第三军军长，杨森为第九师师长。刘存厚出兵川北，熊克武亦乘时分兵三路反攻，以杨森为中路，喻培棣为左路，张冲为右路，合击潼川。9月3日，进入潼川县城。并迅速占领了顺庆、遂宁、安岳、乐至、合川，黔军退回重庆。

两部配合初战告捷。刘存厚、熊克武会于苍溪县城，决定改变计划，合军攻取成都，再取宜宾、泸州，歼灭滇军主力，最后会攻重庆，消灭川东一带黔军及石、颜、卢、黄等部。刘存厚部由绵阳南进，第三师向传义部旅长邓锡侯在广汉率部响应，被刘存厚委派为靖川军第六师师长。刘部经德阳、广汉南进与邓锡侯部会合击破新都、成都间杨春芳部；熊克武部经中江、金堂，逼进成都；刘成勋率部由温江、双流，向成都挺进。9月5日刘成勋部进入成都。此后，熊克武、刘湘、刘存厚的部队，陆续进入。

其时，熊克武、刘湘、刘存厚部据有成都，其部队云集成都北西南三面，共有八十一个营的兵力。滇军和吕超等部则退集东道。为夺回成都，顾品珍飞调各部增援，合计兵力八个旅，六十三个营。双方在成都近郊及龙泉山展开了大决战。从8日到21日，血战十四天，滇军被击溃。这次战争双方伤亡均极惨重。顾品珍在《自述由川战败回滇经过》写道：这次战事，极为酷烈，"我之伤亡无算，下级干部，死伤殆尽，中级干部，损伤亦多"。

滇军溃败后，杨森、田颂尧、邓锡侯部乘胜猛追。23日占领简阳。24日占领资阳。27日占领资中。28日占领内江、自流井。29日占领隆昌。10月1日进至富顺。滇军全部退往宜宾、泸州。5日攻占泸州，滇军第二军军长赵又新被击毙。顾品珍则率领滇军残部，于15日退出川境，驻于毕节、镇雄、盐津等处。

击败滇军以后，熊克武第一军由合川南下进攻，刘湘由永川东下进攻。驻重庆之黔军总司令王文华于10月11日将部队移驻南岸，准备撤回贵州。临行前，在各街口堆积煤油，威胁商会，勒索巨款八十万元，然后乘轮东下。所有黔军由卢焘代理总司令，经綦江向贵州松坎退却。10月15日，熊克武部张冲旅刘伯承团攻入重庆，将滇军旅长鲁子才击毙。

刘湘部到重庆后，即派兵东下接收黔军所驻涪陵、万县之下川东一带，更东下扫荡云阳、奉节一带之鄂西靖国军第一军蓝天蔚与第二军黎天才。11月蓝、黎退入湘北之恩施、鹤峰、建始、利川。至此，四川境内"客军"完全肃清。

二、四川军阀混战、兼并、发展前期

（1920—1924年）

这五年的战争，是四川军阀内部火并的大混战，主要是国民党系军阀熊克武与得到北洋军阀支持的刘湘、杨森争霸四川的战争。在这一主导矛盾中，双方都采取纵横捭阖的手段，窜跳于中小军阀之间，以图扩展羽翼，孤立对手。中小军阀亦利用这种形势，朝秦暮楚，周旋于两大势力之间，乘机扩展势力。战争中熊克武连战皆捷，大有一举消灭刘湘、杨森之势。最后刘湘、杨森在北洋军阀吴佩孚的支持下，击败熊克武。熊克武兵败出川。国民党在川的军事力量至此瓦解。

以前四川的战争，如"二次革命"、"护国战争"、"护法战争"，都具有一定进步意义。而这时，四川军阀"防区制"已经形成，四川军阀各部开始转入扩张势力、加强掠夺的阶段。战争规模越来越大，且无丝毫进步意义。如熊克武与刘湘、杨森等的大混战，前后参战的军队达二十余师，直接遭受战争蹂躏的地区达九十余县。战争中各军扩大队伍，招编土匪，弄得亦兵亦匪，亦匪亦兵，成了兵匪横行的世界。到处都有军阀、官僚、土匪、团防，到处都在派款、拉夫、抢杀、放火。四川各地灾民成群，饿殍遍野。不断加重的田赋、盐税、关税、厘金、杂捐悉充军费或中饱军阀私囊，犹不能满足军费之需和军阀贪财之欲。于是，军阀们遂开田赋预征之恶例，征税关卡星罗棋布。又勒种鸦片，不惜毒害人民，以索取巨额烟税。农、工、商业和文教卫生事业都遭受严重摧残，经济凋敝，人民生活在狂征暴敛之中，痛苦不堪。

驱逐滇、黔军出川以后，熊克武、刘湘驻重庆，刘存厚驻成都。四川同时并存两个督军，即由广东政府任命的督军熊克武和北京政府任命的督军刘存厚。刘存厚力图依靠北洋军阀政府的支持，控制四川各派军阀称霸四川；熊克武、刘湘则倡言"四川自治"，以摆脱南北两方势力的控制，实现其在四川的割据。因此，在驱逐滇、黔军出川以后，刘存厚与熊克武、刘湘之联合即告结束，彼此间争权夺利的斗争立即展开。

1920年12月10日，川军将领刘湘、但懋辛、刘成勋等二十一人（包括刘存厚部将领赖心辉、田颂尧、邓锡侯、唐廷牧等人）在重庆举行会议，提出川省自治主张，并表示对于南北双方，不为左右袒，永不许省外军队侵入本省境内。

北京政府则应刘存厚的要求，于12月30日正式任命熊克武为四川省长，刘湘为重庆护军使，以示拉拢。同时任命杨森为泸永镇守使，陈洪范为嘉叙镇守使，刘成勋为建昌镇守使，邱华玉为忠万镇守使，陈国栋为合川镇守使，但懋辛为绥定镇守使，余际唐为酉秀镇守使，陈能芳为夔开镇守使，邓锡侯为顺遂镇守使，企图利用军阀割据自雄的心理，分化瓦解熊克武、刘湘的势力。12月30日，熊克武通电解除督军职务。1921年1月12日，熊克武通电指出北京政府为"非法政府"，不承认其任命的四川省长职务。21日，川军一、二、三军将领亦通电宣称："今决以川人自力自治，不受何方之支配，不任外力之干涉。""必自中华民国合法统一政府告成，乃能承认其命令之效力。"北京政府的命令被顶了回去，刘存厚的计谋破产。但是，刘湘的部下陈能芳却被刘存厚拉了过去。刘湘对此异常痛恨。

正值双方剑拔弩张之际。刘存厚纵兵为祸，在成都少城公园打伤学生。各校学生在学联领导下，集队驰赴刘存厚驻地北较场示威，要求惩凶道歉，并高呼"裁兵废督"口号，彻夜不退。还派出代表到重庆向熊克武、刘湘请愿，熊克武、刘湘遂乘势出兵讨伐刘存厚。

2月18日，熊克武、刘湘、刘成勋联名宣布刘存厚罪状，分兵三路向刘存厚进攻。刘湘以四川陆军第二军军长兼前敌总司令率部由东路进攻，第一军军长但懋辛率部由北路进攻，第三军军长刘成勋率部由西路进攻。东路连克内江、资中，刘存厚之第三师邓锡侯、第二十一师田颂尧部节节败退。北路刘存厚之第四师赖心辉，经熊克武发表为川北边防军司令后，突然反戈，由保宁开往潼川、绵阳与第一军会合，直压新都。第二军再克简阳，邓锡侯、田颂尧部退守新繁、彭县一带。成都孤立无援，刘存厚遂于2月21日放弃成都，退守广汉、绵阳。

刘存厚退出成都，通电结束靖川军，但反刘存厚之各军继续作战，围攻新繁之邓锡侯部，新都、广汉之田颂尧部，二十二师唐廷牧部，什邡之第十师刘斌部。以后各师先后经绵阳、梓潼、阆中向通江、南江、巴中一带退却，并准备撤往陕西。刘存厚则从灌县、松潘、茂县绕道逃往陕南宁羌。

正值熊克武、刘湘、刘成勋所属各部继续攻击刘存厚部之际，驻南充的第一军第五师师长何光烈前线通电，反对继续对刘存厚各部用兵，宣布脱离第一军，勒兵制裁。同时，驻泸州第二军第九师师长杨森亦通电切请停战。第一、二军均以内部

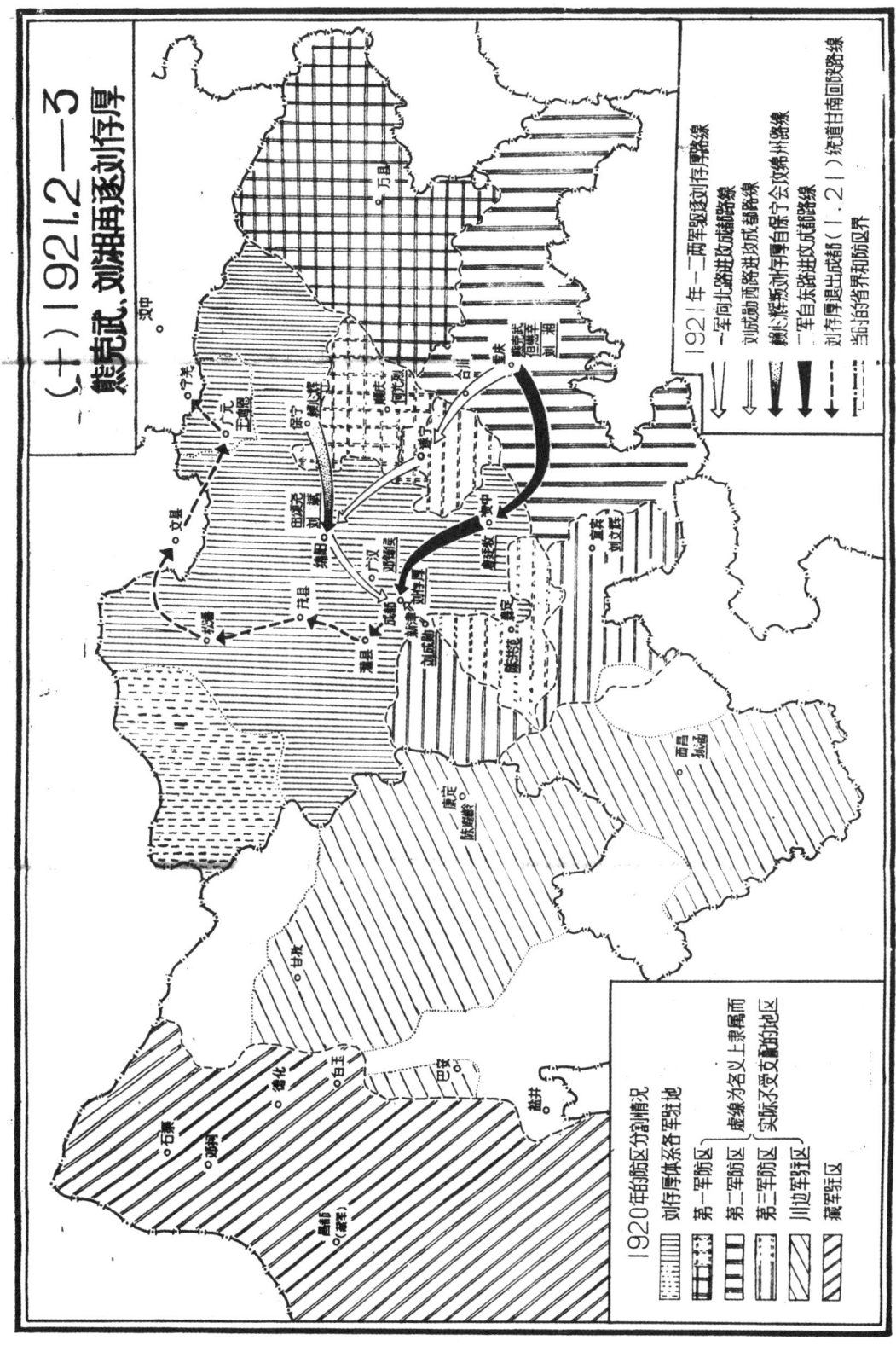

分歧，停止追击，并将兵力撤回成都安定内部。刘存厚下属一些将领亦表示接受重庆各军联合办事处之处理。于是，邓锡侯部回驻绵阳，田颂尧部回驻阆中，到3月中旬，战事宣告结束。

1920年12月，熊克武解除督军职务后，各将领在重庆设立四川各军联合办事处。1921年6月，各军联合办事处推刘湘为川军总司令兼省长。7月2日，刘湘就职，各军联合办事处随即撤销。那时四川有三个军长、十二个师长、八个混成旅长、两个总司令和一个镇守使。其中属第一军但懋辛系二万余，属第二军刘湘系二万余，属第三军刘成勋系一万余，其他各部二万余。

熊克武推刘湘为川军总司令，本属权宜之计，今后如何对付，得相机设法。刘湘亦知熊克武为争霸劲敌，宣布就职以后，本应到省城所在地成都，但只在重庆就职，而不离开其驻防区域。

7月，湖北主张省自治的人士派代表潘正道来川，以湖北督军王占元部哗变于武昌、宜昌等处，残害民众，请求四川出兵援鄂，协助自治。8月18日，四川援鄂军以刘湘为总司令，以但懋辛为副总司令兼第二路总指挥，唐式遵为第一路总指挥，沿长江南北两岸向宜昌进军。出川后，占领湖北巴东，继续向宜昌挺进。9月2日，四川援鄂军第二混成旅刘伯承部于宜昌南岸之安安庙，击破吴佩孚之援军张允明，包围歼灭该旅段其澍团。

9月1日，湘鄂停战。吴佩孚遂得以全力进攻援鄂川军，击败唐式遵部，援鄂各部陆续向川境退却。10月，吴佩孚部进占秭归、巴东，并派代表与刘湘议和。为扼制川军向外发展，吴佩孚委派孙传芳为长江上游总司令，入驻宜昌。

援鄂战争失败，熊、刘企图向外发展既不可能，彼此间争权夺利的矛盾遂又尖锐起来。刘湘本与北洋军阀有一定联系，援鄂战争失败后，刘、孙联合，四川各军都感到威胁，于是，由但懋辛、刘成勋、赖心辉出面，联合邓锡侯、田颂尧、陈洪范等在成都设立各军联合办事处，与重庆刘湘对峙。

1922年5月1日刘湘通电辞去川军总司令兼省长职，军民两政交王陵基、向楚代行，自己退居幕后操纵指挥。7月7日，第二军军长杨森，出兵袭击第一军下川东部队，点燃了一、二军下川东之战导火线。

第一军下川东部队受到第二军攻击以后，为集中兵力，向顺庆方面撤退。7月7日，第二军占领开县。10日，占梁山。14日，占达县。23日，第二军连取渠县、广安、岳池。27日，第二军九师全部、李樾森旅及潘文华师郭勋祺团等部追抵顺庆，在中滩桥、杜家岩一带与第一军主力第一师、第五师、第二混成旅激战三日，

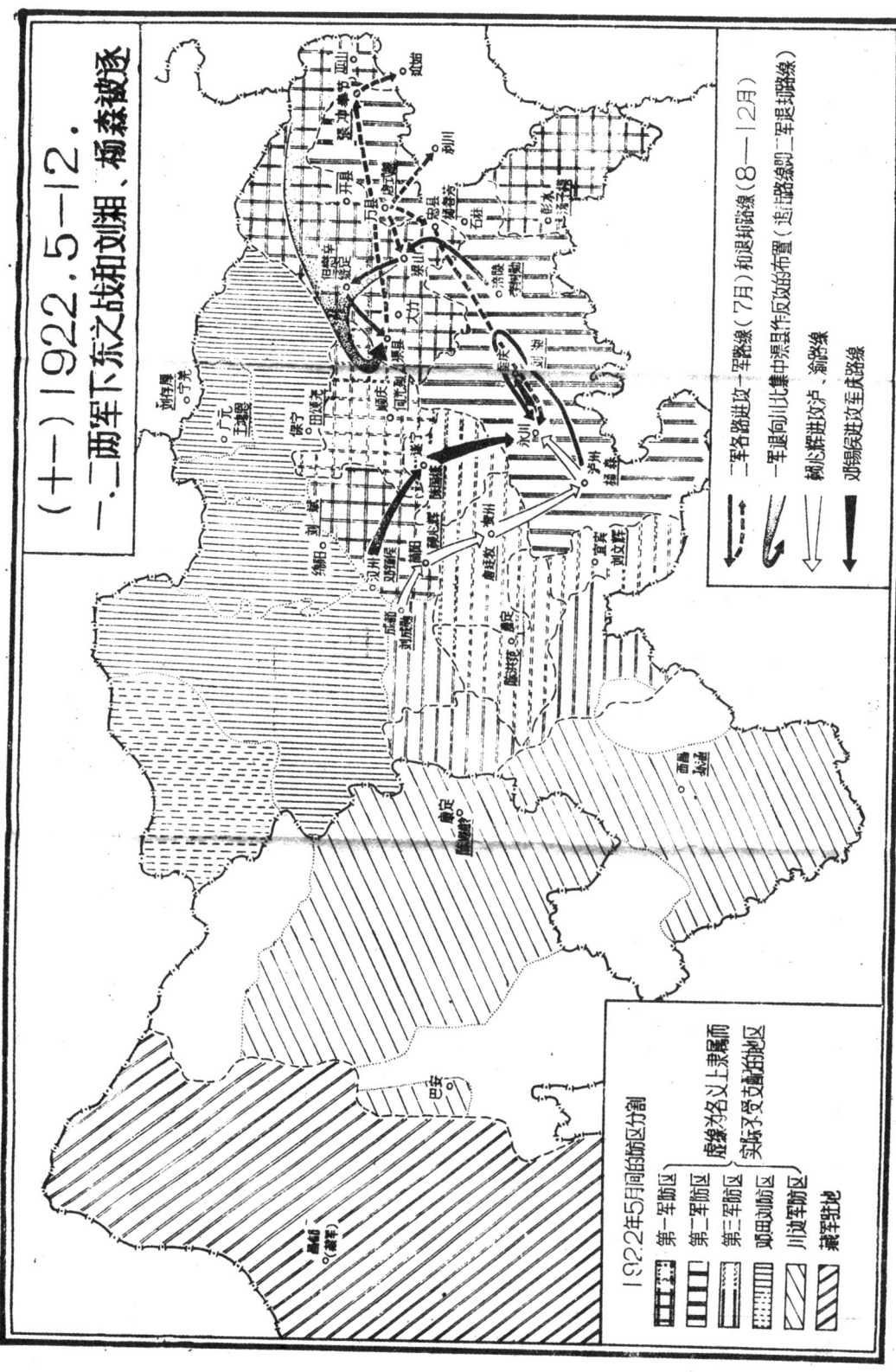

李樾森旅全军覆没，李仅以身免。

第二军进攻营山之唐式遵师与第一军余际唐师、邓经武旅、陈兰亭旅激战于静边寺，唐师亦大败。于是，第二军各部纷纷溃退。8月1日，一军克渠县。2日，克达县。5日，一、二军激战于佛耳岩，二军又败。6日，一军克梁山。

一、二军北道激战之际，省联军亦开始向二军进攻。7月9日，邓锡侯部前锋抵永川，与二军傅常旅接触，傅常旅退老关口后全部溃散。此时，刘文辉全旅由宜宾调渝协防，名为协助刘湘，实欲从中取利。邓锡侯至老关口，刘文辉来迎。8月8日，杨森离渝东下。9日，邓锡侯、赖心辉、陈国栋各部相继入城。26日，刘湘在刘文辉护送下返回原籍大邑。

杨森率残部东下到达奉节后，12月1日，第一军张冲旅克万县。18日，进至奉节。适逢北军张汝明旅赶来应援第二军，已有一团在奉节登陆，杨森设宴洗尘。刘伯承指挥第二混成旅乘大雾入城突然袭击，杨森部即全部溃乱。杨森孑然一身，乘小火轮逃往宜昌。在鄂西施南、利川、建始各县，收集残部，合编成一个混成旅，以郭汝栋任旅长，合计不到五千人。一、二军下川东之战，遂告结束。

1923年至1924年间的四川军阀大混战，情形非常复杂。四川各派军阀几乎全部卷入其中，北洋军阀吴佩孚以及滇、黔军阀亦派军入川参战。四川东南西北中，都先后成为战场，战争烽火，遍及全川。持续时间较长，从1923年2月战争爆发，到1924年5月熊克武等兵败出川，为时达一年零四个月之久。因其复杂，故按战争发展阶段，编绘七幅图和说明。每一阶段都绘出开战前防区分割情形，藉以反映各军阀当时的地盘和势力，以便读者了解战争发展形势及各派军阀势力之消长。

1922年7月，四川一、二军之战以二军失败告终，刘湘下野回大邑，杨森残部退鄂西。8月，川军第三军军长刘成勋被推为川军总司令兼管军民两政。刘成勋在成都召开了军事善后会议。二军失败后，第三师师长邓锡侯希望由他升任第二军军长。第七师师长陈国栋以刘成勋既升总司令，三军长一职自己当然升任。但刘成勋感到军长握重兵于己不利。于是在会议上提出废除军的建制，以师为单位缩编部队。视枪支多少改编后而定部队名称。这个议案遭到邓锡侯、陈国栋等反对。在但懋辛、赖心辉等的支持下，得以多数通过。会议闭幕后，刘成勋明令取消军制，任命但懋辛为东防督办仍驻重庆，率原一军部队，布防下川东，以防吴佩孚侵入。委赖心辉为边防军总司令驻泸州策应重庆。陈国栋、邓锡侯任军长的希望破灭，联军内部又发生了尖锐的矛盾。

11月，刘成勋宣布改编部队。于是人数不足的各师，皆着手大拉队伍以求足

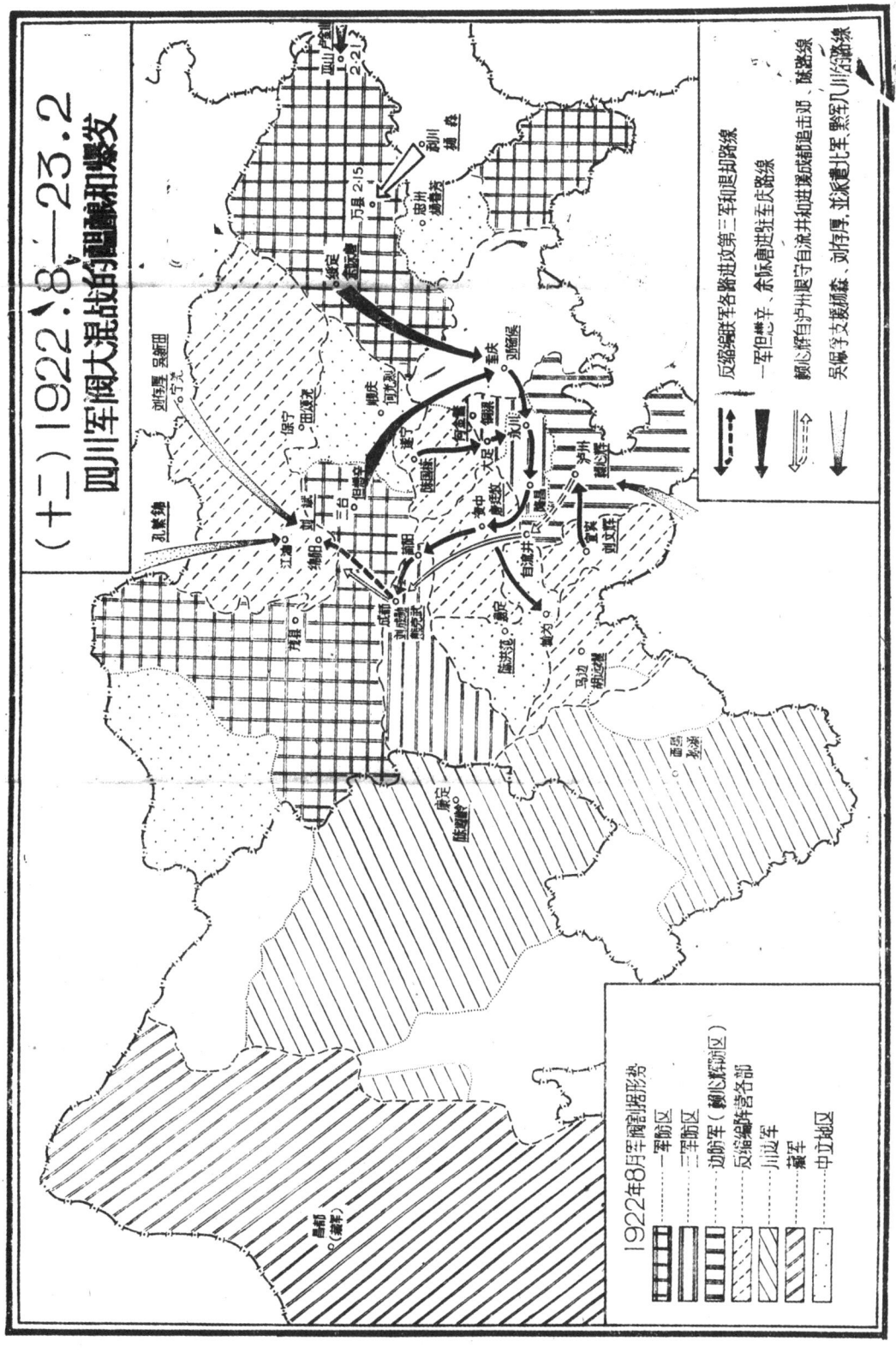

额。有杨森旧部何金鳌旅，陈国栋拟收编扩充自己，遭到何金鳌反抗。1923年1月25日，陈国栋率部向驻大足何金鳌部进攻，何部败退乐至。刘成勋与陈国栋上下级之间，因废除军制问题矛盾加深。刘成勋遂以"估编军队，擅开兵衅"的罪名，于1月29日电令解除陈国栋第七师师长职务。同时派第七混成旅旅长蓝世钲、第六混成旅旅长张成孝率部由成都经东道直趋永川查办。陈国栋见情况不妙，乃与何金鳌讲和，化敌为友，共同抗刘。驻重庆之第三师师长邓锡侯，与陈国栋都不满废除军制，防区又与陈毗连，恐陈部被解决后于己不利，遂于2月6日率部离开重庆，赴永川援陈，合兵围攻隆昌的蓝世钲旅。在邓锡侯策动下，驻资中的第二十二师师长唐廷牧，出兵援助邓锡侯、陈国栋。刘成勋于是下令解除邓锡侯之第三师师长职务，并于2月13日明令讨伐邓锡侯、陈国栋，又电请川东边防督办但懋辛出兵援助。但懋辛即派出第六师余顺筠旅助之，并乘邓锡侯率兵西进，第一军第六师余际唐部2月8日开赴重庆，将邓留守部队解决。

川战爆发后，邓锡侯即派人联合陕南宁羌刘存厚、川边陈遐龄、鄂西施南杨森、川北田颂尧、刘斌等，声讨熊克武、但懋辛。川战爆发，吴佩孚认为是控制四川的大好时机，于是调兵遣将，协助杨森、刘存厚打回四川。湖北方面，以北军第八师师长王汝勤、施宜镇守使赵荣华为援川总副司令，卢金山为总指挥，杨森为前敌指挥，率第八师两个混成旅及杨森之第二军，由施南、宜昌入川。卢金山部入奉节、巫山，杨森部入万县。陕西方面，北军第七师师长吴新田率部与前四川督军刘存厚由宁羌、广元入川，进驻绵阳。甘肃方面，甘南镇守使孔繁锦率部由摩天岭入川，进驻江油。贵州方面，黔军袁祖铭率部五旅由毕节入川。

2月中旬，邓锡侯、陈国栋挥师西上，19日，直逼成都东门，赖心辉部尾追亦至。邓锡侯、陈国栋退往绵阳，与田颂尧、刘存厚相结合。赖心辉率部尾追邓锡侯、陈国栋。唐廷牧即移向犍为，刘文辉攻取泸州。何光烈、陈洪范宣布中立。刘成勋见反熊联军势大，又得北洋军阀吴佩孚之助，遂不再坚持强硬态度。于是熊克武、但懋辛即成为各派军阀集中攻击的对象了。

北洋军卢金山部与杨森部入川后，但懋辛退守万县。驻忠县的第一军第六师独立旅旅长杨春芳倒戈投杨森，前后夹击第一军，但部退守梁山。1923年3月8日，杨森部进占万县，26日，杨森率部由万县进占梁山、垫江，但懋辛退守重庆。

29日，但懋辛通电辞川东边防督办职。4月4日，重庆设立川东各军联合办事处，推川东边防军总司令石青阳、第一军第一师师长喻培棣为主任，第一军第六师师长余际唐为前敌总指挥，第一军第二混成旅旅长张冲、川东边防军第一混成旅旅

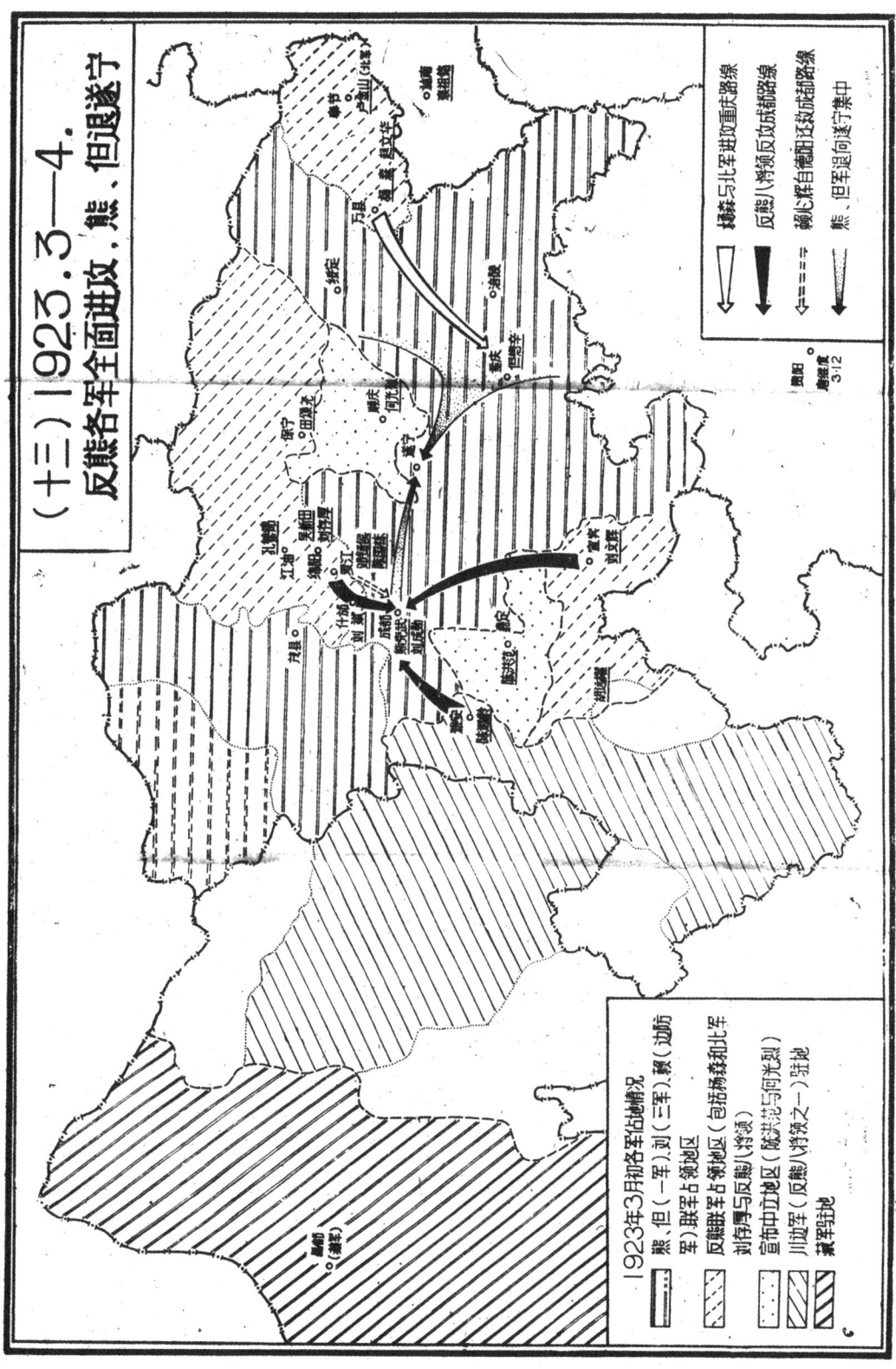

长汤子模为副指挥,负责抵抗杨森的攻势。4月初,杨森等部与第一军在重庆下游十余里之寸滩、横梁子、人头山、鸳鸯桥等地激战。4月5日,第一军撤离重庆,分向永川、合川退走,然后集中遂宁。4月6日,重庆为杨森等部占领。

正当杨森和北洋军节节推进之际,邓锡侯、陈国栋、田颂尧三部受赖心辉大军逼退至罗江、绵阳一带。熊克武、但懋辛增援赖心辉的部队正由成渝路西上。邓、陈、田弹粮几尽,形势日恶。为摆脱其困境,邓、陈部4月2日乘夜出发,绕过赖心辉部主力,走德阳、什邡间小道,经第十师刘斌(当时表示中立)防区,两夜一昼强行军280里,于4日午前8时直抵成都北门外,形成了反裁编联盟八将领(即第三师师长邓锡侯、第七师师长陈国栋、第二十二师师长唐廷牧、第二十一师师长田颂尧、第十师师长刘斌、第九师师长刘文辉、川边镇守使陈遐龄、屯垦司令彭远耀)会攻成都的局面。

刘成勋重兵均在前线,成都无兵可用,急电赖心辉率部回援,但赖的大部被邓、陈的军队隔断,不能前来解围。守城兵力,极为单薄,成都岌岌可危。省议会副议长郭崇槼和部分议员,为免除省城战祸,出面调停。经协商,由刘成勋把成都兵工厂、造币厂、四门统捐税局税收、成都关监督税收,一起交与第九师师长刘文辉接管。刘文辉部队置于东门外至龙泉驿一线,把邓锡侯、陈国栋等部隔在东门外以北地区。放开东门,让刘成勋、熊克武、赖心辉等部,白日出城,安全向东南路撤退。3月30日,刘成勋通电辞职,宣布停战。刘成勋退往新津,熊克武去遂宁。4月2日,刘文辉以成都卫戍司令名义率部入城。5日,联军邓、田、陈、刘(斌)等部占领成都。

战争期间,刘文辉两面联系,移师成都。继又中间调处,得任成都卫戍司令,据有成都兵工厂、造币厂等。刘文辉在成都虽仅驻两个多月时间,所占据的兵工厂,昼夜开工,制造大批枪械,源源运回叙府,装备新成立步兵五个团。又将造币厂铸造的大量银圆、铜圆,据为己有。于是,刘文辉兵力、财力都得到了较大的发展,逐步成为四川军阀角逐场中的重要角色。

四川的成都、重庆两重要城市,在4月5、6日,由吴佩孚指挥的北洋军和川军杨森、邓锡侯、陈国栋等部分别占领。从此,形成以熊克武、但懋辛、石青阳为首的国民党系川军与吴佩孚的北洋军、杨森、刘湘、刘存厚、邓锡侯为首的川军以及部分黔、陕、甘、鄂军在四川的决死拼斗。

成都、重庆被邓锡侯、杨森等攻占后,前四川督军熊克武率第一军第八混成旅旅长郑英等部到遂宁,并在遂宁、潼川一带集中第一军部队。熊克武、但懋辛、赖

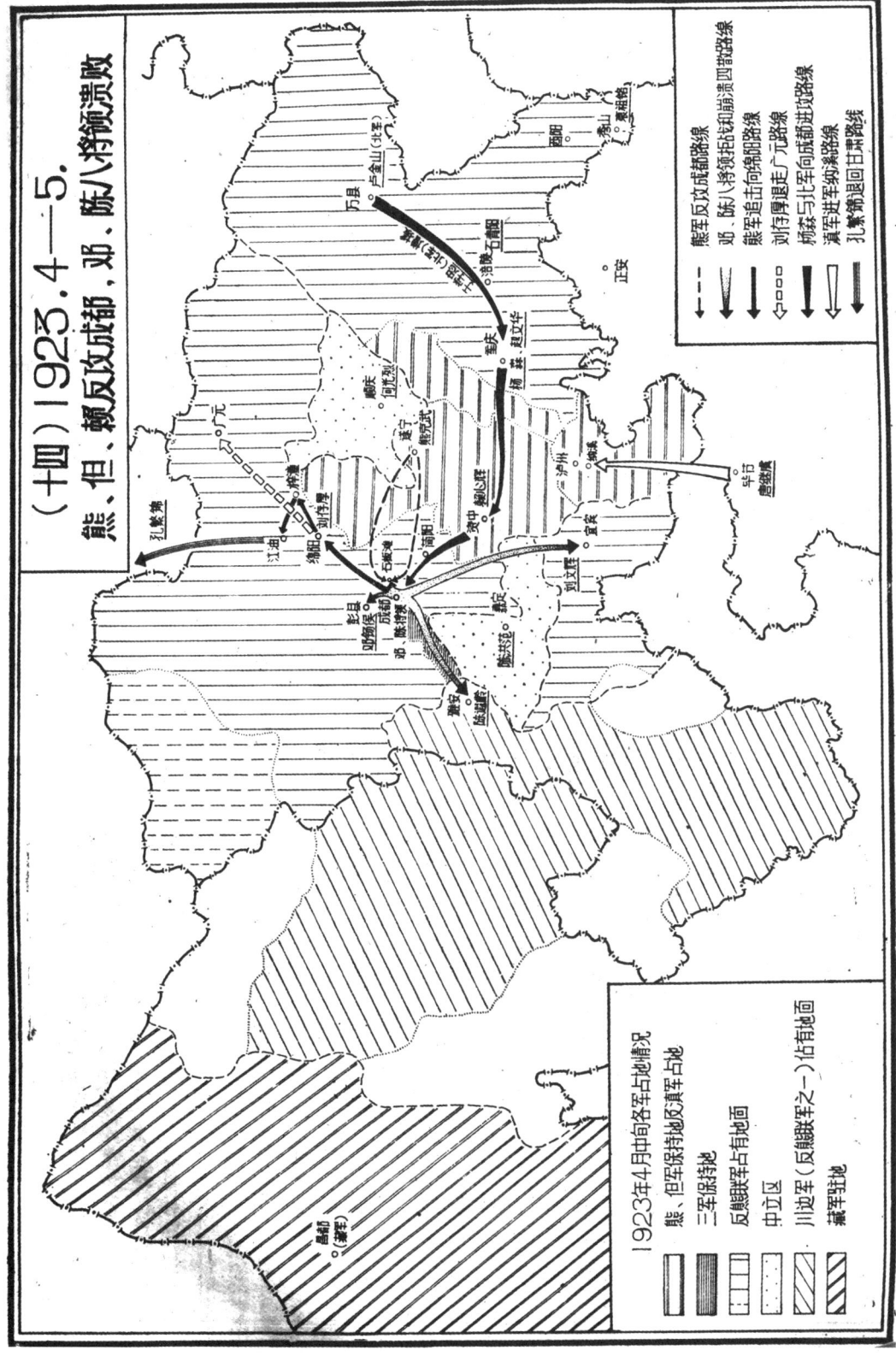

心辉、余际唐等,于1923年4月19日,在潼南双江镇部署反攻。决定兵分三路,先取成都,再图重庆。以第二混成旅和第一师之一部,进攻北路广汉,并隔断入川北军与陈、邓等部的联络,由刘伯承指挥,是为右翼。赖心辉到隆昌集中边防军部队,从简阳攻成都,是为左翼。以余际唐率第六师之一部和第一师之一部及其他部队,从遂宁直攻成都,是为中路,临时余际唐病,由但懋辛亲自督师。此外,刘成勋则在新津集中第三军部队。石青阳则到涪陵一带集中川东边防部队。

先是,1922年,唐继尧纠集旧部回滇,打死顾品珍,3月25日,重掌云南政权。同时,袁祖铭称"定黔军",攻入贵州,5月9日,逐卢涛。1923年3月12日,唐继尧攻入贵州,逐袁祖铭组织自治政府,恢复刘显世的省长。派其弟唐继虞为滇黔联军前敌总指挥,驻毕节,窥川。袁祖铭则溃施南,吴佩孚命其助杨森回川。此时,熊克武在遂宁乞援于唐继尧。唐继尧感到这是向四川扩展势力,实现其"大西南"计划的又一大好时机,于是派滇军进纳溪,窥泸州。

在成都的有邓锡侯、田颂尧、陈遐龄、陈国栋、何金鳌、刘斌等部,在新都、广汉、中江、简阳等县亦驻有联军部队。但懋辛率第六师由淮州(即金堂县淮口镇)取间道直趋成都。5月6日,与联军在石板滩、廖家场、黄庄一带接触。与此同时,第一军第一师、第二混成旅、第八混成旅挺进中江、金堂。击败新都、广汉联军后,第二混成旅直抵成都近郊,到达石板滩,与第六师夹击联军。陈遐龄部边军三个团号称劲旅,被刘伯承指挥部队包围缴械达两团之多。联军在石板滩一战,全线崩溃,陈遐龄率残部向西河场、甑子场、新繁、彭县溃退。其余各部向西南溃退。13日,刘文辉欢迎熊克武等入成都。

5月11日,邓锡侯、陈国栋率部退绵阳。但懋辛、喻培棣率部继续向联军进击,20同,攻占绵阳,驻绵阳之刘存厚及入川陕军向北退走。邓锡侯、陈国栋退梓潼,田颂尧退中江,第一军第一师及第二混成旅攻占梓潼,又击溃吴佩孚派来进占江油之甘军孔繁锦部。邓锡侯、陈国栋、田颂尧等继续向通江、南江、巴中、阆中方面退走。田颂尧退到巴中派参谋马瑶生到南充,要求让他们的部队驻扎北道几县就食,不再参与战争,并致电刘成勋、熊克武表明态度。因此,郑英旅追至盐亭,即接军长但懋辛电,停止追击。

熊克武、但懋辛、赖心辉反攻成都的时候,杨森与北军亦由重庆向成都进军,吴佩孚加派北军于学忠部增援杨森,协攻成都。

熊克武、赖心辉入城后,刘文辉犹据兵工厂不去。熊克武、赖心辉之所以先取成都,乃欲夺兵工厂取得弹械补充,以对抗杨森和北军,焉能让刘文辉据之不去。

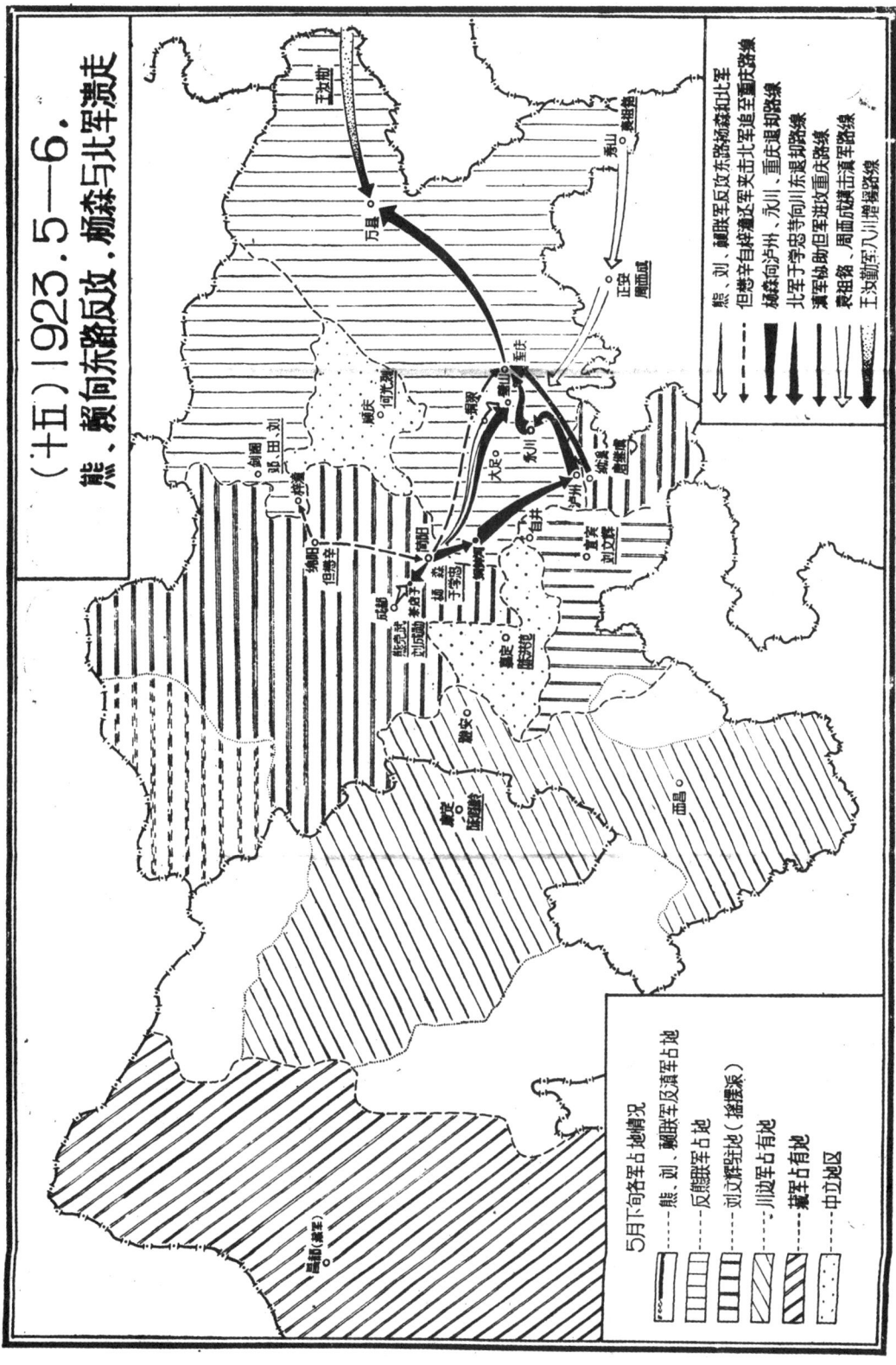

因此，由刘成勋以电话通知刘文辉，三日内将兵工厂交出，退回原防。刘文辉被迫撤出成都回到川南原防区。

1923年2月，孙中山回广州重建军政府，任大元帅，兴师讨贼。6月4日，孙中山任命熊克武为四川讨贼军总司令，刘成勋为四川省长兼川军总司令，赖心辉为四川讨贼军总指挥。孙中山又责令吕超、石青阳等回四川与熊克武合作。熊克武委吕超、石青阳为对贼军第一、三路军总司令，命其招集旧部参加讨贼。从此，开始了四川"讨贼之役"。

第一军与联军在成都东石板滩一带激战之际，杨森于5月7日由重庆赴隆昌，派杨春芳师向川南挺进；自率主力先后占据资中、安岳、遂宁，20日进入资阳、简阳。25日杨森部及北军于学忠部六个团向石盘铺进攻；何金鳌及北军一部共三个团经养马河、周家场向甑子场进攻。26日，28日，杨森军、北军与赖心辉部在龙泉山之石盘铺、茶店子一带激战，赖部将不支。第二混成旅在周家场将何金鳌部击溃后，在刘伯承指挥下紧急向龙泉山增援。6月2日，第二混成旅与北军于学忠部激战整日，北军横尸满山，大败而退。

但懋辛川北回军进至简阳沱江对岸，并于迎泉寺渡过沱江截击杨森军与北军。杨森等绕小道退资阳。第二混成旅指挥刘伯承、刘慕贤分兵追击。退向铜钟河之杨森军和北军喘息未定，被刘慕贤率兵横击。杨森退资属五皇场，据一高地抵抗，又被刘伯承率部白刃夜袭击破。6月11日，杨森溃退至隆昌，再退泸州，北军退荣昌。吴佩孚闻杨森等兵败，急催王汝勤入川主持军务。

自赖心辉出兵后，泸州由张英旅留守。张英旅主力到隆昌、永川作战，留守兵力仅一连。匪首陈云武（绰号大眉毛）纠合郭建章（绰号老外）、牟云华（绰号牟公道）等匪棚一二千人，于1923年3月25日袭占泸州。接着石青阳之汤子模部开来，匪退出。5月13日，杨森收编之杨春芳师来攻，汤退走。6月6日，汤子模举兵反攻，杨春芳退走。此时杨森溃至泸州，汤子模出走。后讨贼军一、三路军吕超、石青阳来攻，杨森出走。一年间，泸州城遭受兵匪七进七出之惨祸。杨森败退泸州后，讨贼军跟踪尾追，吕超、石青阳部，分道由沱江两岸压迫泸州。第二混成旅由遂宁追击北军，自于学忠旅被歼后，余部不敢抵抗，节节退却。向重庆进攻的讨贼军各部，接连夺取潼南、铜梁、合川后，会师璧山。6月20日杨森退守重庆。留守泸州与吕超部相持的杨春芳，见杨森惨败，又叛变投熊克武，被委为讨贼军第四师师长。

杨春芳原为永川悍匪。靖国之役，受黄复生收编。1920年黄复生出川，第六师余际唐收编为独立旅，驻忠州。后退石柱投杨森，移驻泸州。1922年杨森兵败出

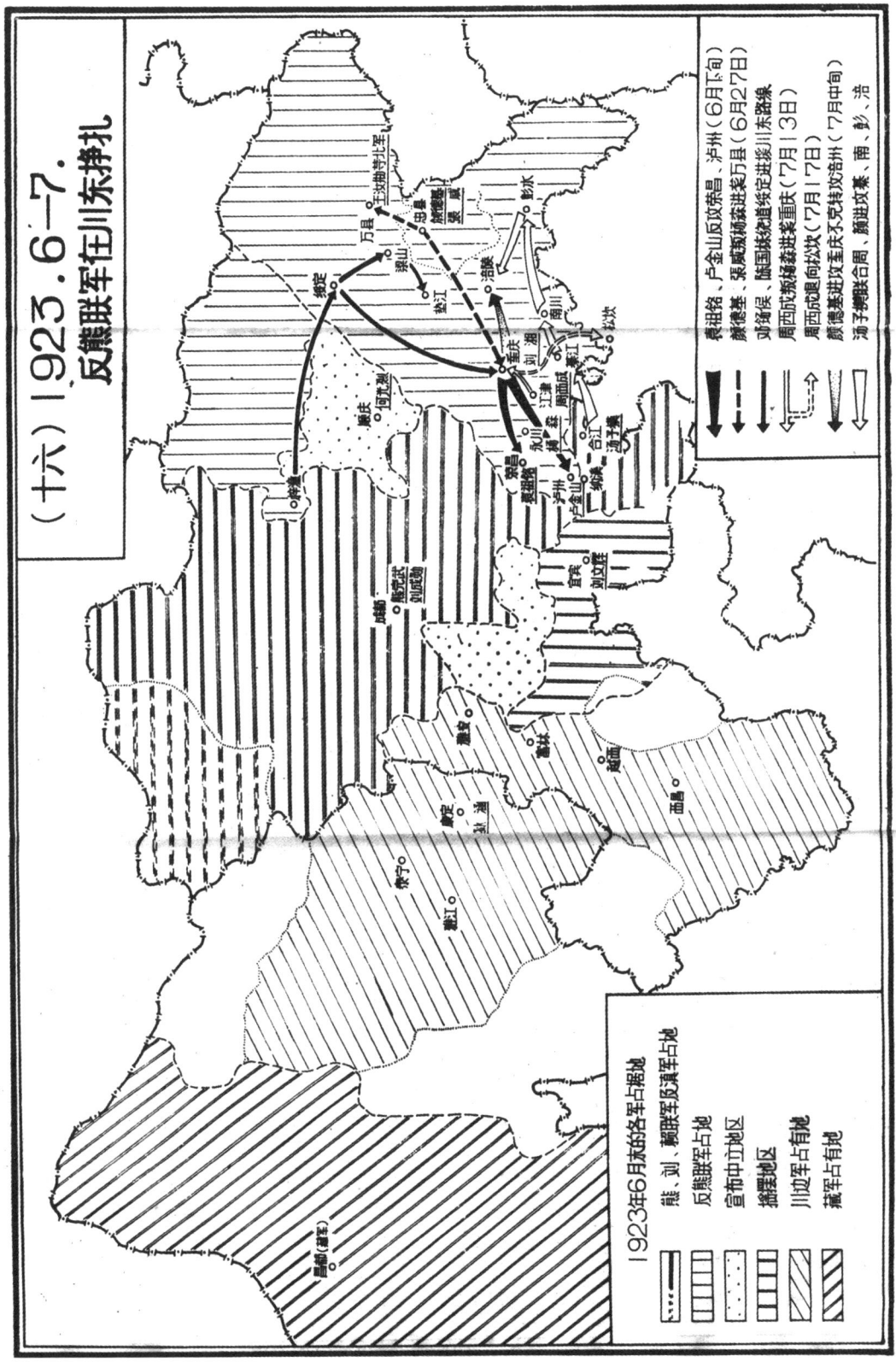

四川军阀战争图说

川，投熊克武、但懋辛，仍以独立旅驻忠县、丰都、石柱。杨森自利川进攻万县时，叛熊克武投杨森。杨森与北军向成都进军，杨春芳升任师长，与范绍增旅取泸州。吕超、石青阳兵到，叛杨森投熊克武。熊克武失败，又归杨森。杨森失败归刘文辉。1925年在成都市内被刘文辉围逼缴械，发生巷战，死伤学生平民数百人。其后，杨春芳往灌县依附邓国璋。后复投杨森，在万县被杨森以谋叛罪枪毙。杨春芳一生的行径，可以代表川中绝大多数中小军阀动摇投机的一般情态。

唐继尧所率滇军，从纳溪向重庆发动过一次进攻，因袁祖铭与周西成等黔军向江津横截过来，又退回去了。驻綦江的靖黔军总司令周西成，杨森曾任其为第二军第六师师长。杨森西进成都时，调周西成驻江津，以防滇军入川。周西成后来投向熊克武，被委为讨贼军第六师师长。周西成乘杨森自隆昌败退时，于7月13日由江津分三路袭击重庆之浮图关及南岸之铜元局、黄桷垭。此后，又发动了几次进攻，数度攻占铜元局、黄桷垭、海棠溪、大佛寺等处。夺取的铜及铜圆，驮入成都，供讨贼军作子弹壳之用。对解决讨贼军各部弹药困难，起了一定的作用。

讨贼军占领泸州后，熊克武扩编部队。任命汤子模为讨贼军第一师师长，周西成为第二师师长，两部驻叙永、江津一带。郑启和为第三师师长，驻梁山、大竹。杨春芳为第四师师长，仍驻泸州。此四师属总司令直辖部队，交吕超、石青阳指挥。

王汝勤到万县后，重新部署军事。从川北将邓锡侯、陈国栋调到川东；自己进驻重庆，督促黔军袁祖铭，北军卢金山、宋泽霈与杨森分道反攻。1923年6月24日，袁祖铭夺回荣昌。28日，卢金山夺得泸州。杨森进驻永川督战。

杨森收编的石青阳旧部张威与颜德基，原驻忠县，6月27日，突然劫取小轮，进袭万县，不克，仍退忠县。当周西成袭渝时（7月13日），张、颜亦回军袭渝，适逢邓锡侯由川北来援，周西成、颜德基等皆败。颜德基转攻涪陵。周西成由綦江退松坎。陈国栋自绥定攻梁山、垫江，郑启和退据忠县、丰都。汤子模自泸州退出后，经合江、綦江，占有南川、彭水，与颜德基、张威、周西成连成一气。北军和杨森军后方大川东，专赖邓锡侯、陈国栋部队支持。

6月中旬，北方奉、直两系军阀矛盾加剧，吴佩孚在洛阳已感困窘，上川东战局亦渐呈颓势。杨森乃请王汝勤撤回前线部队，固守重庆。

川战逐步扩大，北军和杨森军受挫，给刘湘出山造成了极为有利的条件。年初川战发生时，张斯可、乔毅夫就曾代表刘湘，分别与刘成勋、赖心辉、陈洪范、刘文辉暗中进行联络。刘湘还两度介绍吴佩孚的代表与赖心辉秘密接洽，后吴派余某为常驻赖部代表。同时，刘湘密令第二军退驻叙永山区的唐式遵师的刘光瑜旅和寄

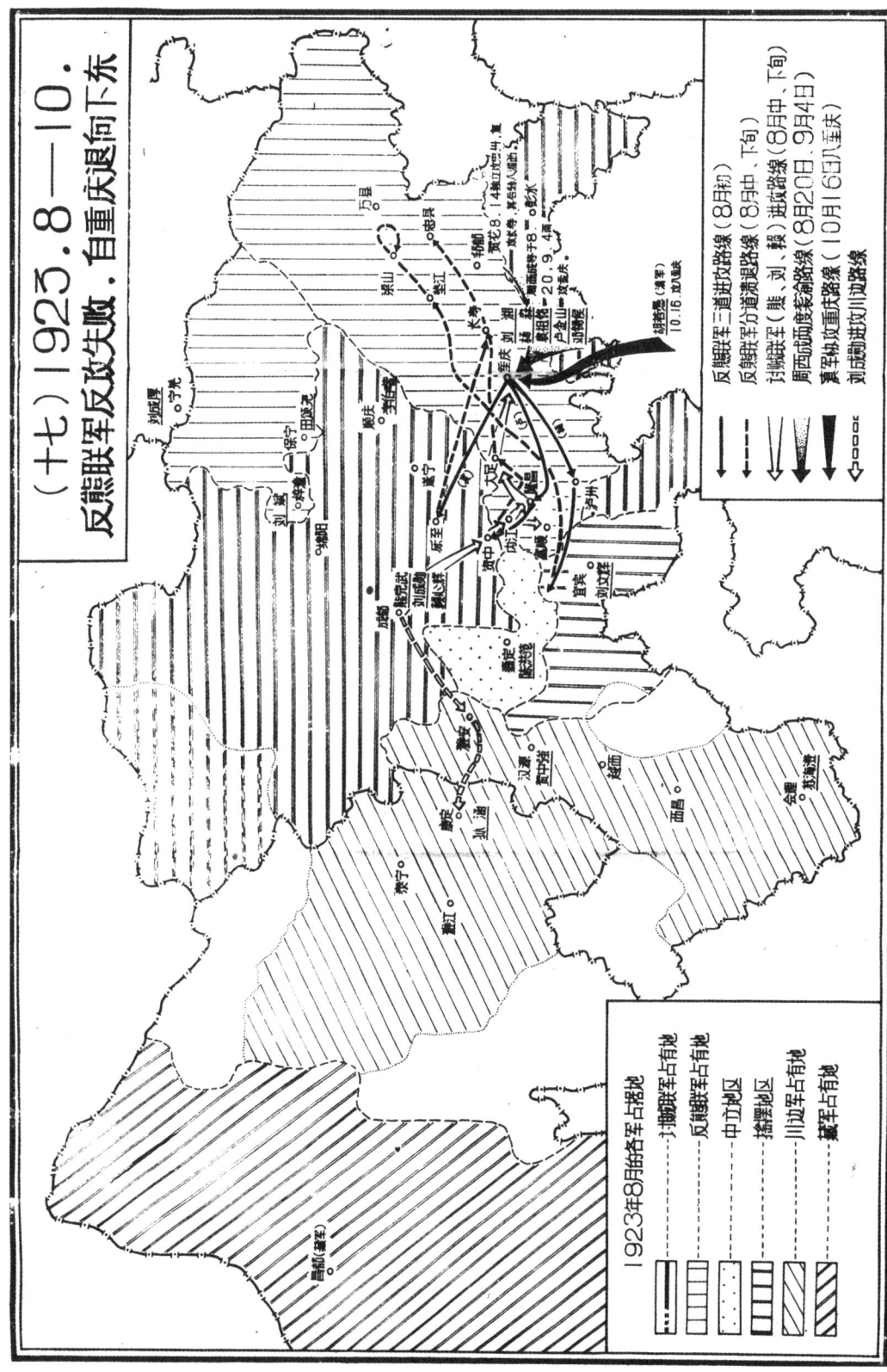

居陈洪范篱下的潘佐团，趁杨军西进时机脱离原地，向重庆集结整补。及见杨军向重庆撤退，战局逆转，刘湘为了收拾局势，不得不亲自出马了。他先后到嘉定、宜宾、泸州一带与各方周旋，并与杨森直接进行联系。北京政府鉴于刘湘尚有一定潜力，将来不无可供使用之处，因此，于7月28日任命刘湘为四川清乡督办。

杨森在节节败退之际，也寄希望于将刘湘抬出来，统一战斗行动挽回颓势，并拉拢刘成勋和赖心辉以缓和战局。7月30日，杨森、邓锡侯、田颂尧、唐廷牧、刘斌、陈国栋、陈洪范、刘文辉、唐式遵、潘文华、李树勋、杨春芳、何金鳌、魏楷、包晓岚、龚达等将领联名通电，拥护刘湘出山，推举为四川善后督办。刘湘即以第三者姿态伪装调停，提出"礼请北军出境"为双方停战先决条件，以博取川人的同情。实际上刘湘已命令唐式遵、潘文华、李树勋等旧部，在泸州以下长江南岸，与第一军吕超、石青阳、汤子模等部进行战斗，借以分散熊军的兵力。同时，加紧与刘成勋、赖心辉勾结，提出只对原熊克武、但懋辛的第一军，以孤立熊、但。

吕超亦以孙中山代表身份游说刘文辉、彭远耀及第三军、边防军将领与熊克武、但懋辛合力讨贼。熊克武于7月15日通电在成都正式就四川讨贼军总司令职，与刘湘相对抗。熊克武又憎恨何光烈叛己中立，发动其部旅长吕伯啎兵变，执何解送成都幽禁。

1923年8月，和平交涉破裂。反熊联军由赵文华守重庆，以邓锡侯、陈国栋部留川东，防备周西成，颜德基、汤子模、郑启和等讨贼军杂色部队。余分三路向成都反攻：北军卢金山在荣昌、隆昌任中路，向资中，内江；杨森率川军由泸州、叙府向嘉定，为左翼；袁祖铭率黔军由安岳向金堂，为右翼。8月中旬，黔军已占安岳、乐至抵广元寺。杨森得刘文辉之助，亦颇顺利。熊克武则以全力专击中路北军，激战于资中、内江间银山镇、史客街等处，北军溃不成军，弃内江退守大足。时赖心辉与刘湘暗有往来，率部徐徐而进。黔军袁祖铭率万人增援，扼守隆昌。但懋辛亲临前线"协同"赖心辉指挥，与袁祖铭黔军在隆昌迎祥街、下马铺一带激战三日，将袁祖铭部击溃。袁祖铭败退大足。

讨贼军以赖心辉部追击唐式遵部向泸州，喻培棣、郑英等追击永川、荣昌溃军，但懋辛率余际唐及第二混成旅追击黔军向大足。黔军王天培率部至大足马颈垇、观音坡据险顽抗。讨贼军仰攻三日，克之。此役，虽将黔军击溃，但讨贼军骁将刘伯承指挥身负重伤。反熊联军三路皆兵败回奔重庆，讨贼军追至浮图关，周西成亦攻至重庆南岸。

8月15日，杨森部驻丰都旅长贺龙宣布独立，一部分忠县驻军哗变响应，会同

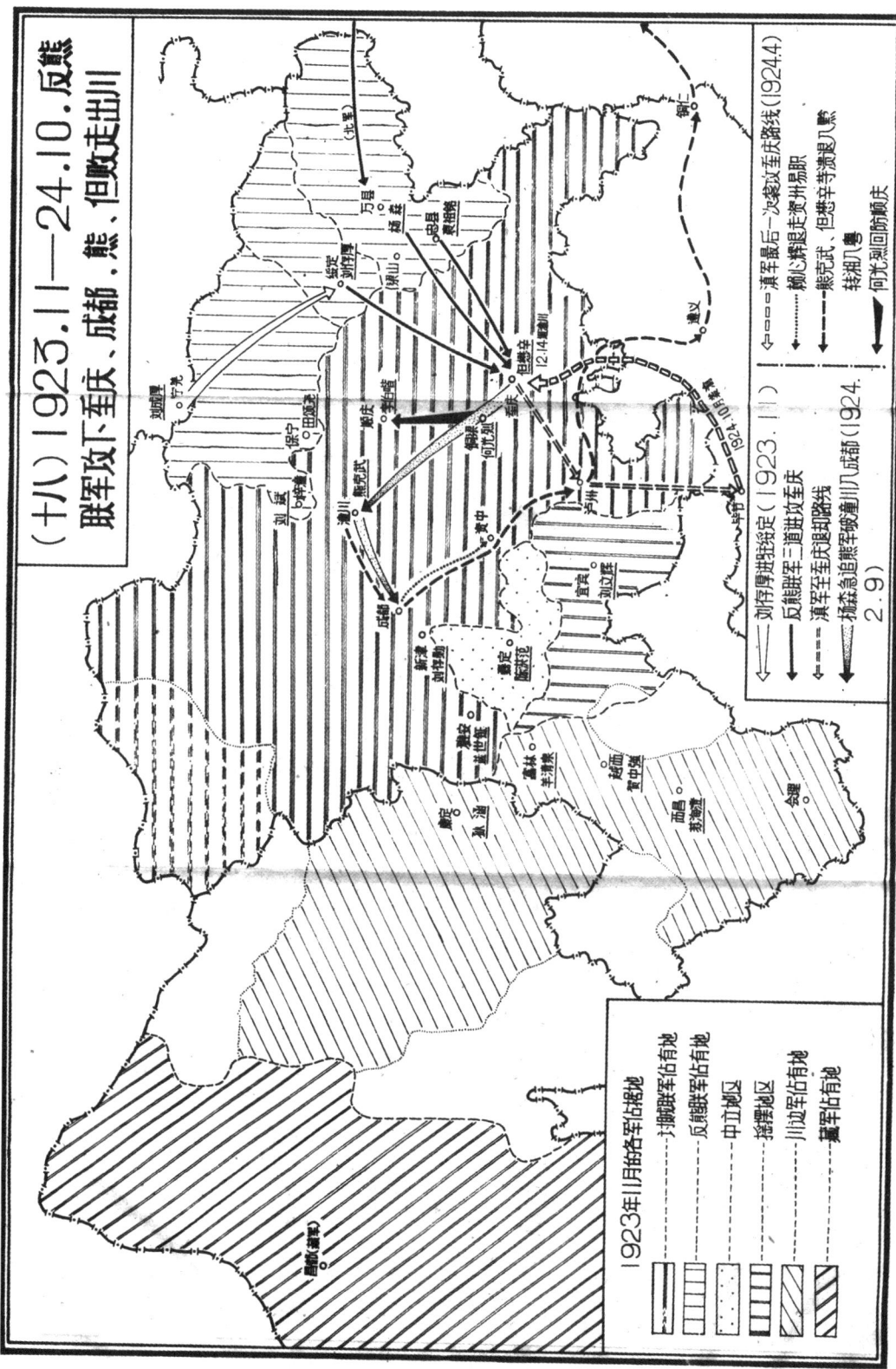

贺龙部进攻长寿，牵制了邓锡侯、陈国栋部队不能援救重庆。

吴佩孚为给附己的川军头目打气，9月15日，以北京政府的名义委邓锡侯为陆军第三十师师长、陈国栋为陆军第三十一师师长、唐式遵为陆军第三十二师师长、潘文华为陆军第三十三师师长。

讨贼军9月20日开始发动对重庆的进攻，22日攻占小龙坎。23日以后，杨森退守浮图关，双方展开了浮图关的攻守战。早在8月初，唐继尧发出援助熊克武的通电，并派遣滇军第二军军长胡若愚由贵州率四个梯团计十二个团入川。胡若愚部于10月12、13两日相继到达重庆前线，并将主力配备于江北。讨贼军得滇军来援，声势大振。14日，在复兴场发动攻击，16日，突破杨森阵地，攻占桃子垭。杨森部向鸳鸯桥、两路口溃退。固守浮图关之杨森部亦弃关而走。反熊联军各部向长寿、垫江、邻水方面败退。袁祖铭、杨森则奔上日轮宜阳丸向万县逃走。讨贼军于10月16日占领重庆。29日，讨贼军克涪陵、长寿，袁祖铭、杨森、北军退至忠县死守。

重庆攻守战，自1923年9月20日起至10月16日讨贼军攻占重庆止，两军相持达二十五日。此役，熊克武部与滇军投入兵力共约三万余人，杨森、袁祖铭等共约二万余人，鏖战二十余昼夜，双方伤亡达一万余人。浮图关外黄沙溪一带，"几被尸首填满"。

刘存厚第二次被打败退回陕西南郑后，所部仅存三四千人，经几年整顿补充，又约有两个师。当讨贼军与杨森、袁祖铭在重庆鏖战之际，刘存厚奉曹锟、吴佩孚的命令，率部由南郑经南江、城口等空虚地方，乘机占领达县，略有原绥定府所属县份。刘存厚没有与讨贼军直接交战，只是参加了杨森方面的摇旗呐喊。

直系军阀吴佩孚在川用兵虽遭失败，但图谋控制四川之心并未稍敛。他严令北军卢金山、赵荣华全力扼守万县以下，不得退却，并责成湖北督军萧耀南筹款至上游慰劳各军。对于战争失败的各军将领，一律不议处分，而且封官晋爵。如1923年10月23日，特任刘湘为嘉威将军，杨森为森威将军；12月10日，特任邓锡侯为骠威将军，陈国栋为骞威将军，田颂尧为章威将军，唐廷牧为烜威将军。同时由湖北西运大批军火饷银到万县以补充各军，并责成刘湘、袁祖铭、杨森等迅速反攻。于是，颓丧的北军及杨森军又振作起来。

熊克武等攻占重庆后，内部意见分歧。刘成勋与刘湘等已有勾结，密电赖心辉要他按兵不动。赖心辉入重庆后只商洽人事安排和筹军饷问题，意存观望，不积极派遣有力部队乘胜追击，并请但懋辛代行总指挥职。滇军胡若愚，黔军周西成，为四川人所反对，而且他们间互相攻杀的历史仇恨并未消除，他们与熊克武亦有隔膜。

因此，各军不能齐心协力追击杨森等部，仅派石青阳部汤子模、周西成两师追击。两师在颜德基部配合下，追至丰都、垫江前数十里，即受阻停止待援。

11月28日，刘存厚、刘湘举行万县会议，决定以三路反攻重庆：杨森部由梁山、垫江；袁祖铭部由忠县、丰都；刘存厚部由达县。但懋辛率余际唐、喻培棣等部前往抵御，到垫江后，以援军不至退往张关、铁山。赖心辉、胡若愚见前方危急，才率部兼程赴张关、铁山增援。双方主力聚集在张关、铁山相持，并未展开战斗。在这期间，滇军后侧发现来历不明的枪声，遂大呼敌至，相互惊扰，纷纷向后奔逃。熊克武部亦盲目继之。于是全线溃不成军，自相践踏，道途阻塞十余里。12月13日，杨森各部攻占江北。14日夺取重庆。赖心辉部经铜梁退驻内江。胡若愚部滇军渡长江向贵州撤退。第一军第一、第六两师向川北撤退。周西成、贺龙部经安岳、乐至退至淮州与杨森军隔江相持，后退成都。石青阳率汤子模师退江津转合江。

张关、铁山一役，熊克武部已呈瓦解之势。刘湘、杨森等全力对付熊克武、但懋辛之第一军，对刘成勋、赖心辉则秘密妥协。此时但懋辛因病回成都就医，熊克武亲往潼川督师。杨森攻占重庆后，即由合川、遂宁大道进攻，到乐至侦悉熊克武在潼川督师，乃不分昼夜率部出其不意猛扑熊克武司令部，熊克武越墙逃走。2月1日，退到成都。赖心辉亦由东道到达成都。

2月2日，袁祖铭、刘湘、杨森等率部抵成都外围，随即发起攻击。熊克武内部各怀异心，兵无斗志，于是全线退却。2月8日，第三十二师唐式遵部由北门攻入成都。熊克武、但懋辛率第一军残部退至双流，继退仁寿、简阳，又向川南退走。赖心辉即通电拥护刘湘，第三军师旅长亦通电拥护刘湘。

第一军劲旅第二混成旅在赖心辉策动下，袁品文等在内江发动兵变，熊克武狼狈由泸州渡江，退往遵义。4月初，熊克武曾会同滇、黔军进袭重庆，被袁祖铭击退。9月，熊克武率残部万余人自黔入湘，被孙中山任命为建国联军前敌总司令。1925年七八月间，熊克武率部从湖南经广西入广东，屯军连山等县。10月熊克武等被蒋介石拘押，所属部队小部分退回川鄂边境被杨森所收编，余部流窜入湖南，被赵恒惕部缴械遣散。至此，熊克武部彻底瓦解。

三、四川军阀混战、兼并、发展后期

（1924—1932年）

通过前一时期的混战，刘湘、杨森势力大增。特别是杨森。随着军事力量的增长而野心勃勃，他企图消灭各军力量独霸全川。刘湘亦不甘示弱。于是围绕刘、杨争霸，发生了"统一之战"、"下东之战"、"上东之战"等重要战役。经过这些混战，刘斌、陈国栋、何光烈、陈洪范、刘成勋被消灭了；郭汝栋、赖心辉受到排挤，出川投靠蒋介石，被驱上剿共前线逐步瓦解；杨森则大起大落，最后一败涂地，丧失了大军阀地位；刘文辉乘时而起，发展成为与刘湘势均力敌的大军阀。

这九年，四川军阀数量进一步发展，对人民的掠夺也进一步加深。军队数量由二十余万扩大到四十万。军费也越来越大，民国元年约六百余万元，1920年达一千万元，1926年达三千八百八十余万元；此后，增至八千六百余万元。庞大的军费开支，军阀们疯狂地聚敛钱财，加之地方官吏溢额加筹，中饱侵吞，往往"官缴其三，中饱其七"。致使四川人民的负担，每年在三万万元以上。

这段时期，四川军阀势力虽然仍在继续发展，但其内部矛盾已日益尖锐。许多中小军阀如李家钰、罗泽洲鼓起了"犯上作乱"的勇气，不仅向其上司闹独立，而且互相联合，向大军阀抢地盘。郭汝栋竟试图取杨森而代之。四川军阀对其部属已开始逐步丧失其控制力。各大军阀都有称霸的野心，都不愿其敌人和朋友发展起来威胁到自己的生存。因此，每当某一军阀临近全面胜利的时候，就必然遭到包括其友军的各派军阀群起而攻之，于是失败危机随之到来。杨森"统一之战"和邓锡侯前后顺庆之役，即是如此。

四川军阀统治的危机，还表现在人民革命武装力量的崛起方面。第一次国内革命战争时期，在中国共产党重庆地委（四川省委前身）领导下，以工农为主体的各界群众的革命斗争已有相当的发展。1926年至1927年间，发生过顺庆、泸州起义，郫县农民抗捐抗税武装斗争，屏山农民武装围城等革命武装斗争。第一次国内革命战争失败后，中共四川省领导了一系列武装暴动：南溪、宜宾暴动，绵竹暴动，丰

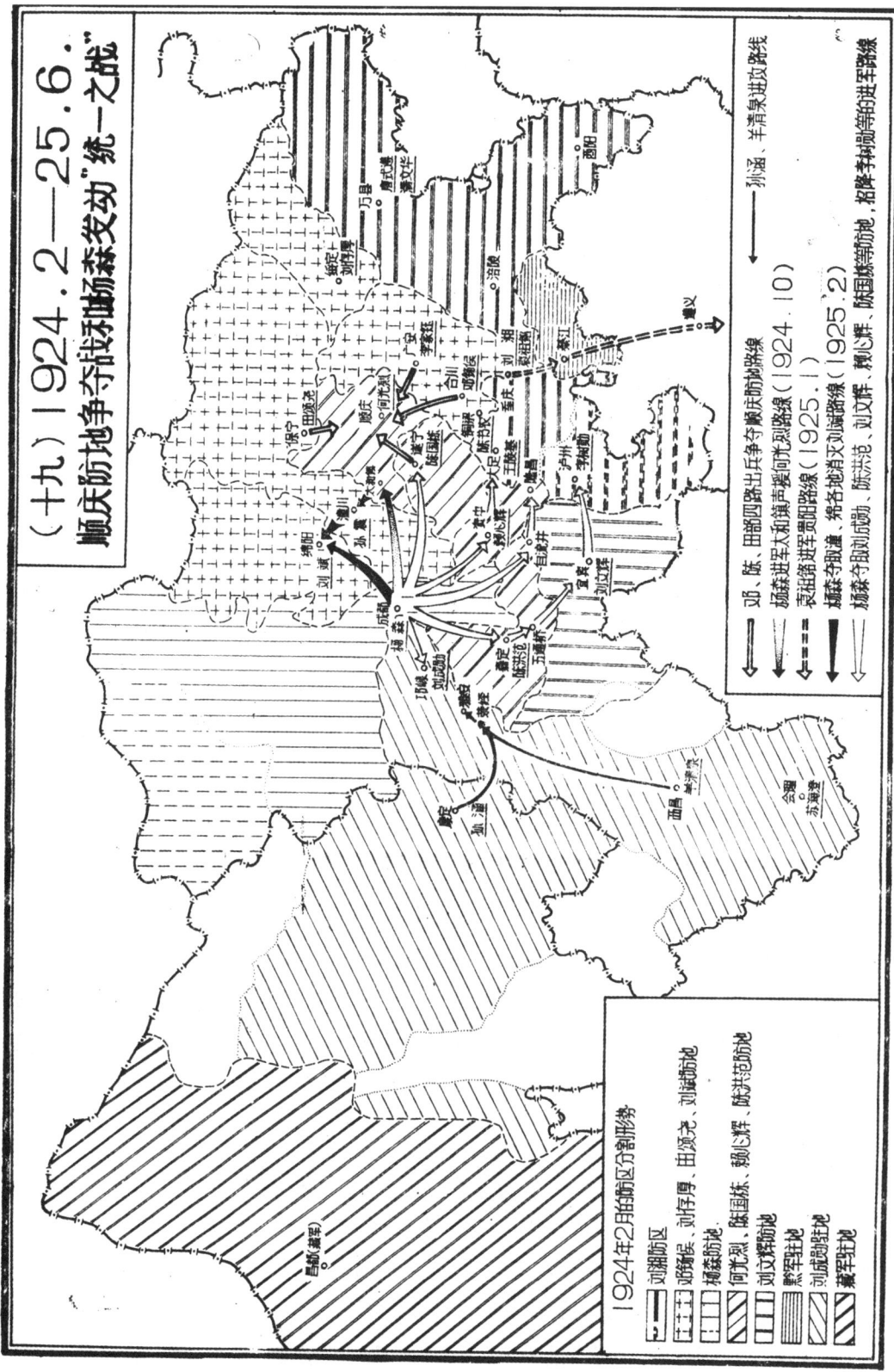

都农民起义，旷继勋率二十八军第七混成旅在遂宁、蓬溪起义，涪陵抗捐军的斗争，江津兵变，铜梁暴动，广汉暴动，德阳兵变，升保（升钟、保城寺）暴动等。特别是川东游击军的斗争，持续时间最长，且建立了游击根据地。这一系列武装斗争，虽然未能阻止四川军阀的混战，摧毁四川军阀的反动统治，但已给了封建军阀一定的打击，推动了革命形势一天天的向前发展。革命的星火，即将形成燎原之势，四川军阀已经坐在人民革命火山口上了。

四川"讨贼之役"失败，杨森最先进入成都，自兼军民两政，并将兵工厂、造币厂紧紧抓在手里。其他军事、政治、人事、行政，均不许其他军阀染指。把刘湘、袁祖铭一脚踢开，其他如邓锡侯、田颂尧更不放在眼里。刘湘、袁祖铭愤慨至极，驰回重庆，纠合川中各派军阀将领倒杨。

熊克武崩溃时，前第五师师长何光烈自禁中逸脱，求得其残部秦汉三等之助，于铜梁、璧山间反攻顺庆，李伯喈等弃军逃遁。何光烈回顺庆。刘湘、袁祖铭与邓锡侯、田颂尧诸部相结合倒杨森，希望取得五师防地以沟通绵阳、保宁与合江、重庆之路。重庆会议决定调何光烈第五师移驻铜梁、璧山，由邓锡侯部陈鼎勋师接防顺庆。何光烈拒不受调，于是田颂尧、李其相（家钰）、陈鼎勋、陈国栋四路出兵围攻，欲将其消灭。何光烈乞援于杨森。杨遂出师援何，兵至射洪太和镇，四路之师皆退，是为顺防之役。时间在1924年10月前后。

1925年1月11日，陕军王鸿恩旅自梓潼移防昭化、剑阁。第十师师长刘斌即移兵梓潼。杨森亦命所部从三台驰赴梓潼填防，但为抢先一步的刘斌所拒。2月2日，杨森免去刘斌师长职，令杨淑身、范绍增两旅从三台、中江向驻绵阳之刘斌进攻。2月4日，杨森占领绵阳。刘斌退走，辗转退渠县、开江，所部夏首勋（仲实）旅则赴合川投邓锡侯（后归刘文辉节制）。刘斌由是垮台。

自流井盐税，在全省税收中始终占第一位，历来为四川各派军阀垂涎。杨森为夺取这项巨额收入，1925年3月1日，派第一混成旅旅长郭汝栋、第三混成旅旅长白驹，第六师之炮兵团团长吴行光率所部由成都经仁寿、威远前往自流井屯驻，独占盐税收入。

刘湘对杨森独占自流井财源，当然不肯罢休。于是，刘湘、刘文辉、赖心辉、邓锡侯、田颂尧、刘成勋等部代表，于3月下旬在重庆召开军事会议，组成联军，推刘湘为联军总司令与杨森抗衡。杨森则委派其老上司黄毓成为前敌总指挥，分兵五路，向川军各部发动"统一战争"。

4月12日，杨森部向刘成勋进攻。4月14日，杨军攻占温江、双流、彭山，又

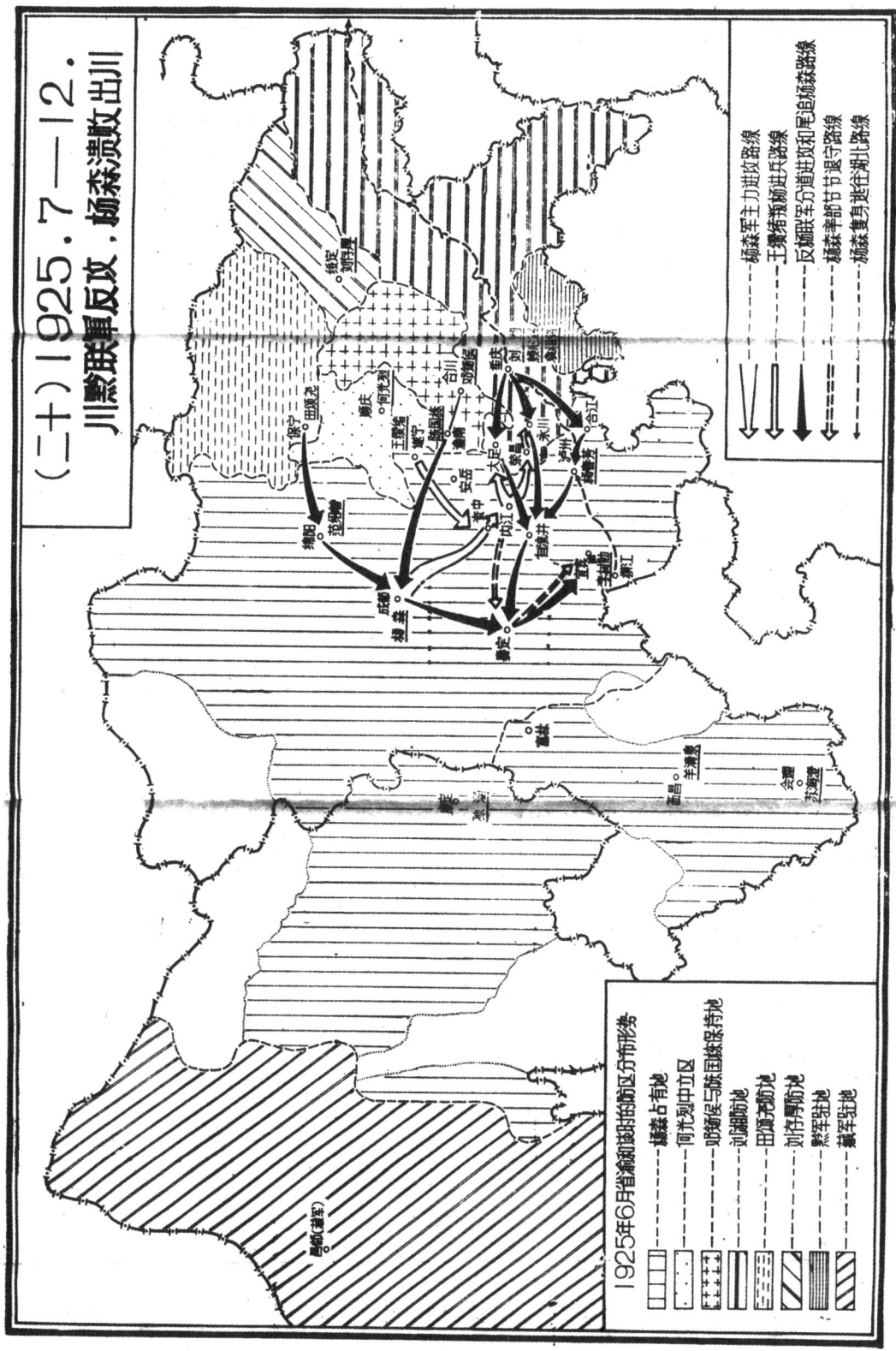

攻占新津、大邑、邛崃、蒲江。同时，杨森策动代理川边镇守使孙兆鸾率孙涵、羊清泉等旅向雅安、荥经等地刘成勋部进攻，刘成勋在杨军和边军夹击下，退往宜宾靠近刘文辉。

杨森军在攻占双流、新津、彭山等县后，乘胜直指眉山、青神。杨森以四旅兵力围攻第八师陈洪范部冷薰南旅，遭到顽强抵抗。陈洪范派袁品文、皮霍两团增援，被杨军击退。5月8日，杨军攻占青神，困守眉山的冷薰南旅突围绕道井研向犍为退走。杨军和边军继续紧逼嘉定、犍为，陈师向沐川、屏山败退，其残部由冷薰南率领投靠刘文辉。陈洪范即由此而垮台。

5月12日，杨军郭汝栋师与刘文辉部覃筱楼旅激战于双十堡，刘文辉、刘成勋退宜宾。5月18日，杨军攻占宜宾，刘文辉、刘成勋退向永川、合江。

东路方面，杨森部出简阳、威远、自流井，4月13、14、15、19日，分向驻守资阳、资中的赖心辉部进攻。赖军在杨军重兵压迫下，沿东道撤退。杨军18日占领内江。5月13日占富顺。6月2日占领隆昌、荣昌。接着又击败黔军王天培部，于6月7日占领合江。赖心辉、刘文辉、刘成勋均败退重庆附近。

杨森自4月12日发动进攻各军起，至6月7日攻占合江止，在近两月的战争中，占领七十二个县，部队增至十九个师又十二个混成旅，达到了胜利的顶峰。这时"五卅惨案"发生，全省人民呼吁"弭兵御侮"。军阀双方也精疲力尽，刘湘等需要时间购运弹械，杨森亦想借和谈以休养整顿，因此，停战约一个月。

成渝和谈期间，四川各派军阀合谋反攻杨森。为争取黔军参加倒杨，推举袁祖铭为川黔联军总司令，除每月拨给军饷四十万元外，允于倒杨之后，以成都兵工厂为黔军制造枪弹，援助袁祖铭回黔并进攻云南。袁祖铭由是参加联军，允就川黔联军总司令，统一指挥川黔倒杨各军。又以赖心辉为东路总指挥，分兵三路反攻。东路分两道：刘文辉、赖心辉、刘成勋部出东道，由永川向荣昌前进；邓锡侯与黔军一部出璧山、铜梁经大足侧击荣昌、隆昌。约定7月7日到达指定地点，同时进攻。南路则以黔军周西成部监视泸州杨军。北路由田颂尧、何光烈防堵杨军北窜。南北两路均视东路得手后相机进取。

川黔联军自湖北购械弹运到重庆，态度转为强硬，1925年7月1日下动员令。14日，和谈破裂。同一天，袁祖铭通电就川黔联军总司令职，随即指挥各部大举反攻。杨森为先发制人，调集兵力二万余人，由黄毓成指挥于7月11日猛攻刘文辉。刘文辉率部拼死抵抗，激战四天，双方伤亡数千人。刘文辉受到重大损失，14日分向永川、大足败退，杨森占领荣昌。此时，麇集璧山、铜梁、合川一带之邓锡侯部

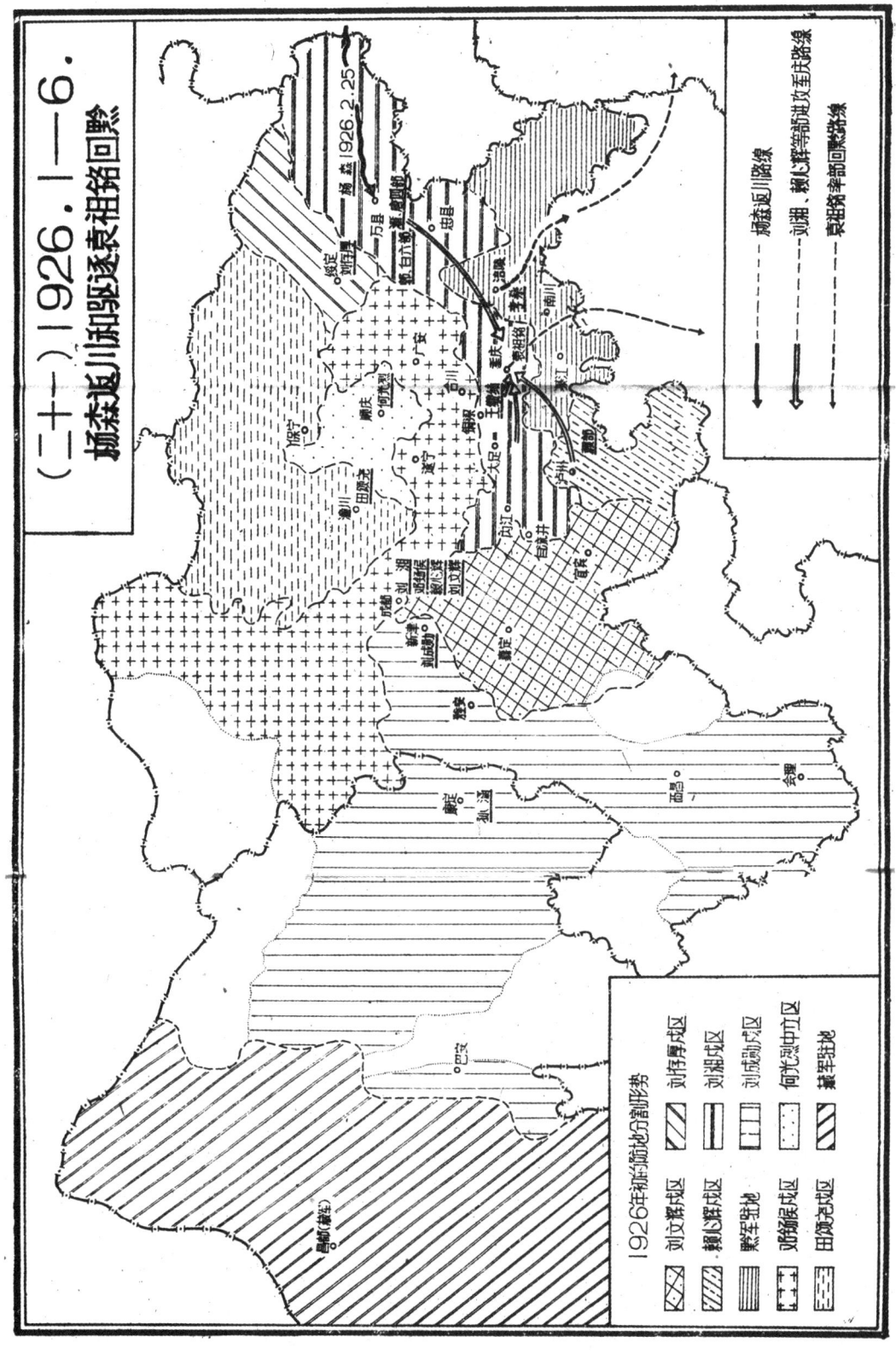

及黔军，乘杨军主力追击刘文辉部之际，乘虚侧击荣昌、隆昌。刘文辉、赖心辉、刘成勋亦分路反攻。杨军首尾不能相顾，经一日激战，全线混乱，分三路溃败：李树勋、王正鋆、白驹、李雅材等退宜宾；何金鳌、蓝文彬等退泸州；黄毓成则率王文俊、李逢春、杨淑身、刘春山等沿东道退内江，凭沱江拒守。

7月26日，北京政府任命刘湘督办四川军务善后事宜兼职。杨森之第一师师长王缵绪，见杨兵败，于7月31日在安岳通电各军，表示服从刘湘的命令。并向乐至、简阳进军截断杨森归路。杨军在荣昌、隆昌遭受重创，突闻王缵绪倒戈，军心涣散，丧失斗志。联军乘机进攻，8月4日，赖心辉部攻占富顺，杨军退自流井。同一天，黔军与邓锡侯部抢渡沱江攻占内江、资中。杨森率部走仁寿。6日，刘文辉部占威远、荣县。邓锡侯部则尾追败退仁寿之杨军，杨森率残部向眉山、青神、嘉定败退。9日，邓锡侯、田颂尧、刘文辉、赖心辉等部入成都。

杨森残部七八千人败退嘉定，刘文辉、邓锡侯等部即向嘉定合围。杨于9月1日率部逃犍为、宜宾。杨森部将领李树勋、李雅材、王正鋆、杨春芳、白驹、袁品文、郭汝栋等见大势已去，通电表示服从刘湘命令，杨森部陷入土崩瓦解之中。杨森到宜宾附近，诱杀李树勋，抢入宜宾。驻宜之杨森部将王正鋆、乔得寿、白驹等闻杨森至，即率部移驻长江北岸，杨森不得已向横江逃走。随杨森逃窜的残兵败将，此时亦大都相率逃亡。杨森乃电刘湘，愿意全部解除兵权，并请保护出川"游历"。10月10日，刘湘、袁祖铭通令各军护杨出川。

10月25日，杨森乘船东下抵万县。26日，通电就吴佩孚委之讨贼军第一路总指挥职。11月4日，到汉口投靠吴佩孚。杨森留川残部则被各派军阀所瓜分：刘湘接收了王缵绪、王正鋆、何金鳌、李雅材、蓝文彬、朱宗懋、郭汝栋、白驹等八个师及吴行光、向成杰、王文俊、包晓岚、乔得寿、黄瑾怀、谢国钧等七个旅和何畴、郭昌明两个路司令。余如邓锡侯、刘文辉、田颂尧、赖心辉、刘成勋等部，所得各不相等。唯独身为川黔联军总司令的袁祖铭几无所获，仅收得并未卷入战争的吕超残部数千人，委为川黔边防总司令。

川黔联军把杨森逐出夔门后，以邓锡侯、田颂尧、刘文辉为首的保定系势力陡增，又得到黔军袁祖铭的支持，他们与刘湘、赖心辉之间的矛盾便突出起来。刘湘在组织倒杨联军时，曾允在成都攻下后，由兵工厂为袁祖铭造枪二万支，每年接济军饷四百八十万元。这时刘湘却唆使成都绅耆及省议会出面，主张废除兵工厂，造枪机械由省议会封存。袁祖铭和控制成都的邓锡侯从汉口购买一批军械，运至奉节，又被刘湘部潘文华师郭勋祺旅扣留，袁祖铭对此更为愤懑。刘湘收编的杨森部师长

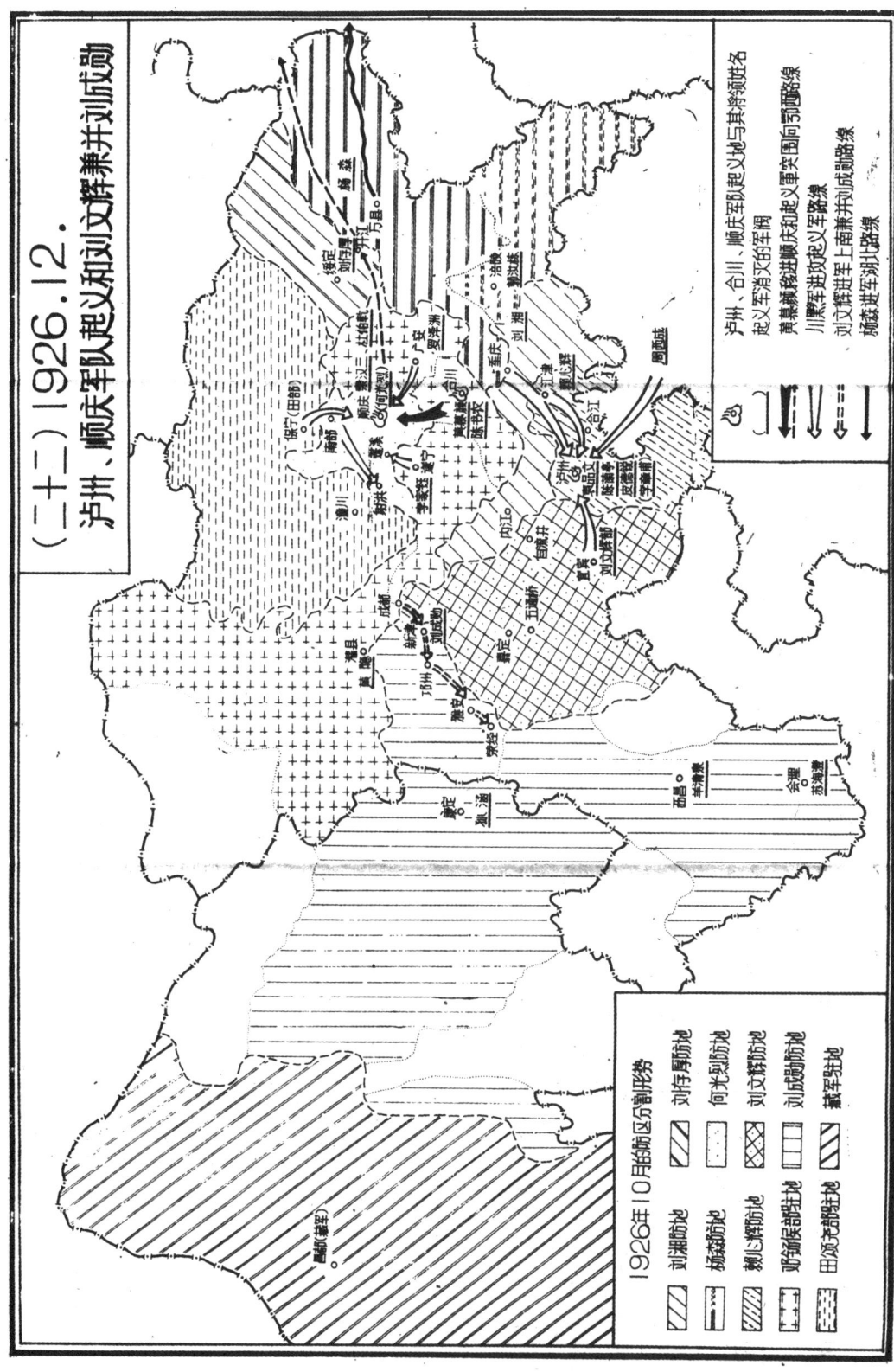

王兆奎，率部由长寿到綦江投袁祖铭，刘湘对袁祖铭也怀恨在心。

1926年1月2日，袁祖铭将刘湘委派的重庆城防司令鲜英免职，并收缴其枪械。刘湘驻重庆的潘文华、李雅材、蓝文彬不得不撤走以避其锋。重庆即为袁祖铭所占，附近之永川、江北、巴县、长寿、涪陵等亦成黔军势力范围。

刘湘在袁祖铭步步进逼和邓锡侯、田颂尧的压迫下，感到孤立，遂谋求与杨森再度合作。杨森正急于打回四川，于是一拍即合。双方商定：原属杨森部队，"统一之战"由刘湘收编的，一律归还杨森；欢迎杨森回川指挥所部及刘湘所属部队驱逐黔军，恢复重庆，使上下川东连成一片，以后刘湘、杨森合驻重庆，下川东地区全由杨森部驻防。刘湘部在下川东的潘文华、唐式遵、李雅材、王陵基等，亦致电杨森，欢迎他回川主持讨袁事宜。

2月25日，杨森由湖北返川，在万县设立"川黔湘鄂讨贼联军四川第一路总司令部"。为了集中部队，杨森要求袁祖铭允许在上川东的杨森旧部假道重庆到万县集结，以便出川随吴佩孚"讨贼"。袁祖铭慨然允许。于是，杨森旧部自3月23日起，经璧山等地向下川东移动，29日，全部抵达忠县、万县一带。郭汝栋等六部抵达万县一带后，杨森军势力大振。部队迅速扩充到十余个师，六十多个团，人抢七万之众。

杨森羽翼已丰，遂以"兵多地狭"为由，电请邓锡侯让出广安、邻水，邓被迫允让出垫江。杨森同时派第六师魏甫臣部进占开江，直指刘存厚，推进离绥定只数十里之地。邓锡侯、田颂尧出兵援助刘存厚，杨森部才停止前进。杨森还从梁山、万县向黔军进逼。袁祖铭只得撤出忠县、丰都。接着杨森又向袁祖铭提出再让长寿、江北、巴县，以及为袁祖铭代管的刘湘在重庆的所有收入。袁祖铭予以拒绝。杨森部即向长寿、涪陵移动。

刘湘、杨森合作之势已成，刘文辉为生存和乘势发展计，亦依附刘湘驱逐袁祖铭。3月刘文辉乘袁祖铭与刘湘、杨森在下川东争夺之际，便举兵攻吕超于叙南。吕超兵溃，刘文辉遂据有叙南六属——高县、珙县、筠连、庆符、长宁、兴文。邓锡侯、田颂尧则于5月2日以武力改编赖心辉驻成都部队，并将赖心辉软禁，逼其交出四川边防军总司令印信，由邓锡侯部师长李家钰接任。从此，成都形成邓锡侯、田颂尧、刘文辉合驻的局面。

上下川东的刘湘、杨森各部5月4日向黔军进攻。下川东方面，唐式遵、潘文华、王陵基等占长寿后，向重庆推进。扼守张关、铁山的袁祖铭部何光厚师，退守重庆。驻涪陵黔军李燊师，亦被李雅材、杨国桢部进击，撤回黔境转向湘西。上川

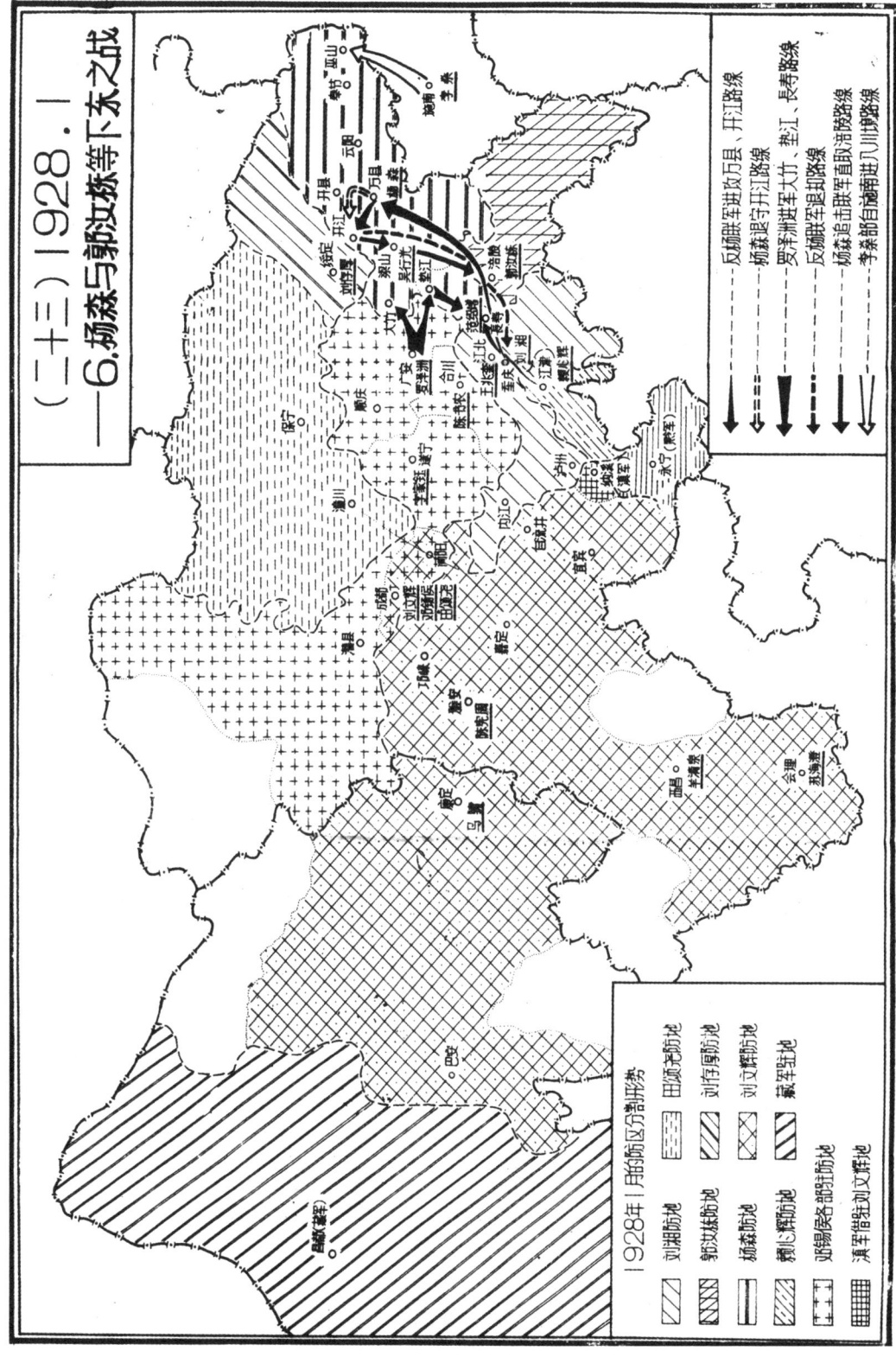

东方面，王缵绪率蓝文彬、鲜英等部向驻永川黔军王天培部进攻。王天培退守重庆、永川间要隘老关口。接着川军占璧山，老关口亦被突破，重庆三方面被围。袁祖铭恐后路被截断，于5月23日率黔军退出重庆，经綦江退回贵州。

黔军退出四川后，重庆又落入刘湘部属手中。唐式遵、王陵基、王缵绪、潘文华仍归刘湘。6月6日，刘湘将川康边防督办与四川善后督办两署迁到重庆办公。

1926年12月1日，泸州赖心辉部第四混成旅旅长袁品文、团长皮光泽，第十混成旅旅长陈兰亭，率领所部两旅起义，消灭赖部第二混成旅，杀其旅长李章甫，占领泸州。3日，驻顺庆何光烈部旅长秦汉三、杜伯乾，驱逐何光烈率两旅官兵起义，占领顺庆。5日，驻合川江防军第二区司令黄慕颜率部起义，并率部到顺庆与秦、杜会合。顺庆、泸州起义部队，编入国民革命军由刘伯承任国民革命军川军各路总指挥（后改为国民革命军暂编十五军，刘伯承任军长），黄慕颜为副指挥兼第一路司令，秦汉三为第二路司令，杜伯乾为第三路司令，陈兰亭为第四路司令，袁品文为第五路司令，皮光泽为第六路司令。

顺泸起义爆发，四川军阀大为震惊，立即出兵围攻。6日，罗泽洲在李家钰等配合下打着"援何"的旗号，率其四个旅、骑炮各一团的兵力，从广安倾巢而出，进围顺庆。经过数日激战，顺庆起义军突围东撤。部队行至周口渡河之际，遭到邓锡侯、刘存厚联合袭击。在半渡中来不及展开兵力，遭到重大损失，到达开江时仅有二千多人了。开江是杨森防区，杨已易帜。这些余下的部队，后编为一旅，开到鄂西参加了国民革命军。1927年4月初，刘湘纠合川黔两省军阀部队，组成所谓"川黔联军"，由赖心辉任总指挥，发动了对泸州起义军的围攻。参加围攻的有刘湘、刘文辉、赖心辉、周西成等部二十八个团的兵力，还有泸州附近各县团防数千人。泸州守城战役从4月中旬开始，历时四十一天，在刘伯承指挥下，取得了许多次战斗的胜利。但在敌人优势兵力进攻下，起义军不得不于5月23日夜乘船突围而去。后来袁品文、皮光泽部被黔军周西成收容，陈兰亭部拖到丰都被杨森收容。起义最后失败了。

顺泸起义虽未成功，但军阀们看到形势逼人，不挂革命招牌再也混不下去了。于是，刘湘于1926年12月29日，解散了国民党右派省党部（仍暗中勾结）。刘湘、刘成勋、赖心辉、邓锡侯、田颂尧、刘文辉于1926年底到1927年初先后宣布易帜，就任国民革命军军长职。

这次围攻顺泸起义战争后，刘文辉得到了泸州，李家钰得到了蓬溪，田颂尧得到了南部、射洪。罗泽洲则由于新得南充、西充、蓬安、营山四县，从而上升为独

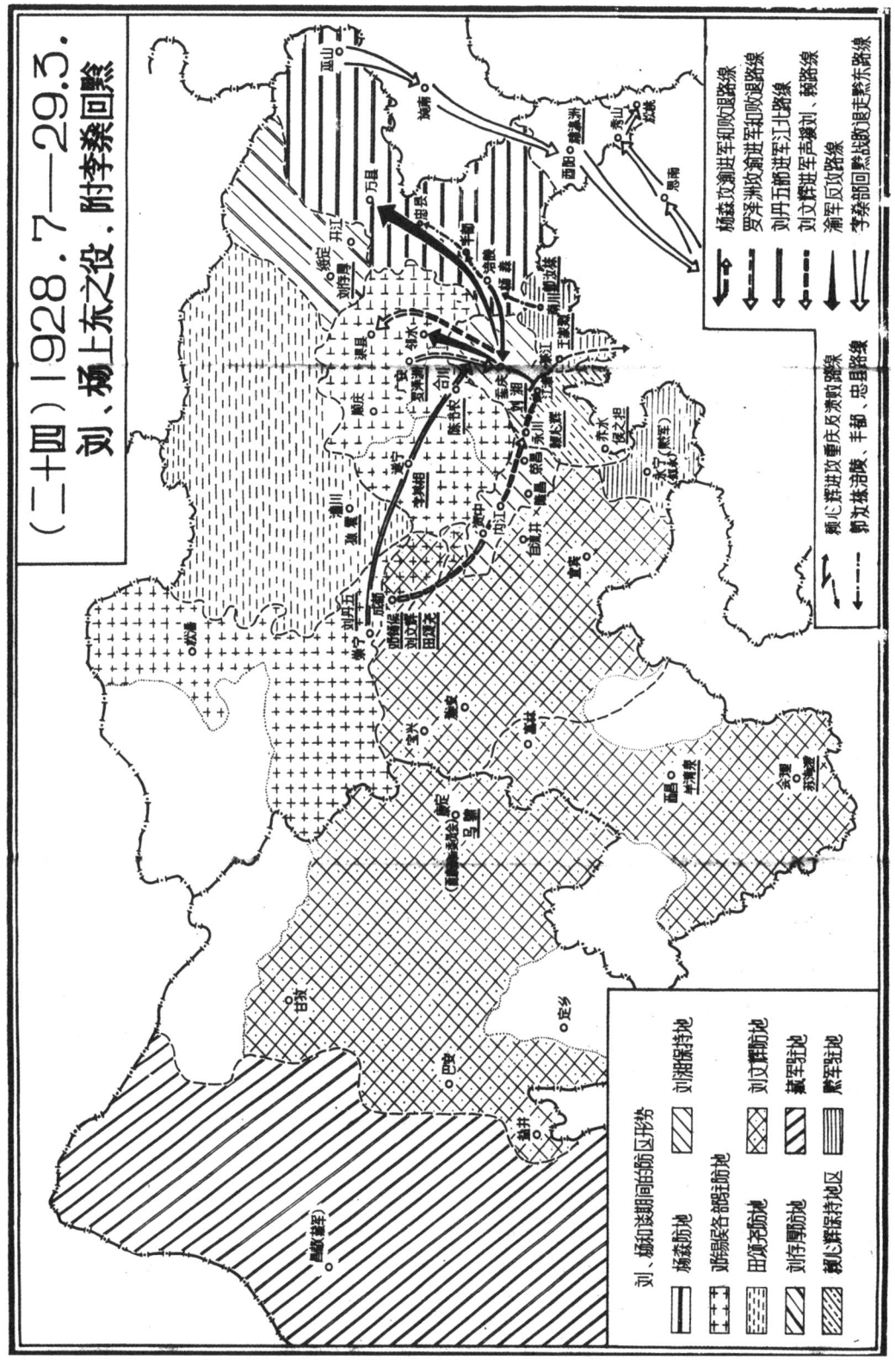

成一派的军阀。

刘湘于宁汉分裂之初,即公开投靠蒋介石,于1927年3月31日解散重庆莲花池国民党左派党部,并制造了屠杀共产党人和革命群众的打枪坝惨案。并在此前后,支持策划镇压顺泸起义。6月1日,就蒋介石所委第五路总指挥职,宣言"清共讨共",在其防区内大肆屠杀共产党人。

蒋介石发动"四·一二"反革命政变后,电调杨森率部出川,向武汉国民政府进攻。杨森遂于5月5日率兵四万五千人自万县东下。6月8日,于仙桃镇被武汉政府唐生智部围歼。是役,杨森被歼七个团,师长范绍增、旅长雷中厚、杨汉中、李朝信等被打伤,王兆奎、王文俊、向成杰、范绍增等师损失惨重,杨森直辖的第九师几乎全军覆没。杨军溃回四川。

1927年9月,二十四军刘文辉派兵进攻二十三军刘成勋,不一月,攻下邛崃、雅安。刘成勋退荥经,欲走川边,为孙涵、羊清泉等所拒,遂宣布下野。刘文辉绥抚孙、羊两部,拥有上、下川南和川边的六十一县防地。

杨森第二次进攻武汉溃败,于1927年6月26日回到万县。虽然杨森仍保住了下川东大部防地,但与重庆邻近的江北县已为刘湘所占。杨森和部属之间,为这次失败互相责难。为压服其部属,杨森将第六师师长魏甫臣扣押。又以"阴谋叛变"为借口,将十一师师长杨春芳逮捕枪杀,并驱走了陈兰亭。使得一些非杨亲信师旅长人人自危。杨森为加强自己的地位,削弱部属的力量,采取"强干弱枝"的政策。在各师抽调步兵一团编为执法大队一、二两路,以杨汉忠为第一路司令,杨培元为第二路司令;又集中机炮,任命刘殷为机炮司令。这些措施,造成其部属极度愤慨而离心离德,郭汝栋、范绍增、吴行光等均思叛归刘湘。

1927年7月18日,直系军阀吴佩孚逃入四川,受到杨森庇护。南京政府遂于1928年1月7日明令免去杨森本兼各职,二十军军长由其师长郭汝栋升任。

刘湘接到蒋介石讨伐杨森的密电,乘杨森与郭汝栋等之间矛盾日益尖锐之机,纠合赖心辉,拉拢郭汝栋,在重庆密商倒杨军事。杨森亦暗中加紧布置讨伐郭汝栋的军事。并联络邓锡侯、田颂尧、刘存厚,以及鄂西的黔军李燊(李率部入川,但未参战)。

5月12日,郭汝栋在梁山通电就二十军军长职,以吴行光为副军长,范绍增为川鄂边防军总司令。同一天,郭汝栋、范绍增、吴行光、廖泽、刘公笃等通电讨伐杨森。刘湘立即发电给郭汝栋、范绍增、吴行光等为他们撑腰打气,要他们"一心一德,共图匡济"。此时,赖心辉亦以二十二军军长兼第五路右翼总指挥名义,借口

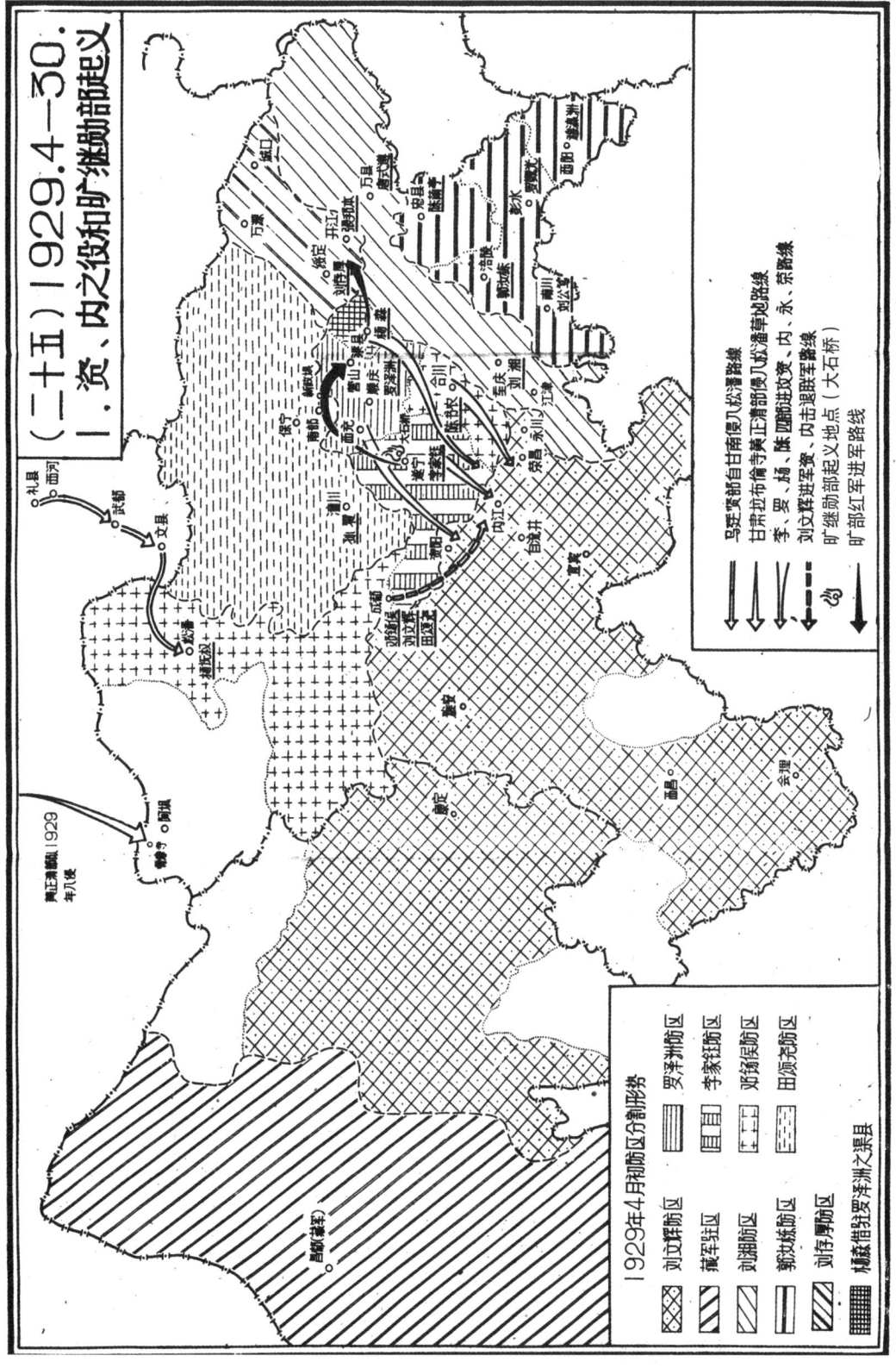

讨伐唐生智，率领张廷生、李剑鸣、范子英师（实则三旅），自江津经重庆沿江东下。酝酿数月的倒杨战争于是爆发。

倒杨联军作战计划：以郭汝栋、范绍增两部攻万县，打垮杨森驻万县部队。吴行光部由梁山攻开江、开县，转向万县。三部在万县会师。杨森获悉此作战计划，决定放弃万县，集中优势兵力于开县、开江。胜则出梁山、垫江，直趋涪陵；败则退入城口，待机卷土重来。5月16日，杨森将其主力三万余人，集结于开县、开江。刘湘亦派王陵基师的许绍宗旅东下应援倒杨联军。

5月17日，范绍增部廖开孝旅开进万县。郭汝栋、吴行光等集中梁山等候赖心辉部。自23日起，杨军与倒杨联军展开争夺开江的激战。郭汝栋、吴行光、范绍增等部战败向梁山、开江交界之天子店退走，杨军尾追。赖心辉部范子英师兼程由垫江赶来增援，在任市铺、长岗岭双方展开激战。正当两军鏖战之际，何金鳌师突然对赖心辉、吴行光两部猛烈侧击；邓锡侯部师长罗泽洲自广安、邻水出兵，乘虚袭占垫江、大竹，又进据长寿，截断倒杨联军后路。倒杨联军纷纷向涪陵退走，杨军即乘势占领梁山。是役双方伤亡八千余人。杨军俘获联军八百余人。30日，杨军进击部队直抵南沱，并在珍溪、清溪截击赖心辉渡江部队，俘获千余人，赖部师长李剑鸣、参谋长刘公侯亦被擒。

29日，范绍增率部西撤，经长寿在曾溪渡长江，在刘湘庇护下驻木洞镇。

杨森率主力抵达涪陵后，6月6日7日与联军展开了激烈的争夺战，由于杨军五个团从万县乘船溯江增援，倒杨联军被打得首尾不能相顾。郭汝栋率残部退南川，赖心辉率残部退綦江，吴行光部几乎被全歼。杨森于6月7日进驻涪陵，前锋直抵铁山坪一带。这一战，杨军缴枪数千支，双方伤亡七千余人。

这次战役，杨森为联络刘存厚，把开江暂时让与他。罗泽洲占领了大竹、垫江、长寿，杨森还保存涪陵以东十六县。惟酉阳、秀山尚为郭汝栋的穆瀛洲部占有。同时，云南胡若愚兵败，退入四川，借驻纳溪。黔军侯之担部亦进入永宁（今叙永）。

刘湘策动杨森部将郭汝栋、范绍增等发动的下东倒杨之战，最后在涪陵溃败，刘湘遭到全川各派军阀的责难而成为众矢之的。刘湘部械弹缺乏，乃向帝国主义国家购买快枪一万二千五百支，手提机枪一百余挺，子弹千余万发。这批武器分两批运往上海，被蒋介石扣留。刘湘迭派人与杨森讲和。一面向周西成、李宗仁等乞援，一面请南京政府发还军械。

1928年7月，蒋介石派孙铭来川，拉拢刘湘、刘文辉，企图利用二刘控制四川。二刘亦企图利用蒋介石的支持，巩固和提高自己的地位。9月23日，刘湘、刘

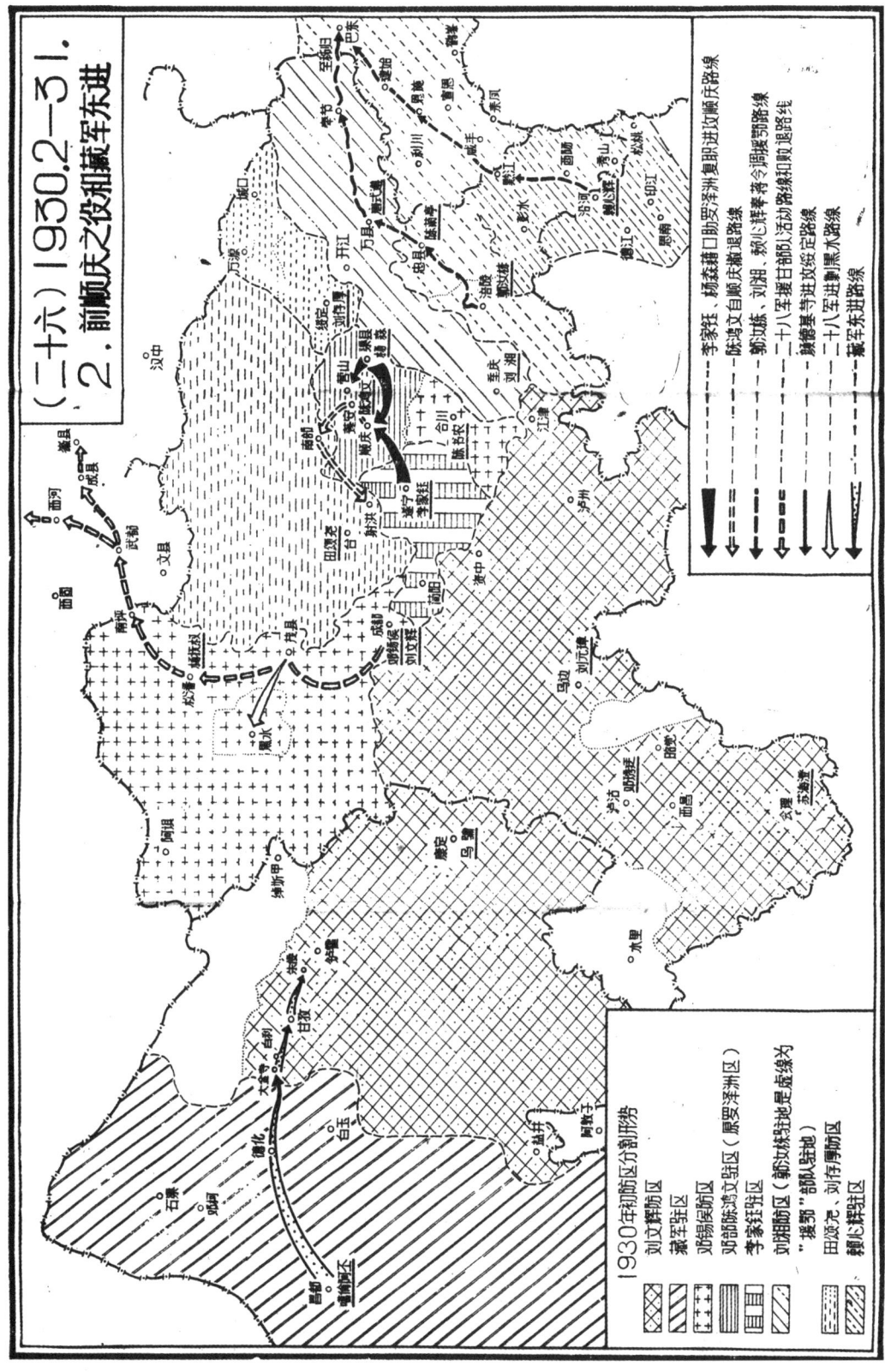

文辉和邓锡侯、田颂尧在资中召开四军长会议，实际上是一个分赃会议。由于分赃不均，邓锡侯、田颂尧极为不满。在邓锡侯授意下，在遂宁召开李家钰、罗泽洲、陈鼎勋、黄隐四部会议，其目的即在组织反刘湘的"同盟军"，并拉拢和策动杨森、赖心辉、郭汝栋等共倒刘湘。他们在遂宁成立同盟军总部，推李家钰为同盟军军事委员长。同盟军以杨森为总司令兼第一路总指挥，李家钰为副总司令兼第四路总指挥，陈鼎勋为副总司令兼第二路总指挥，罗泽洲、黄隐、郭汝栋、赖心辉、刘存厚分别为第三路、第五路、第六路、第七路、第八路总指挥。

刘湘见李家钰、罗泽洲、杨森等步步进逼，便自动让出资中、内江、隆昌、荣昌、永川等县给刘文辉，解决与刘文辉的矛盾，促进二刘合作。蒋介石为支持刘湘，将上海扣留枪械弹药发还。刘湘即借缩减军备为名，整编部队，将原七师一旅两师令改编为三个师，每师三旅，每旅三团，每团十二连，每连枪在一百五十支以上。整编后，将上川东部队集结巴县、璧山一带。

罗泽洲欲抢先占领重庆，将部队从岳池经邻水，像一条长蛇，一直摆到江北距一碗水不到十里的地方，并把这一带寨子占领。刘湘见罗泽洲来势凶猛，决定先打罗泽洲，然后再对付杨森。12月18日，刘湘出重庆，在江北一碗水设行营指挥作战，投入王缵绪、王陵基两师兵力，向罗泽洲发动猛攻。经一天一夜战斗，罗泽洲部全线溃败，丧失作战能力。

赖心辉部从江津出发，向丁家坳、来凤驿、白市驿进攻。因刘文辉出兵援助刘湘，打垮赖部，夺取江津，为刘湘解除了后顾之忧。赖心辉完全丧失四川防地，率残部入贵州。

12月22日，杨森部开始进攻，在铁山坪、张关一线与刘湘部展开激战。刘湘部合围杨汉域师，将其全部缴械，杨森部被击溃。24日，刘湘部占长寿。此时，在南川的郭汝栋闻刘湘击溃罗泽洲，即背叛同盟军，29日发出通电表示服从刘湘。并抢占涪陵渡江向丰都、忠县进攻。正当杨森被迫将南岸部队撤回之际，刘湘部水陆并进。1929年1月3日，刘湘部发动攻击，杨森率部败退梁山，垫江为刘部许绍宗旅所占。大竹则为投刘湘的范绍增部占领。刘部郭勋祺旅由万县攻分水岭，王陵基率部抄袭梁山，前后夹击，杨森弃城而走。杨森率部退至达县双土地、马壕一带高地顽强抵抗，终被击溃，于是绕道宣汉、达县向渠县退走。渠县是罗泽洲防地，罗见杨森狼狈状极为恐慌，急调部队沿渠河北岸布防，于是渠河成了两军天然分界线。杨森此时仅剩下六个残缺的混成旅，驻罗泽洲之渠县，下川东地盘被刘湘占去。

罗泽洲部向岳池方向溃退时，仍打着川军第五师师长旗号，代刘湘督战的何光

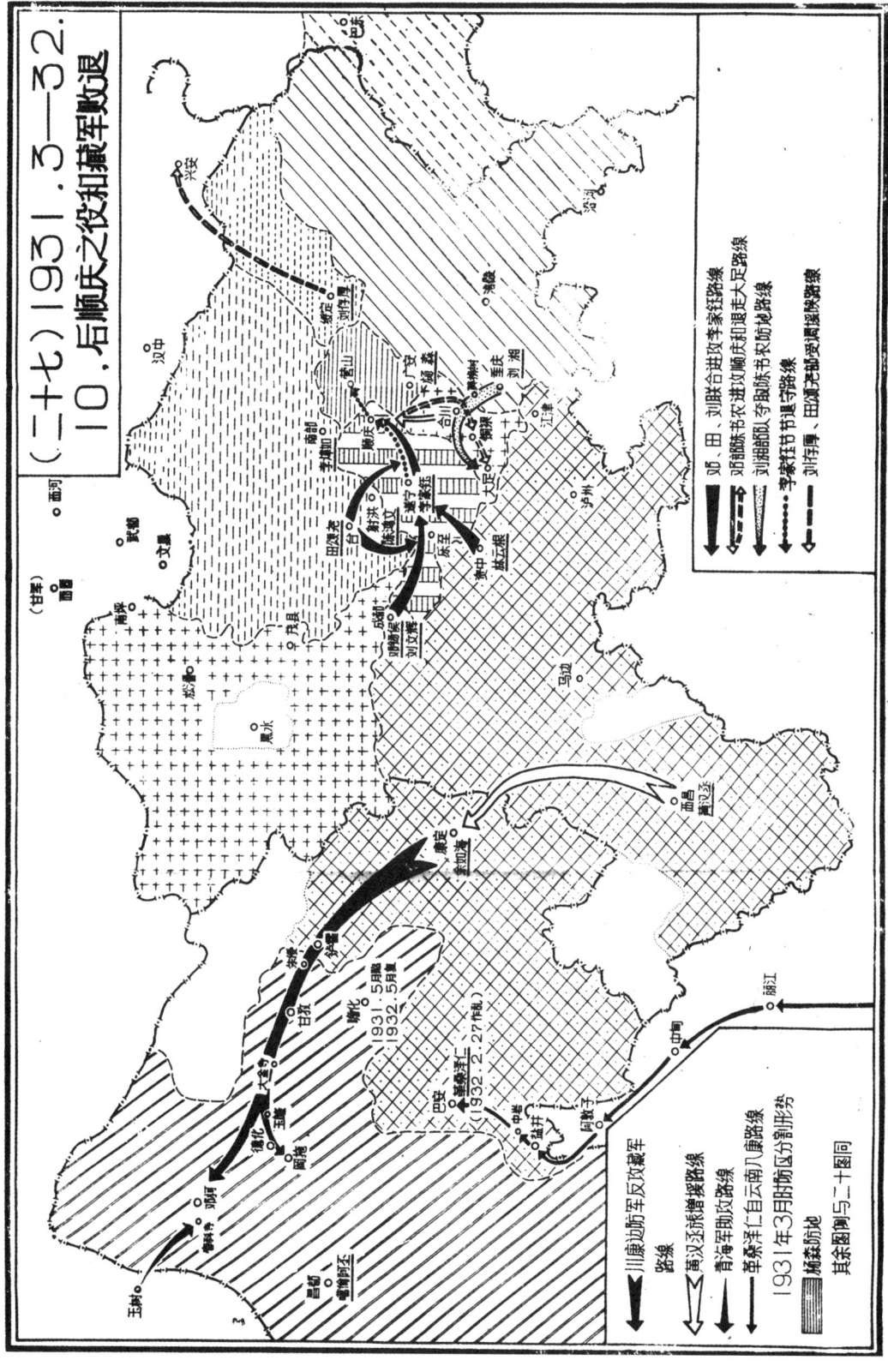

烈尾追罗军，企图夺回顺庆老巢，结果在江北明月场的老鹰岩被击毙。上东之战，至此结束。

这一战役，刘湘把永川以西各县让与刘文辉，却占领了下川东杨森全部防地。杨森旧将领除何金鳌等一二人外，全部归附了刘湘和郭汝栋。郭汝栋在追击杨森时，亦占有忠县、丰都、涪陵、南川及其以东各县，称二十军军长，表面上受刘湘节制。

1928年底，下东之战结束，杨森率残部逃到渠县，剩下六个混成旅，约二十个团，共一万余人。渠县为罗泽洲防区。罗泽洲亦处于新败之后，不能长期供给杨的军饷。于是，1929年春，罗泽洲、杨森、李家钰，在遂宁会商办法，决定出兵夺取资中、内江。一则为杨森争块防地，一则对刘文辉前次支持刘湘进行报复。参加会议的还有黄隐、陈鼎勋、赖心辉、郭汝栋、刘存厚的代表。他们推举李家钰为总指挥，自称"国民革命军四川同盟军"，定了一个"八部同盟公约"，提出"打破防区，实行统一"，以及其他一些迎合南京政府意向的"裁军"、"反共"等主张，以攀附南京政府。

4月中旬，罗泽洲、杨森、谢德堪、刘丹五各部在资中附近集结，分三路向刘文辉防区资中、内江猛扑。19日，杨森部何金鳌率九个团为一路，陈鸿文、谢德堪、刘丹五三旅为一路，合击资中。李家钰部攻内江。刘文辉调夏仲实师及张俊民等六旅迎击，并亲赴前线督战。20日，在马鞍山击破杨森之何金鳌部，击毙杨军三千余人，杨军大败。21日，又击破陈鸿文、谢德堪、刘丹五部。22日刘文辉部与李家钰部在观音滩小有接触，李部奉邓锡侯令撤回。

李家钰、罗泽洲、谢德堪、刘丹五，在名义上都受邓锡侯指挥节制。邓不愿与刘文辉破裂，既然突击未成功，便出面到简阳做调解人。这场战争，双方各动员二十多个团，经过四五天战斗即告结束。

这时，贵州军事形势亦发生了大的变化。李晓炎再度联合云南的龙云合攻贵州。5月15日，滇、黔军在兴文、盘县开始接触，周西成负伤自杀，所部师长黄丕谟退遵义。滇军于5月25日进占贵阳。周西成部尚有侯之担在赤水，王家烈在铜仁，廖怀贤在思南、石阡，合黄丕谟残部约五千余人。后来他们又联合毛光翔，打走了李晓炎。

云南败将孟坤退来四川，分驻叙、泸各地。胡若愚将在川滇军改编为三旅六团，人枪共约八千余，由刘文辉拨纳溪与之驻扎，并协济军饷。不久又打回云南去了。

川甘方面，马廷贤在天水战败，由武都、文县入松潘。邓锡侯部汉军统领杨抚权，曾一度退出松潘。又拉布伦寺黄正清部队侵入阿坝与俄洛地区，扶植黄教，压迫土司和其他红教寺庙。各土司、僧寺向四川省政府乞援。

1929年4月，邓锡侯部江防军第七混成旅，参加了杨森、李家钰、罗泽洲等同盟军攻打刘文辉的资内之战，兵败退住李家钰防区遂宁。6月29日，旅长旷继勋（共产党员）率全旅官兵二千多人在遂宁、蓬溪边界之大石桥宣布起义，成立了中国共产党四川工农红军第一路总指挥部，总指挥旷继勋，党代表罗世文，特委书记邹进贤。为此，中共四川省委发出了《为江防军第七混成旅全旅兵士举行革命兵变宣言》。起义部队计划到万源地区与李家俊领导的一路红军游击队会合，开展游击战争。起义后，急行军经蓬溪、西充、南部、巴中、渠县等地，于7月20日到达达县南岳场。起义部队接受中共南岳区委的建议，决定攻下梁山的猫儿寨以便休整和得到给养补充。后因里应外合的计划被打乱，猫儿寨久攻不下，伤亡很大。加之部队经过二十多天长途急行军十分饥疲，又被几路敌人重兵包围，起义失败。

1930年2月至1931年2月，恰是农历一个整年，这一年中，在刘湘、刘文辉合作的形势下，四川大军阀间没有发生火并，防地也无变化，但战争并未停息。这些战争，综合起来可分为三类：第一类，二层军阀发动的争夺防地的前顺庆之役；第二类，藏军与刘文辉争夺川边之战，第三类，大军阀向外发展的战争。因篇幅限制，第三类只标示图中，不加说明。

1929年，杨森与邓锡侯部联合进攻刘湘失败，杨森部寄驻渠县，一直成为邓锡侯部的严重负担。资内战役失败后，杨森之何金鳌、杨汉域两部又寄驻李家钰防区。邓锡侯屡邀田颂尧、刘文辉筹商解决杨森部驻防地区问题，其意在于劝说刘文辉让出几县。刘文辉与刘湘合作，不允。杨森、李家钰、罗泽洲见蒋（介石）、冯（玉祥）战争爆发，刘湘抽调部队"援鄂"，又于遂宁召集会议，重组联军拟攻二刘。邓锡侯和代表田颂尧方面的孙震亦参与会议。邓锡侯主张联合刘文辉，专攻刘湘，故亦邀请刘文辉代表出席。已推邓锡侯为总司令，杨森为副司令，后因中原战局已定而罢。1930年2月17日，再开成都会议，商议拥阎（锡山）讨蒋（介石），实际仍为胁迫刘文辉让出数县防地。刘文辉仍支吾不理。李家钰、罗泽洲所求不遂，渐渐怨恨邓锡侯不出力支持，因而叛邓独立。邓锡侯采用了熊克武解决何光烈的办法，运动罗泽洲部团长李俊等于1930年11月16日扣押罗泽洲，并押送成都。12月5日，邓锡侯升任旅长陈鸿文（光藻）为第十一师师长，李俊由团长升任旅长（旋被枪毙），恢复二十八军建制。邓锡侯解决罗泽洲部，使李家钰感到极大威胁，急由成都兼程回遂宁掌握部队。与罗泽洲、李家钰相依为命的杨森，也紧张起来，急回渠县，宣布戒严。罗泽洲被送到成都后，伪称返里扫墓，逃回遂宁。李家钰、杨森助以军队，宣言复职，并分三路进攻南充。陈鸿文不支，退走蓬安。得田颂尧部李炜如（驻南部）协助，全军向成都引去。是谓"前顺庆之役"。是役，杨森从渠县两路出兵，占领营山、广安、岳池，有了四县防地。李家钰亦实际占领了南充、西充、蓬安三县。罗泽洲虽然复职，但实际成了李家钰的部属。罗泽洲旧部，只有旅长熊玉璋率数连人归罗建制，余皆随陈光藻而去。

刘文辉消灭刘成勋，夺据西康地方之后，设立西康政务委员会和财务统筹处于康定，派旅长马骕驻守，构成他部下一个军、民、财自成系统的小局面。1930年夏，甘孜大金寺与白利土司因争一块土地打起仗来。白利向甘孜驻军乞援。川军素垂涎大金寺富藏，又恶其联结藏军与川军对抗，马骕便派兵进援白利，责大金寺罚款四十万，缴出军械。大金寺也乞得驻昌都、德化的藏军支援，于8月30日与川军开战。川军初胜，进逼大金寺下，寺僧死守。达赖十三世素有兼并康区之意，一面致电南京政府请求制止川军进攻，一面调藏军赴康，以噶伦阿丕进驻昌都指挥军事。1931年，南京政府派唐柯三赴川，调查康藏纠纷。1931年2月9日，大金寺得到藏军进援，分路夜袭川军，马骕部大败，自前线退甘孜。不支，又退炉霍。藏军进占炉霍之朱倭，并攻陷了瞻化县和理化县北部三村。刘文辉催促唐柯三赴康调解。

杨森、李家钰驱逐陈鸿文西走后，防地得到拓展。邓锡侯防地益狭，军饷奇绌，遂将陈鸿文拨归二十四军建制，联合刘文辉会同进攻川北。杨森、李家钰亦利用刘湘、刘文辉裂痕，再求刘湘、杨森合作对抗邓锡侯等。

1931年3月，二十四、二十八军反攻顺庆。邓锡侯先以主帅身份命令李家钰让出华阳、简阳、乐至、安岳四县作为陈鸿文防地，被李拒绝。于是，陈鸿文部自射洪向乐至；刘文辉之李玉书部与黄隐部自成都出简阳向安岳，林云根部出资中与之会师后进攻遂宁。田颂尧亦出兵由射洪向蓬溪，陈书农（鼎勋）则自合川出武胜向顺庆，截断杨森援军。李家钰于3月30日退守顺庆。

李家钰退出遂宁后，刘湘即声言以武力制止，出兵援李。唐式遵、蓝文彬两部向铜梁推进；王缵绪、潘文华两部向合川推进。陈书农急自前方回走铜梁，改易二十四军旗帜，乞援于刘文辉。刘文辉部进驻遂宁后，不再前进，转而占领大足、潼南。陈书农乃乞降于刘湘，刘湘遂令停止进攻。

邓、田、刘三路进攻，李家钰退顺庆。激战一日，李家钰、罗泽洲退蓬安、营山。7月30日，二十四军王元虎部最先入城。

李家钰退蓬安、营山后，与杨森、罗泽洲亲自赴渝求助于刘湘。这时"二刘大战"已快发生，刘湘为扩大势力，将李、杨、罗等收抚。命罗泽洲部驻自己的武胜县，李家钰寄驻杨森的营山县，许为他们代觅防地，让刘文辉占领顺庆。9月27日，李、罗等从重庆各返防地，二刘冲突的川战便爆发了。

在川边方面，甘孜、瞻化被藏军占领后，刘文辉催促唐柯三迅速入康调解。唐柯三在成都、康定一路逗留，从1931年5月挨到7月8日始到炉霍。唐柯三电邀噶伦阿丕到甘孜会谈，阿丕不来，只派代表琼让到甘孜。唐柯三为保持中央大员的架子，也只派前边军分统刘赞廷前去。刘赞廷重演1918年昌都条约的老戏，依样画葫芦地订下了双方依现驻地区为界停战一年的条约。唐柯三电询刘文辉意见。刘文辉原来曾贿托唐柯三与藏军议和，这时正准备与刘湘开战，生怕以丧地赔款而遭舆论谴责，于是拒绝条约，并声言准备西征。还借口出兵康藏，筹派"国防捐"达二千万元之巨。其实并无一兵片饷入康。

刘文辉派驻康定的旅长马骕，因克扣兵饷，激起兵变，于1932年2月15日在康定被杀。巴安人革桑泽仁以国民党"中央党务特派员"名义，在云南阿敦子等处组织武力回巴安，提缴刘文辉驻军枪械，组织西康自治政府。刘文辉乃派旅长余松琳率部进驻康定，调驻西昌之黄汉丞入康，防御南北二路。当时，任蒙藏委员会委员长的石青阳，将唐柯三撤回，责令刘文辉进取。

藏军于甘孜战胜后，又攻青海之玉树。余松琳乃与马步芳相约于6月18日青川两军同时进攻。藏军先于27日猛攻炉霍，被击退，川边军追至甘孜。7月3日克复牙盖山，乘胜追击。9日克大金寺。进至玉隆后，分两路向德化与邓柯追击。青军亦会攻邓柯南岸之春柯寺（藏军宗本驻地），藏军退过金沙江。

这时，二刘战争已经爆发，刘文辉急令康军停战。藏方乞和代表亦连续前来。双方遂于10月8日在冈拖，签订停战协定。

革桑泽仁势力甚微，巴安营长傅德全尚能保守营部与之对抗，康南遂未动摇。刘文辉仅分军进驻理化防备，同时电请南京政府查办。适藏军来攻，革桑泽仁与川边军联合抵御于金沙江。后革桑泽仁为南京政府调回。

刘文辉收复了邓柯、德化、白玉、石渠四县，因约定以金沙江为界，故其后又将盐井和巴安县的金沙江西岸部分交藏军接管。

四、四川军阀衰败没落时期

（1932—1936年）

1932年至1933年间，四川发生了规模空前的，也是四川军阀最后的一次大混战——"二刘大战"。这场刘湘与刘文辉争霸的战争，几乎将四川各派军阀都卷入其中，最后以刘文辉失败而结束。

在"二刘大战"期间，红四方面军挺进川北，建立了川陕革命根据地，给四川的革命形势以很大的推动。四川军阀在对红军的战争中，一些被消灭了，一些遭受巨创而严重削弱。加之红一方面军和红二、六军团长征经过川境，更严重地威胁着四川军阀，他们再也不能照旧统治下去了。这时，蒋介石以围堵红军为名，派遣参谋团、别动队、国民党中央军入川，压迫四川军阀就范。被红军打得朝不保夕的四川军阀，也只好放弃在地盘和军队方面某些独立性，以求得蒋介石保留其部队并给予某种支持。到了1935年，四川的"防区制"即宣告结束。四川各派军阀虽仍保留有少许独立性，但实质上已成为蒋介石的附庸。从此开始了蒋介石对四川的独裁统治，四川人民仍然处于水深火热之中。

四川军阀的"防区制"到1935年即告瓦解，但川军参加围堵长征红军的战争到1936年才告结束。为了叙事的完整，本篇下限延至1936年。

"后顺庆之役"结束后，刘文辉据有川、康八十一县，防地大而且富。刘湘据有下川东二十八县，防地扼四川进出要津。二刘势力最强，各怀独霸四川野心。邓锡侯、田颂尧、杨森实力不及二刘，则利用两强相争，从中渔利。李家钰、罗泽洲防地丧失，寄人篱下，力图挑起战争，打破僵局，乘机夺取地盘，发展势力。

1932年9月，刘文辉布置全军秋操，命令各部于9月下旬集中顺庆、江津、永川、成都、内江等地，意图一举吞并全川。由是，邓锡侯、田颂尧等亦纷纷调集军队，准备抗御。刘湘也急忙把驻鄂西军队抽调回川，驻守璧山、铜梁。

还在双方暗自部署，遣使四出联系，勾心斗角的时候，穷蹙一隅、寄人篱下的罗泽洲、李家钰，于10月1日即先向刘文辉顺庆守军进攻，揭开了"二刘大战"的

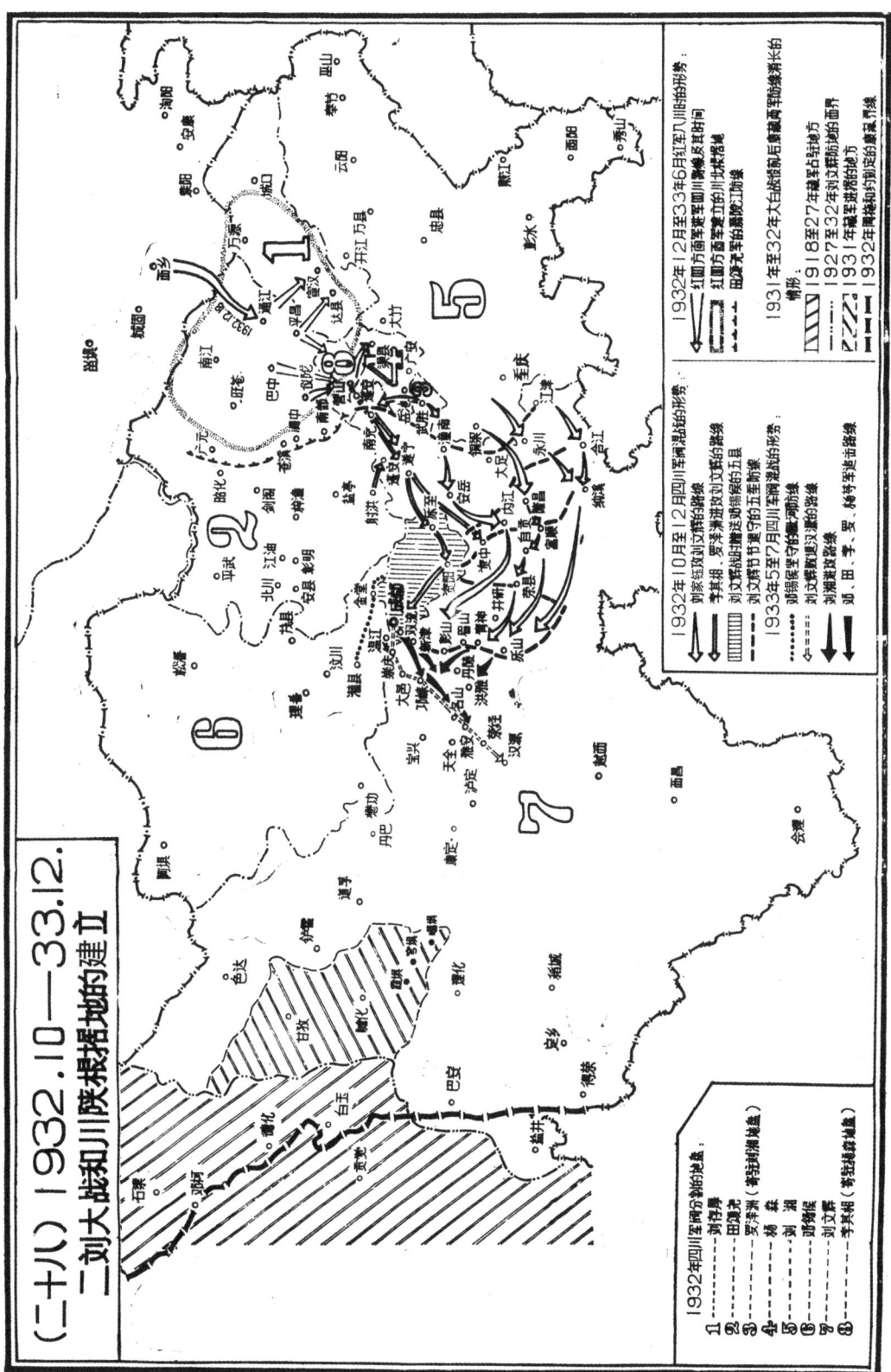

序幕。战争初期，刘湘支持李家钰、罗泽洲进攻刘文辉。田颂尧倾向刘湘。邓锡侯宣称"中立"，暗地里又让其部将黄隐参加反刘文辉的战争。

战争一爆发，刘湘即派唐式遵为东路军总指挥，潘文华为南路军总指挥，王缵绪为北路军总指挥。刘文辉亦派张志和为第一路总指挥，冷寅冬为第二路总指挥，夏仲实为第三路总指挥。各率所部驰往作战地区。刘文辉将其防区布成五层防线抗击。

开战后，刘文辉为集中兵力缩短防线，主动退出顺庆、遂宁、潼南、安岳、乐至五县，并让给邓锡侯军进驻，以争取邓军援助自己。邓接收防地后，不肯给予帮助。刘湘攻势极猛，刘文辉不支，又放弃永川、江津，退守第二线。这时在成都方面，田颂尧集中大军，将攻刘文辉后方，邓锡侯又不表态。刘文辉在刘湘组成的联军猛攻下，只好又退守沱江防线（即第三线）。10月，沱江全线激战。刘湘出动水、陆、空军猛袭泸州，人民死伤无数。刘湘诱降刘文辉部田冠五、杨尚周旅。刘文辉放弃沱江，退守第四线。

11月16日，成都发生巷战。田颂尧、刘文辉集中力量争夺四川大学（时在旧皇城内）后垣的煤山高地及长顺街、顺城街、山西会馆等据点。田颂尧战败被困于北较场、文殊院一隅。此时，刘湘节节进逼，刘文辉急于从成都抽兵抵御，经邓锡侯出面调解，二十九军除留少数部队外，退回川北，于是成都巷战结束。

刘文辉与田颂尧、邓锡侯和谈成功，随即部署迎击刘湘，将部队由宜宾、内江、资中一线撤至乐山、仁寿、简阳一线，并亲到眉山指挥作战。12月，刘湘、刘文辉集中主力决战于荣县、威远、井研一带，历时半月，双方死伤官兵四万余人。刘文辉部旅长王元虎率兵七团，突入荣县，擒获二十一军前敌指挥鲜英，刘湘军大为震动。刘湘见战况逆转，遂派人向刘文辉请和。邓锡侯、田颂尧乘二人拼死搏斗，刘文辉后方空虚，又出兵仁寿籍田铺一带。刘文辉腹背受敌，接受刘湘和谈，并立即命令前线各部停止对二十一军攻击，回军对付邓、田。荣威大战遂告结束。

1933年1月，刘文辉回到成都，防地丧失三十多县。自贡、内江、泸州等富庶之区被刘湘占去；遂宁、安岳、顺庆、资中等县被李家钰、罗泽洲占领。乐至、资阳、简阳、双流等地，已割让给邓锡侯。邓锡侯又乘刘文辉战败，托言填驻后方，占去崇庆等县，不肯让出。刘文辉遂进兵崇庆、双流、华阳，后又进兵资阳、乐至、简阳，要与邓军合驻。双方剑拔弩张，大有一触即发之势。4月，刘文辉部入五通桥及荣县境，复占有马边、雷波。5月9日，又突入邓锡侯防地温江，邓出走新都。5月15日，刘文辉、邓锡侯两军激战于郫县、灌县。邓锡侯退守毗河待援，刘文辉则倾全力攻毗河，欲在短期内消灭邓军。毗河本是川西平原中一条河面既窄，水又不深的灌溉渠。邓军为了便于防守，将毗河源头都江堰上内江的分水杩槎欢断，把外江的水放入内江，使毗河水位升高，阻止刘军渡河。刘军则用水雷炸毁飞沙堰，逼内江之水泄入外江，使毗河水位降低，以利进攻。于是造成内外江水失调，内江苦涝，外江苦干，农民损失甚大。而他们双方却厚颜无耻地互诋："破坏水利，危害人民。"

5月26日，刘湘、邓锡侯等在乐至召开所谓"安川会议"，决定联合进攻刘文辉。6月6日，刘湘军西进，田颂尧由川北抽调部队进攻刘文辉。6月下旬，刘文辉扼守犍为、乐山、井研、仁寿一线与刘湘血战于荣县、乐山间。7月上旬，刘湘军攻占井研、仁寿，邓锡侯军亦反攻毗河，夹击成都。刘文辉退出成都，守岷江防线。联军突破岷江，刘文辉军土崩瓦解。8月，刘文辉退雅安，凭河防守，联军继续进攻，刘文辉退至汉源，12月，两军言和罢战，联军撤走，刘文辉回雅安。"二刘大战"至此结束。

1932年10月，中国工农红军第四方面军主力撤出鄂豫皖根据地西征。12月到达陕南城固、西乡一带。此时，四川境内"二刘大战"正酣，四川各派军阀都卷入这场大混战中，川北兵力空虚，红四方面军决定挺进川北建立新的根据地。12月17日，在总指挥徐向前率领下，红军四个师一万五千余人，翻越巴山，挺进川北。25日解放通江。1933年1月1日，解放南江。23日，解放巴中。红军歼灭田颂尧部三个团，击溃八个团，奠定了建立革命根据地的基础。

川陕根据地的建立，严重威胁着四川大小军阀的反动统治，也使蒋介石异常震惊。在蒋介石严厉制止下，四川军阀各部于1月21日取得"共同谅解"，暂时停止火并。27日，蒋介石电委二十九军军长田颂尧为"川陕边区剿匪督办"。田颂尧即投入三十八个团，四万余人的兵力，发动了对根据地的三路围攻。红四方面军总部根据敌我情况和川北山高路险、易守难攻的地形特点，采取"收缩阵地，节节抗击，诱敌深入，待机反攻"的方针，以打破敌人的围攻。在给敌人以大量杀伤以后，3月8日，红军撤出巴中。18日，撤出南江。4月29日，撤出通江。

5月30日夜，红军集中主力将田颂尧部十三个团包围于空山坝以南之余家湾、柳林坝地区。激战三昼夜，到24日，全歼七个团，击溃六个团。田军全线大溃，红军乘胜猛追。26日，收复南江。29日，收复通江。6月5日，收复巴中。红军兵锋直逼广元、苍溪、仪陇。历时四个月战斗，毙伤敌人一万四千余人，俘敌万人，缴长短枪八千余支，机枪二百余挺，迫击炮五十余门。田颂尧进攻红军的部队损失过半，余部退守嘉陵江沿岸。

从8月中旬至10月底，红四方面军发动了仪（陇）南（部）、营（山）渠（县）、宣（汉）达（县）三次进攻战役，歼敌逾万，缴长短枪一万二千余支和大批军用物资。进一步打击了田颂尧，重创了杨森、刘存厚，削弱了以刘湘为首正在组织的新的围攻。

经过三次进攻战役，红军发展到四个军十二个师，约七万人。战斗中川东游击军一万余人与红四方面军胜利会师，改编为红三十三军，军长王维舟，政委杨克明。这时红军发展到五个军，共八万余人。根据地也迅速扩大：东邻城口，西抵嘉陵江沿岸，南起营山、达县，北至陕南镇巴、宁强，纵横四五百里，人口四百余万，建立了二十三个县和一个市的革命政权。

红军粉碎了田颂尧三路围攻以后，蒋介石于1933年7月7日任命刘湘为"四川剿匪总司令"。不过那时刘湘还无心"剿匪"，而热衷于争城夺地的"安川战争"。刘湘打败刘文辉以后，10月4日，始正式就任"四川剿匪总司令"职务。刘湘纠集了除刘文辉外的全部四川军阀，发动了对川陕根据地的围攻。刘湘将参加围攻的部队分为六路：以二十八军为第一路，总指挥邓锡侯。以二十九军为第二路，总指挥田颂尧。以李家钰、罗泽洲部为第三路，李、罗为总指挥、副总指挥。以二十军为第四路，总指挥杨森。以二十一军主力为第五路，总指挥王陵基。以二十三军为第六路，总指挥刘存厚（后由刘邦俊接任）。六路兵力约二十余万人。除步兵外，配备有十一个机枪连，十个炮兵连，两个飞机队（共有侦察机、轰炸机十八架）。

1933年11月至1934年1月，东线五、六两路向红军发动了两次强大攻势，西线一、二、三路亦配合发起攻势。12月底，红军主动撤出绥定、宣汉、剑阁、旺苍、仪陇及嘉陵江一带。1934年2月，红军击毙刘湘部警备第二路副司令郝耀廷，全歼其第二路，击溃增援部队三个团，歼刘湘部一万余人。刘湘大为丧气，撤销王陵基本兼各职并软禁成都。另任唐式遵为第五路总指挥。

3月3日，刘湘下达第二期总攻命令。3月中旬，红军主动撤出巴中。4月底，放弃江口（今平昌）。6月21日，主动撤出通江。22日，军阀各路总攻开始，五十余团兵力猛攻万源至通江城北一线，红军据险坚守，展开了七十余天的"万源保卫战"。

8月10日，红四、九、三十军三大主力，猛攻敌五、六路军的接合部南天门，歼灭汪铸龙部周绍武旅，打开缺口。11日晨，红军分两路插入缺口。红九军猛攻杨

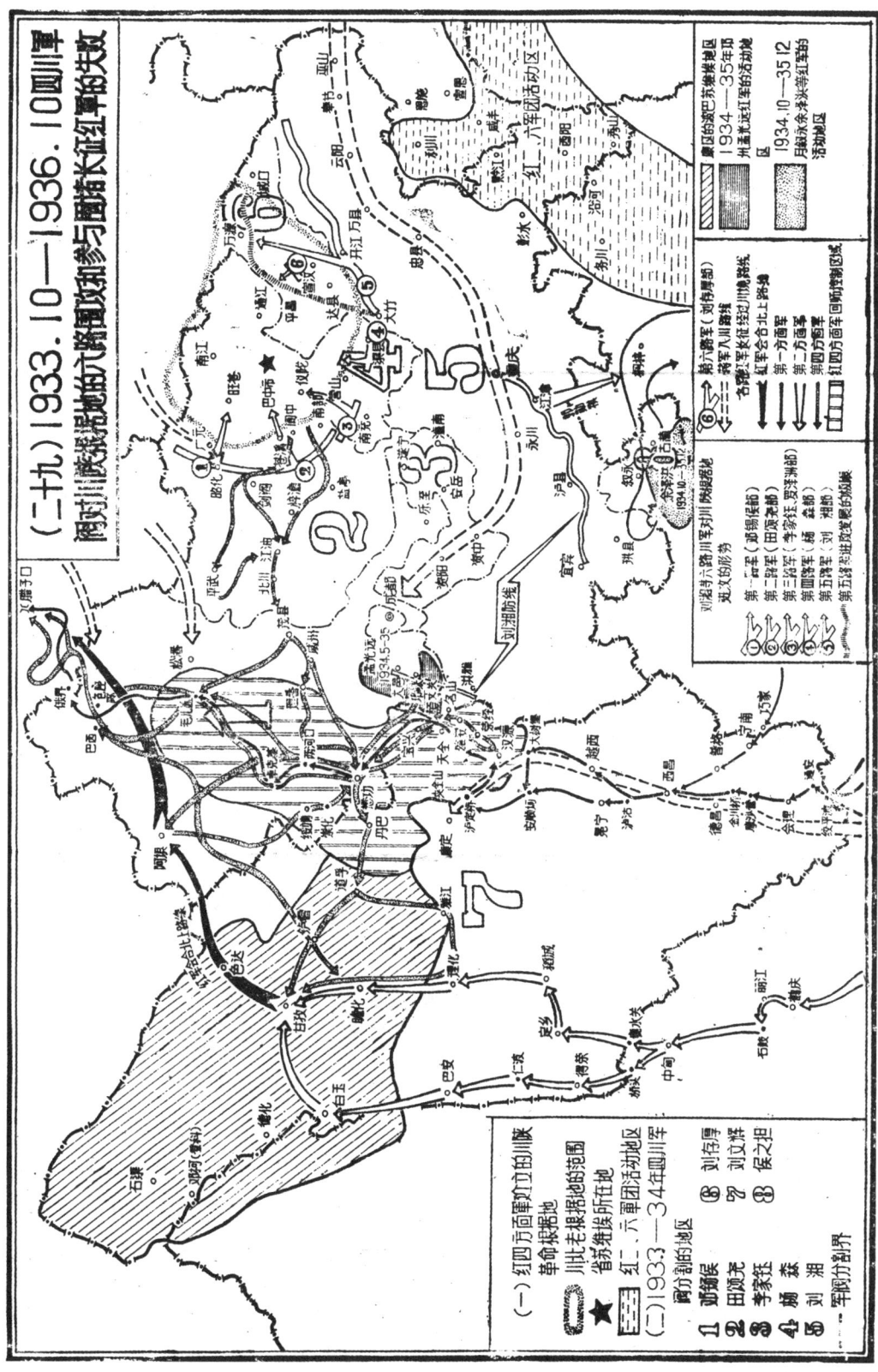

国桢旅，红四军横扫刘光瑜旅。在红军凌厉攻势的打击下，敌主力第五路军全线崩溃。红军分两路猛打穷追，一路攻击在麻什石的二旅后路，一路将第四师切成两段各个击破。敌人星夜南撤，一溃百余里，至渠河三渠始驻扎收拾残部。第六路更几乎全军瓦解。是役歼敌一万五千人。

东线反击得胜后，除以红四、九军一部继续追击外，红军主力立即转向西线。8月中旬，红军袭击三、四路结合部，打开缺口，敌纷纷逃窜。红军兵分三路追击。红三十军直指巴中，将李家钰、罗泽洲部击溃，乘胜追击，歼其六千五百人。红三十一军在通江北猛攻一、二路，将邓锡侯、孙震部击溃，歼孙震部精锐曾起戎、胡开莹两旅。曾起戎化装潜逃，代旅长傅贵良及团长数人被击毙。孙部损失人枪七八千。邓锡侯部被红军毙伤二千五百人，逃散四千人以上。

以刘湘为首的四川军阀六路围攻川陕根据地，历时十月，用兵一百一十个团，二十余万人。结果被红军歼灭六万，俘虏二万。这场耗资九百万的"六路围攻"，以"官损五千，兵折八万"的失败而告终。

1935年1月，中央红军长征到达贵州，攻占遵义，四川各派军阀陷入红四方面军、中央红军南北夹击之中而惶惶不可终日，于是被迫投靠蒋介石以挽救其覆灭的命运。至此，四川军阀的"防区制"结束，取代的是蒋介石新军阀的统治。四川军阀成为蒋介石新军阀的附庸并追随蒋介石参加了围堵长征红军的战争。

1935年1月，红一方面军击破黔军侯之担，渡乌江攻占遵义、湄潭、绥阳。12日，刘湘紧急调派潘文华为南路总指挥，率兵五万沿长江布防，潘文华即率兵布防于重庆、江津、合川、泸县、纳溪、江安、宜宾一线。23日，又派遣郭勋祺率兵三旅，由江津入黔，直插温水，妄图堵截中央红军西进。郭部到达温水，红军已越过温水，向土城方向前进，郭部即随红军尾追。28日，红军与郭部激战于土城附近，歼灭郭军一千余人。2月2日，红军挺进川南，围攻叙永。蒋介石急调川军刘湘部、滇军孙渡部和尾追红军的薛岳部，向叙永方向扑来，企图围歼红军于叙永、古蔺一带。红军于5日撤围而走。红军撤走后，刘湘援军纷至沓来，先后赶到叙永城。接着滇军孙渡部三个旅由毕节赶到，薛岳先头部队亦达古蔺。国民党各路军队十万人以上，都扑了一个空。6日，红军在距叙永一百一十里之南天堂坝，全歼范子英部第六团。此后，刘湘一面加强长江防线，并由宜宾延伸至屏山、雷波，一面命郭勋祺越境继续追击红军。郭部处处扑空，疲于奔命。杨森亦被调到金沙江左岸阻击红一方面军。可是，正当杨森加紧部署江防时，红军已于5月8日，在金沙江胜利渡江。

1935年3月28日，红四方面军突破嘉陵江防线，开始长征。八天中接连攻占阆中、剑阁、南部、昭化四座县城，歼灭田颂尧、邓锡侯部八个多团。田颂尧由此被蒋介石"撤职查办"，其二十九军由副军长孙震率领"戴罪图功"。

4月10日，红九军渡涪江，包围江油，直逼中坝（今江油县）。三十军一部北出，10日，占青川。14日，克平武。江油、中坝为川陕大道的咽喉，是邓锡侯老巢——绵阳的门户。为解江油之围，邓锡侯亲自率领十四个团的兵力，在国民党空军配合下，向江油增援，与红军激战于江油、中坝间。邓军全军溃败，被歼四千余人。红军17日克中坝，18日克彰明，21日克北川（今治城镇）。

4月下旬，蒋介石令邓锡侯加强对土门、干沟的封锁。邓锡侯立即拼凑八个步兵团加上马队共一万二千余人，由第五师副师长陶凯率领，封锁茂县、土门、干沟隘口。5月15日，红军与陶凯部激战于土门，歼敌一万一千余人，陶凯仅以身免。红军占领茂县以后，继续沿岷江南下，控制了文镇关、雁门关、威州等要点，直逼汶川。另一部渡岷江西进，占领理番（今理县东北薛城乡）。6月8日，攻克懋功附近央金山下要镇达维。

5月，红一方面军越过金沙江。6月12日，中央红军翻越夹金山，在山下达维木城沟土桥上和红四方面军胜利会师。

红一、四方面军会师后，8月15日和20日，红军分为左、右两路向阿坝和班佑地区挺进。左路军到达阿坝后，张国焘竟然背离中央决定，擅自率领左路军和右路军中的四军、三十军南下。

9月中旬，红四方面军各部和五、九军团（这时改称三十二军），分别自阿坝和包座地区，沿着原来北进的道路南下。10月，击溃杨森、刘文辉六个旅，俘获人枪三千，占领懋功、丹巴两城及懋功所属之绥靖、崇化、抚边三屯和达维、日隆关等要镇。10月24日，红军越过夹金山。11月1日，占宝兴。9日，占天全。12日，占芦山。毙伤刘湘、杨森、邓锡侯、刘文辉部五千余人，缴枪五千余支。这时，蒋介石、刘湘已集中了二十余万优势兵力，但张国焘仍要与刘湘主力在邛崃、大邑一带决战。11月13日，红军向邛崃推进。与刘湘部在名山、邛崃间的百丈关血战七昼夜，歼灭刘湘部一万五千人，但是，红军也伤亡了近万人，未能取得胜利，遂逐步向西撤退。1936年3月下旬，红四方面军撤到东起懋功，西至甘孜，南达瞻化、宁泰，北靠草地的地区。

1936年6月，任弼时、贺龙等率领红二、六军团和红四方面军在甘孜胜利会师。会师后，二、六军团改编为中国工农红军第二方面军。7月初，红二、四方面军向甘南挺进。10月，红军三大主力——一、二、四方面军，在甘肃静宁、会宁地区会师，胜利结束了中国工农红军二万五千里长征。长征的胜利，宣告了蒋介石、四川军阀以及滇、黔军阀围追堵截红军的破产。

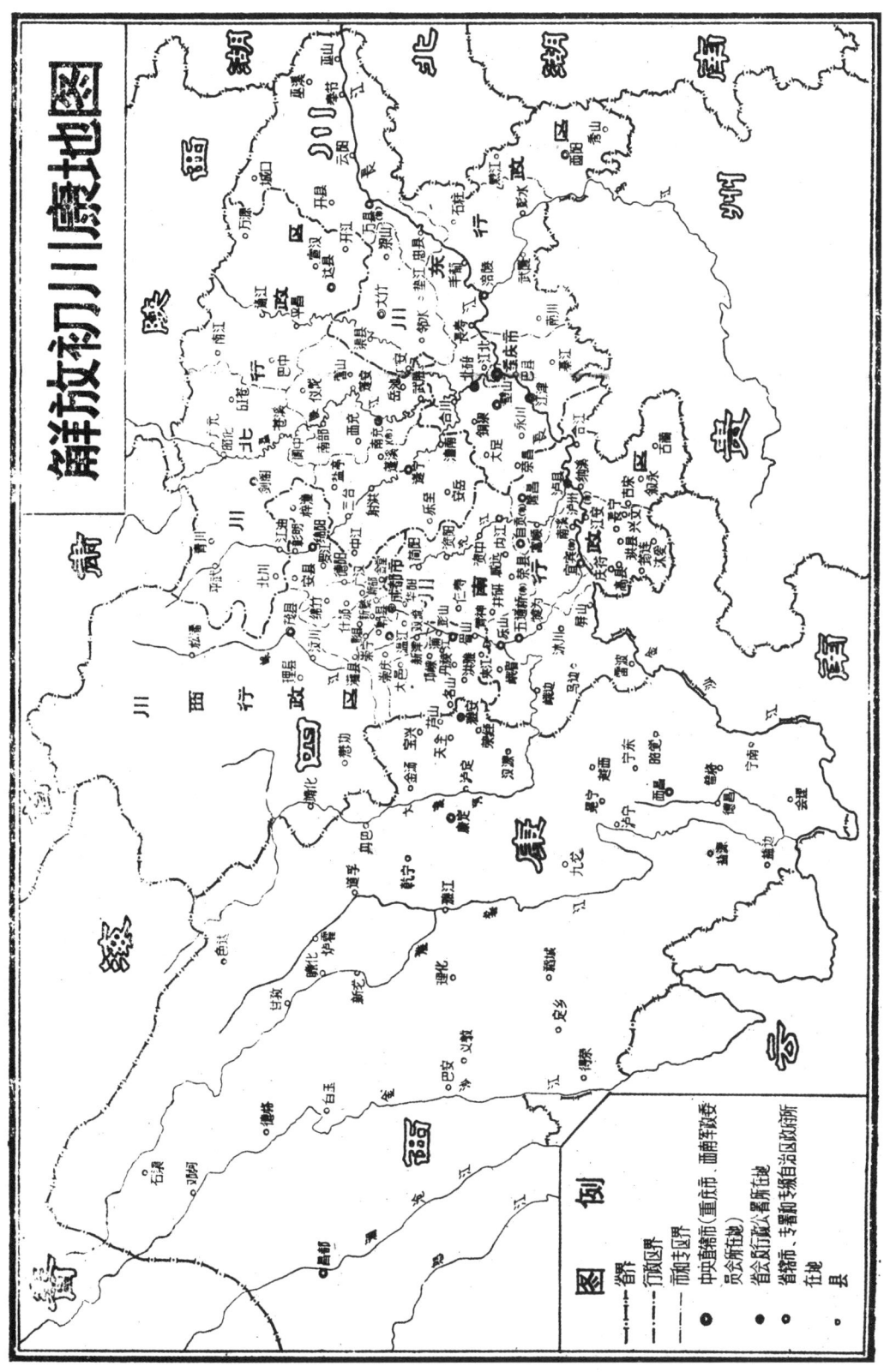

五、主要参考图书资料目录

陶菊隐：《北洋军阀统治时期史话》第1—8册，生活·读书·新知三联书店1978年版。

废止内战大同盟总会编印：《四川内战详记》，民国二十二年四月版。

四川文史研究馆编：《四川军阀史料》第1辑，四川人民出版社1981年版。

四川文史研究馆编：《四川军阀史料》第2辑，四川人民出版社1983年版。

西南军阀史研究会：《西南军阀史研究丛刊》第1辑，四川人民出版社1983年版。

西南军阀史研究会：《西南军阀史研究丛刊》第2辑，贵州人民出版社1983年版。

马宣伟、肖波：《四川军阀杨森》，四川人民出版社1983年版。

周开庆：《民国川事纪要》，（台湾）四川文献研究社1972、1974年版。

周开庆：《民国刘甫澄先生年谱》，台湾商务印书馆1981年版。

吕平登：《四川农村经济》，商务印书馆1936年6月版。

《中共党史教学参考资料（军事资料汇编之一）》。

《文史资料选辑》第1、5、7、10、11、22、30、33、34、37、41、48、62、77辑。

《四川文史资料选辑》第2、3、5、6、7、8、9、10、11、12、14、15、16、21、22辑。

《重庆文史资料选辑》第2、4、12辑。

《成都文史资料选辑》第4、6、8辑。

地图出版社编制：《中华人民共和国分省地图集》，地图出版社1976年版。

中国人民革命军事博物馆编：《中国人民革命战争地图选》，地图出版社1981年版。

《解放初川康地图》。

查阅过的报刊：

《东方杂志》《国闻周报》《新中华》《四川军政府官报》《四川都督府政报》《四川政报》《西蜀新闻》《戊午周报》《国民公报》《四川月报》《新新新闻》《近代史资料》《四川党史研究资料》等。